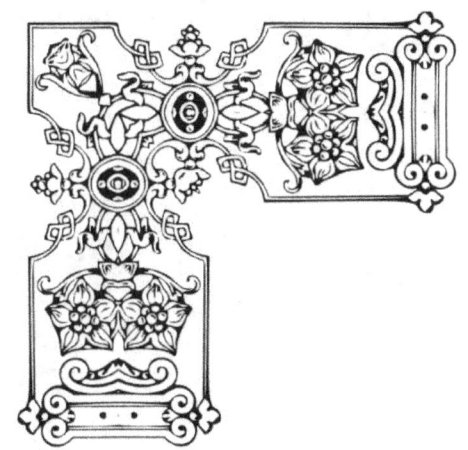

SCHATTIERUNGS- UND ZEICHENTECHNIKEN

von Jasmina Susak

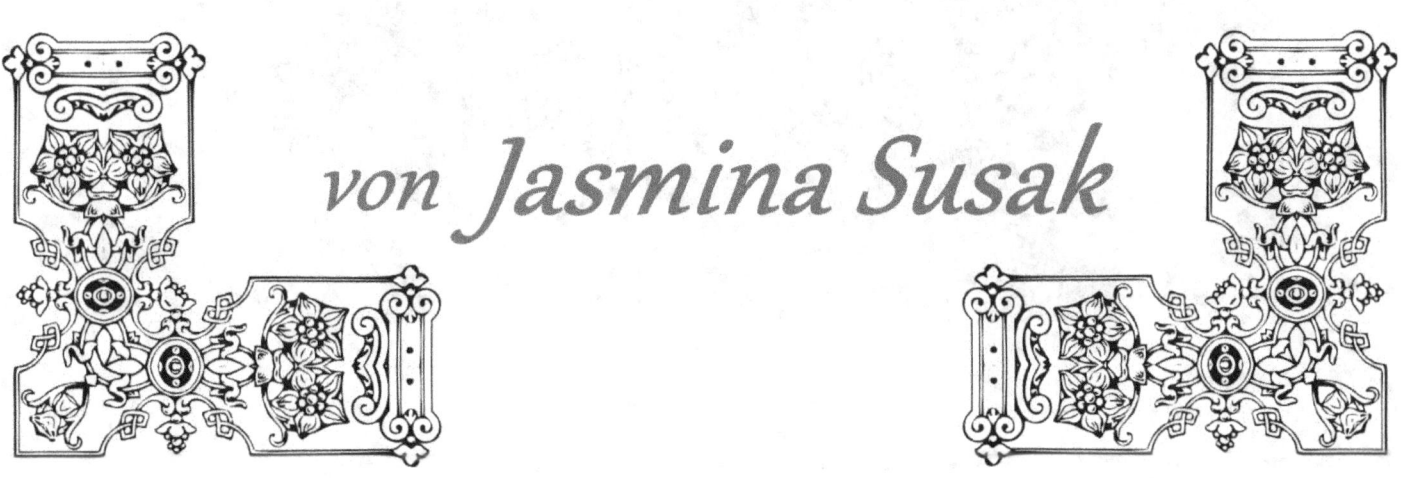

Copyright © 2020 von Jasmina Susak
www.jasminasusak.com

Text und Illustrationen © Jasmina Susak
Seitenlayout und Covergestaltung von Jasmina Susak

Alle Rechte vorbehalten. Kein Teil dieser Publikation darf in irgendeiner Form oder auf irgendeine Weise, einschließlich Fotokopieren, Aufzeichnen oder anderer elektronischer oder mechanischer Verfahren, ohne die vorherige schriftliche Genehmigung der Autorin reproduziert, verbreitet oder übertragen werden. Für Erlaubnisanfragen kontaktieren Sie die Autorin per E-Mail: jasminasusak00@gmail.com

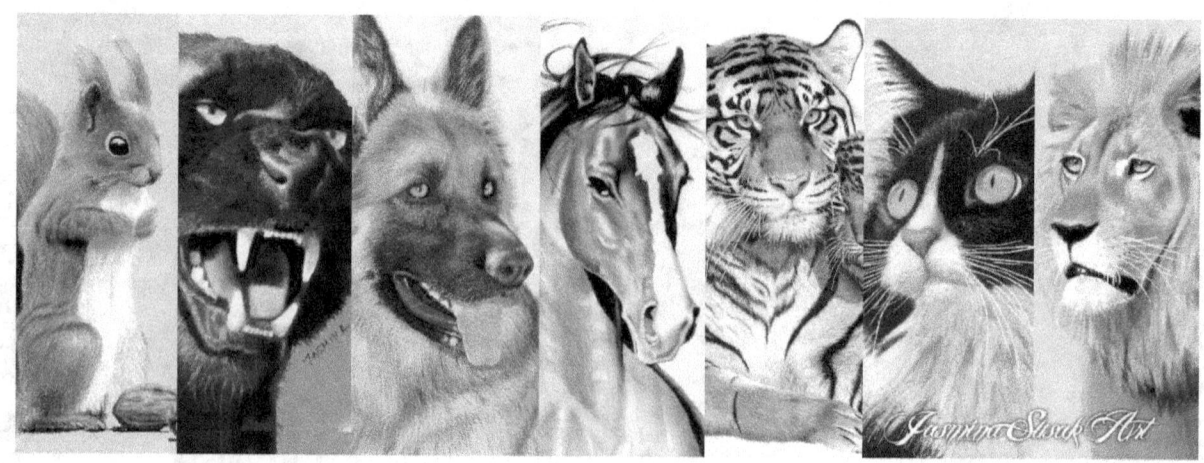

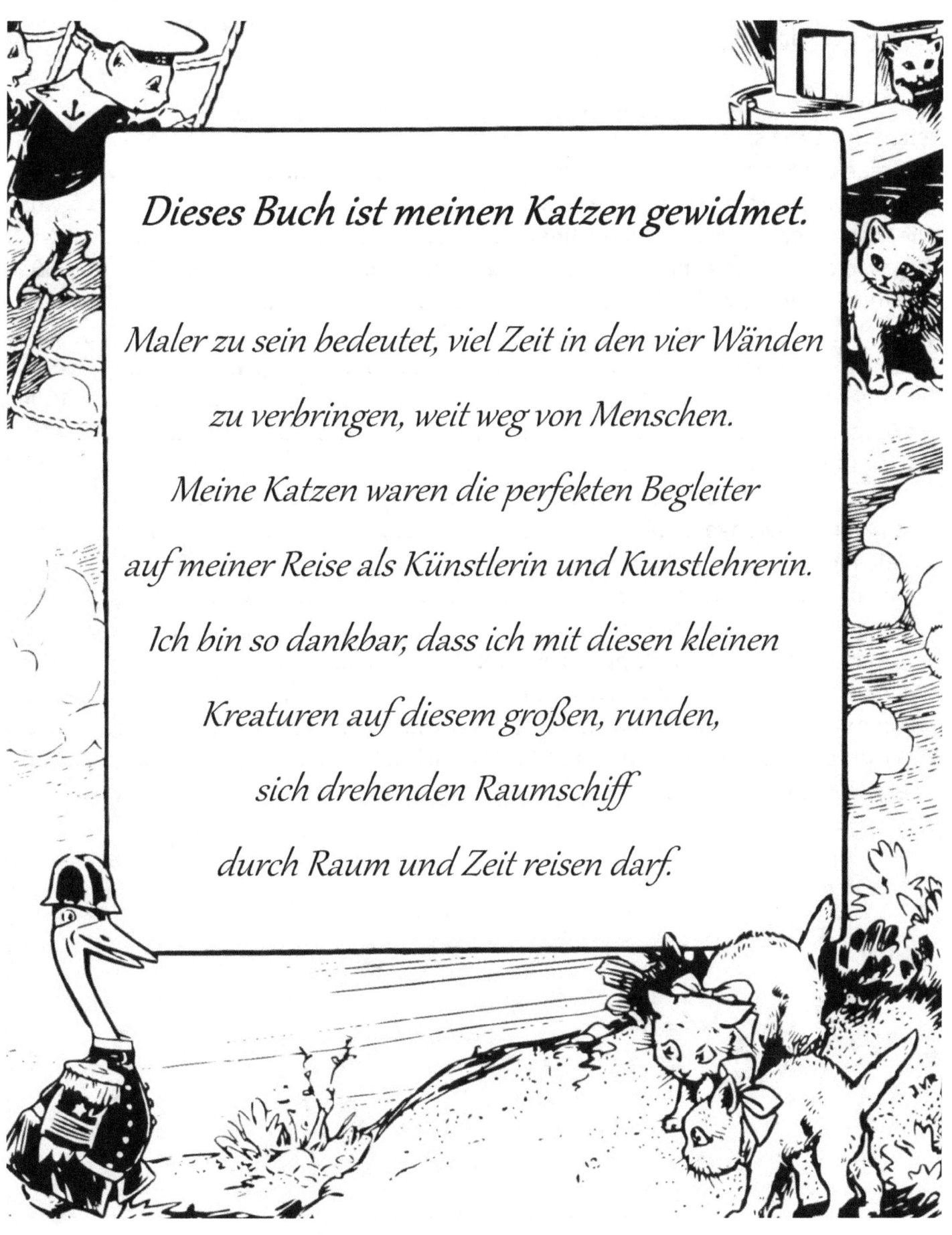

Dieses Buch ist meinen Katzen gewidmet.

Maler zu sein bedeutet, viel Zeit in den vier Wänden zu verbringen, weit weg von Menschen. Meine Katzen waren die perfekten Begleiter auf meiner Reise als Künstlerin und Kunstlehrerin. Ich bin so dankbar, dass ich mit diesen kleinen Kreaturen auf diesem großen, runden, sich drehenden Raumschiff durch Raum und Zeit reisen darf.

Inhaltsverzeichnis:

Kunstmaterialien 10
Zeichen-Tutorials:
Wie man ein Schmetterling zeichnet 25
Wie man Wassertropfen zeichnet 36
Wie man einen Zauberwürfel zeichnet 42
Wie man ein Glas zeichnet 60
Wie man einen Fußball zeichnet 71
Gestricktes Stoffgewebe 82
Eine Palme am Strand 88
Ein Regenschirm 109
Ein Apfel 119
Ein Teelöffel 134
Ein Ohr 141
Eine halbierte Orange 151
So zeichnen Sie realistische Augen 159
Wie man schwarze Haare zeichnet 180
Wie man braune Haare zeichnet 185
Wie man hyperrealistische Lippen zeichnet 188
Wie man Glitzer-Lippen und Zähne zeichnet 201
Wie man küssende Lippen zeichnet 215
Wie man ein geschminktes Auge mit Glitter zeichnet 226
Über die Autorin 252

VORWORT

Ich habe dieses Buch erstellt, um Ihnen Ratschläge zu den Dingen zu geben, die ich aus meinen Erfahrungen mit dem Zeichnen gelernt habe. Ich erstelle viele realistische Zeichnungen, was ein Arbeitsstil unter vielen anderen ist. Es ist nicht die einzige Art zu arbeiten. Es gibt eine Vielzahl unterschiedlicher Stile. Aber ob Sie an einem realistischen Zeichenstil interessiert sind oder nicht, ich hoffe, dass der Rat, den ich in diesem Buch gebe, von Nutzen sein kann.

Für den Einstieg benötigen Sie keine Vorkenntnisse. Nur aufmerksam sein und mit Geduld gründlich arbeiten. Man muss üben, um immer besser zu werden. Durch Zeichnen entwickeln Sie die Fähigkeit, Dinge zu sehen, die nur Künstler sehen können. Sie müssen Erfahrung durch Wiederholung und Fehler sammeln. Mit der Zeit und Übung werden Sie selbstbewusster und bereit sein, neue Dinge auszuprobieren und Ihren eigenen Stil zu entwickeln. Sie werden Inspiration und Leidenschaft bekommen, und hier kommt Ihre Kreativität her. Das Wichtigste, um Künstler zu sein, ist zu wissen, wie echte Qualität ist. Dann können Sie sich Ihre eigene Arbeit ansehen und entscheiden, wie weit Sie gehen müssen und was noch wichtiger ist, was Sie tun müssen, um dorthin zu gelangen. Denken Sie daran, Sie werden niemals zu einem guten Künstler, wenn Sie aufhören, es zu versuchen. Der einzige Weg, an etwas zu scheitern, besteht darin, es aufzugeben. Vergleichen Sie sich nicht mit anderen, die weiter fortgeschritten sind als Sie. Sie arbeiten seit Jahren oder sogar Jahrzehnten. Machen Sie jeden Schritt, lesen Sie, lernen Sie von denen, die mehr Erfahrung und Übung haben. Ich glaube, wenn Sie zuerst den Glauben an sich selbst schaffen, wird Ihre Kunst schneller entstehen.

Zeichnen ist eine komplexe Fähigkeit, die man nicht über Nacht lernen kann, aber manchmal möchte man einfach etwas zeichnen, ohne Monate auf anständige Ergebnisse warten zu müssen. Und Sie sollten nicht zu viel erwarten, sich entmutigen und frustrieren lassen, wenn etwas schief geht. Sie müssen den Prozess genießen, in Ihrer Umgebung sitzen und mit sich selbst präsent sein. Der Punkt ist jedoch, dass Sie die Essenz des realistischen Zeichnens verstehen und erleben, und selbst wenn Sie es in ein paar Wochen nicht auf das professionelle Niveau bringen können, dann können Sie durch regelmäßiges Üben dorthin gelangen. Es hängt von der Person ab, wie lange es dauert.

Diese einfachen Schritt-für-Schritt-Anleitungen helfen Ihnen dabei. Sie können dies mit wenig oder keiner Erfahrung tun, und gute Ergebnisse sind garantiert, wenn Sie die

Anweisungen sorgfältig befolgen.

<u>Wie Sie dieses Buch benuten</u>

Bereiten Sie alle Werkzeuge vor, entspannen Sie sich und arbeiten Sie ohne Erwartungen.

Arbeiten Sie mit Geduld an einem einfachen Schritt und fahren Sie erst mit dem nächsten Schritt fort, wenn Sie den Schritt abgeschlossen haben, an dem Sie arbeiten. Beeilen Sie sich nicht. Der nächste Schritt wird trotzdem kommen. Wenn Sie jedoch die Schritte überspringen, können Sie sich verlaufen und frustriert fühlen.

Machen Sie sich keine Sorgen über die Ergebnisse, skizzieren Sie einfach und versuchen Sie, Spaß damit zu haben.

Versuchen Sie, 30 Minuten bis 1 Stunde am Tag zu zeichnen. Es ist gerade genug. Sie müssen nicht stundenlang arbeiten.

Legen Sie Ihre Zeichnung beiseite und schauen sich sie am nächsten Tag an. Möglicherweise können Sie die Dinge mit „frischen Augen" sehen, die Sie am Tag zuvor übersehen haben. Wenn Sie nach der Pause zu Ihrer Zeichnung zurückkehren und sie sich ansehen, werden Sie die Fehler sofort erkennen. Es kann Zeiten geben, in denen Sie sich festgefahren fühlen. Sie verstehen sich mit diesem Abschnitt nicht, irgendwie können Sie den Haken daran nicht finden. Sie mögen etwas daran nicht, es ist nicht das, was Sie wollen. Nicht weiter erzwingen! Dann ist es Zeit für eine kleine Pause.

Schauen Sie sich Ihre Zeichnung aus größerer Entfernung an. Ist die Form Ihres gezeichneten Objekts proportional genug? Ist Ihr glatter Farbverlauf einwandfrei? Ist Ihr Objekt erkennbar, wenn Sie sich weit davon entfernen? Schauen Sie sich Ihre Zeichnung im Spiegel oder verkehrt herum an, um die Symmetrie zu überprüfen und sie aus einem anderen Blickwinkel zu betrachten. Sie werden von den neuen Dingen überrascht sein, die Sie auf diese Weise bemerken können.

Studieren Sie die Bilder der Objekte, bevor Sie mit dem Zeichnen beginnen.

Durch diese Tutorials werde ich Ihnen beibringen, wie Sie

Gesichtszüge zeichnen:

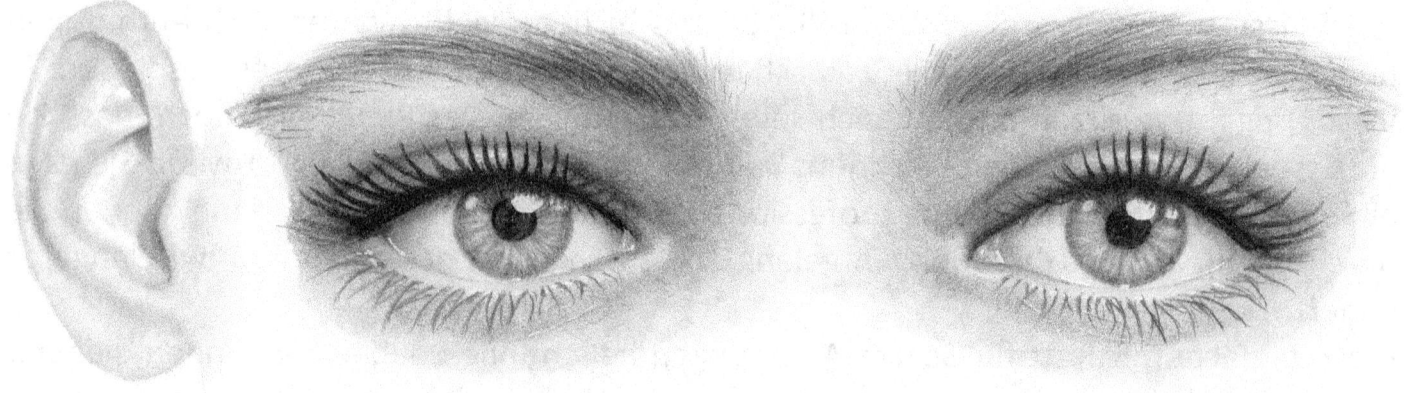

drei verschiedene Lippenpaare schattieren:

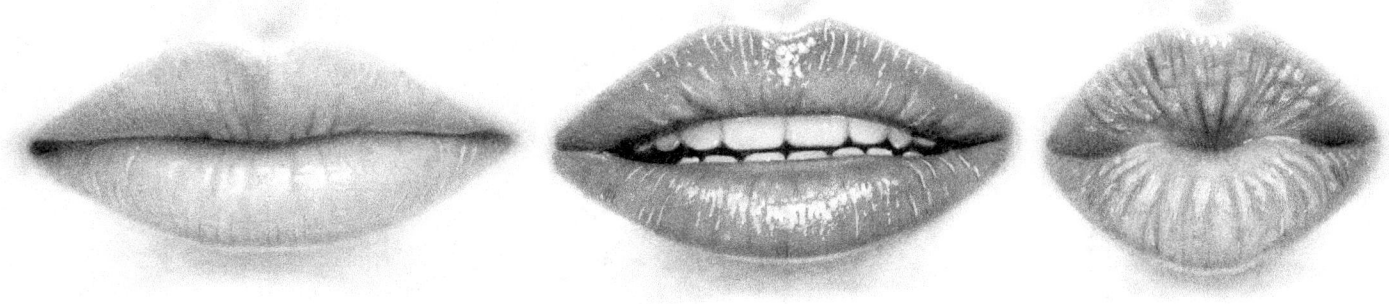

realistische Früchte zeichnen:

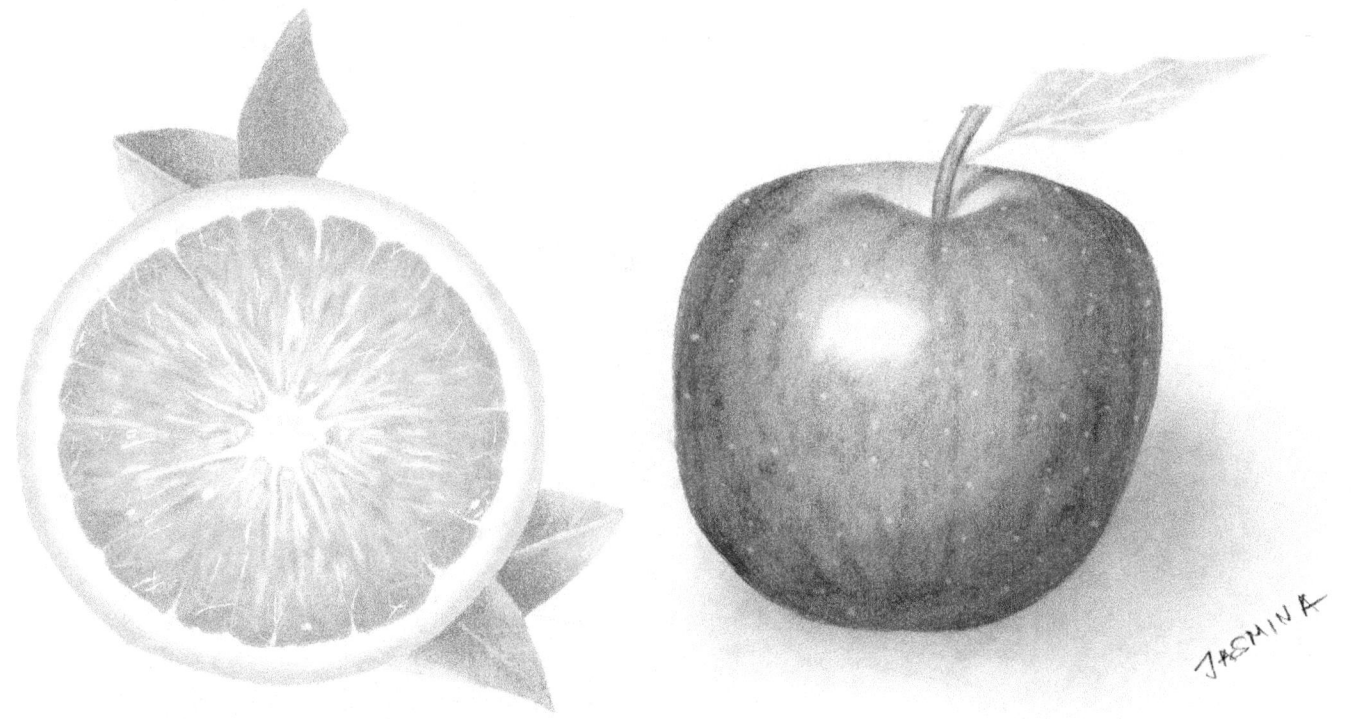

menschliches Haar zeichnen:

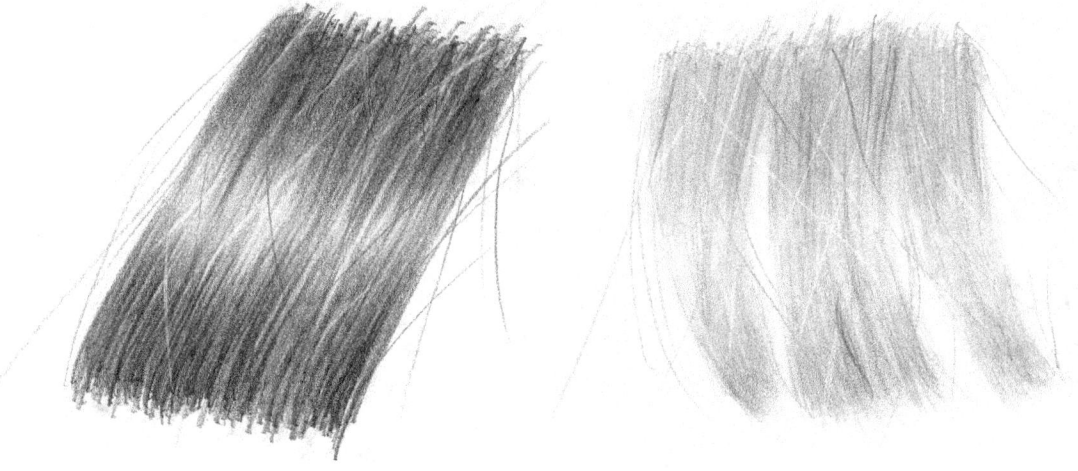

Ihre Zeichnungen 3D aussehen lassen:

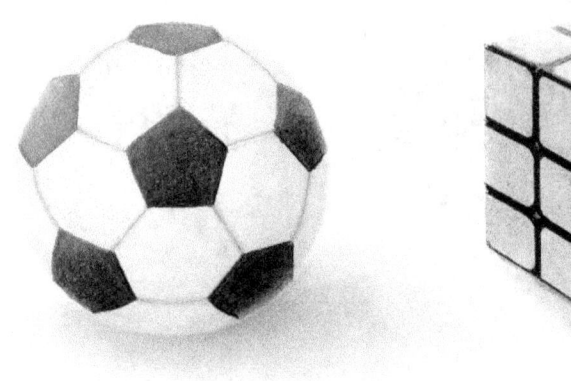
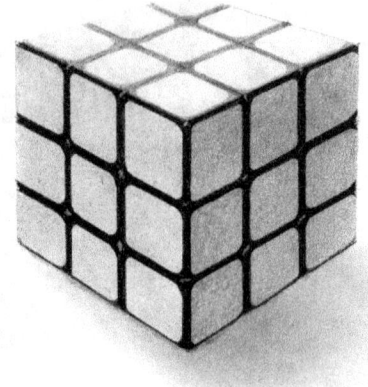

Objekte zum Glänzen bringen:

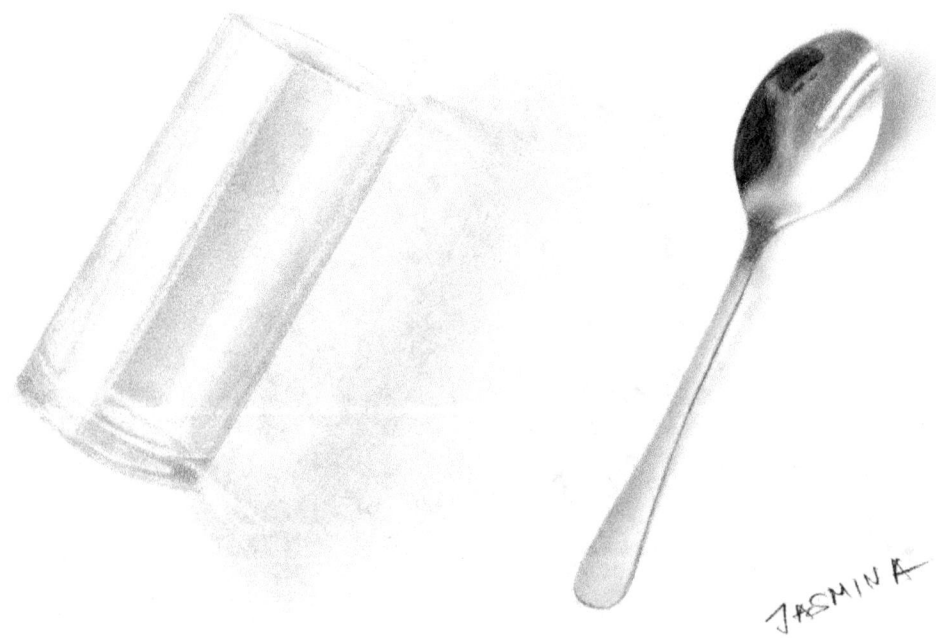

Ihre Zeichnung auf dem Blatt hervorstehen lassen:

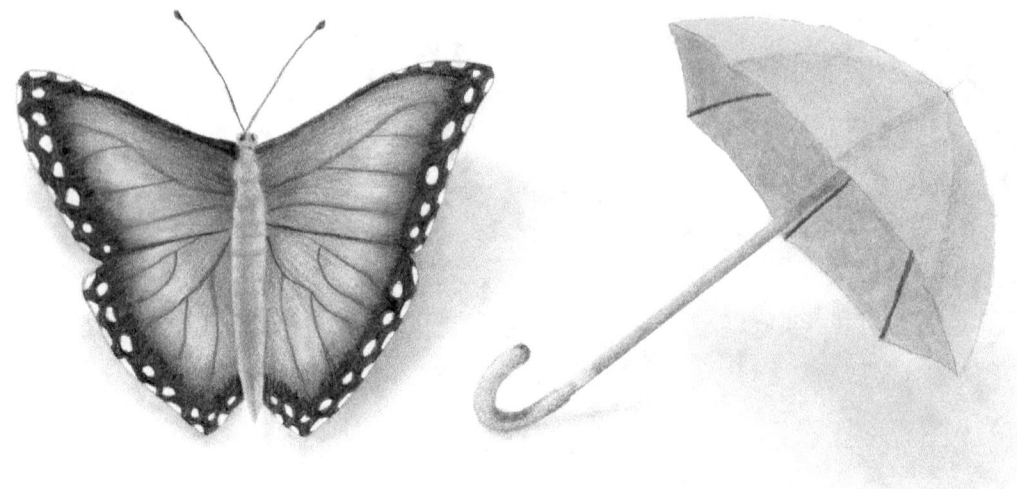

Landschaften zeichnen:

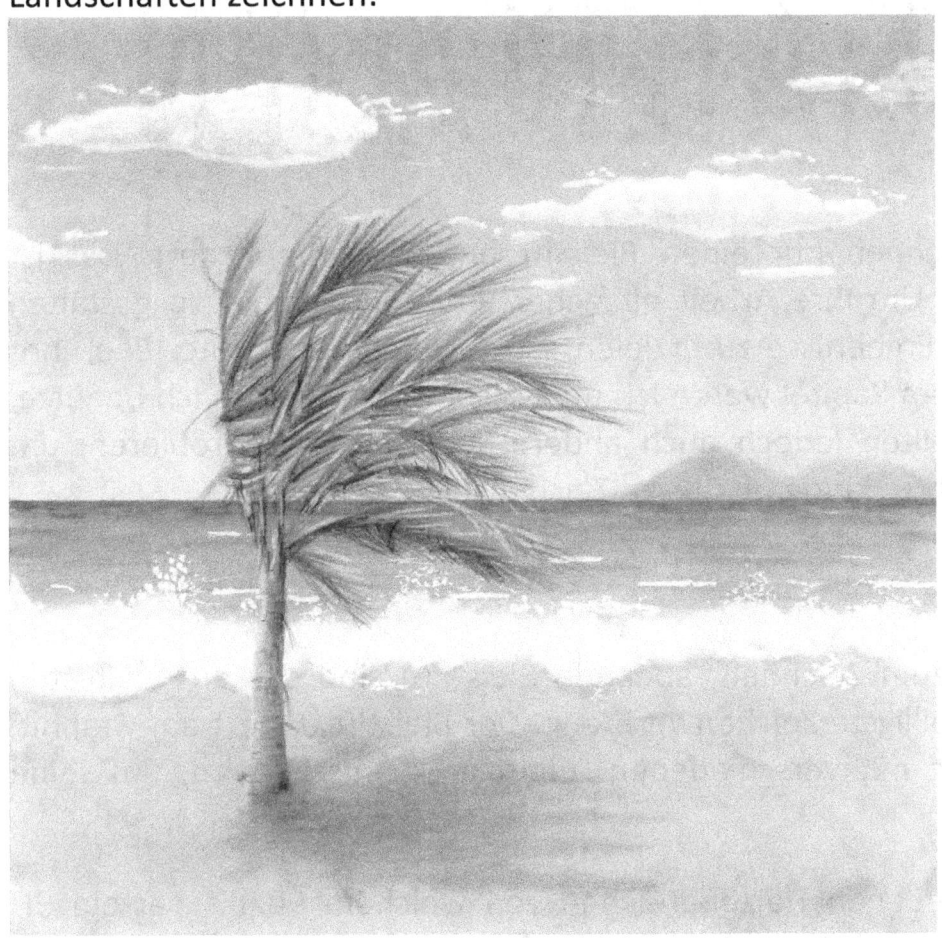

auch auf grauem Papier zeichnen:

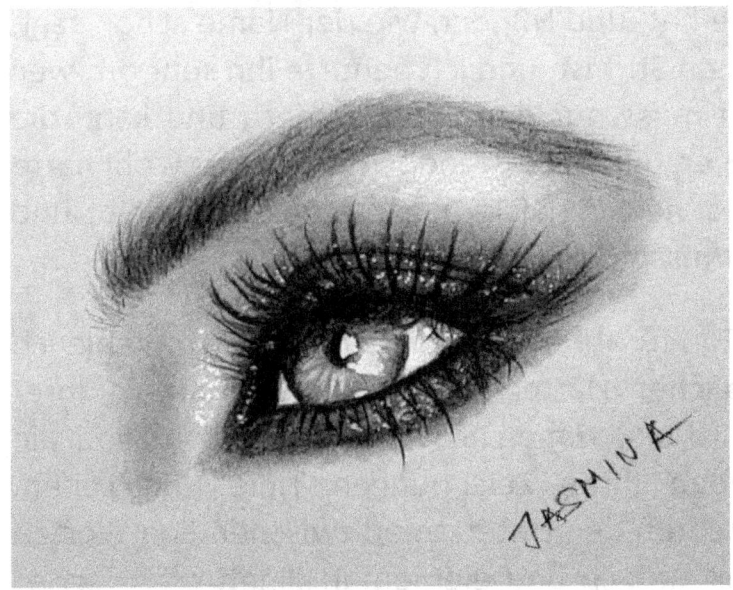

Wenn Sie dazu bereit sind, fangen wir an!

KUNSTMATERIALIEN

Viele glauben, dass das Zeichnen nur einen Bleistift und Papier erfordert. Das ist natürlich grundsätzlich wahr. Um Ihre Arbeit einfacher und angenehmer zu gestalten und in kürzerer Zeit bessere Ergebnisse zu erzielen, ist es jedoch eine gute Idee, Ihre Toolbox zu erweitern. In diesem Kapitel werde ich über alles sprechen, was ich benutze, und erklären, warum. Sie sollten jedoch auch andere Werkzeuge ausprobieren, um diejenigen zu finden, die für Ihre Hände und Ihren Zeichenstil geeignet sind.

Bleistifte

Es gibt so viele Werkzeuge zum Zeichnen, aber die Bleistifte sind das am weitesten verbreitete, beliebteste und billigste Zeichenwerkzeug. Der Bleistift basiert auf Graphit, der während der Herstellung mit verschiedenen Additiven gemischt wird, um seine Härte zu kontrollieren.

Die Bleistifte sind in verschiedenen Härtebereichen von weichem 9B bis hartem 9H erhältlich. Die Zahlen und Buchstaben am Ende des Stifts geben die Härte des Stifts an. Der Buchstabe H kommt vom englischen Wort hard, was Härte bedeutet, und Buchstabe B kommt von black. Weiche Stifte sind dunkler und harte Stifte erzeugen hellere Werte. Es gibt auch F (fine), der eine mittlere Härte hat, und HB, der, wie der Name schon sagt, etwas zwischen dem weichen und dem harten Stift ist, und ich benutze ihn sehr oft, weil ich die Stifte nicht oft wechseln muss. Ich muss nur den Druck ändern und kann die Werte von 5H bis 2B mit einem einzigen HB erstellen. Es ist jedoch wichtig, sowohl harte als auch weiche Stifte zu verwenden, da es viele Schattierungen eines Bildes gibt und diese auf dem Papier reproduziert werden müssen.

Um sicherzustellen, dass Sie den richtigen Ton für Ihre Zeichnung erhalten, empfehle ich die Verwendung von Stiften unterschiedlicher Härte. Je mehr Werte Sie in Ihrer Zeichnung erstellen, desto realistischer wird sie. Haben Sie niemals Angst davor, die dunkelsten Töne zu verwenden. Sie geben Ihren Zeichnungen Tiefe und Leben. Verwenden Sie immer mindestens 3–4 Stifte, um den Unterschied zwischen den Werten in Ihrer Zeichnung zu ermitteln. Obwohl es einfach und elementar klingt, erfordert es viel Übung, um eine wirklich schöne Tonskala zu erstellen. Die Schönheit Ihrer Zeichnung hängt davon ab. Daher ist es sehr wichtig zu überlegen, welchen Stift Sie für einen bestimmten Bereich Ihrer Zeichnung verwenden.

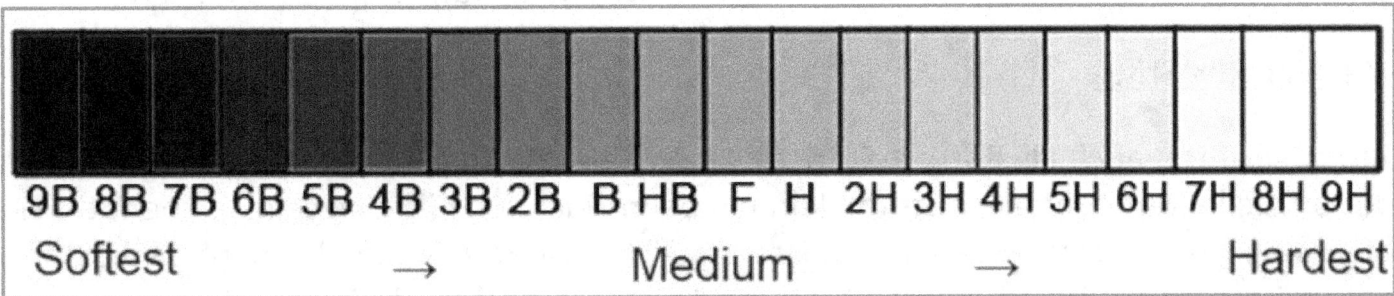

Weiche (dunkle) Stifte eignen sich hervorragend zum Schattieren und Zeichnen der dunkelsten Bereiche, wodurch unsere Zeichnungen Tiefe und Leben erhalten. Während weiche Stifte schneller ausgehen, können härtere sehr lange halten, wenn nicht sogar für immer, insbesondere wenn Sie den vollen Bereich von H bis 9H haben, weil Sie sie nicht oft anspitzen müssen. Ich kann mich nicht erinnern, wann ich meine harten Stifte das letzte Mal angespitzt habe.

Es gibt viele Marken von hochwertigen Bleistiften, die mehr oder weniger von gleicher Qualität sind. Ich verwende Castell 9000 von Faber-Castell, aber Sie können jede andere Marke auswählen, z. B. Staedtler Mars Lumograph, Koh-I-Noor oder Bleistifte von Prismacolor, Caran D'Ache, Derwent usw.

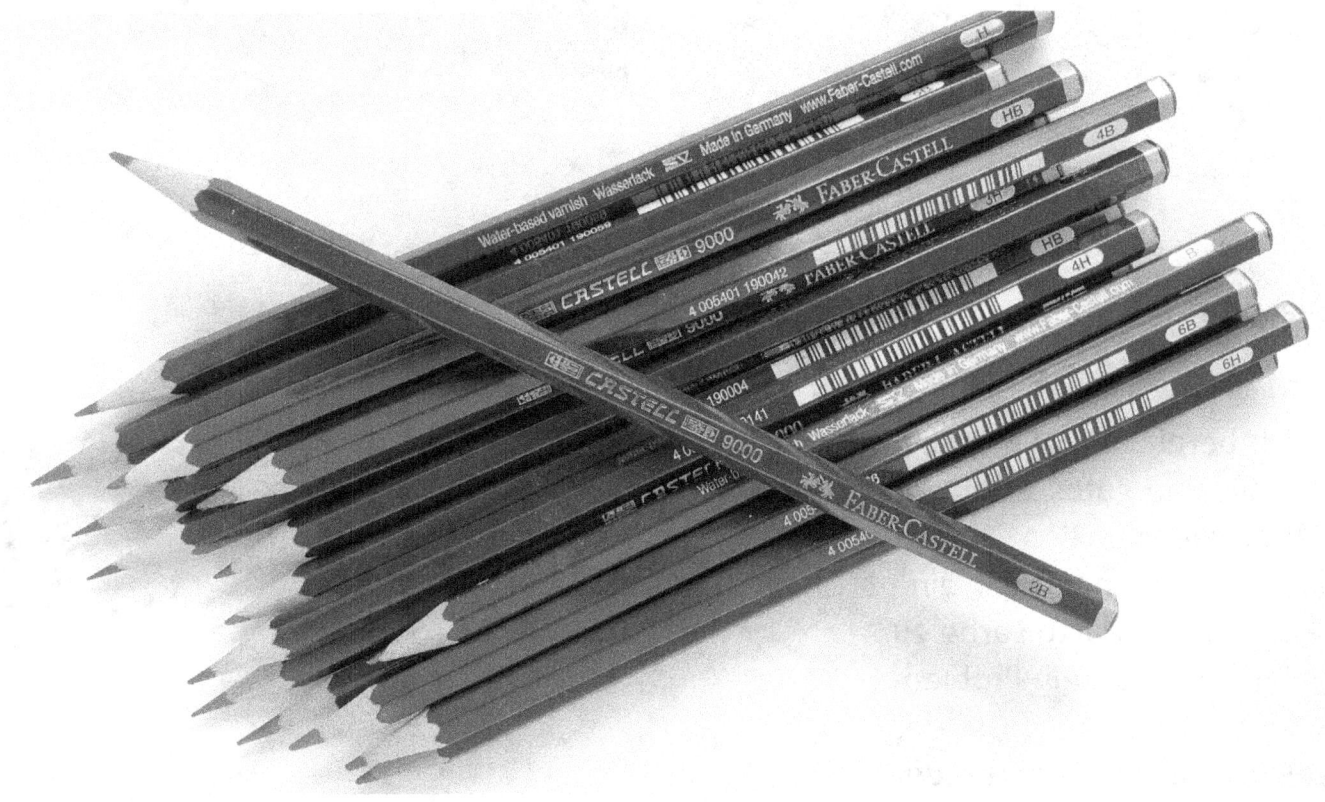

Bevor Sie mit dem Zeichnen beginnen, sollten Sie Ihre Stifte ausprobieren und mit ihnen eine Tonskala zeichnen, um zu sehen, welches Licht oder Dunkel Sie erzielen können.

Mechanische Stifte

Druckbleistifte, auch als Rotring-Stifte bekannt (aber Rotring ist ein Markenname, nicht der offizielle Name für diese Stifte), können beim Zeichnen hilfreich sein. Ich benutze sie oft, wenn ich Haare zeichne, weil ich Haare gleicher Dicke zeichnen kann, ohne die Stifte anzuspitzen. Die Minen für diese Stifte sind auch in einer Vielzahl von Härtebereichen erhältlich. Das Erstellen kleiner Details kann unsere Arbeit mit diesem Tool erleichtern. Manche lieben sie sehr, andere weniger, jeder muss es selbst erfahren.

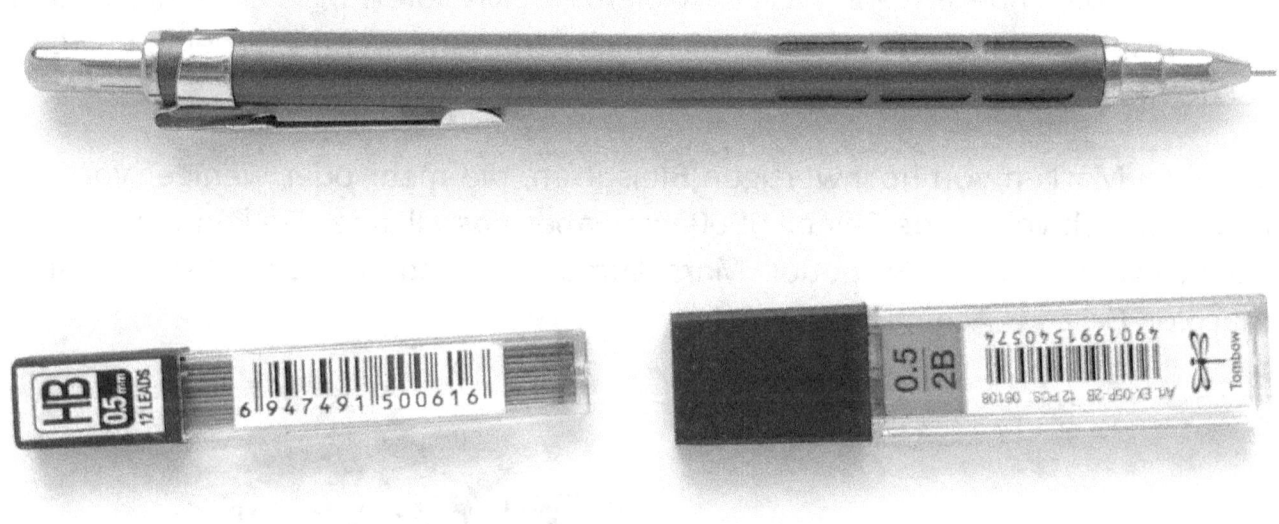

Kohlestifte

Wie ich bereits erwähnt habe, ist es für eine gute Zeichnung wichtig, die dunklen Stellen herauszuarbeiten und eine wirklich tiefschwarze Farbe zu erzielen. Es ist oft ein Problem mit dem Graphit, dass der Bereich umso glänzender wird, je mehr Schichten

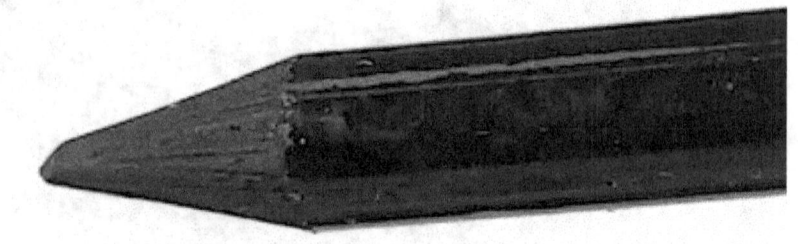

aufgetragen werden. Natürlich ist es aus einem bestimmten Winkel und bei richtiger Beleuchtung nicht sichtbar, aber sein Glitzern kann etwas ablenken und nervig sein.

Ein Kohlestift kann in dieser Hinsicht eine gute Lösung sein. Mit einem Kohlestift können Sie ein unglaublich tiefes Schwarz erzielen und der Vorteil ist, dass es nicht glänzt. Natürlich können Sie für die restlichen Werte in Ihrer Zeichnung Graphit verwenden, wenn Sie Schwierigkeiten haben, mit Holzkohle zu arbeiten. Wie auch immer, jedes Tutorial aus diesem Buch kann auch mit Holzkohle ausgeführt werden. Probieren Sie beides aus und schauen Sie, welches Medium Ihnen besser gefällt.

Papier

Glauben Sie, dass das gesamte Papier gleich ist und es keine Rolle spielt, was Sie für Ihre Zeichnungen verwenden? Das ist nicht ganz der Fall. Wenn Sie auf einem einfachen Druckerpapier (Computerpapier) gezeichnet haben, haben Sie möglicherweise erlebt, wie frustrierend und demotivierend es sein kann, auf dünnem Papier von geringer Qualität zu zeichnen. Verschiedene Arten von Zeichenblättern werden für verschiedene Arten von Zeichen- oder Malwerkzeugen hergestellt. In diesem Kapitel möchte ich Ihnen helfen, einfach durch das Papierproblem zu navigieren und zu wissen, worauf Sie bei der Auswahl des richtigen Papiers achten müssen.

Papiergröße

Heutzutage werden in allen Ländern mit Ausnahme der USA und einiger anderer Länder internationale Standardpapierformate verwendet.
Wir unterscheiden die 5 am häufigsten verwendeten Größen:
A1 – 594 x 841 mm
A2 – 420 x 594 mm
A3 – 297 x 420 mm
A4 – 210 x 297 mm
A5 – 148 x 210 mm

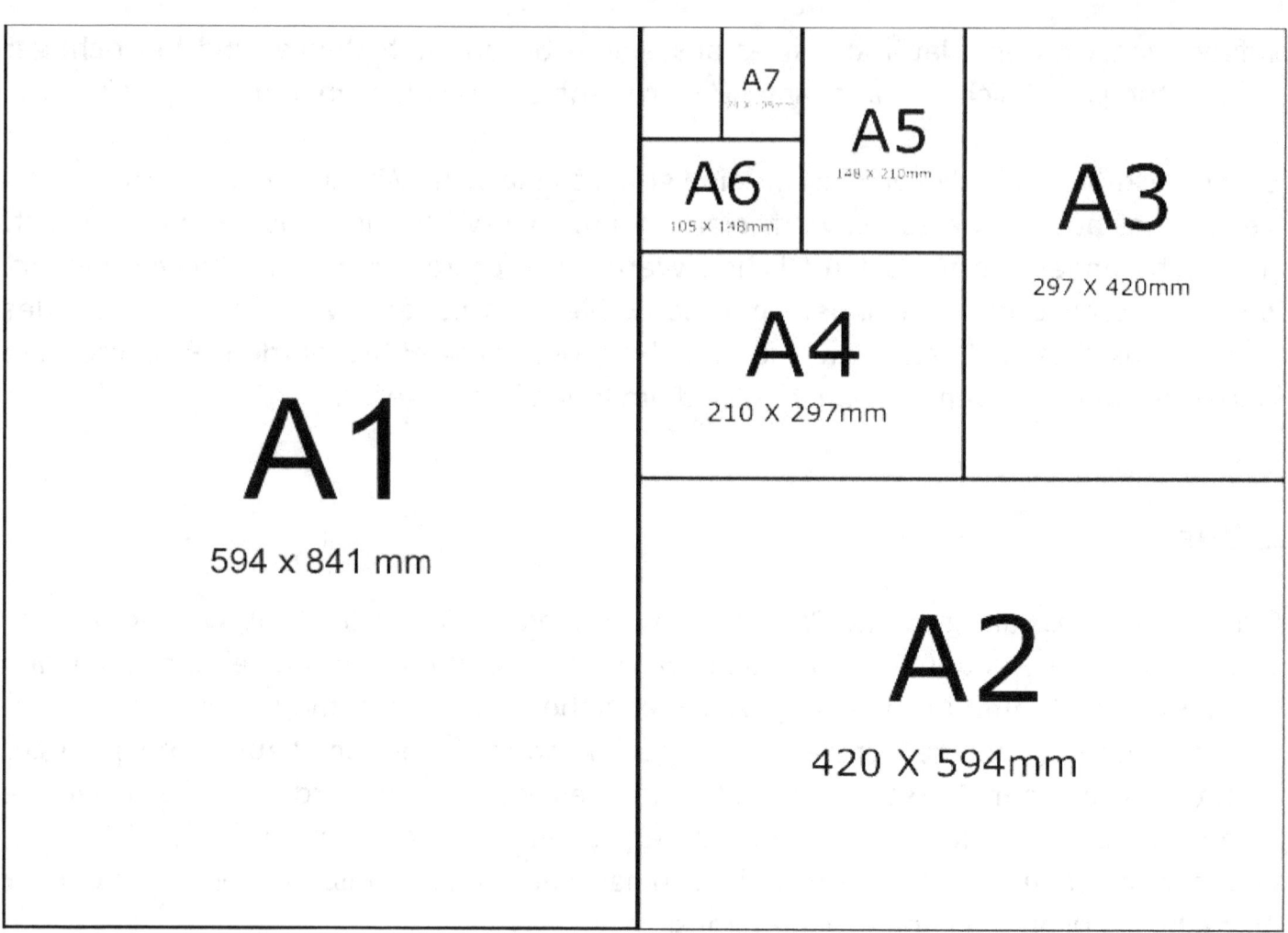

Normalerweise beginnt jeder mit dem Zeichnen im A4-Format. Wenn Sie jedoch eine wirklich detaillierte Zeichnung wünschen, können Sie auch die größeren Zeichenblätter ausprobieren.

Das Gewicht des Papiers

Das Gewicht des Papiers ist eines der wichtigsten Dinge, die zu beachten sind. Die Dicke des Papiers wird durch sein Quadratmetergewicht bestimmt. Ein übliches Druckpapier wiegt 80 g/m² und ist ziemlich dünn und knittert unter dem Druck der Stifte und nach dem Radieren. Deshalb lohnt es sich, schwereres Papier zum Zeichnen zu wählen. Ein Blatt mit einem Gewicht von etwa 180 bis 250 g/m² hat eine viel geringere Wahrscheinlichkeit, zu reißen, zu zerknittern usw.

Die Textur des Papiers

Neben dem Gewicht des Papiers müssen wir auch auf seine Textur achten und dabei das Medium berücksichtigen, mit dem wir arbeiten werden.

Wir unterscheiden drei Papiersorten durch ihre Herstellung:

- Heißgepresste Papiere: heißgepresste Hochdruckbögen. Sie haben eine viel glattere Oberfläche und weniger oder keine Textur.
- Kaltgepresste Papiere: Bei niedrigem Druck gepresst und ohne Hitzeeinwirkung. Dies gibt ihnen eine viel rauere, viel strukturiertere Oberfläche.
- Rau: das Papier mit der strukturiertesten Oberfläche.

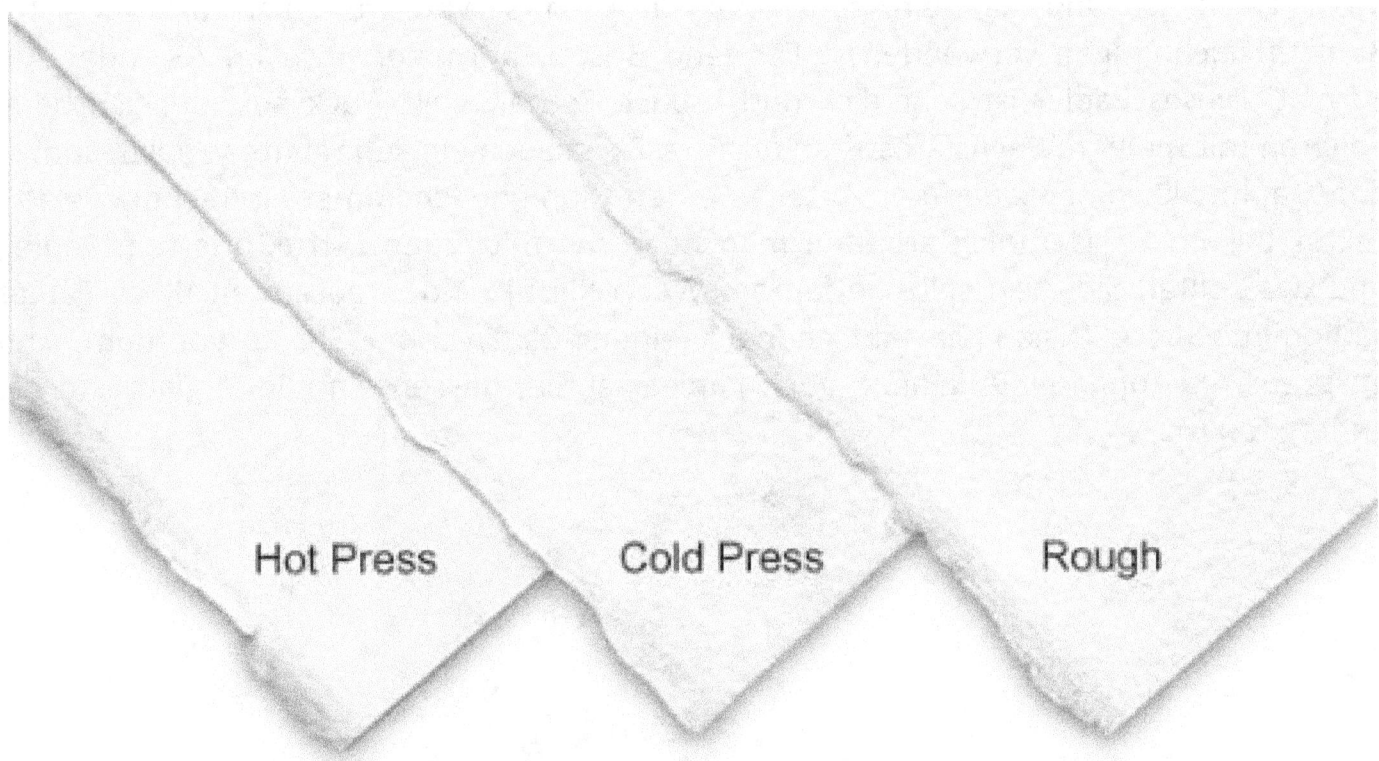

Welches Papier soll ich verwenden?

Für Skizzen sind auch dünnere, leichtere Papiere (ca. 80 g/m²) geeignet. Diese reichen für aufwendigere Zeichnungen nicht mehr aus, da sie leicht beschädigt werden können. Sie können Graphit sehr effektiv auf einem herkömmlichen Druckerpapier verwenden, was perfekt ist, wenn Sie noch üben. Wenn Sie jedoch ein ernsthafteres Kunstwerk beginnen, sollten Sie ein hochwertiges Zeichenblatt nehmen, da es nicht nur das Kunstwerk erleichtert, sondern auch haltbarer und schöner ist.

Aquarellpapier: Diese haben normalerweise eine raue, körnige Textur und sind die schwersten Blätter, da sie der Verwendung von Wasser standhalten müssen. Ihr Gewicht beträgt normalerweise 200–300 g/m². Glattere, heißgepresste Aquarellpapiere eignen sich auch ideal zum Zeichnen.

Zeichenpapier für Graphit, Kohle oder Buntstift: Es benötigt nicht die gleiche Haltbarkeit wie Aquarellpapier, sollte jedoch schwerer sein als für Skizzen. Sie wiegen normalerweise zwischen 180 und 220 g/m². Das Gewicht des ausgewählten Papiers sollte jedoch auch von Ihrem Zeichenstil abhängen. Wenn Sie also Wachsfarbstifte mit der Poliertechnik verwenden, sollten Sie ein Papier mit einem Gewicht von mindestens 220 g/m² wählen.

Mein Lieblings- und das einzige Papier, das ich sowohl für Blei- als auch für Buntstiftzeichnungen verwende, ist Fabriano Bristol, normalerweise im A3- oder A4-Format. Dieses Papier ist sehr dick und robust. Es hält viel Druck aus, den ich beim Polieren mit meinen Wachsfarbstiften ausübe. Es ist auch ein sehr glattes Papier, sodass der Graphit gleichmäßig darüber verteilt werden kann und ich immer eine schöne, glatte Textur bekomme. Natürlich arbeiten manche gerne mit rauem, strukturiertem Papier, und das sollten Sie auch selbst erfahren. Wenn Sie nicht den gesamten Block Papier kaufen möchten, fragen Sie einfach nach einem Blatt, damit Sie es vor dem Kauf ausprobieren können. Sie können auch Papier kaufen, dessen eine Seite glatt und die andere rau ist.

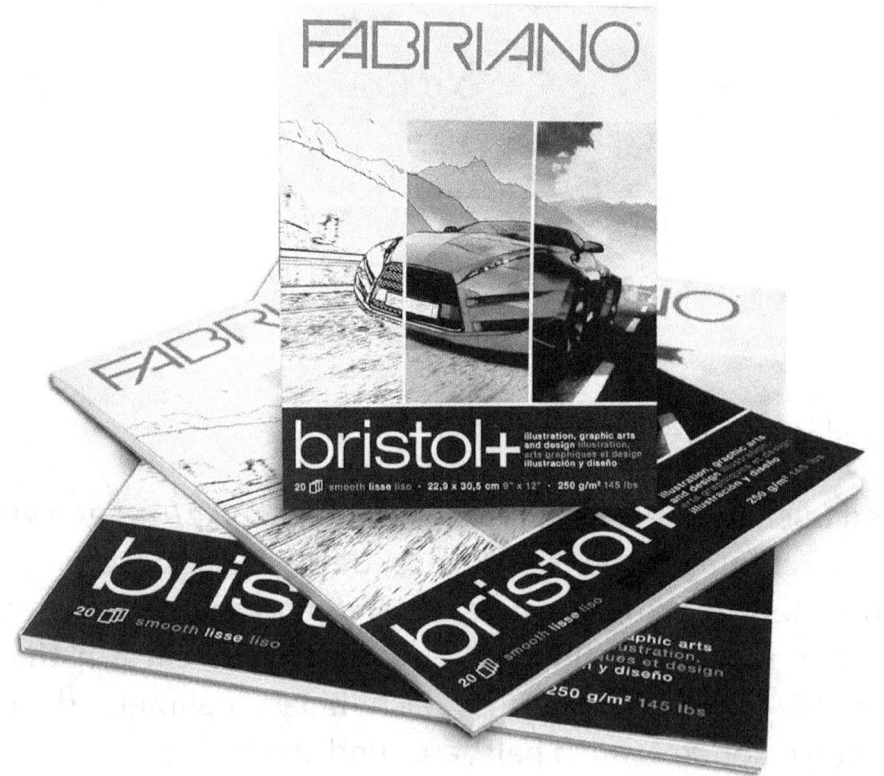

Die bekanntesten und wahrscheinlich besten Zeichenpapiermarken sind Strathmore, Stonehenge, Fabriano, Canson.

Radiergummis

Radierer werden benötigt, um nicht nur unnötige Linien zu beseitigen oder Fehler zu korrigieren, sondern auch um die Highlights auf dem gezeichneten Bereich zu erstellen. Es ist sehr wichtig, welchen Radiergummi wir für eine bestimmte Arbeit verwenden, und ich schlage vor, mehr Radiergummis zu kaufen, da sie alle für verschiedene Dinge geeignet sind. Die Radiergummis sind sehr billige Geräte, daher ist es sehr nützlich, mehr Typen zu bekommen, da nur einer nicht für alles gut ist. Die Wahl eines guten Radiergummis ist ebenfalls wichtig, da ein Radiergummi von schlechter Qualität das Papier beschädigen kann.

Hier sind die 5 Haupttypen, die Sie in Betracht zeichnen können:

1. Herkömmliche (Kunststoff)-Radiergummis

Für größere Flächen benötigen Sie möglicherweise einen Standard-Radiergummi. Sie können sie sogar mit einem Messer schneiden, um winzige Highlights zu erzielen. Wenn der Radiergummi schmutzig wird, reiben Sie ihn einfach auf einer Decke oder auch Sandpapier ab und Sie gelangen wieder zum sauberen Teil. Sie müssen diesen Radierer sehr vorsichtig verwenden, da Sie beim Reiben mit Gewalt auf der Oberfläche die Struktur des Papiers beschädigen und es nicht wiederherstellen können. Normalerweise verwende ich sie für den Hintergrund oder die Teile, die ich nicht schattieren würde.

2. Gekneteter Radiergummi

Diese Art ist weich, leicht zu kneten, hat eine hohe Bindungsfähigkeit (nach dem Kneten absorbiert er Graphit und wird wieder sauber), hinterlässt keine fettigen Flecken auf dem Blatt und beschädigt es nicht. Wir können es verwenden, wenn wir nur ein wenig Graphit auf dem schattierten Bereich entfernen möchten. Wir müssen also nur das Papier berühren oder ihn mit schnellen Klopfbewegungen aufdrücken, und der Graphit bleibt am Radiergummi haften. Sie können ihn nach Belieben in kleine Stücke zerbrechen. Sie können den weichen Radiergummi in die für Sie passende Form bringen, wenn Sie kleine Punkte benötigen oder eine größere Oberfläche radieren möchten. Sobald die Oberfläche des Radiergummis vom festsitzenden Graphit schwarz geworden ist, können Sie ihn erneut kneten und mit einem sauberen Stück weiter radieren.

Im nächsten Bild sehen Sie alle Radiergummis, die ich habe und die ich in den Tutorials in diesem Buch verwenden werde.

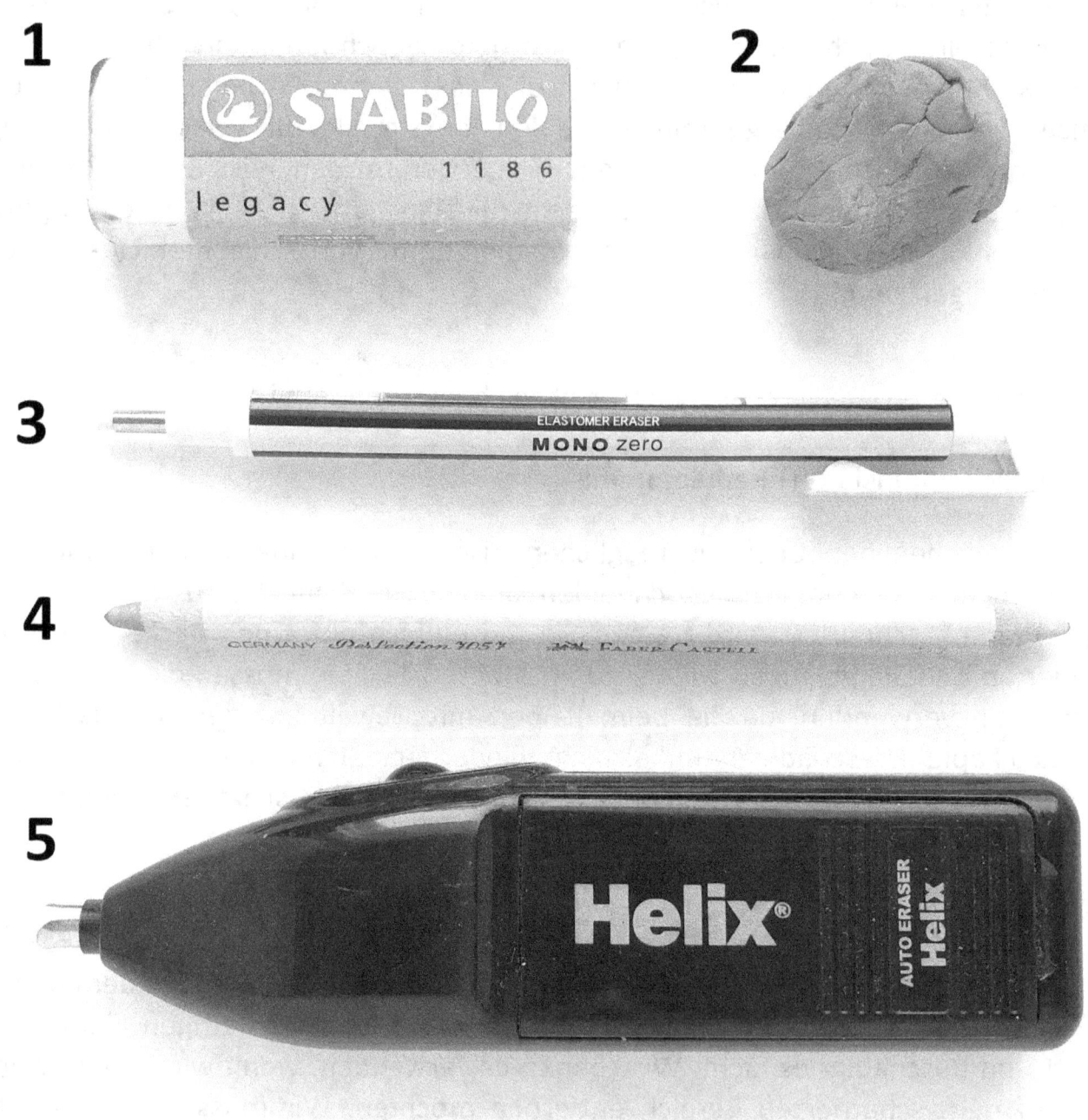

3. Mechanischer Radiergummi

Mit diesem praktischen Radiergummi können Sie Ihre Zeichnung schützen und nur die Teile radieren, die Sie unbedingt benötigen. Ein solcher Radiergummi ist der

Radiergummi Tombow Mono Zero, der in seiner Klasse einzigartig ist, und ich verwende ihn oft, um die Highlights zu erzeugen, insbesondere die hervorgehobenen Haare auf meinen Zeichnungen. Das stiftförmige Design macht die Bedienung noch einfacher. Der Radiergummifüller wird durch Drücken auf das Stiftende nach vorne gezogen. Er wird also wie Druckbleistifte verwendet und kann aufgeladen werden.

4. Radiergummi mit Bleistift

Wenn Sie in kleinen Bereichen mit dem Radiergummi arbeiten müssen, profitieren Sie stark von einem Radiergummi, den Sie wie einen normalen Bleistift mit einem Spitzer anspitzen können. Anstelle einer Graphitfüllung enthält er jedoch einen Radiergummi. Er ist auch praktisch, weil wir ihn halten und damit arbeiten können wie mit einem Bleistift.

5. Elektrischer Radiergummi

Er ist gut für Präzision und schnelles Radieren. Es kann auch für Blei-, Bunt- und Kohlestifte verwendet werden. Das Tolle an elektrischen Radiergummis ist, dass Sie problemlos mehrere Schichten und kleine Bereiche radieren können, ohne die Umgebung zu berühren. Natürlich muss darauf geachtet werden, dass das Papier nicht zu stark ruiniert wird. Möglicherweise müssen Sie die Spitze mit einer Klinge oder Sandpapier schärfen, um ganz kleine Highlights oder Haare zu erzielen.

Weißer Tintengelstift

Wenn wir zeichnen, möchten wir oft die Highlights auf den gezeichneten Bereichen erzeugen, aber egal wie stark wir aufdrücken, selbst wenn wir einen elektrischen Radiergummi verwenden, bringen wir die weiße Farbe des Papiers nicht zurück, da der Graphit die Papierfasern gefärbt hat und nicht vollständig beseitigt werden kann, nur aufgehellt. Dafür ist ein weißer Tintengelstift eine großartige Lösung. Ich verwende auch oft weiße Marker von Uni Posca, die hochwertigen Marker sind undurchsichtig und können leicht auf den Graphit aufgetragen werden. Ich benutze sie auch in meinen Buntstiftzeichnungen.

Graphitpulver

Das Graphitpulver ist ideal für feine, gleichmäßige Texturen, große Flächen oder Hintergründe. Es ist derselbe Graphit, aus dem der Bleistift hergestellt ist, jedoch zu feinem Pulver gemahlen. Wir können es auf viele verschiedene Arten verwenden. Eine der Techniken ist die Pinseltechnik. Geben Sie ein wenig Graphitpulver auf ein separates Blatt, tauchen Sie dann einen Pinsel ein und entstauben Sie den Überschuss auf dem Entwurfsblatt. Nur dann können wir es auf die Zeichnung anwenden. Es ist ratsam, mehrmals durch die Oberfläche zu gehen und die gewünschte Farbe aufzubauen, damit der Bereich nicht zu sehen ist. Es ist immer einfacher, mehr Ebenen aufzutragen als zu radieren. Je nach Größe des Bereichs, auf den Sie den Graphit auftragen möchten, brauchen Sie möglicherweise mehrere Pinsel unterschiedlicher Größe. Ich persönlich bevorzuge diese Technik nicht, aber es ist nur eine Frage der Gewohnheit. Ich trage es auf, indem ich es mit einem Stück Taschentuch, das ich um meinen Finger wickle, auf meinem Blatt Papier verteile. Ich benutze auch Wattestäbchen, um mit Graphitpulver zu schattieren.

Es wird nicht empfohlen, mit den Fingern zu arbeiten, und vor dem Auftragen des Graphitpulvers sollten wir das Papier nicht mit bloßen Fingern berühren. Nicht einmal, wenn wir ein Blatt Papier aus unserem Block oder Skizzenbuch nehmen.

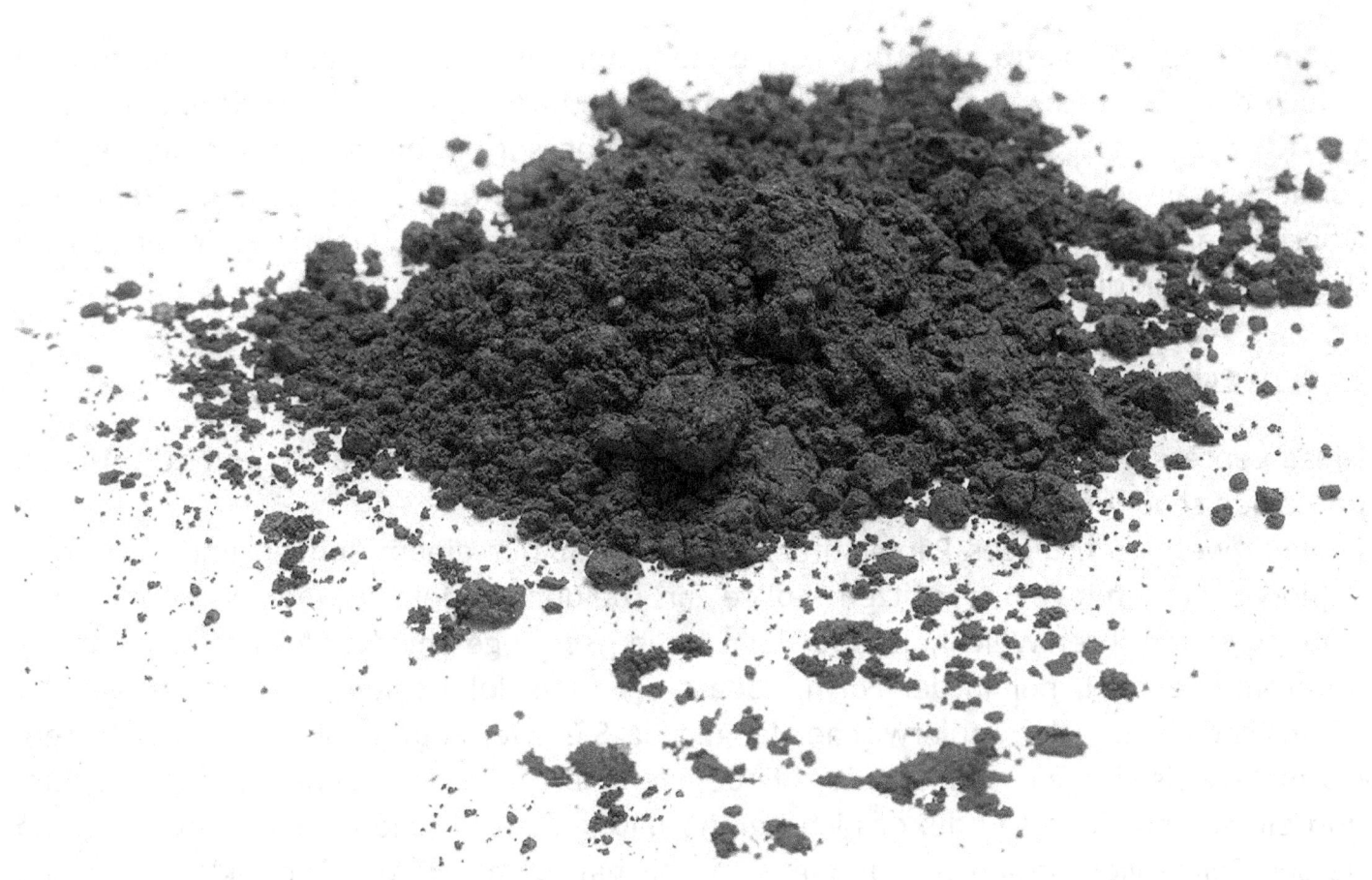

Das verschmierte Blatt wird normalerweise nach dem Verteilen des Graphitpulvers freigelegt, genau wie es die Ermittler am Tatort mit Fingerabdrücken tun. Waschen Sie Ihre Hände vor dem Zeichnen immer gründlich. Fett und Schmutz an unseren Fingern können Spuren auf unserer Zeichnung hinterlassen. Das kann sehr ärgerlich sein, daher ist Vorsorge der Schlüssel. Es ist eine gute Idee, ein Schutzblatt unter Ihre Hand zu legen, damit Ihr Zeichenblatt nicht nass oder fettig wird. Das ist besonders im Sommer wichtig, wenn unsere Hände mehr schwitzen. Ich verwende oft ein transparentes Stück Nylon, wenn ich meine Zeichenvorgänge aufzeichne, damit die Betrachter die gesamte Zeichnung jederzeit sehen können. In der Zwischenzeit schütze ich sie vor Verschmieren.

Werkzeuge zum Mischen

Taschentuch

Sie können ein Papiertaschentuch verwenden, um das Papier zu verteilen. Achten Sie jedoch darauf, eines zu wählen, das keinen Geruch hat und keine Feuchtigkeit spendet. Tatsache ist, dass Sie auch ein Küchentuch oder sogar Toilettenpapier verwenden können, was ich oft mache, wenn mir die Taschentücher ausgehen. Wenn die Oberfläche, die Sie verwischen möchten, für ein Taschentuch zu klein ist, verwenden Sie das folgende in diesem Kapitel erwähnte Werkzeug.

Papierwischer

Diese gepressten, spitzen Papierstäbe werden verwendet, um den Graphit zu mischen und einen schönen, gleichmäßigen Ton zu erzeugen.
Es gibt zwei Arten dieses Papierstifts: Tortillion mit nur einem spitzen Ende und den Papierwischer mit einer spitzen Spitze an beiden Enden. Früher gab es einen Unterschied in ihrer Weichheit, aber jetzt haben sie ungefähr die gleiche Qualität und unterscheiden sich nur in der Form, sodass es keine Rolle spielt, welche Sie wählen. Offensichtlich hält der Papierwischer länger, da Sie zwei Enden zur Benutzung haben. Normalerweise habe ich ein sauberes Ende, wenn ich hellere Bereiche mischen möchte, und ein schmutzigeres Ende, das ich bereits häufig zum Mischen verwendet habe und dessen Spitze viel Graphit darauf angesammelt hat, damit ich damit dunklere Bereiche mischen kann.
Wenn Sie zu viel Graphit darauf haben, reiben Sie ihn ein wenig auf dem Schleifpapier und er wird wieder sauber. Sie können vorübergehend auch ein Stück Taschentuch um einen Druckbleistift wickeln und verwenden.

Wattestäbchen

Wattestäbchen können auch zum Mischen verwendet werden. Da sie jedoch etwas größere Köpfe als die Papierwischer haben, können wir sie für etwas größere Bereiche verwenden. Sie eignen sich auch sehr gut zum Feinmischen, wenn wir nicht zu viel Graphit auftragen möchten. Darüber hinaus können saubere Wattestäbchen sogar viel gezeichneten Graphit entfernen. Üben Sie daher zuerst auf einem separaten Blatt Papier.

Wattepads

Wenn Sie kein Taschentuch zur Hand haben, können Sie Wattepads verwenden. Sie werden genau die gleiche Arbeit leisten.

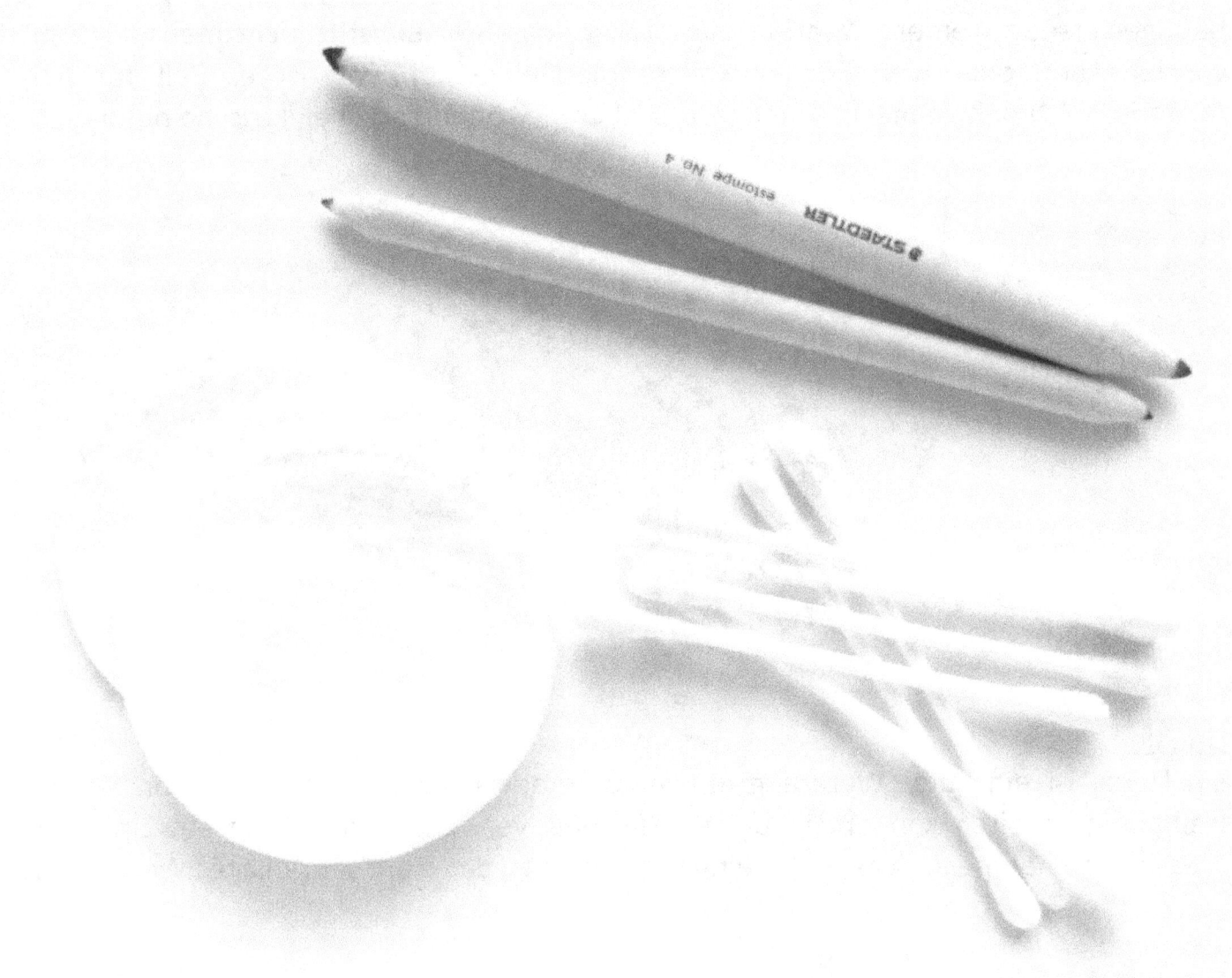

Zusätzliche Werkzeuge

Fixativ

Möglicherweise möchten Sie die Zeichnung mit einem Fixiermittel besprühen, um sie vor Verschmieren zu schützen. Es gibt zwei Arten von Fixiermitteln:
1. Bearbeitbares Fixiermittel, das Sie inmitten der Arbeit verwenden und das Sie weiter bearbeiten können.
2. Nicht bearbeitbares Fixiermittel, wenn Sie auf dem Papier nach dem Sprühen nichts hinzufügen möchten. Dieser wird am Ende der Zeichnung verwendet.

Anspitzer

Wenn Sie nicht nur einen Druckbleistift verwenden, benötigen Sie einen hochwertigen Anspitzer. Die teureren neigen dazu, länger scharf zu bleiben, die billigen müssen häufiger ersetzt werden. Wenn wir feststellen, dass der Bleistift nicht mehr angespitzt werden kann oder wenn der Anspitzer die Spitze abbricht, ist es Zeit für einen Austausch. Ich habe einfache Handgeräte, aber Sie können auch elektrische nehmen.

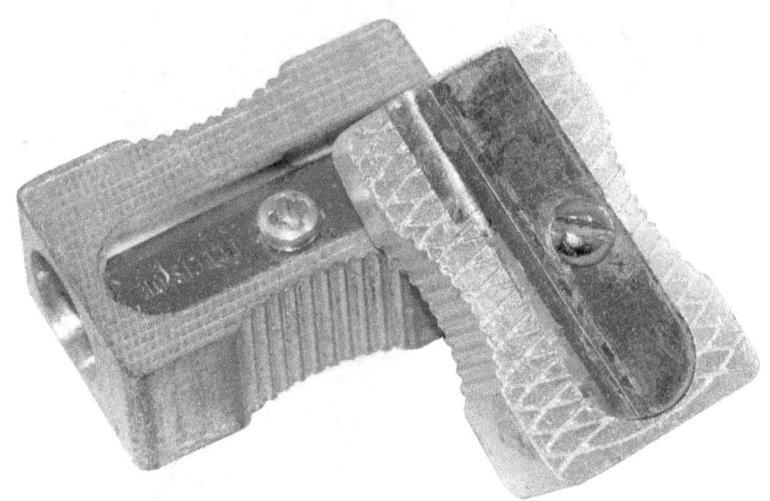

Lineale

Ein Lineal ist ein gutes Werkzeug, um eine gerade Linie zu erstellen, wenn Sie nicht freihändig arbeiten können. In diesen Tutorials verwende ich häufig ein Lineal zum Messen. Ich nehme an, dass jeder eins zu Hause hat, da es ein sehr billiges Werkzeug ist.

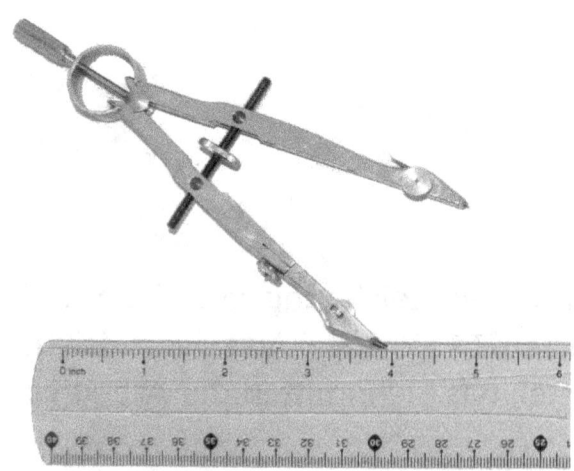

Zirkel

Für einige Skizzen aus diesen Tutorials benötigen Sie einen einfachen Zirkel.

WIE MAN EIN SCHMETTERLING ZEICHNET

Beginnen wir mit einem Schmetterling.
Zeichnen Sie zuerst seinen Körper oder den Thorax in die Mitte Ihres Papiers, um die Ausgangspunkte zu erhalten. Dann können Sie die Umrisse der Flügel zeichnen. Die Formen können beliebig sein, aber versuchen Sie, sie symmetrisch zu machen. Im nächsten Bild können Sie sehen, wie ich angefangen habe. Die Umrisse müssen nicht perfekt sein.

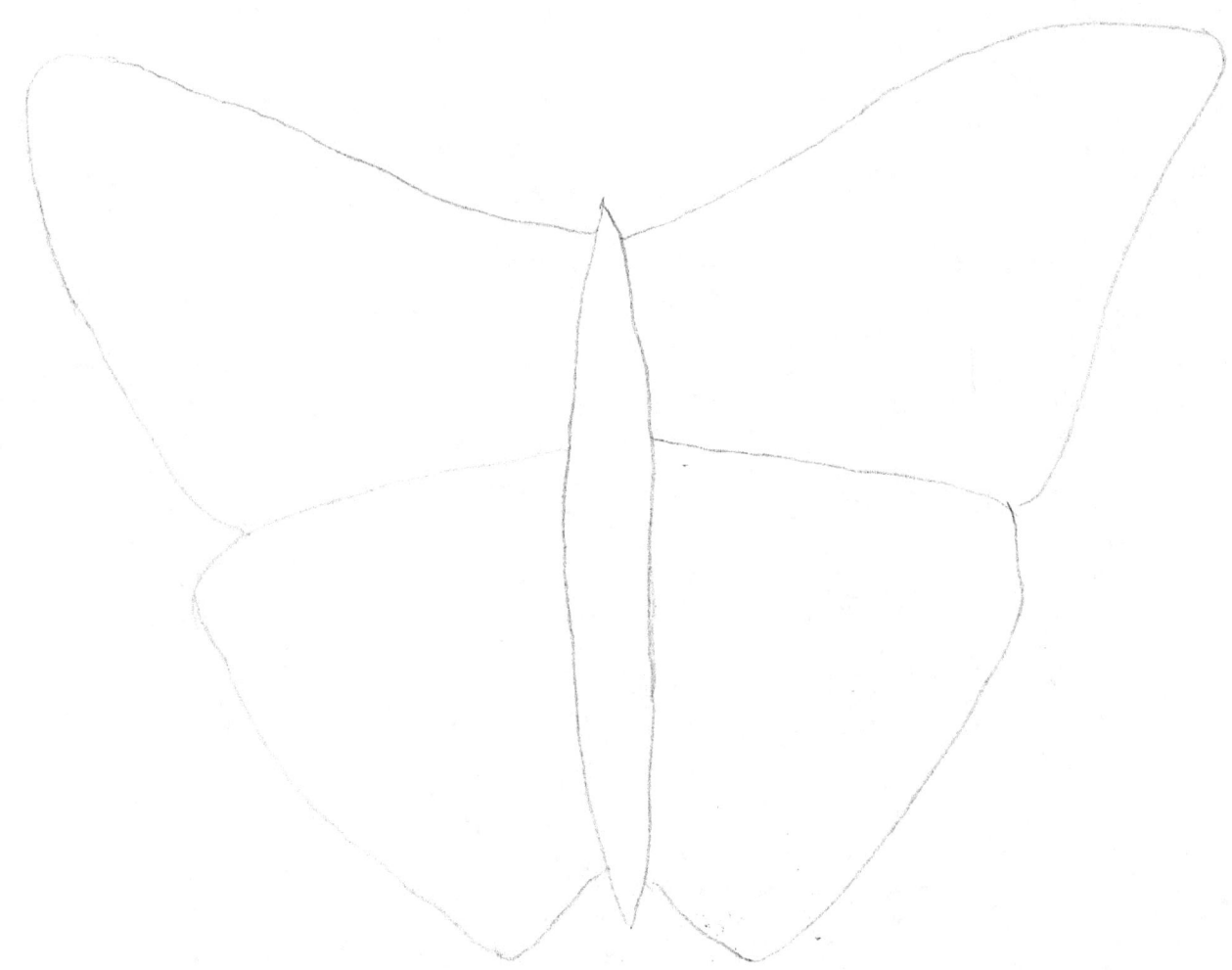

Erstellen Sie einige Muster, bevor Sie mit dem Schattieren beginnen. Ich möchte diese typischen, weißen Punkte auf dem schwarzen Rand der Flügel erzeugen. Wenn Sie einen weißen Tintengelstift oder einen weißen Marker haben, können Sie den gesamten Bereich mit einem schwarzen Stift ausmalen und sie dann mit einem weißen

Tintengelstift erstellen. Aber für diejenigen, die diese Tools nicht haben, möchte ich Ihnen zeigen, wie das geht. Wir müssen also nur um diese Punkte zeichnen und sie bleiben weiß.

Erstellen Sie die Punkte neben dem Rand wie im nächsten Bild gezeigt. Machen Sie dasselbe rund um die Flügel. Die Punkte müssen nicht gleich sein. Einige von ihnen können kleiner sein, andere größer. Das Muster muss nicht das gleiche sein wie bei den vorhandenen Schmetterlingen, wir können etwas ändern und es nach Belieben erstellen. Versuchen Sie dasselbe, um sowohl den linken als auch den rechten Flügel neu zu erstellen und die Muster so symmetrisch wie möglich zu gestalten. Zeichnen Sie zwei Antennen oben auf den Körper.

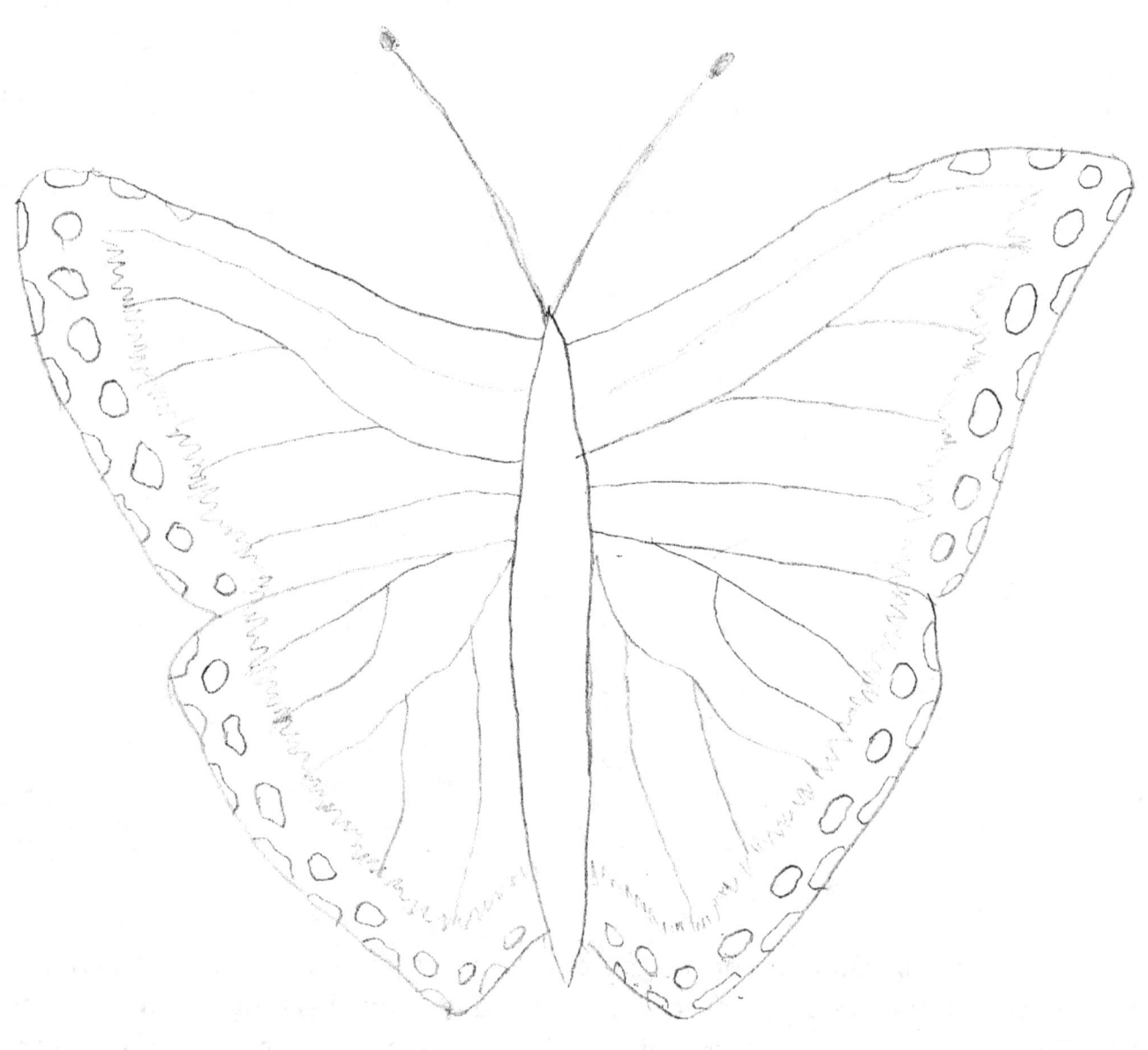

Beginnen wir mit der Schattierung.
Schattieren Sie zuerst den Körper in der Mitte. Ich benutze dafür einen H. Erstellen Sie in der Mitte des Körpers einen etwas dunkleren Bereich, indem Sie stärker aufdrücken, und drücken Sie dann immer weniger, wenn Sie in Richtung der Ränder oder der Flügel schattieren, damit der Körper etwas rund aussieht. Hier drücken Sie entweder immer weniger mit demselben Stift auf oder Sie verwenden einen helleren Stift.

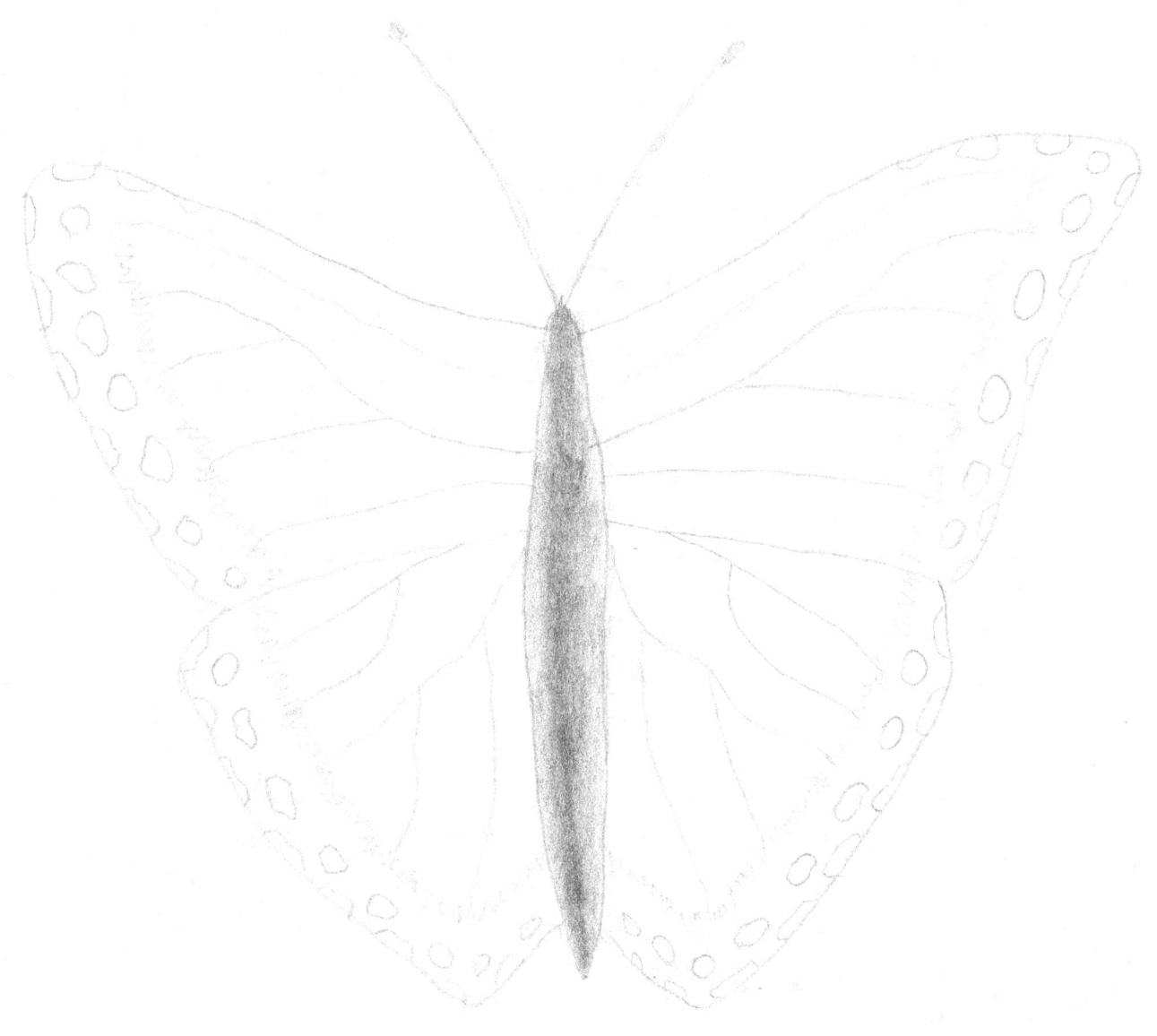

Mischen Sie es ein wenig mit einem Wattestäbchen, damit es weich aussieht, und erstellen Sie dann zufällig einige Muster mit einem HB, etwa winzige, horizontale Linien. Auch Kopf und Augen. Vermeiden Sie es einfach, es flach und eintönig aussehen zu lassen und fügen Sie etwas Zufälligkeit hinzu. Einige Muster können mit einem Papierwischer gemischt werden.

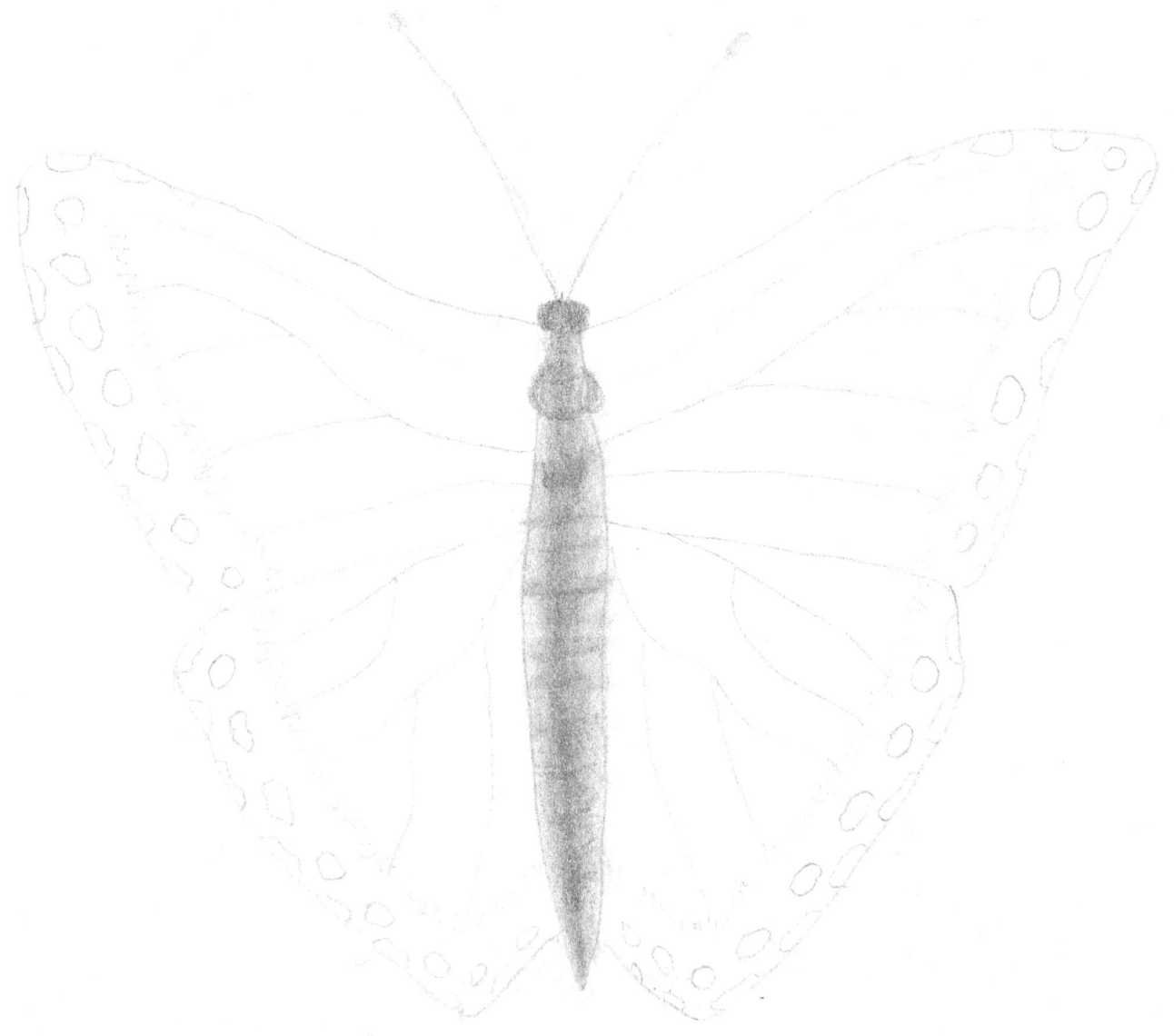

Als Nächstes färben Sie die Ränder mit einem 6B oder dunkleren Stift. Ich benutze einen 8B für den ganzen Schritt.
Wie ich bereits erwähnt habe, müssen wir die weißen Punkte weglassen und nur um sie herum färben. Natürlich müssen wir sehr sorgfältig neben den Rändern und neben den weißen Punkten arbeiten und den Rand zwischen den schwarzen und weißen Bereichen

sauber und scharf machen. Drücken Sie ganz fest auf, da Sie hier eine absolut schwarze Farbe erstellen müssen. Hier muss man alles geduldig abdecken und es braucht viel Zeit. In diesem Schritt können Sie die Formen der Punkte neu erstellen. Wenn Sie also um sie herumzeichnen, formen Sie sie und hier können Sie ihre Formen ändern.

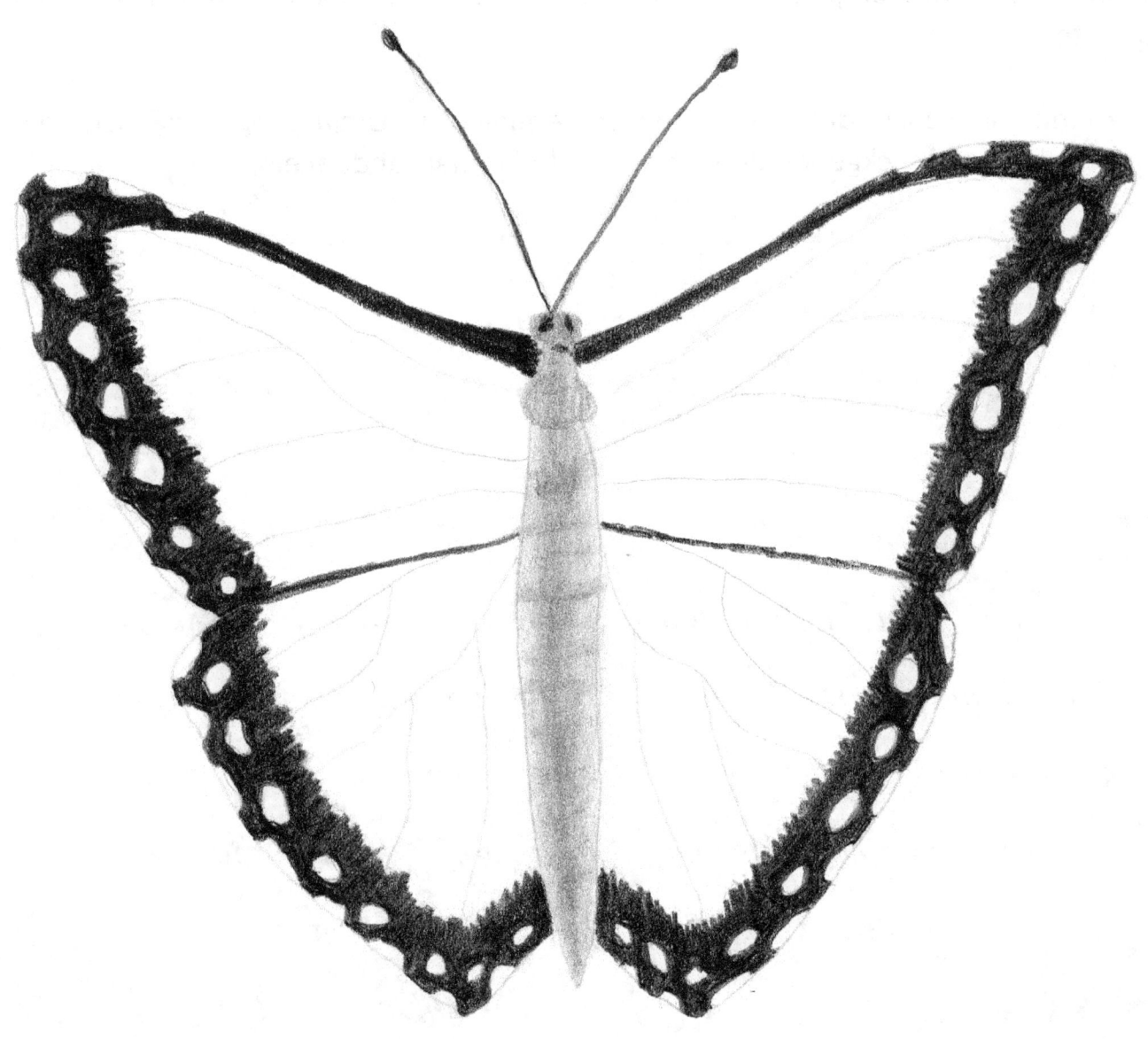

Jetzt können wir die Muster auf den Flügeln mit einem 2B verstärken. Gehen Sie einfach noch einmal darüber und drücken Sie fester auf. Dann schattieren Sie die inneren Bereiche der Flügel. Ich beginne neben dem 8B-Bereich mit einem 2B, weil ich den Gradientenübergang von 8B zu einem sehr hellen Stift machen möchte.

Zeichnen Sie also die Striche in den zuvor gezeichneten 8B-Bereich, drücken Sie stärker neben dem Körper auf und heben Sie den Stift dann leicht an, wenn Sie jeden Strich etwas weiter vom Körper entfernt beenden. Studieren Sie das nächste Bild, um zu sehen, was ich erklären möchte. Wir möchten einen glatten Farbverlauf erstellen, da der dunkle Stift im nächsten Schritt mit dem helleren fortgesetzt werden soll. Wir müssen im oberen Teil etwas längere Striche erstellen und dann immer kürzere Linien, wenn wir nach unten arbeiten.

Jetzt können Sie sehen, dass der Körper im Vergleich zur Umgebung zu hell ist, aber wir können jederzeit zurückgehen und ihn später bei Bedarf abdunkeln.

Hinweis

Wenn Sie schnell lernen und sich verbessern möchten, ist es wichtig, jeden Tag zu zeichnen. Es mag sich nach einer schwierigen Aufgabe anhören, sich jeden Tag Zeit zum Zeichnen zu nehmen, aber es muss keine vollständige Zeichnung sein. Es kann so einfach sein wie eine kleine Skizze oder nur einen kleinen Bereich der Zeichnung zu erstellen. Je mehr Sie es tun, desto natürlicher und einfacher wird es.

Machen Sie dasselbe neben den äußeren schwarzen Bereichen, die weiße Punkte enthalten, aber hier müssen Sie sehr kurze Striche zeichnen und sie auf den Linien des Musters etwas länger machen.

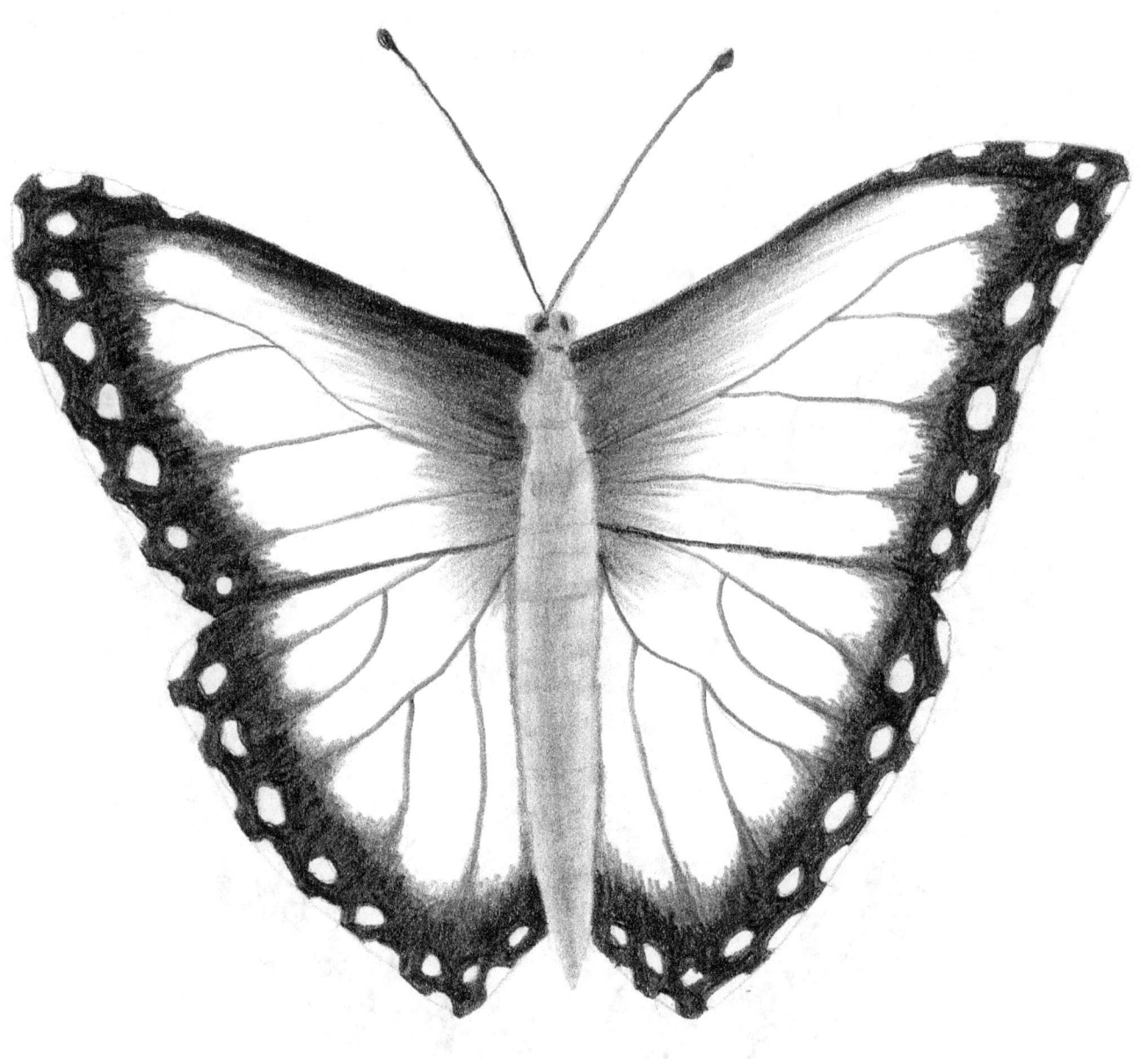

Fahren Sie mit einem HB fort und gehen Sie die zuvor gezeichneten Striche durch, die Sie gerade mit einem 2B gezeichnet haben, und drücken Sie hier fest auf die 2B-Striche auf und heben Sie den Stift ab, wenn Sie jeden Strich beenden. Machen Sie dasselbe aus der entgegengesetzten Richtung, von diesem Rand, den wir auch mit einer 8B und danach mit der 2B schattiert haben. Dieser Schritt nimmt wirklich viel Zeit in Anspruch und Sie müssen ihn nicht in einer Sitzung ausführen, da Ihre Hand wehtun kann.

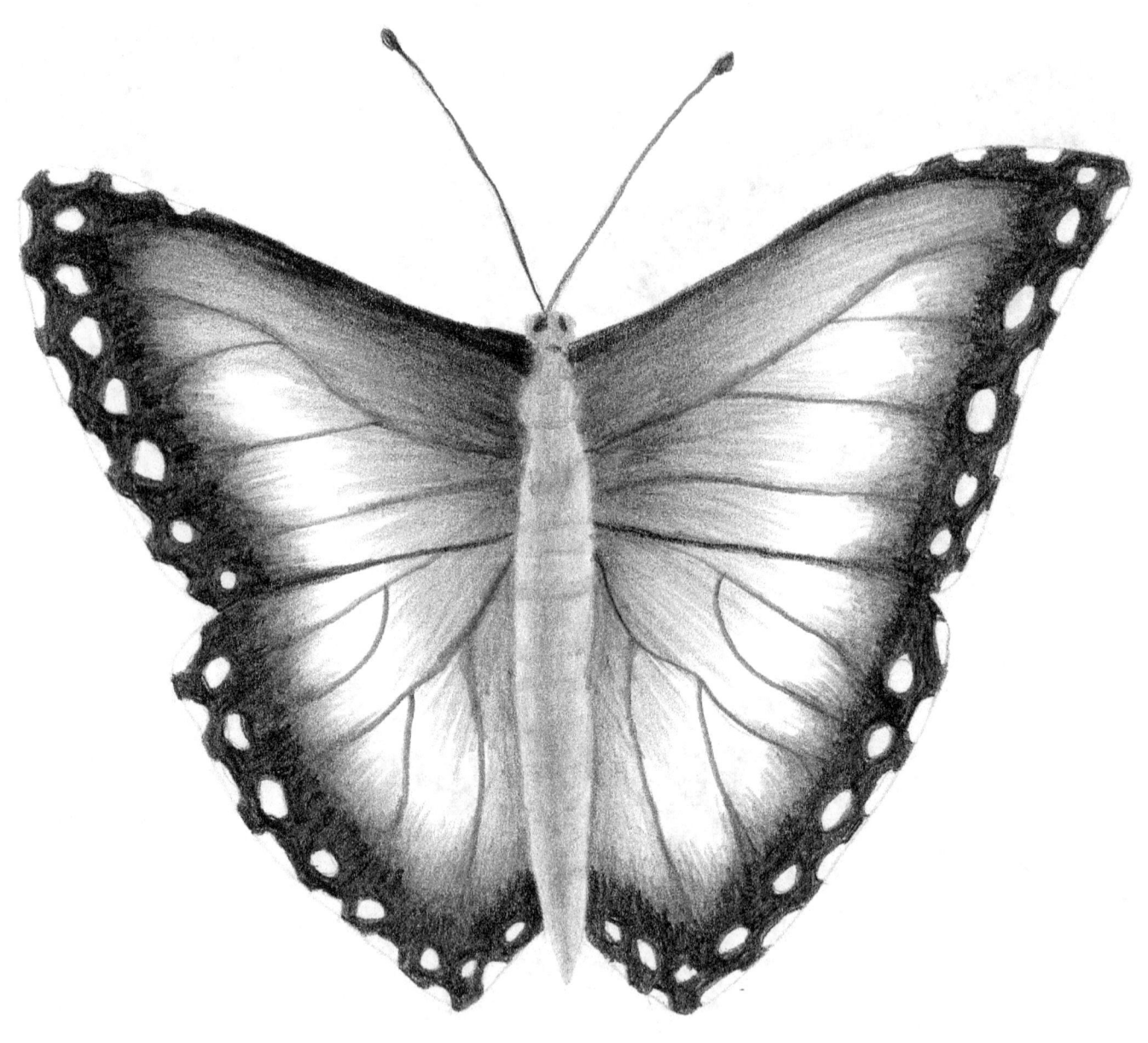

Verwenden Sie als Fortsetzung einen 2H für die hervorgehobenen Teile, die Teile, die wir nicht abgedeckt haben. Gehen Sie auf die gleiche Weise in den zuvor schattierten Bereichen in die gleiche Richtung wie zuvor, jedoch mit einem 2H. Jetzt können Sie sehen, dass diese Bereiche immer noch ziemlich hervorgehoben sind, sodass sie mit Ausnahme der weißen Punkte die hellsten Teile der Flügel sind.

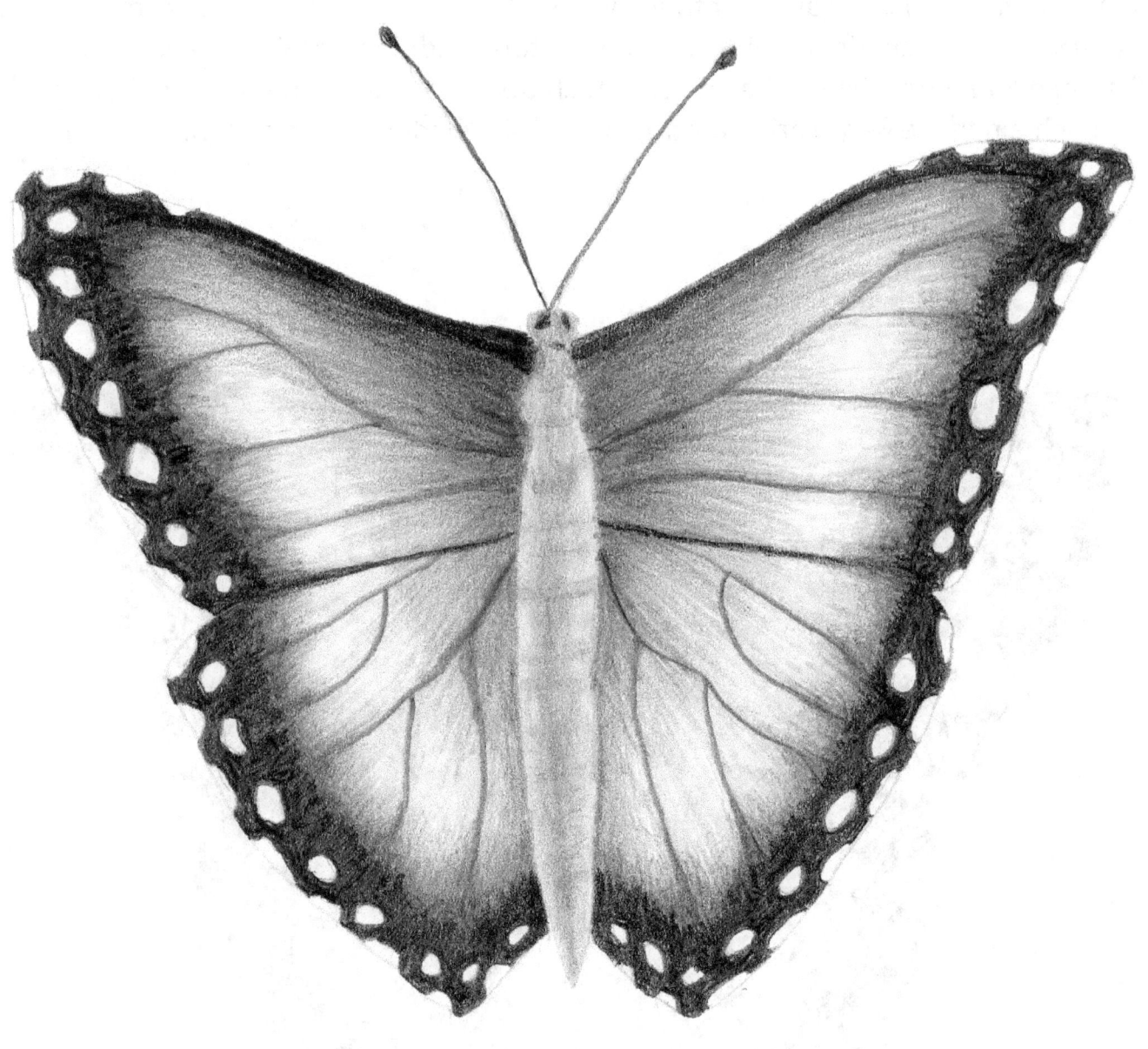

Jetzt können wir alles sorgfältig mit einem Wattestäbchen mischen und in den helleren Bereiche beginnen und dann einfach in Richtung der dunkleren Bereiche gehen.

Verwenden Sie also ein sauberes Wattestäbchen in den helleren Bereichen. Wenn Sie etwas Graphit auf der Spitze haben, können Sie es auf die dunkleren Bereiche auftragen und nicht in umgekehrter Reihenfolge. Durch das Mischen sieht der Schmetterling weich aus.

Nach dem Mischen sehen Sie, ob Sie mehr Schatten hinzufügen müssen.

Zeichnen Sie auch die Flügel so, dass die weißen Randpunkte zum Ausdruck kommen können, weil sie nicht ganz sichtbar waren. Sie sahen aus, als gehörten sie zum Hintergrund. Trennen Sie sie einfach vom Hintergrund, indem Sie sie wie im nächsten Bild gezeigt Skizzieren. Wenn Sie versehentlich über diese weißen Punkte gehen, können Sie einfach einen weißen Marker auftragen und sie wieder weiß machen.

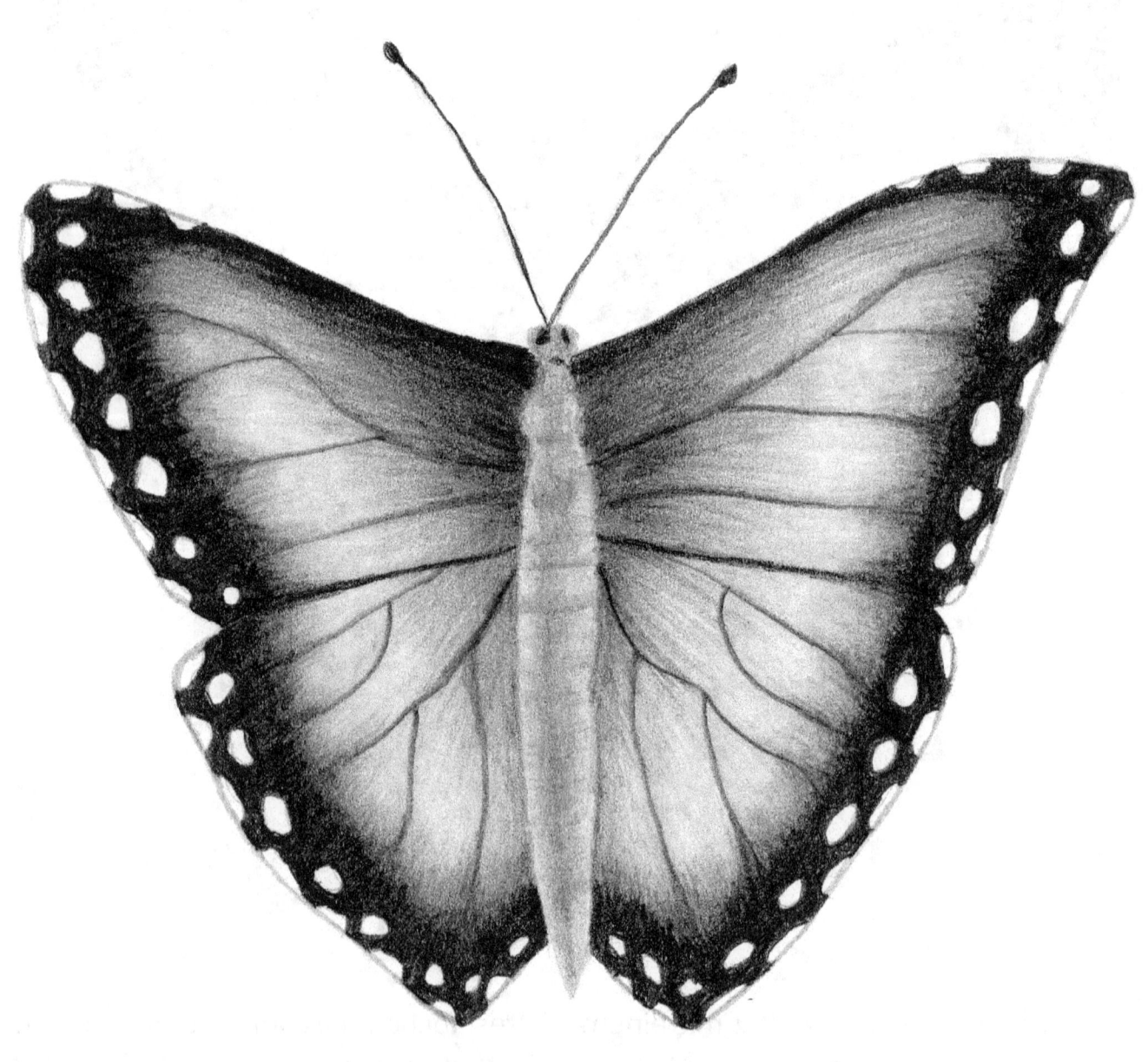

Zuletzt erstellen Sie den Schattenwurf, der unseren Schmetterling mehr 3D aussehen lässt. Der Schatten wird also von den Flügeln auf die Oberfläche geworfen, auf der der Schmetterling steht. Ich habe Graphitpulver und ein Taschentuch verwendet und die Form ähnlich dem rechten Flügel erstellt, wie im nächsten Bild gezeigt. Der obere Teil kann weiter vom Schmetterling entfernt sein und der untere Teil näher. Ich mache den Schatten des linken Flügels viel kleiner, damit dieser Flügel näher an der Oberfläche erscheint. Das hängt natürlich auch von der Lichtquelle ab.

Wie Sie sehen können, verstärkt der Schattenwurf die weißen Punkte der Flügel und sie werden sichtbarer. Aber wir können den Schatten nicht überall um den Schmetterling herum erzeugen, nur in einigen Bereichen, und es reicht aus, dass alle weißen Punkte jetzt Teil des Schmetterlings und nicht des Hintergrunds sind.

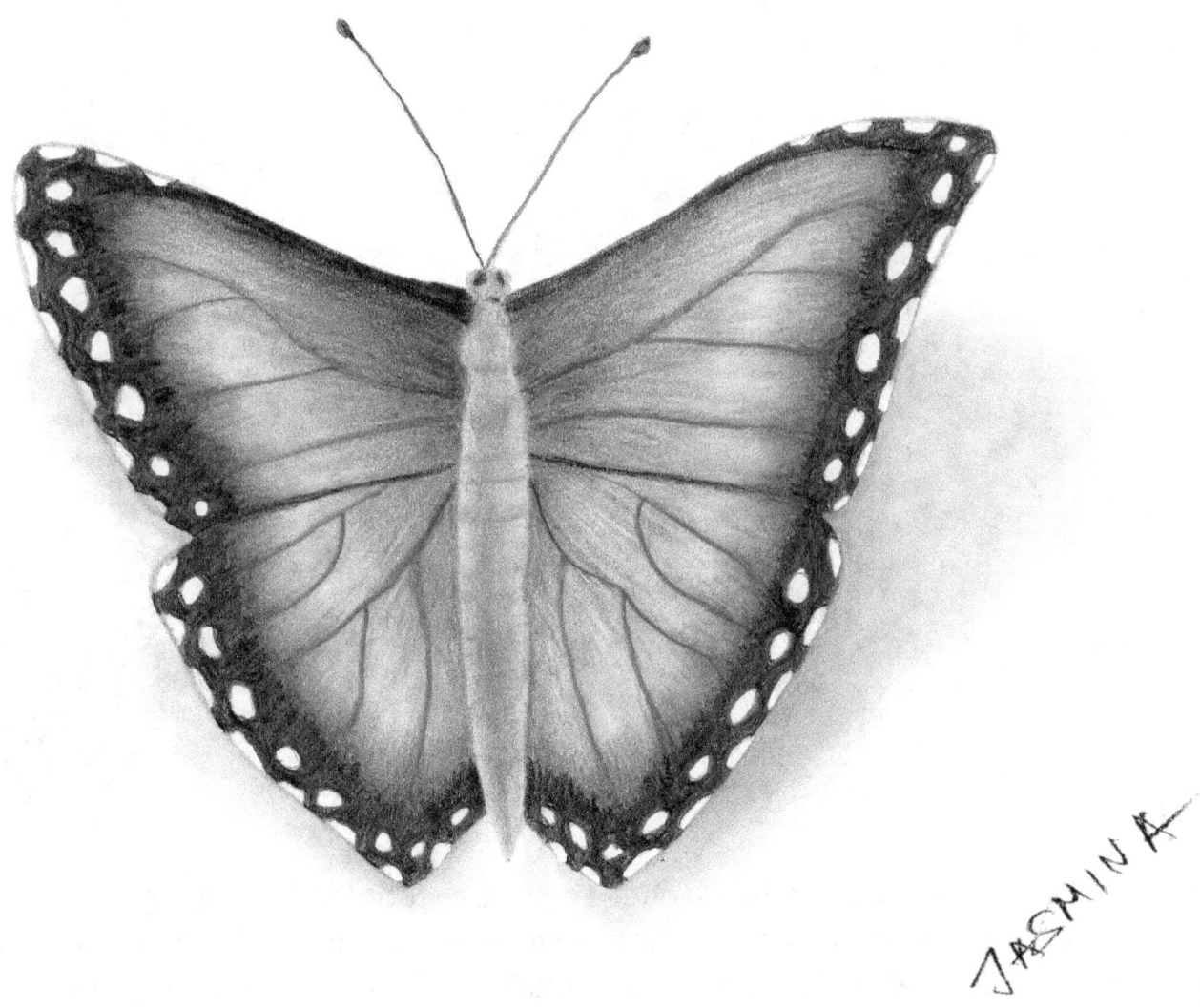

Jetzt können Sie mehr Schmetterlinge wie diesen zeichnen, aber versuchen Sie es mit verschiedenen Mustern, verschiedenen Formen und verschiedenen Schatten.

WIE MAN WASSERTROPFEN ZEICHNET

Lassen Sie uns als Nächstes Wassertropfen zeichnen.
Schattieren Sie als ersten Schritt das gesamte Blatt Papier vollständig mit Graphitpulver, bevor Sie mit dem Schattieren und Zeichnen der Tröpfchen beginnen. Streuen Sie etwas Graphitpulver auf ein separates Stück Papier, wickeln Sie ein Taschentuch um Ihren Finger und tauchen Sie es in das Graphitpulver. Verteilen Sie es dann mit horizontalen Bewegungen auf dem Papier.

Danach können Sie auch vertikale oder sogar kreisförmige Bewegungen machen, sehr stark aufdrücken und versuchen, eine gleichmäßige Textur für den Hintergrund zu erstellen. Im nächsten Bild sehen Sie mein Blatt mit dem darauf verteilten Graphit.

Bestimmen Sie zuerst die Position der Tröpfchen. Zeichnen Sie sie also nach dem Zufallsprinzip, wo Sie möchten: kleinere und größere, winzige und dann zwei nebeneinander oder zwei miteinander verbundene. Sie müssen nicht alle kreisförmig sein, sondern auch elliptisch. Studieren Sie das nächste Bild, um die Vielfalt der von mir gezeichneten Tröpfchen zu sehen.

Erstellen Sie dann die schattierten Bereiche unter den Tröpfchen oder tatsächlich auf der Oberfläche, auf der sich die Tröpfchen befinden. Wenn unsere Lichtquelle von der linken Seite kommt, möchten wir den linken Teil der Tröpfchen neben der Seite, von der die Lichtquelle kommt, schattieren. Dann müssen wir weniger schattieren, wenn wir zur rechten Seite der Tröpfchen schattieren und irgendwo in der Mitte anhalten. Wir müssen also einen Verlaufsübergang zwischen den dunkelsten Teilen und dem Grundton des Hintergrunds erstellen, den wir im vorherigen Schritt erstellt haben. Auch hier sollten wir Kreisbewegungen machen, weil wir eine glatte Textur erzeugen wollen. Für diesen Schritt verwende ich einen B, aber Sie können einen HB oder einen F verwenden, aber dunkler als B ist hierfür nicht gut.

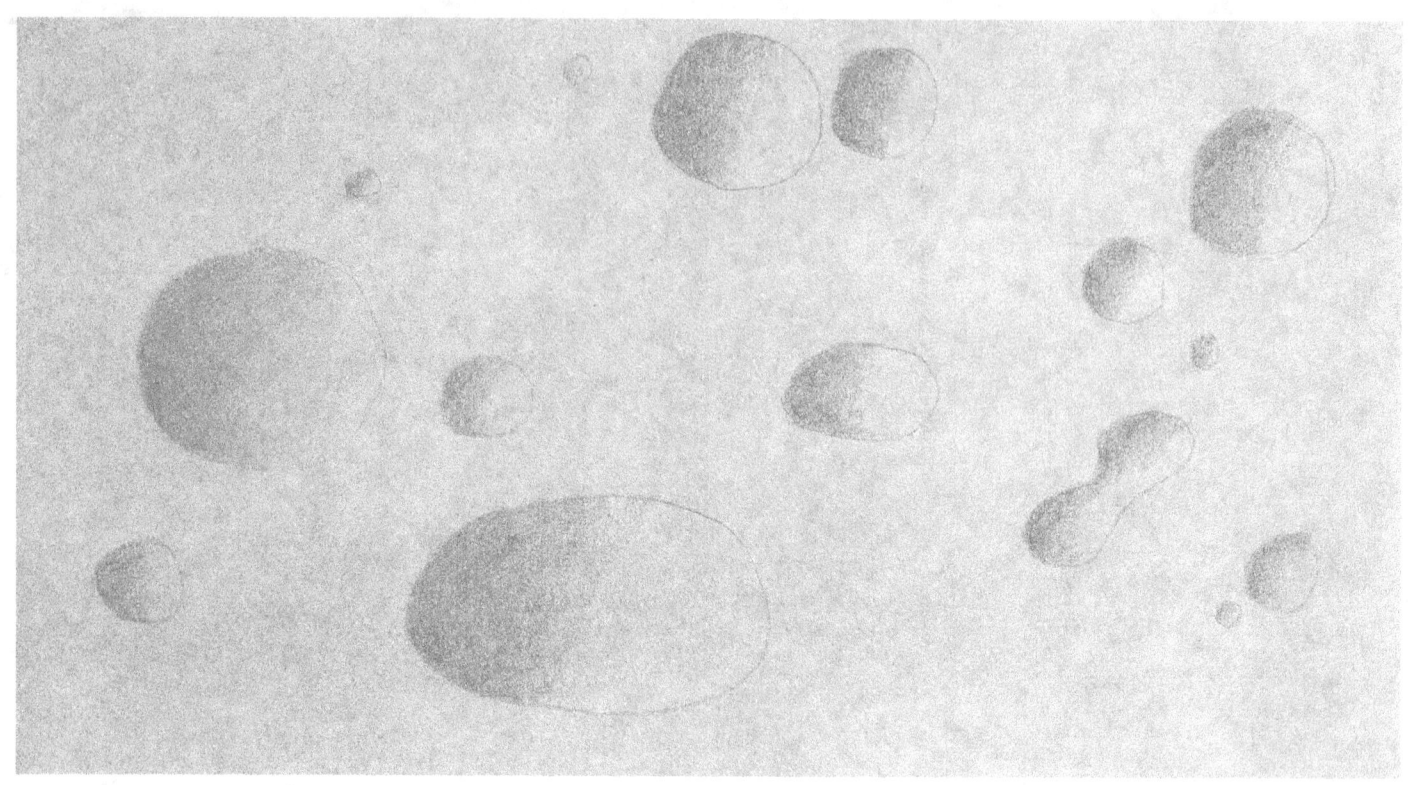

Jetzt können wir alles mit einem Papierwischer mischen. Wir können einen Papierwischer verwenden, um die kleineren zu mischen, und einen Wattestäbchen, um die größeren zu mischen. Diese Bereiche sollten so glatt wie möglich sein. Mischen Sie also so lange, bis Sie eine glatte Textur erhalten.

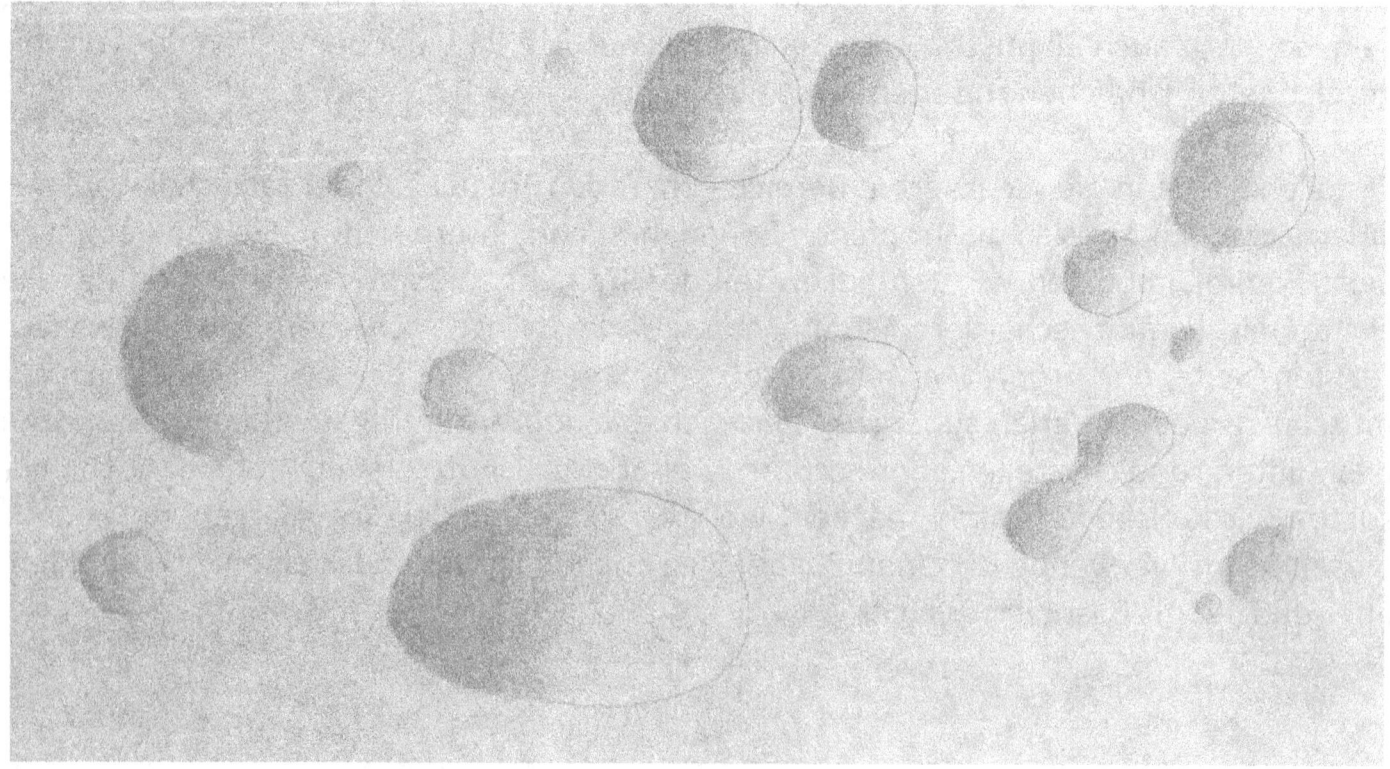

Als Nächstes werden die Highlights auf der anderen Seite der Tröpfchen erzeugt. Verwenden Sie dazu einen Radiergummi, um den Graphit auf der rechten Seite jedes einzelnen Tröpfchens zu entfernen.

Beginnen Sie auf dem Rand des Highlights auf der rechten Seite der Tröpfchen, wo es am hellsten sein soll, und radieren Sie den Graphit in Richtung der Mitte der Tröpfchen. Verringern Sie den Druck auf Ihren Radierer, da Sie immer weniger radieren sollten, damit das Highlight auch allmählich im Grundton verschwindet und kein sauberer Rand zwischen den Schatten und Highlights sichtbar wird.

Beachten Sie, wie meine Tröpfchen aufgrund dieser Highlights jetzt realer aussehen. Aber wir sind noch nicht fertig.

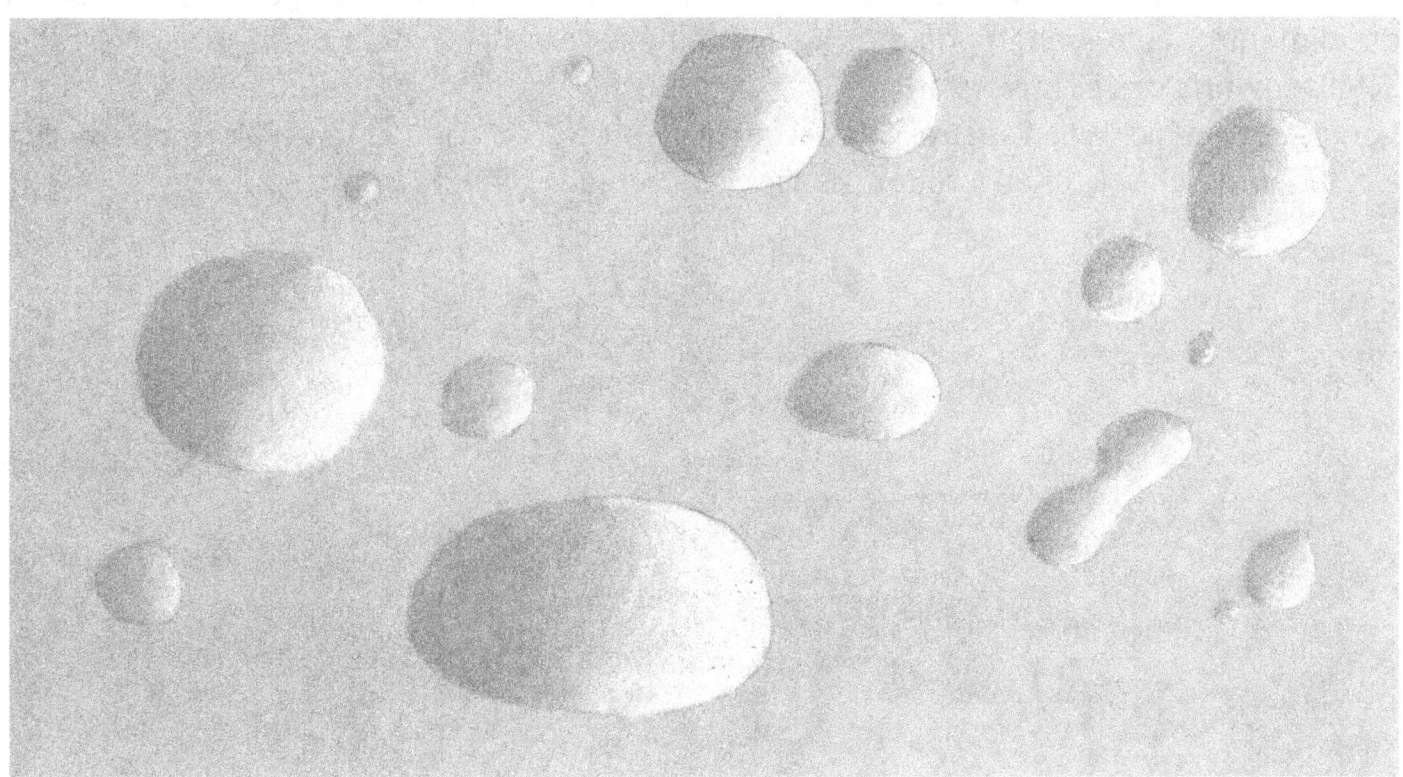

Erstellen Sie als Nächstes den Schattenwurf, den Schatten, der von den Tröpfchen auf die Oberfläche geworfen wird.

Wenn unsere Lichtquelle von links kommt, wird der Schatten neben den gerade erstellten Highlights auf die rechte Seite der Tröpfchen geworfen. Ich benutze dafür einen B und zeichne vorsichtig neben die hervorgehobenen Bereiche der Tröpfchen, wie im nächsten Bild gezeigt. Wir wollen einen dunklen Rand neben dem Highlight erzeugen und ihn immer weniger schattieren, wenn wir uns von den Tröpfchen entfernen. Daher ist es auch hier wichtig, diesen Gradientenübergang vom Zentrum des geworfenen Schattens, nämlich vom dunkelsten Teil davon, zum Ton des Hintergrunds zu erreichen.

Wir können es erreichen, indem wir den Druck verringern. Die Tröpfchen werfen die Schatten auf das Papier.

Wenn Sie mit allen fertig sind, mischen Sie sie mit einem Papierwischer und tun Sie dies vorsichtig neben dem Rand der Tröpfchen, da der Rand zwischen dem Highlight der Tröpfchen und dem Schattenwurf sauber sein muss und natürlich der Schattenwurf das dunkelste direkt neben den Tröpfchen sein sollte. Ich benutze die ganze Zeit einen B, aber Sie können einen B neben dem Tröpfchen verwenden und dann einen HB nehmen, der weiter vom Tröpfchen entfernt ist, und dann die Außenränder des Schattenwurfs mit einem 2H machen. Sie können aber auch lernen, den Druck auf Ihren Stift zu ändern und mit einem einzigen Stift eine glatte Abstufung mit vielen Werten zu erzielen.

Jetzt können Sie sehen, dass die Tröpfchen nach dem Hinzufügen der Schatten dreidimensional aussehen und die Highlights heller erscheinen, da der dunkle Wert des Schattenwurfs das Licht verstärkt.

Vergessen Sie nicht die Faustregel, dass die größeren Tröpfchen einen größeren Schatten werfen und sich weiter ausbreiten als die Schatten der kleinen Tröpfchen.

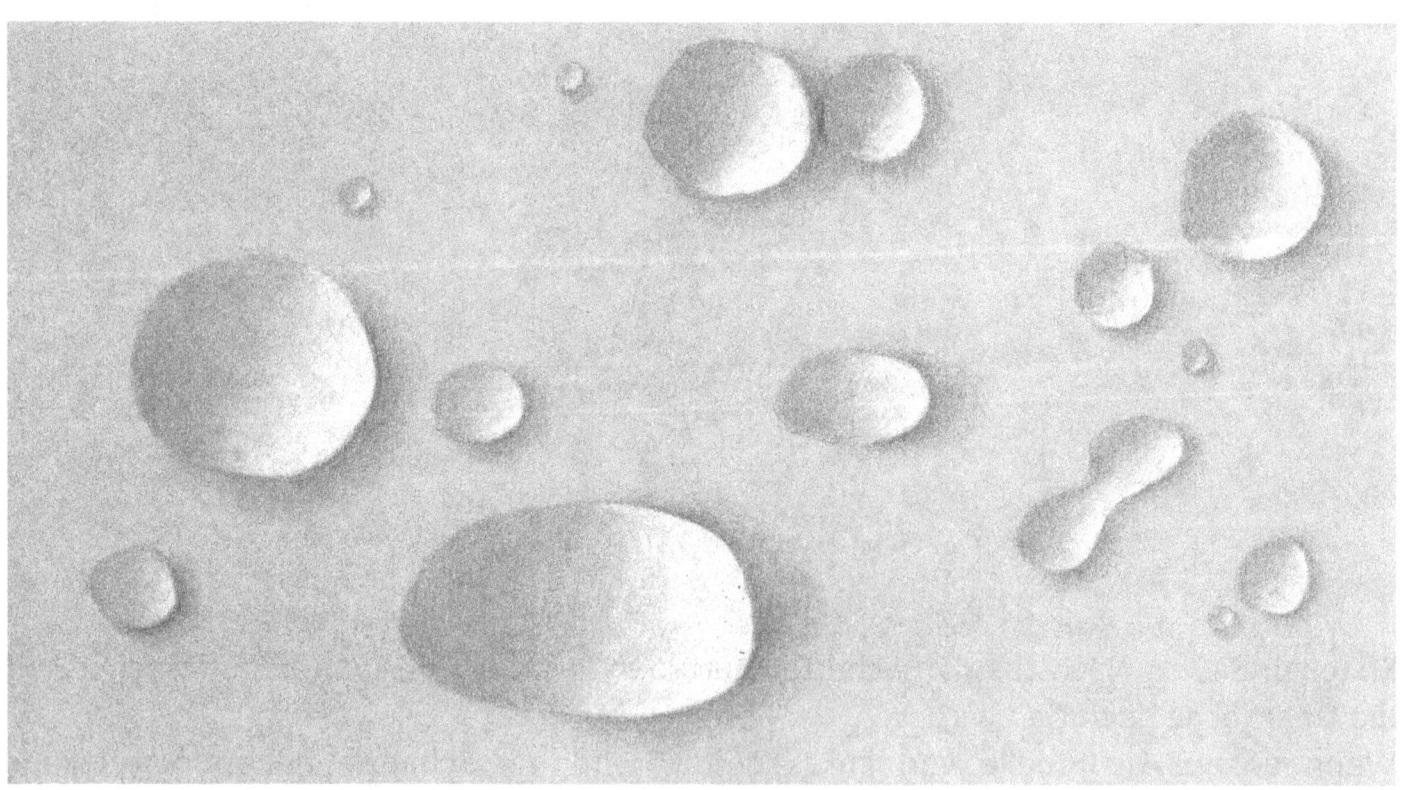

Jetzt können wir die zweite Art von Highlights erzeugen, das reflektierte Licht, das auf den Tröpfchen reflektiert wird. Wenn wir die Tröpfchen und die Schatten so erzeugt haben, als ob unsere Lichtquelle von der linken Seite kommt, müssen wir die reflektierten Lichter auf den linken Seiten der Tröpfchen erzeugen, nämlich die Schattenbereiche, die wir direkt nach der Bestimmung der Position der Tröpfchen erzeugt haben. Wir können entweder die reflektierten Lichter erzeugen, indem wir den Graphit mit einem Radiergummi entfernen oder wir können sie mit einem weißen Tintengelstift oder einem Marker zeichnen. Wenn Sie es mit einem Radiergummi versuchen, insbesondere mit einem gekneteten Radiergummi, werden Sie feststellen, dass Sie keinen hellen Bereich erstellen können, aber wir benötigen hier einen absolut weißen Ton. Wir können es sogar mit einem elektrischen Radiergummi versuchen, der tatsächlich viel mehr und einfacher radieren kann, aber die Bereiche nicht wieder weiß macht. Deshalb können wir Hilfe von einem weißen, undurchsichtigen Medium bekommen. Ich habe einen weißen Marker von Uni Posca verwendet, 0,9–1,3 für größere Tröpfchen und den Stift 0,7 mm für die kleinen Tröpfchen. Ich habe 2–3 Punkte auf jedes Tröpfchen aufgetragen. Analysieren Sie das nächste Bild, bevor Sie damit beginnen. Beachten Sie, wie die Tröpfchen jetzt glänzend und nass aussehen.

Fügen Sie zum Schluss einige Glanzeffekte hinzu und verwenden Sie dazu ein Lineal und einen mechanischen Radiergummi. Platzieren Sie das Lineal mit seiner Kante auf einem der reflektierten Lichter (einem weißen Punkt) und erstellen Sie mit einem Radiergummi eine Linie von der Mitte des reflektierten Lichts nach außen mit einer schnellen, sicheren Bewegung. Platzieren Sie dann das Lineal quer und machen Sie dasselbe. Im nächsten Bild sehen Sie, wo ich diese Linien erstellt habe.

Der geknetete Radiergummi ist dafür nicht wirklich gut, ich meine, er radiert nicht genug, weil er zu weich ist. Deshalb habe ich erwähnt, dass es sich lohnt, mehrere Arten von Radiergummis zu kaufen. Jetzt können Sie mit verschiedenen Formen üben und sich entsprechend eine andere Lichtquelle und einen anderen Schatten vorstellen.

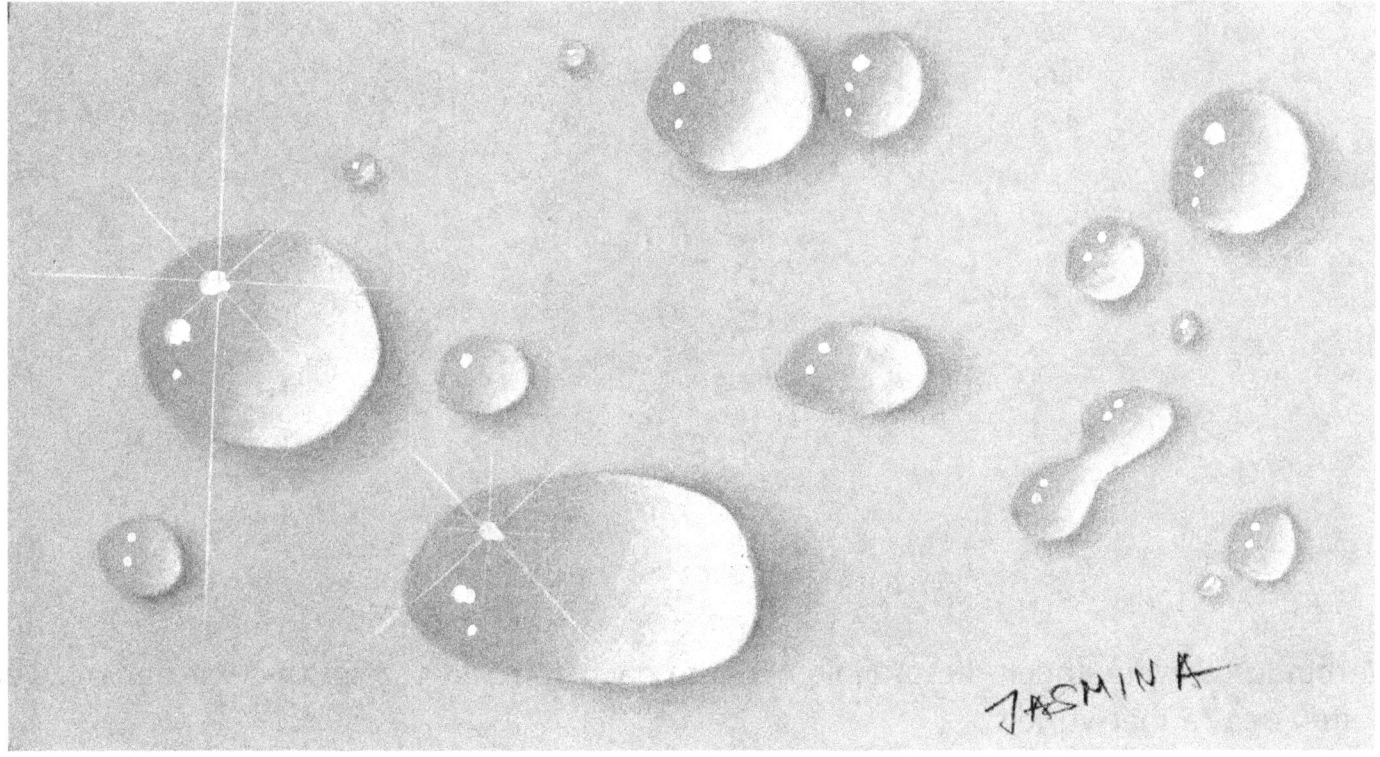

WIE MAN EINEN ZAUBERWÜRFEL ZEICHNET

Als Nächstes zeichnen wir einen Zauberwürfel. Zum Skizzieren müssen wir etwas Mathematik und Geometrie machen.

Beginnen Sie mit einer vertikalen Linie in der Mitte Ihres Papiers, um die Kante zwischen der rechten und der linken Seite oder sogenannte Flächen zu erstellen. Ich zeichne auf A4-Papierformat (210 x 297 mm) und meine Linie in der Mitte ist 6,5 cm lang.

Dann müssen wir zwei weitere Linien auf der linken und rechten Seite zeichnen, um die Kanten des Würfels zu bestimmen und sie viel höher als die Mittellinie platzieren. Da die Linie in der Mitte 6,5 cm lang ist, können diese beiden 5,5 cm betragen. Ich benutze einen B zum Skizzieren, aber Sie können einen HB oder einen anderen Stift verwenden.

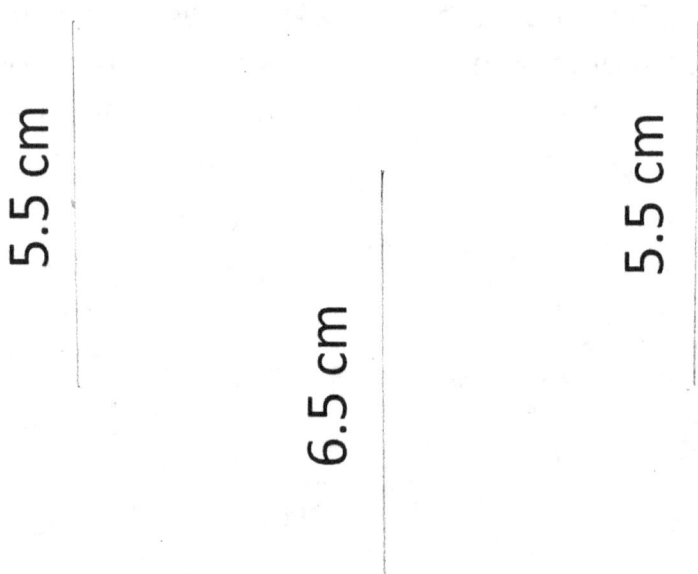

Verbinden wir die Enden dieser Linien wie im nächsten Bild gezeigt und wir haben zwei Seiten des Zauberwürfels.

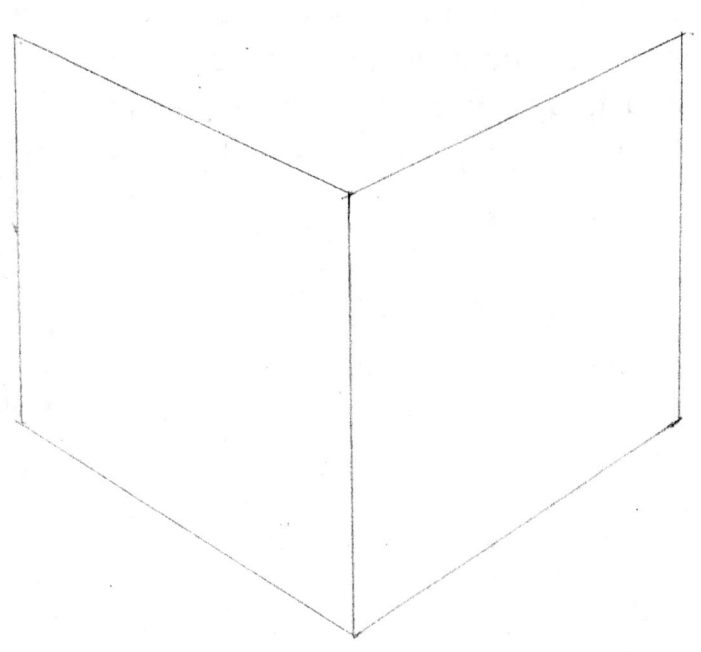

Hinweis

Eine Zeichnung, bei der Sie nur ähnliche Töne verwenden (auf der Härteskala nahe beieinander), sieht flach und leblos aus und erregt keine Aufmerksamkeit. Fügen Sie Ihren Zeichnungen so viele Werte wie möglich hinzu. Alle Töne sollten in Ihrem Kunstwerk gefunden werden: vom tiefsten Schwarz bis zum reinen Weiß.

Jetzt müssen wir nur noch die Position der Oberseite bestimmen. Um die obere Ecke zu bestimmen, in der sich die beiden oberen Kanten proportional treffen, müssen wir unser Lineal auf die Linie in der Mitte legen und die Linie auf der oberen Ebene markieren. Zeichnen Sie nicht in diesen Bereich, da wir einen sehr hellen Stift verwenden und dieser auch dann sichtbar ist, wenn wir ihn radieren, da es das Papier beschädigen würde. Im nächsten Bild habe ich eine gestrichelte Linie digital platziert, die nicht gezeichnet werden sollte, nur die winzige vertikale Linie darüber (im Kreis).

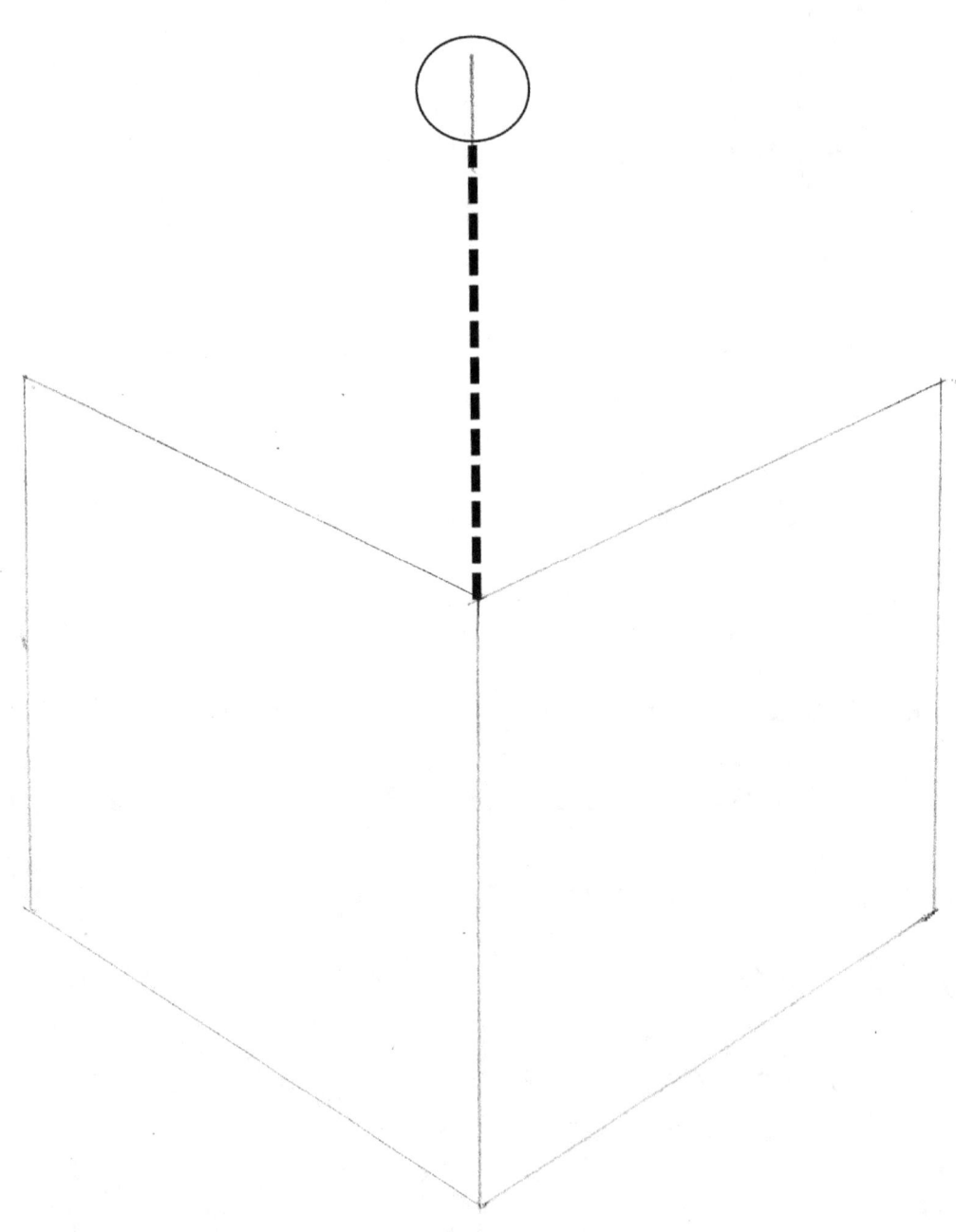

Als Nächstes müssen Sie den Punkt bestimmen, an dem sich die beiden oberen Linien der Oberseite treffen. Die Linie zwischen den Seiten- und Oberseiten beträgt in meinem Fall 5,2 cm. Ich möchte etwas kürzere Linien erstellen, damit die Kanten oder diese Seiten näher am Auge des Betrachters erscheinen. Wir müssen das Maß mit unserem Zirkel, wie in der folgenden Abbildung gezeigt, messen und die Nadel an derselben Stelle halten. Reduzieren Sie einfach den Abstand zwischen der Nadel und der Bleistiftmine auf 5 cm und markieren Sie die winzige Linie, die wir im vorherigen Schritt erstellt haben. Zeichnen Sie die Linie, die gestrichelte Linie noch nicht, da wir uns nicht sicher sind, wo sie platziert werden soll. Wenn Sie dasselbe auf der linken Seite tun, erhalten Sie den Kreuzungspunkt dieser beiden Linien.

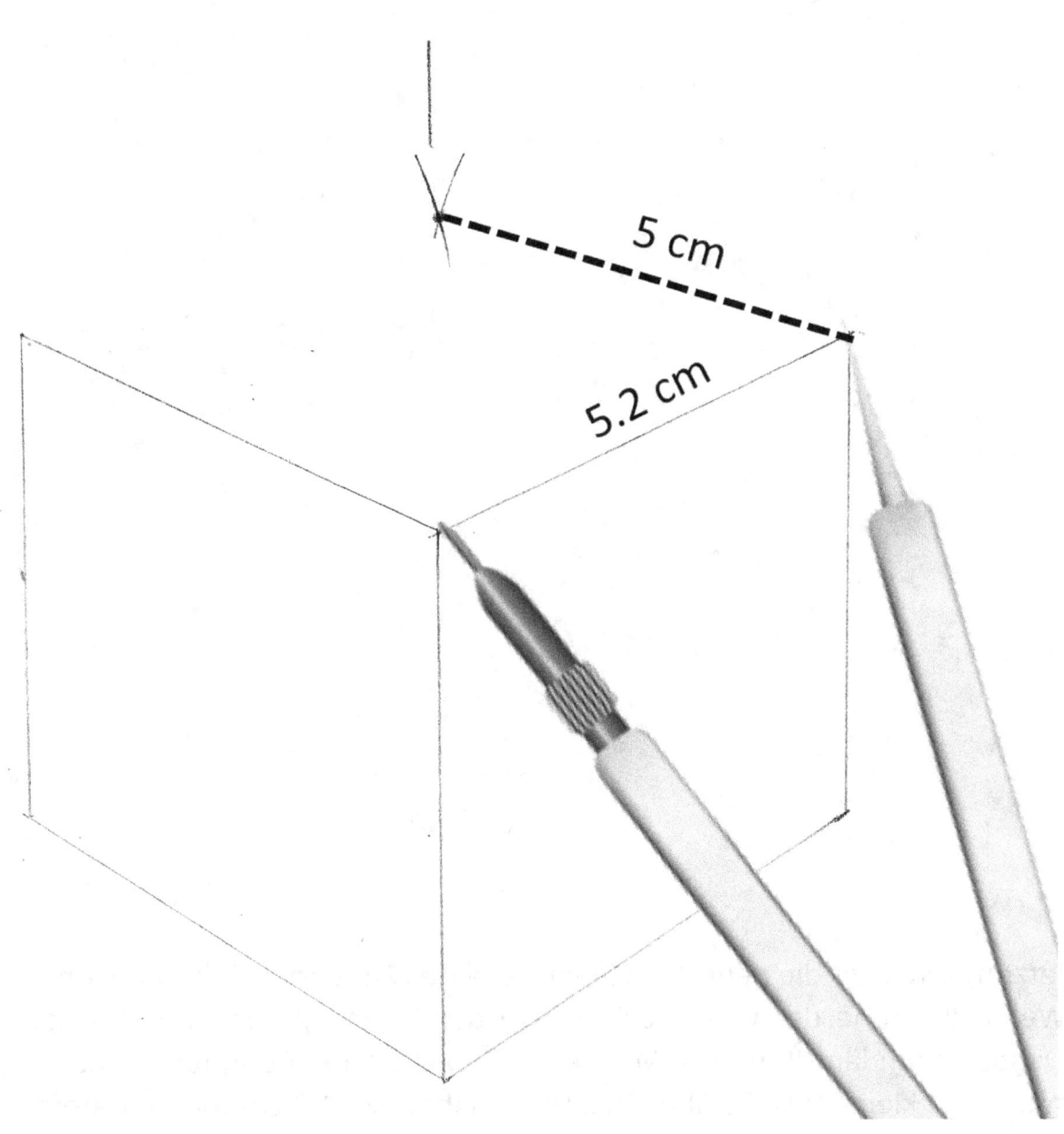

Da wir unseren Kreuzungspunkt haben, an dem sich all diese winzigen, markierten Linien treffen, können wir die beiden oberen Linien erstellen. Verbinden Sie einfach die linke und die rechte Ecke damit. Radieren Sie alle winzigen Linien weg, die nicht Teil des Zauberwürfels sind.

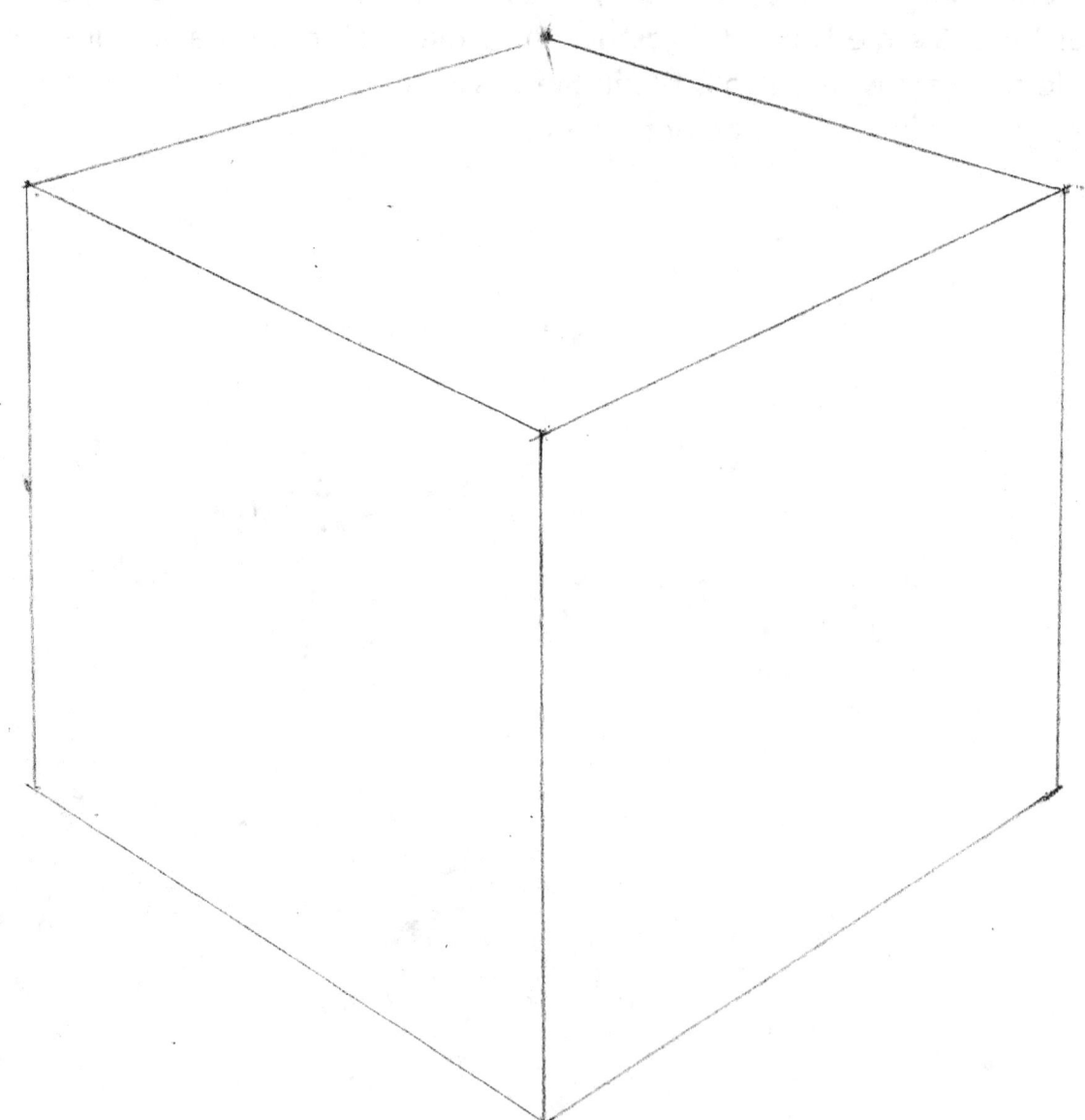

Jetzt müssen wir die neun Teile jeder Seite des Zauberwürfels erstellen.
Wenn die Höhe der vertikalen Linie in der Mitte 6,5 cm beträgt, müssen die oberen Quadrate am längsten sein. Markieren Sie also 2,4 cm und für die nächste Linie 2,1 cm, sodass sie kleiner als die obere ist. Dann haben wir 1,9 cm für die unterste Reihe.

Markieren Sie als Nächstes die Linien zwischen den Zeilen in den vertikalen Linien links und rechts. Die Höhe dieser Linie beträgt 5,5 cm, daher müssen wir das erste obere Quadrat mit 2,1 cm markieren, die untere Linie der mittleren Reihe mit 1,9 cm, damit wir 1,6 cm übrig haben.

Zuletzt müssen wir die Position der vertikalen Linien zwischen den Quadraten markieren. Sie müssen neben der vertikalen Linie in der Mitte am breitesten sein und zum linken und rechten Rand des Zauberwürfels hin immer kleiner werden. Markieren wir also auf beiden Seiten 2,1 cm, dann 1,9 cm und zum Schluss 1,7 cm. Sie müssen nicht die Oberkante der Seitenflächen markieren, sondern legen einfach den unteren Teil Ihres Lineals an ein anderes Lineal und bewegen es, um parallele Linien zu der in der Mitte zu zeichnen. Das werden wir im nächsten Schritt tun. Studieren Sie diese Bilder und Maße und markieren Sie dieselben Bereiche, um die Linien zu verbinden.

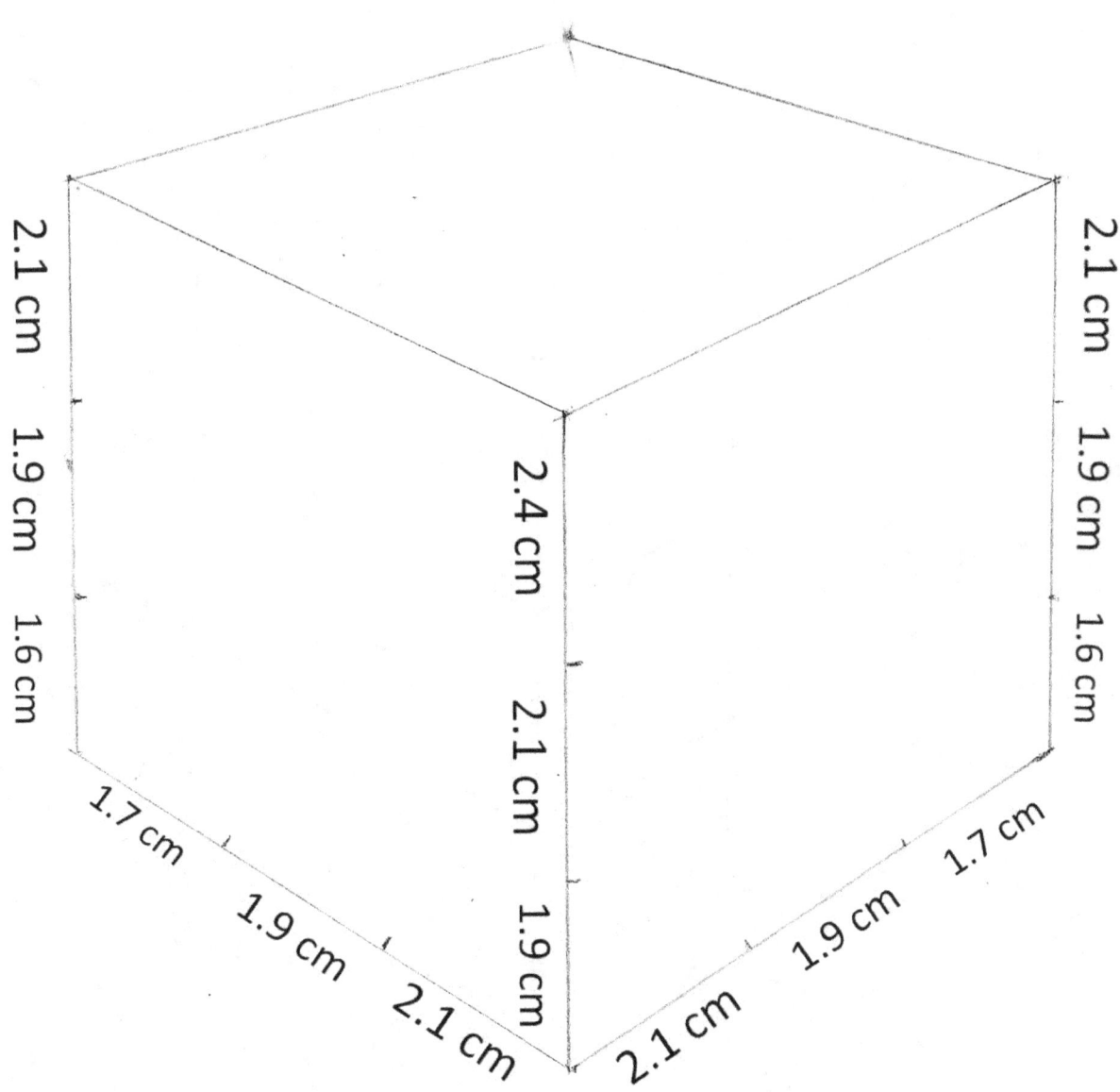

Verbinden Sie diese markierten Linien, um die linke und die rechte Seite in neun Quadrate zu teilen. Jetzt können Sie sehen, dass diese winzigen Quadrate aus dieser Sicht keine Quadrate sind, sondern Rhomboide. Außerdem werden wir sehr dicke Linien darüber zeichnen, aber erst, nachdem wir alle Abschnitte schattiert haben.

Ich habe einen 2B verwendet, um diese Linien zu erstellen, und ich habe fest aufgedrückt, da ich sie unter den Graphitschichten sichtbar haben möchte, weil wir sie schattieren werden. Aber hier sind wir noch nicht fertig. Wir müssen die Oberseite in neun Abschnitte aufteilen. Dafür haben wir bereits die Startpunkte der Quadrate von den oberen Seiten.

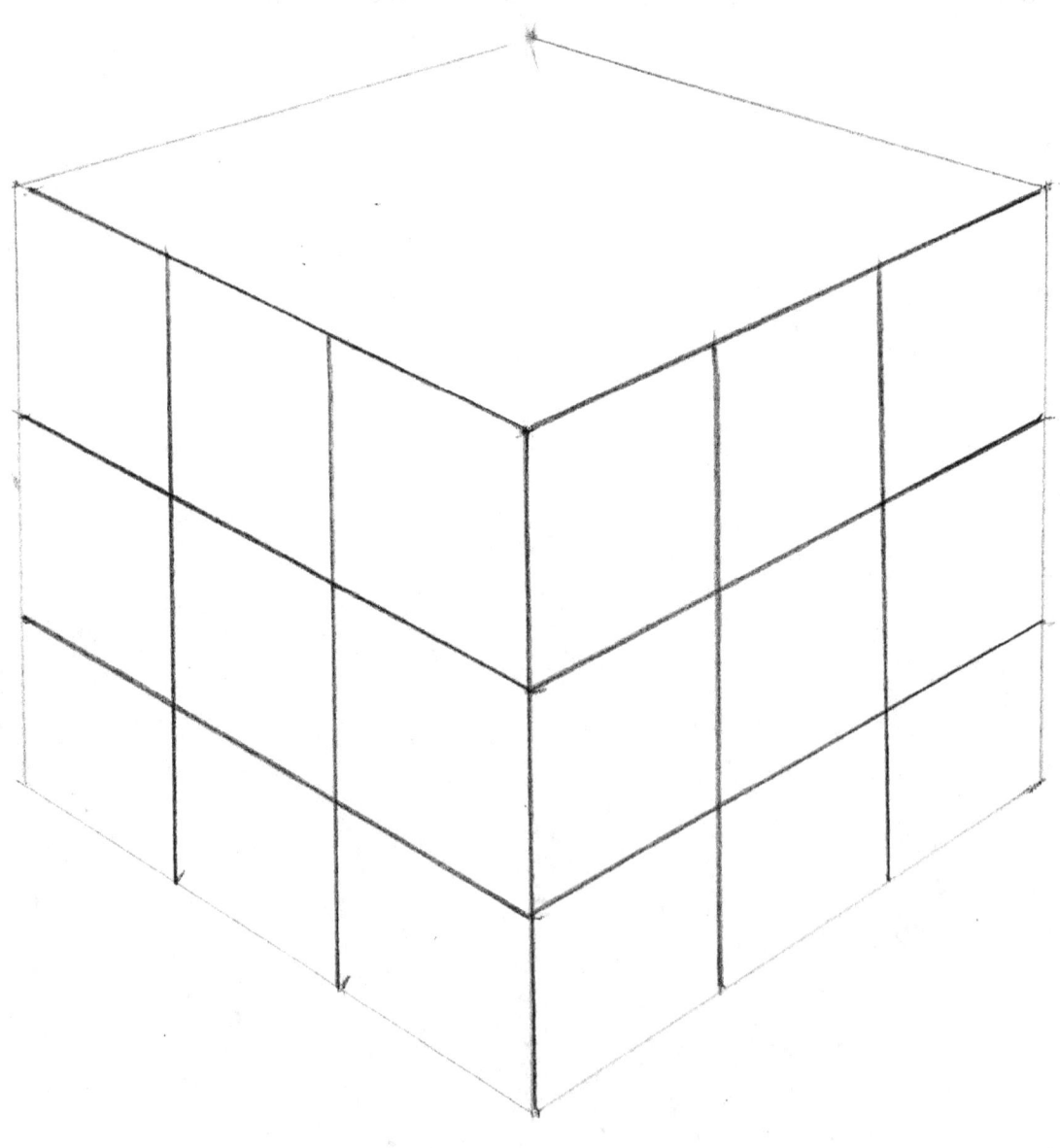

Da die Oberkante 5,0 cm lang ist, müssen wir sie in 3 Teile teilen, die nicht gleich sind, aber die seitlichen sollten länger sein und das Quadrat in der Mitte neben den oberen Kanten sollte das kürzeste sein: 1,9 cm, 1,6 cm und 1,1 cm.

Verbinden Sie schließlich diese markierten Punkte, um neun Teile auf der Oberseite des Zauberwürfels zu erhalten, wie in der folgenden Abbildung gezeigt.

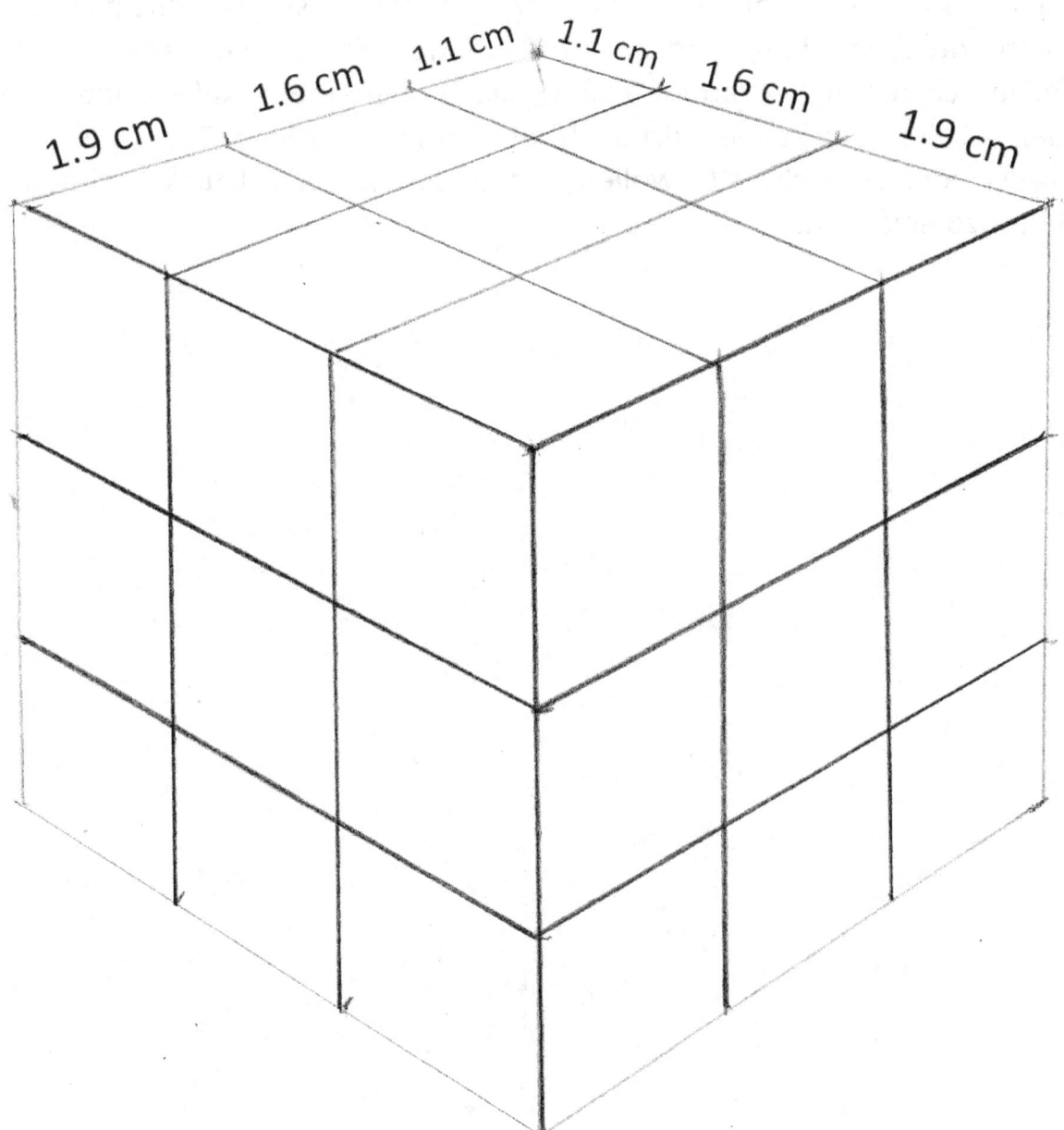

Und jetzt sind wir mit Mathe fertig, wir müssen als Nächstes schattieren. Beginnen wir mit dem Schattieren der Oberseite mit einem 6H, da der obere Bereich immer am hellsten wird, und nehmen wir an, dass diese Quadrate gelb sind. Sie können jeden anderen H wie 4H oder härter verwenden. Stellen Sie sicher, dass Sie ein weiteres Stück Papier oder Taschentuch unter Ihre Hand legen, um zu vermeiden, dass Sie das Papier mit der Hand berühren, da Sie die Bereiche unter dieser Hand schattieren müssen. Hier müssen wir die Zirkelmethode anwenden und Kreisbewegungen machen, um winzige, überlappende Kreise zu erzeugen, weil wir eine sehr glatte Textur haben wollen. Sie werden immer noch die Linien zwischen den Quadraten sehen und wir werden sie später nur verstärken und dicker machen. Sie müssen diesen Bleistift nicht einmal mit einem Taschentuch mischen, sondern immer wieder, bis Sie eine glatte Textur erhalten. Nehmen Sie sich Zeit und schattieren Sie vorsichtig neben den Außenkanten und neben den anderen Seiten des Zauberwürfels. Üben Sie hier normalen Druck aus, drücken Sie nicht zu fest oder zu leicht. Wir wollen immer den gleichen Druck ausüben, um eine glatte Textur zu erzeugen.

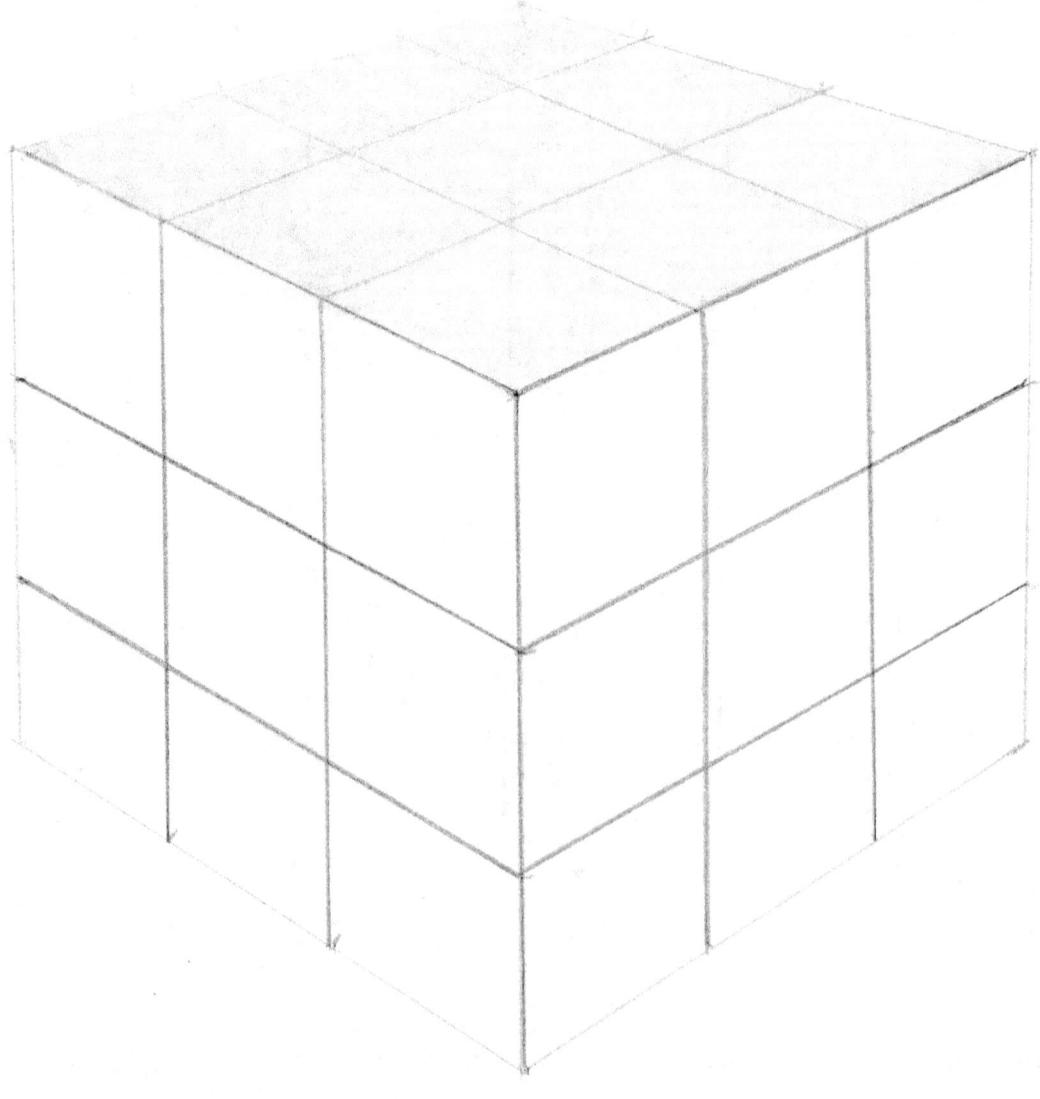

Jetzt können wir diese beiden unteren Flächen mit zwei unterschiedlichen Werten schattieren, da wir rote und blaue Quadrate erstellen wollen, die dunkler als der obere Bereich sind und auch weniger beleuchtet sind. Ich möchte einen H für die linke Seite verwenden und hier das Gleiche tun, also immer nur kreisende Bewegungen ausführen und versuchen, die Bereiche gleichmäßig abzudecken und über die Linien zwischen den Quadraten zu gehen. Sie werden sie immer noch sehen können. Versuchen Sie, eine runde Bleistiftspitze zu verwenden, da es den Fortschritt beschleunigt und der Bereich glatter wird. Hierfür eignet sich auch die flache Seite einer meißelförmigen Bleistiftspitze. Sie können bekommen, indem Sie die Spitze auf Schleifpapier reiben. Eine scharfe Stiftspitze ist nicht gut, da wir mit einer gut angespitzten Spitze viele verschiedene Töne erzeugen und es viel Zeit in Anspruch nimmt, die Bereiche abzudecken. Es ist gut für Details, aber nicht zum Schattieren dieser Bereiche. Mischen Sie alles sorgfältig mit einem Papiertaschentuch.

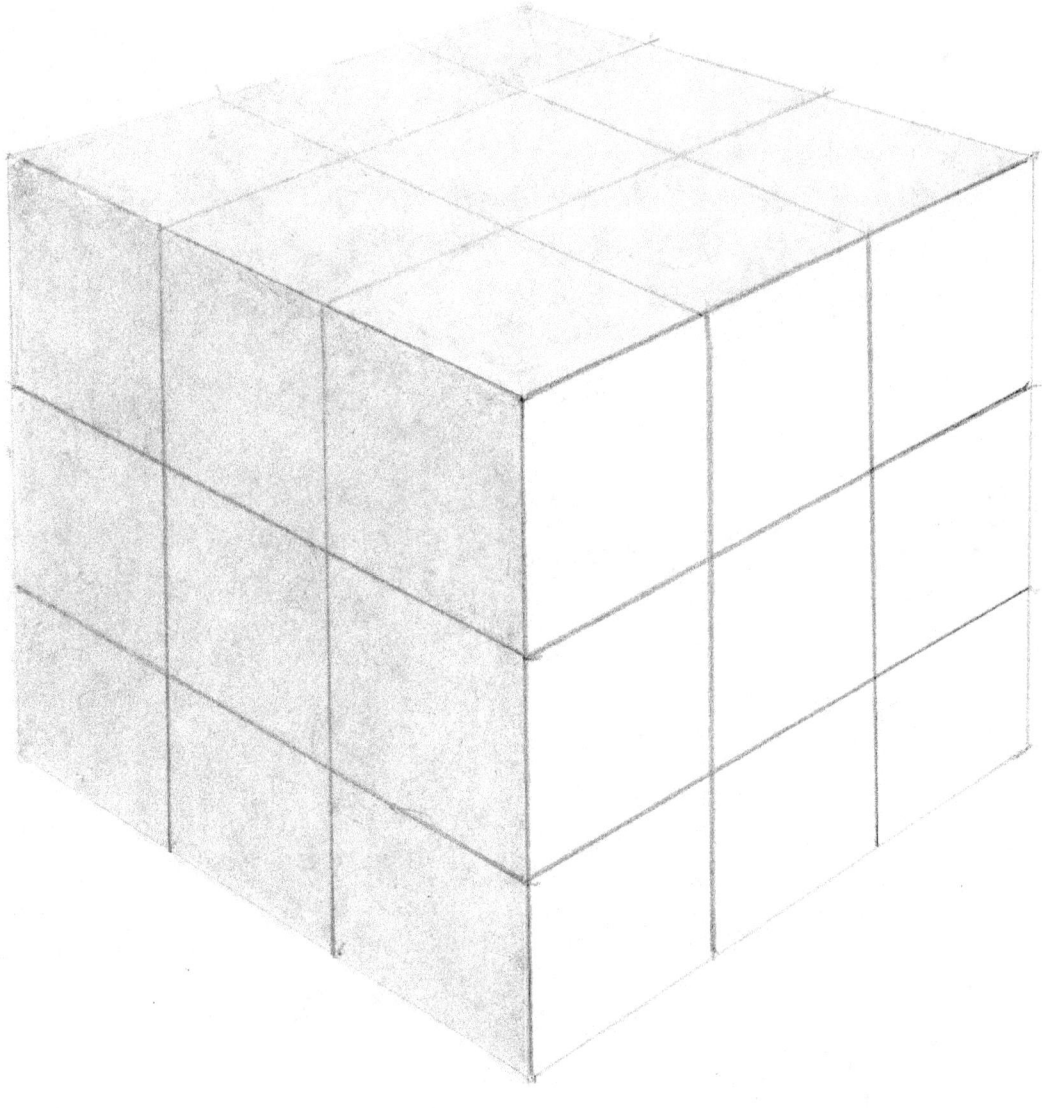

Schattieren Sie die neun Quadrate auf der rechten Seite mit einem dunkleren Wert. Ich benutze dafür einen 2B. Gleiches hier: Versuchen Sie, eine glatte Textur zu erzeugen, indem Sie den Stift gleichmäßig auftragen.

Mischen Sie es ein wenig mit einem Papiertaschentuch. Wenn Sie einen Teil des Graphits um den Zauberwürfel auftragen, radieren Sie ihn einfach mit einem Radiergummi weg, um einen geraden, sauberen Rand zwischen dem Hintergrund und dem Würfel zu erhalten.

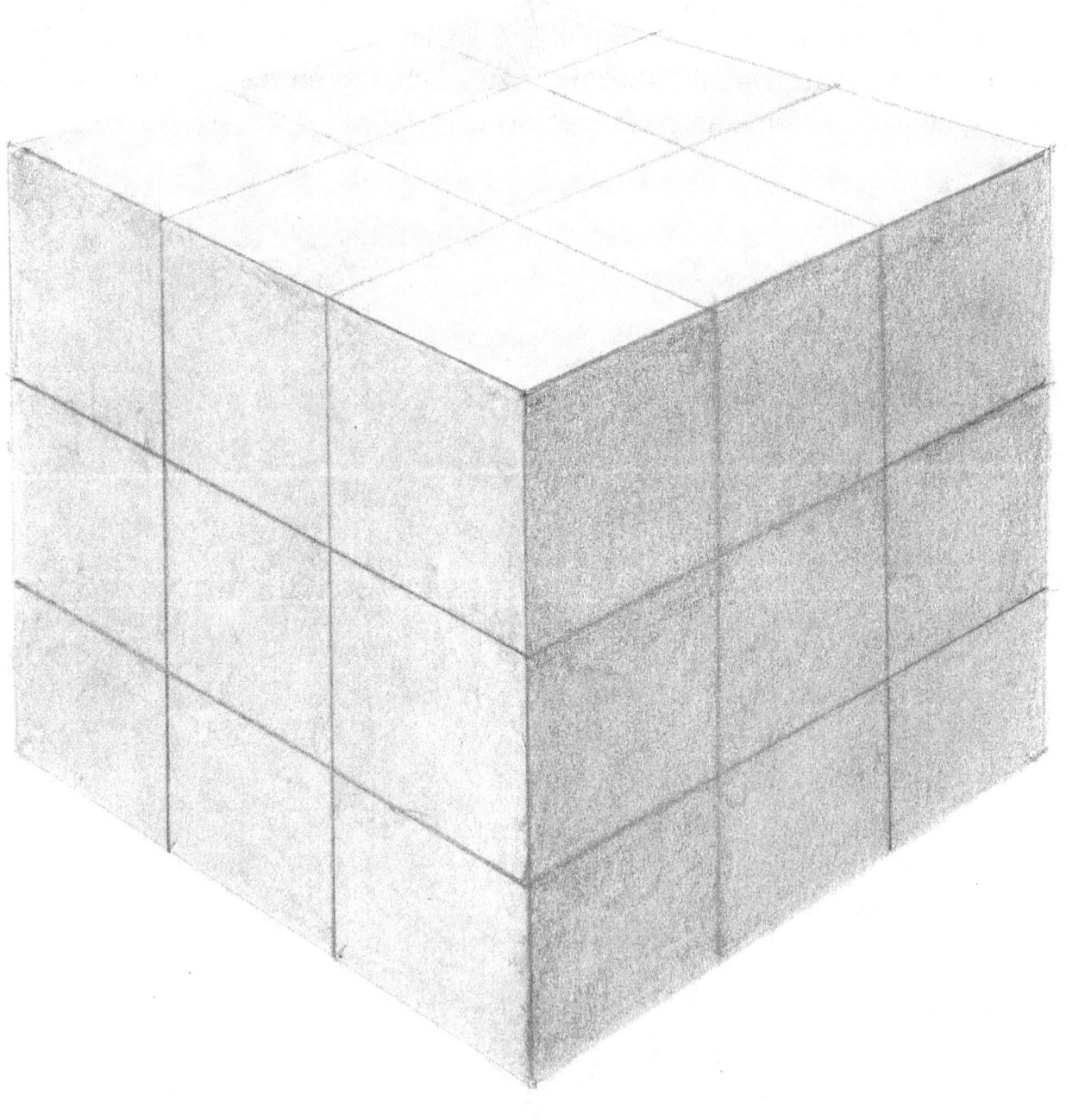

Als letzten Schritt können wir die Kanten zwischen diesen winzigen Quadraten erstellen. Stärken Sie die Linien, die Sie beim Skizzieren erstellt haben, wie im nächsten Bild gezeigt. Erstellen Sie sehr dicke Linien und ich schlage vor, ein Lineal zu verwenden.

Sogar die Bereiche, die tatsächlich schwarz sind, werden auf der Oberseite stärker beleuchtet. Ich empfehle daher, einen H zu verwenden und einfach über die Linien zu gehen. Sie können zwei parallele Linien neben den Anfangslinien erstellen und den Raum zwischen ihnen ausfüllen. Passen Sie nur auf, dass sie gerade und nicht wellig sind.

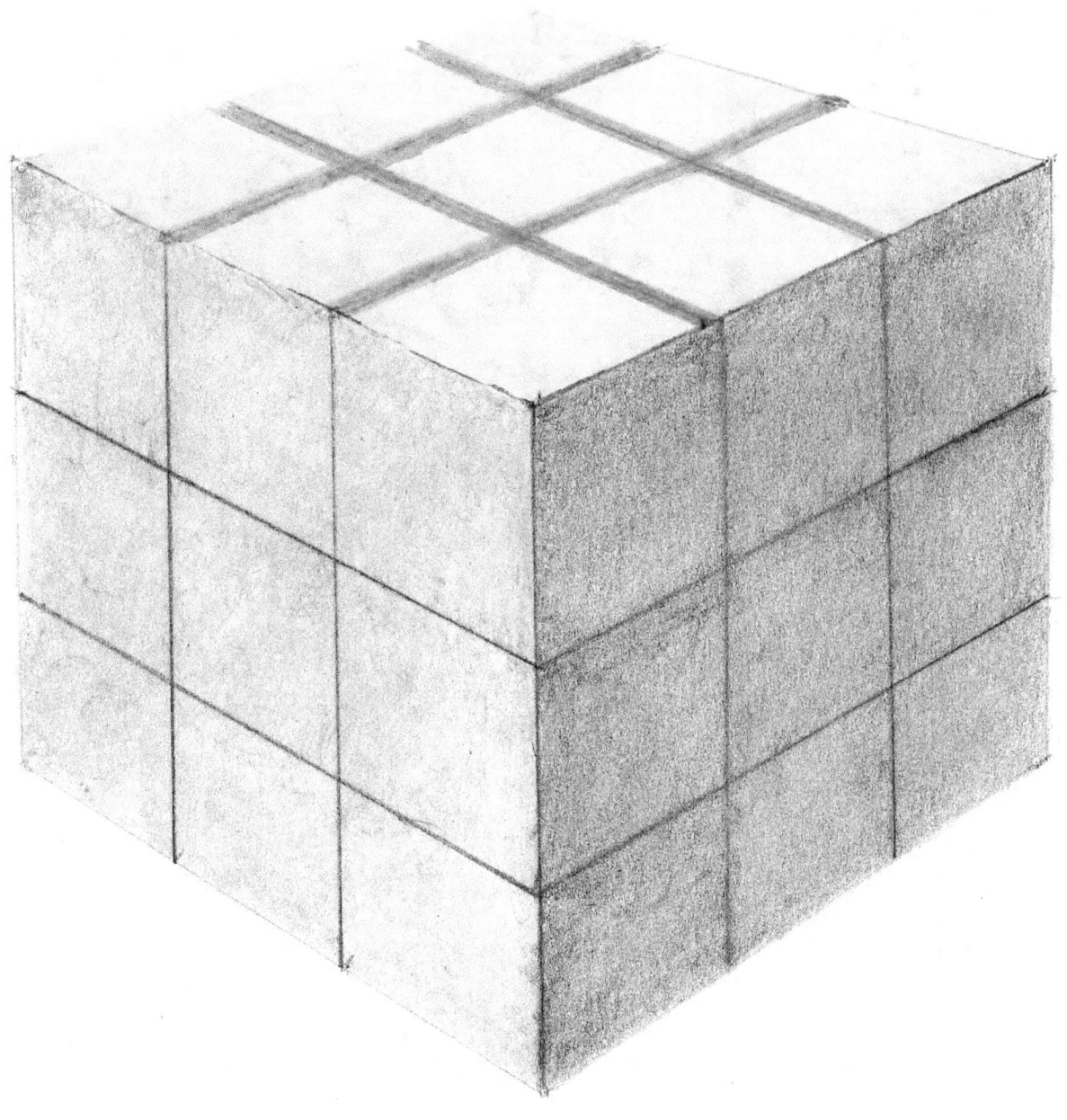

Machen Sie dasselbe mit den restlichen Linien, aber verwenden Sie einen 4B oder einen dunkleren Stift. Ich benutze in diesem Schritt einen 8B, weil diese Linien absolut schwarz sein müssen.

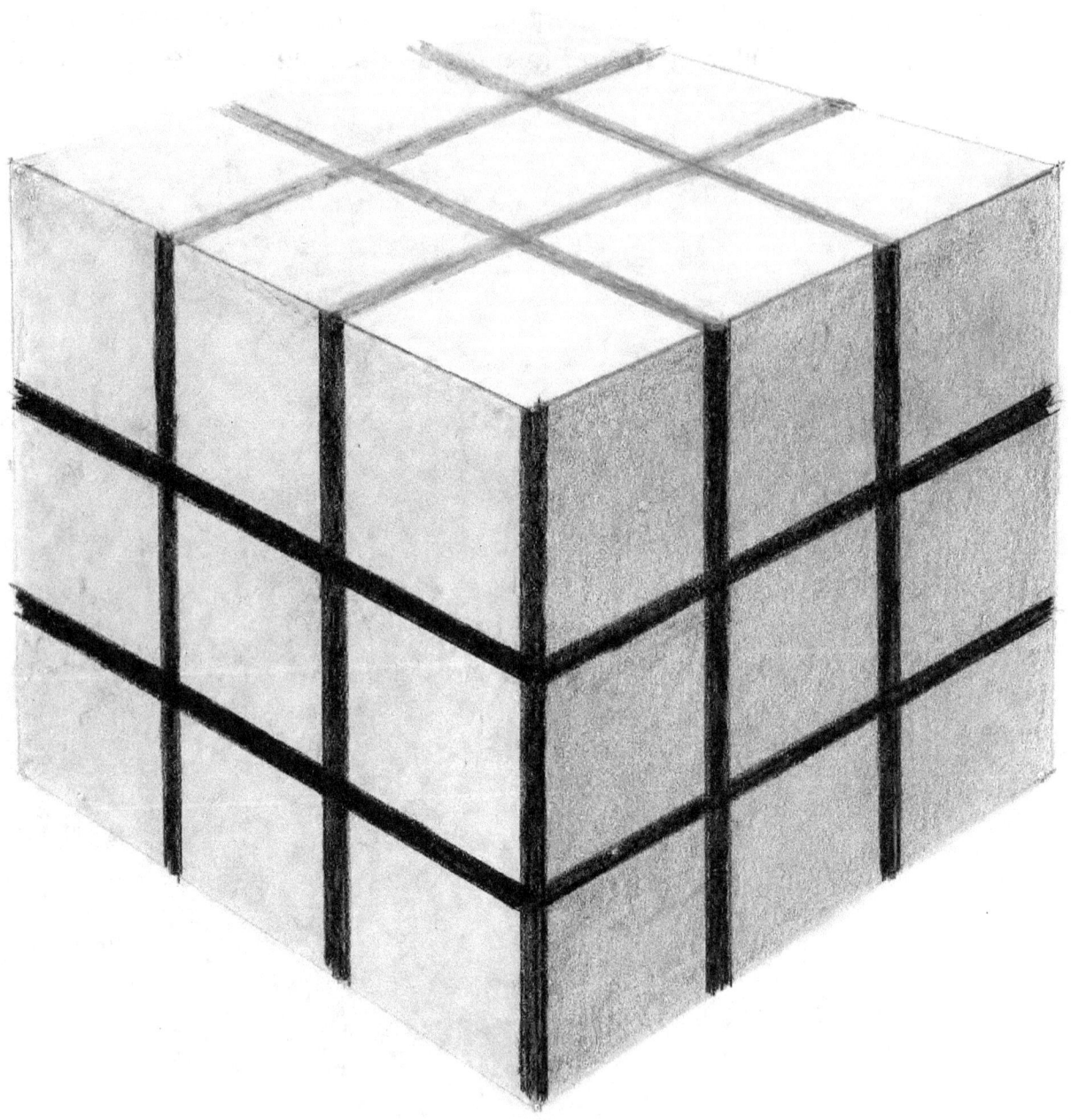

Machen Sie dasselbe mit den beiden Kanten zwischen dem oberen Teil und den Seitenteilen. Der untere Teil dieser Linien muss mit einem 8B und der obere Teil mit einem H gezeichnet werden. Verwenden Sie ein 2H dazwischen, damit diese beiden Werte ineinander fließen, sodass die Kante rund erscheint.

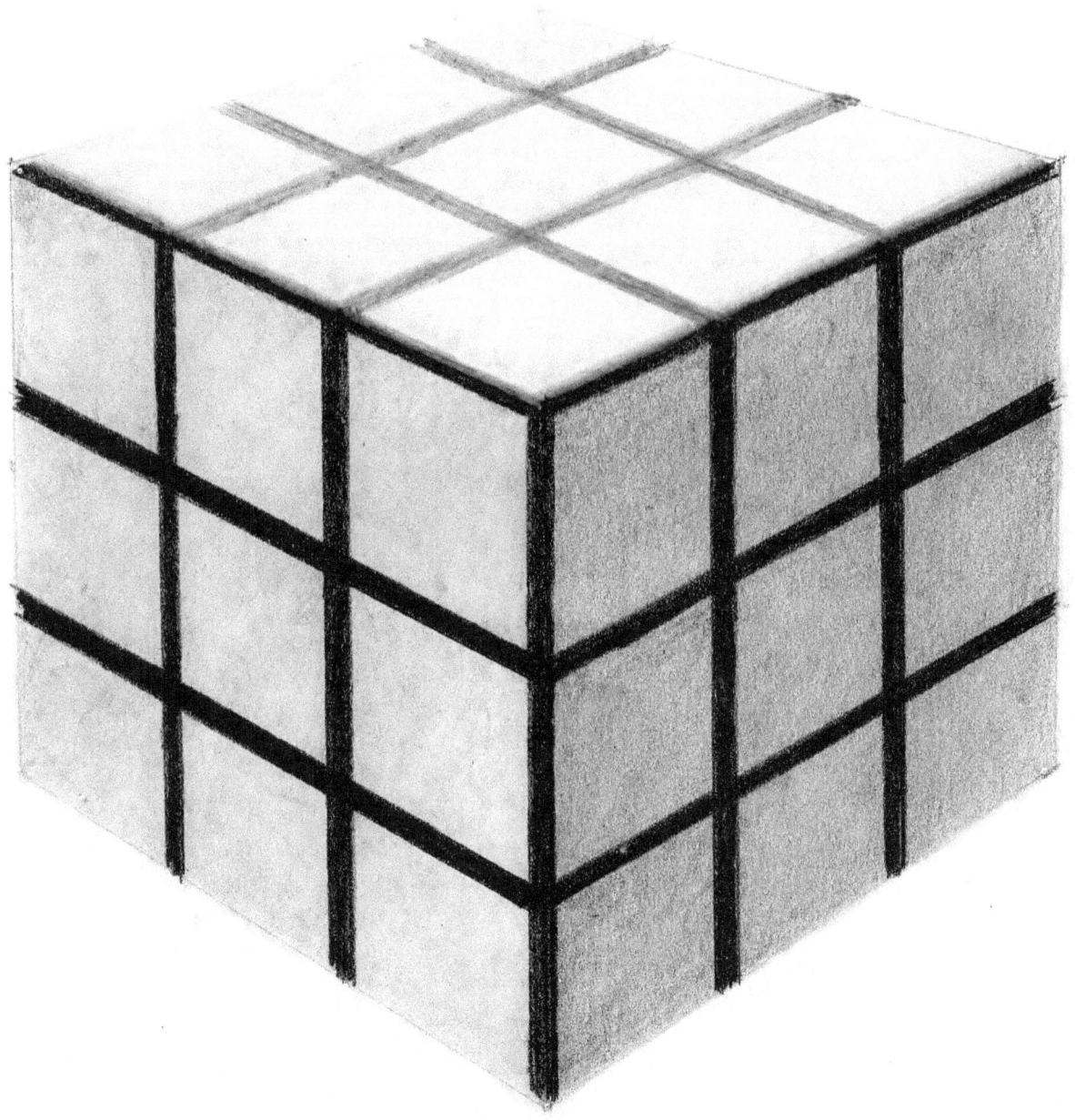

Jetzt können wir einige Details erstellen, zum Beispiel die Ecken dieser winzigen Quadrate rund machen. Verwenden Sie einen H für den oberen Bereich und einen 4B oder dunkler für den Rest der Quadrate.

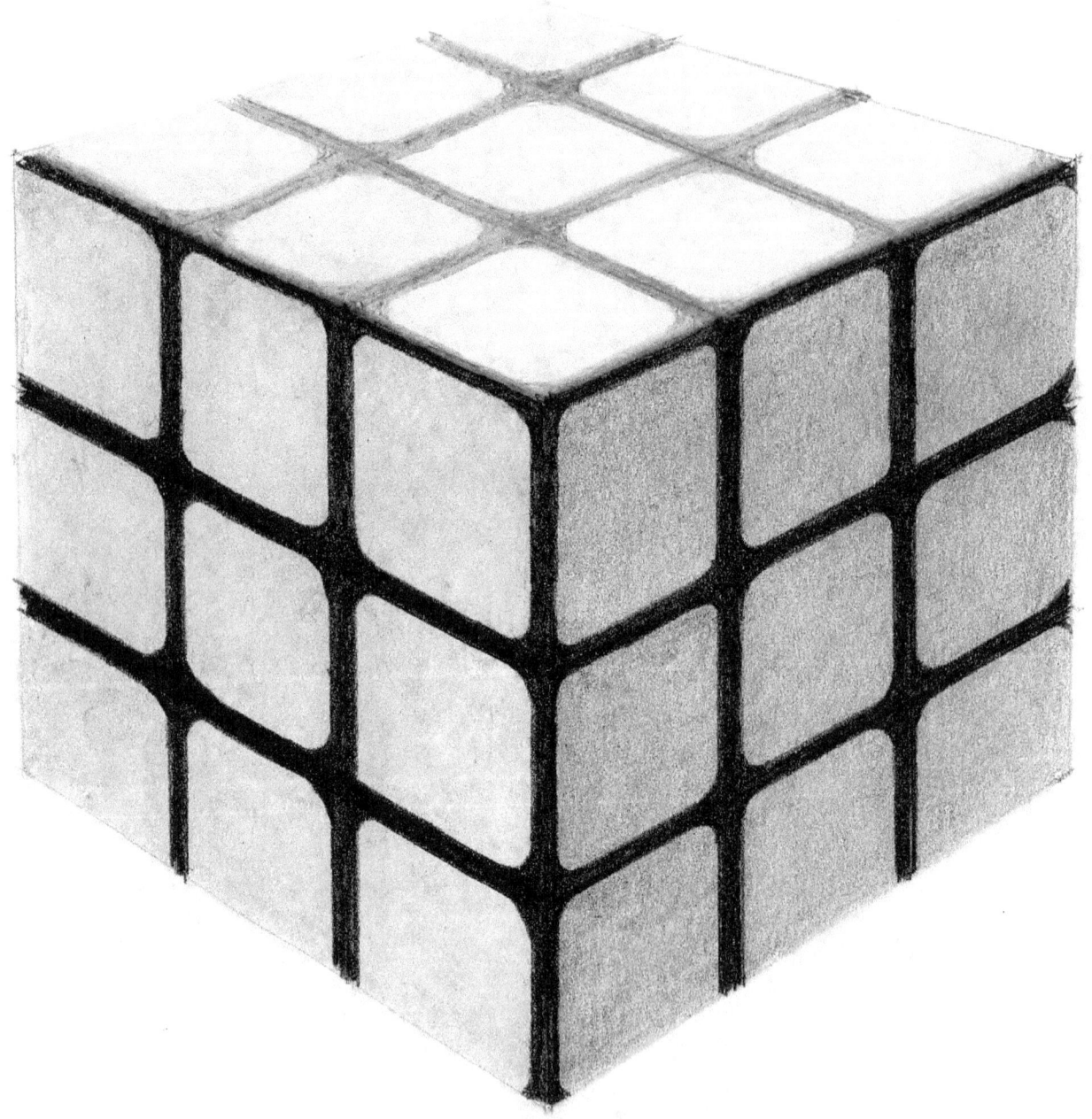

Erstellen Sie den Schattenwurf oder die Unterkante der beiden unteren Seiten mit einem 2B. Machen Sie auch hier die Ecken rund und zeichnen Sie sehr vorsichtig, um einen scharfen und geraden Rand zu erhalten. Verwenden Sie bei Bedarf ein Lineal.

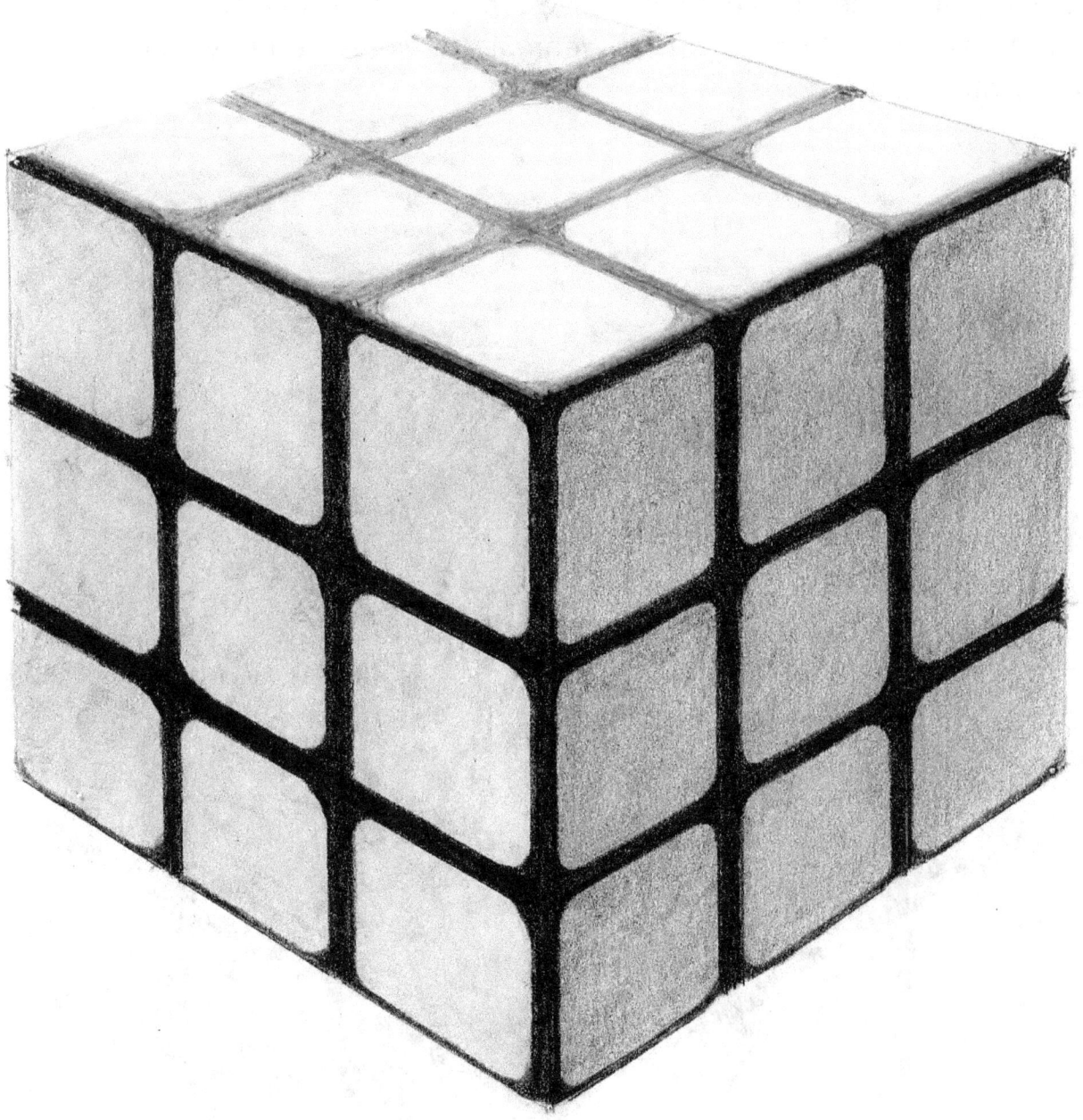

Erstellen Sie als Nächstes die Highlights auf den hervorstehenden Bereichen zwischen den winzigen Teilen. Radieren Sie dazu die dicken, dunklen Linien über den Kreuzungspunkten zwischen den Quadraten weg. Sie sollten den Graphit nicht vollständig entfernen, sondern nur etwas aufhellen. Mit einem gekneteten Radiergummi können Sie das nicht, besonders wenn Sie wie ich einen 8B genommen haben. Ich habe dafür einen elektrischen Radiergummi verwendet, weil ich den Graphit effektiv in den winzigen Bereichen entfernen konnte. Wenn Sie zu viel radieren, gehen Sie erneut mit einem Bleistift darüber.

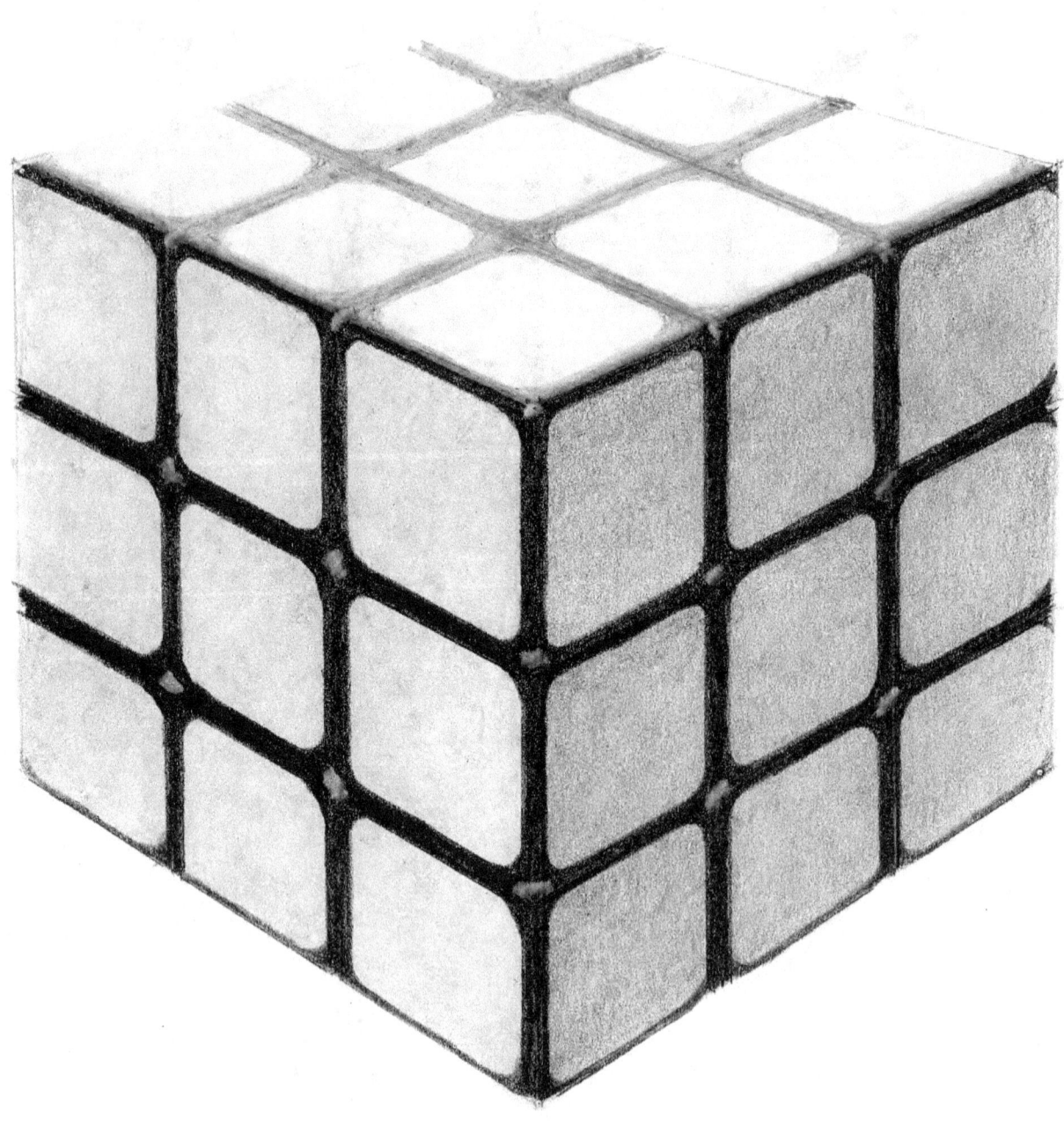

Zuletzt erstellen Sie den Schattenwurf. Nehmen wir an, unsere Lichtquelle kommt aus der oberen linken Ecke. Legen Sie zwei Zettel über den Zauberwürfel, tauchen Sie ein Taschentuch oder ein Wattepad in das Graphitpulver und verteilen Sie es auf dem rechten unteren Bereich neben dem Zauberwürfel.

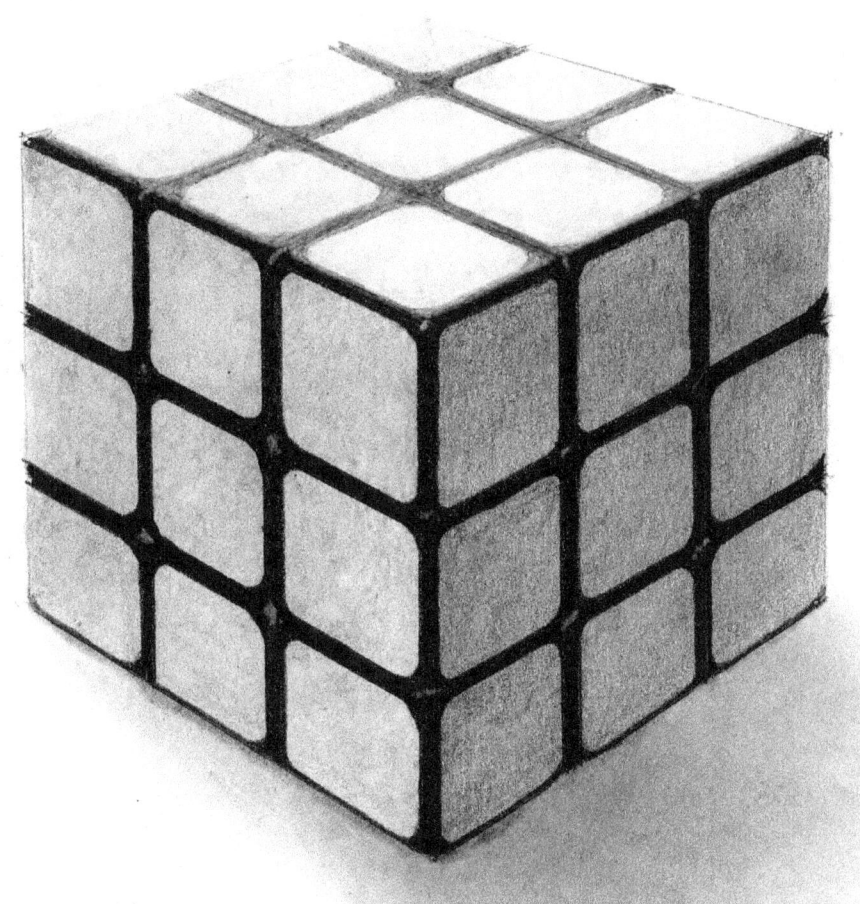

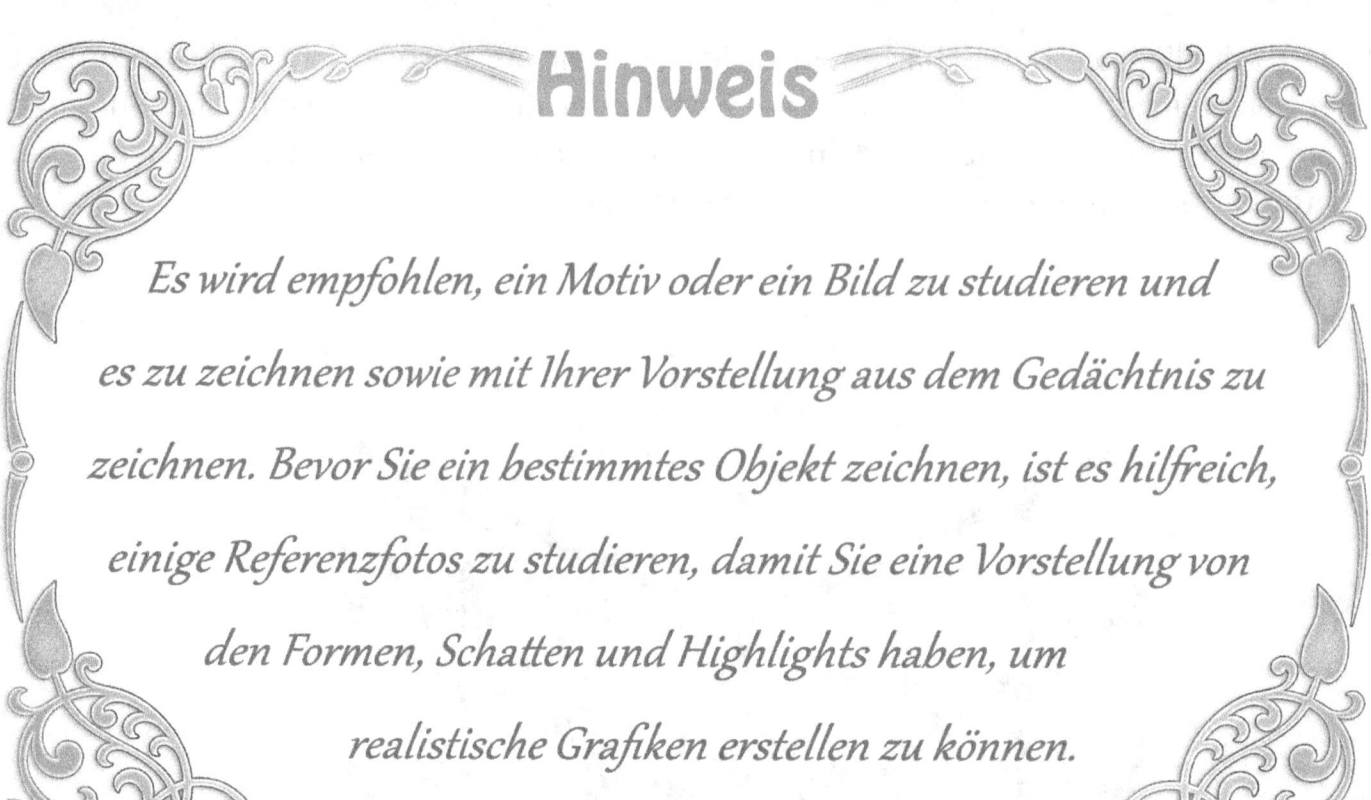

WIE MAN EIN GLAS ZEICHNET

Zeichnen wir ein Glas nach dem Referenzfoto, das ich für uns gemacht habe. Sie können Ihr eigenes Bild mit einer anderen Form eines Glases aufnehmen. Stellen Sie es einfach unter das starke Licht, um einen schönen Schatten zu erhalten und auch die Highlights darüber.

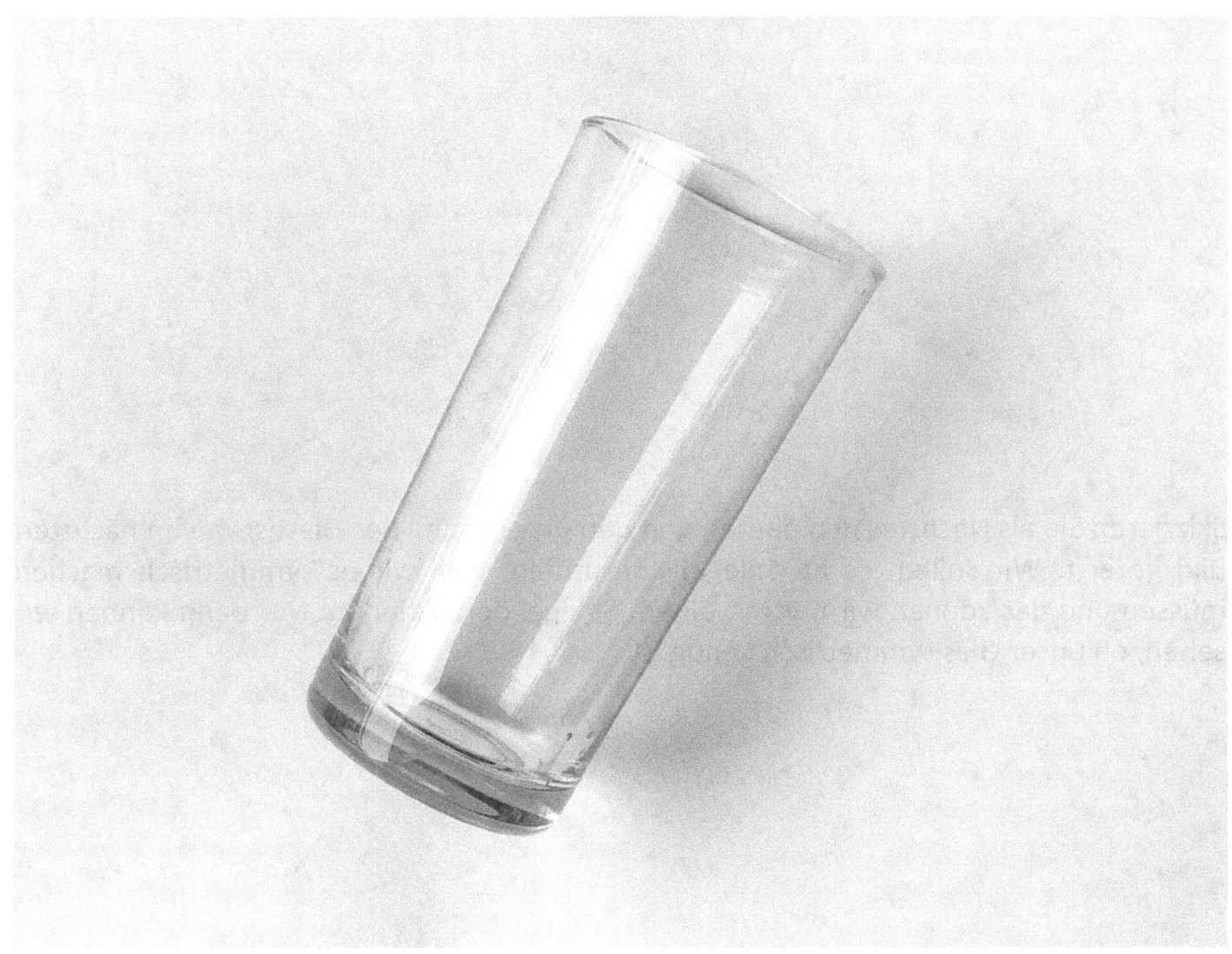

Zunächst müssen wir zwei parallele Linien zeichnen. Die Länge und die Breite müssen nicht mit denen auf dem Referenzfoto übereinstimmen. Wir brauchen das Foto nur, um die Lichter, Schatten und Eigenschatten zu sehen. Verwenden Sie ein Lineal und einen HB oder heller, um es zu skizzieren. Meine Linien sind ungefähr 8,0 cm lang, wenn Sie die gleiche Größe zeichnen möchten.

Skizzieren Sie als Nächstes den oberen und den unteren Teil des Glases, wie im nächsten Bild gezeigt. Wir sollten es im Spiegel überprüfen, weil wir es symmetrisch machen müssen und das können wir nur mit einem Spiegel herausfinden. Nur dann können wir sehen, ob unser Glas symmetrisch genug ist.

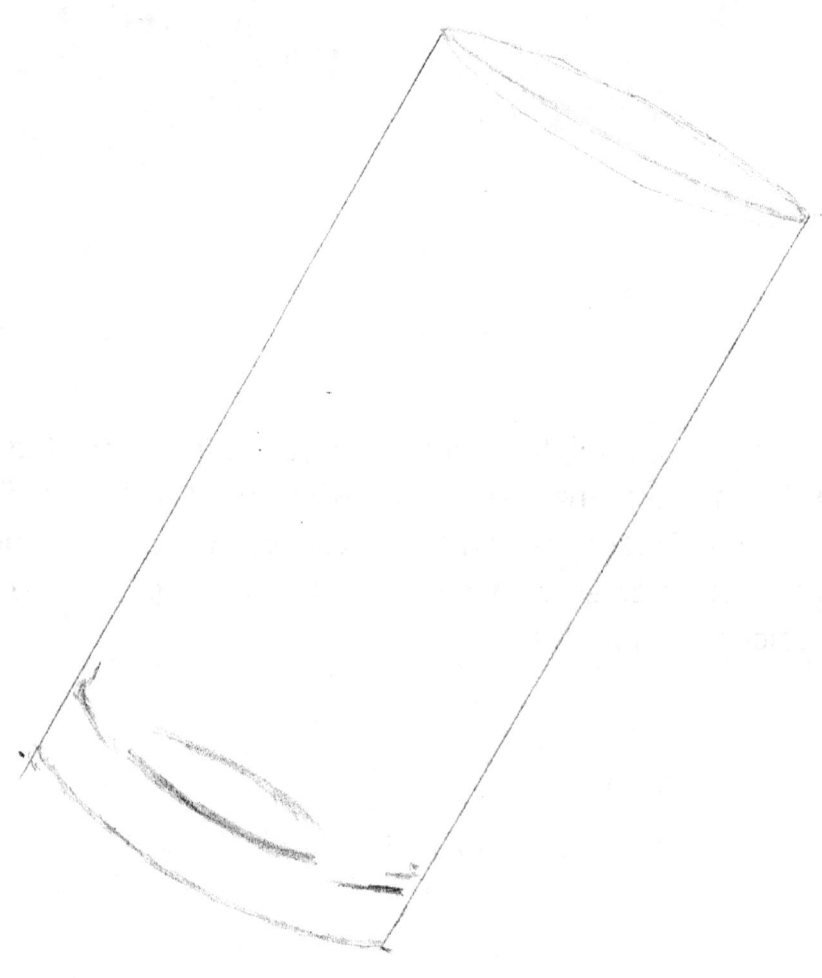

Ich schlage vor, alles mit Graphitpulver zu schattieren, da wir so eine viel glattere Textur erzeugen können als mit einem Bleistift. Wickeln Sie einfach ein Taschentuch um Ihren Finger, tauchen Sie es in das Graphitpulver, legen Sie ein Stück Papier über den Teil, den Sie hervorheben möchten, und schattieren Sie über den Rand des Papiers und natürlich über dem Glas. Wie ich das mache, sehen Sie auf dem folgenden Bild. Wenn Sie den Graphit wie ich auch auf den Hintergrund aufgetragen haben, machen Sie sich keine Sorgen, wir werden ihn radieren. Wir müssen sogar über die Ränder gehen, um den Graphit gleichmäßig über die gesamte Länge des Glases aufzutragen.

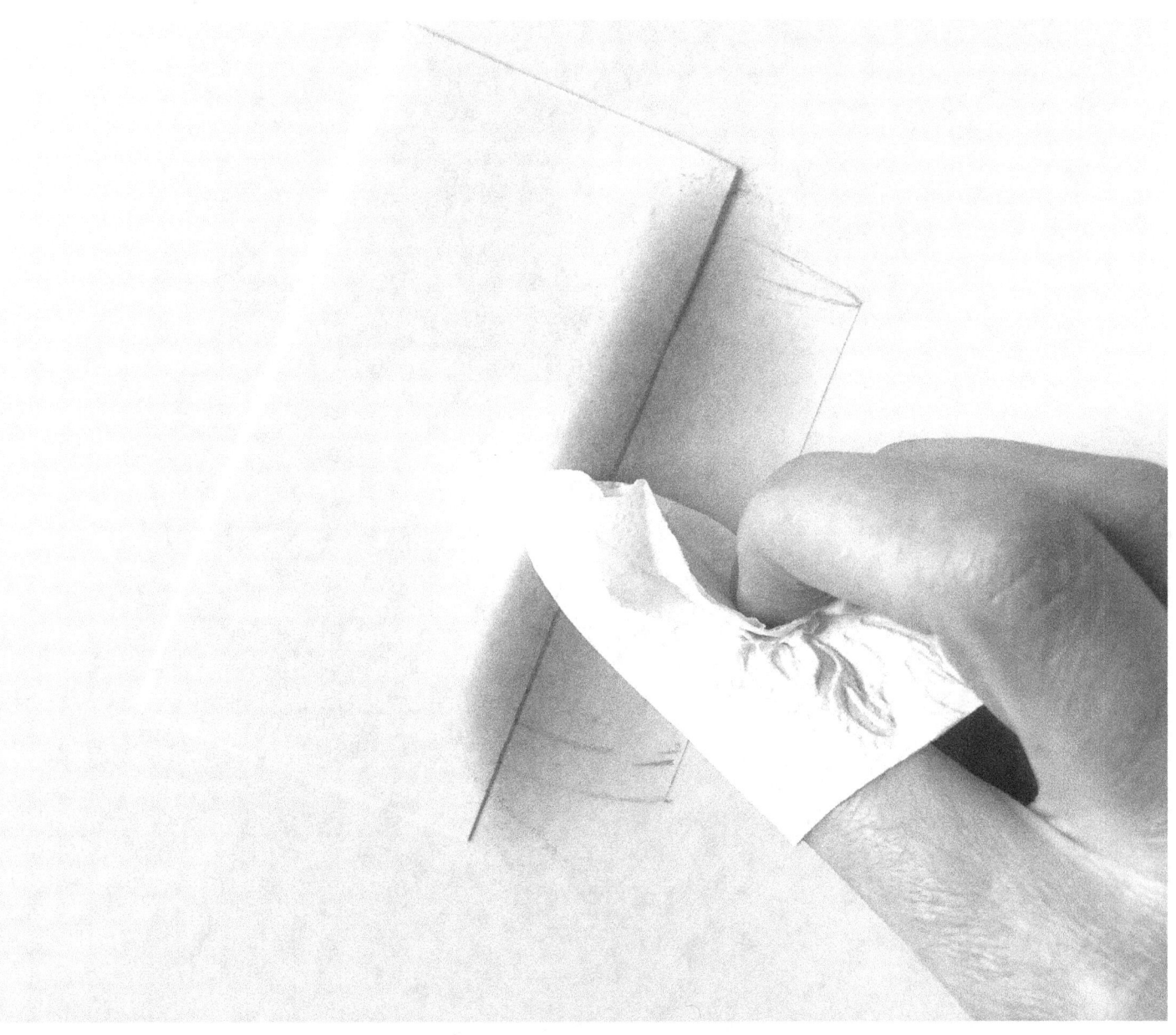

Machen Sie dasselbe auf der rechten Seite des Glases, legen Sie einfach ein Stück Papier über den Hintergrund, wo sich der Schattenwurf befindet, und schattieren Sie das

Papier. Drücken Sie immer weniger auf, wenn Sie sich vom Rand entfernen, um einen glatten Farbverlauf zu erzielen.

Wenn Sie das separate Blatt Papier abheben, mit dem Sie den Hintergrund isoliert haben, erhalten Sie Folgendes:

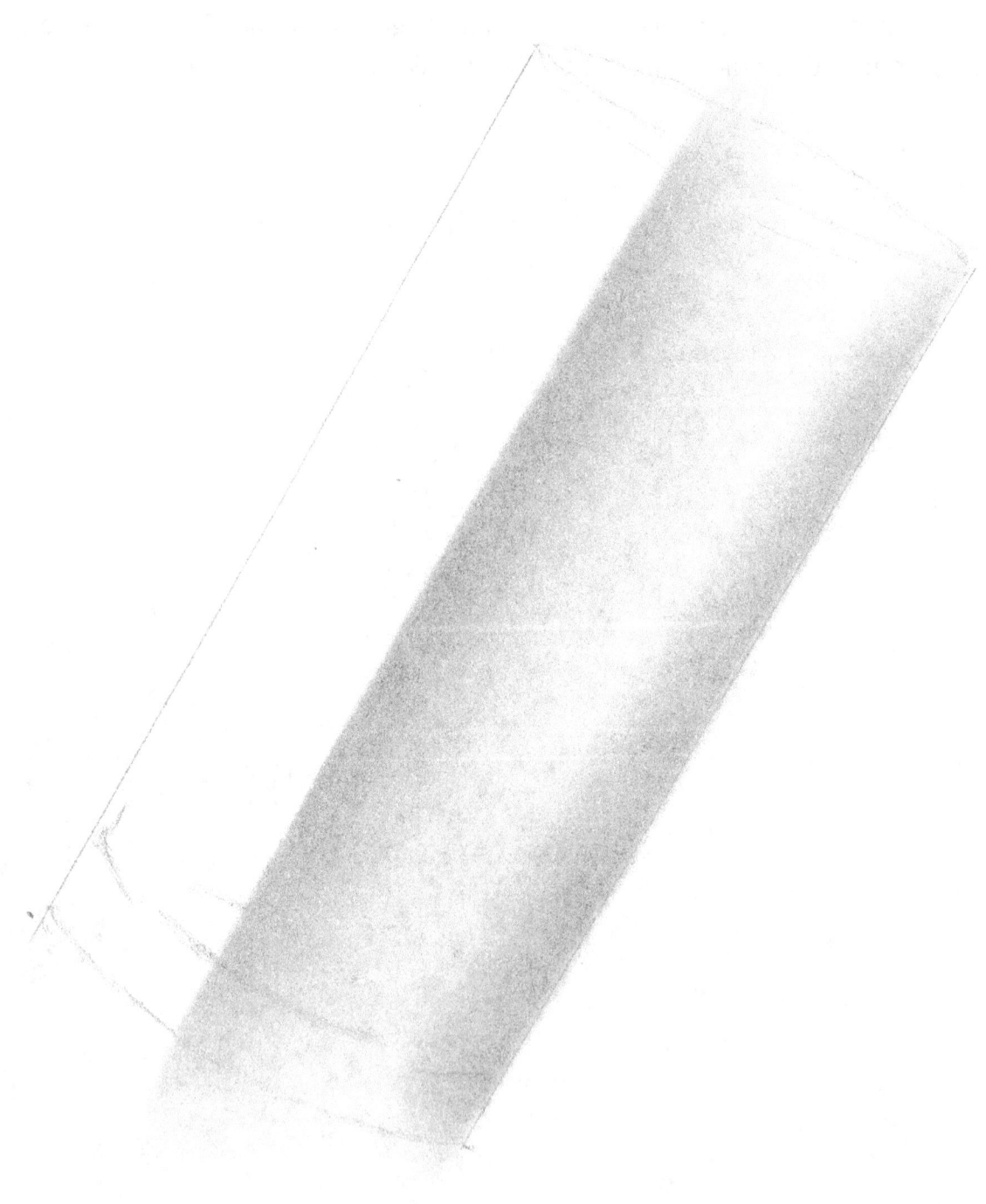

Legen Sie nun ein separates Stück Papier auf den Hintergrund auf der linken Seite und schattieren Sie den Rand des Glases, der viel heller sein sollte. Tauchen Sie also kein Taschentuch in das Graphitpulver, sondern verwenden Sie das, was Sie auf Ihrem Taschentuch haben, und schattieren Sie als Nächstes das separate Stück.

Lassen Sie uns auch einen Schattenwurf erzeugen, dann sind wir mit dem Graphitpulver fertig.

Legen Sie ein weiteres Stück Papier auf das Glas, um es zu isolieren, und lassen Sie nur den Hintergrund zugänglich. Erstellen oder schattieren Sie den Schatten, den Eigenschatten, der vom Glas geworfen wird. Wie Sie auf dem Referenzfoto sehen können, muss der Schatten neben dem Glas etwas heller und etwas weiter weg dunkler sein. Wir können auch ein Wattestäbchen verwenden, um winzigere Bereiche zu schattieren.

Nachdem wir die grundlegenden Schattierungen vorgenommen haben, können wir die Details erstellen. Radieren Sie den Graphit weg, den Sie auf den Hintergrund aufgetragen haben, mit Ausnahme des Schattenwurfs auf der rechten Seite.
Erstellen Sie Highlights, indem Sie die schattierten Bereiche bei Bedarf radieren. Sie müssen nicht genau die gleichen Highlights aus dem Referenzfoto erstellen, nur ungefähr. Vergleichen Sie mein vorheriges und nächstes Bild, um zu sehen, wo ich den Graphit für die Highlights wegradiert habe.

Jetzt können wir winzige Highlights am unteren Rand des Glases erstellen. Ich verwende einen mechanischen Radiergummi, um diese Details zu radieren. Also, wo immer Sie sie auf dem Referenzfoto sehen. Wenn Sie nicht hell genug hervorheben können, können Sie einen weißen Tintengelstift oder einen weißen Marker nehmen.

Machen Sie dasselbe im oberen Bereich neben dem Rand. Er ist immer noch nicht ganz sichtbar, aber wir werden daneben schattieren, um die Highlights zu verbessern. Machen Sie zur Vereinfachung einen Schritt und verwenden Sie jeweils ein Werkzeug.

Ich benutze einen B, um oben und unten im Glas Dunkelheit zu erzeugen. Wir müssen auch dunkle Bereiche erstellen, um dem Bild Tiefe zu verleihen und die Highlights daneben heller erscheinen zu lassen. Der gesamte Bodenbereich muss also etwas dunkler sein als der Rest des Glases, aber die anderen dunklen Bereiche können mit einem HB schattiert werden, beispielsweise um den Rand des Glases.

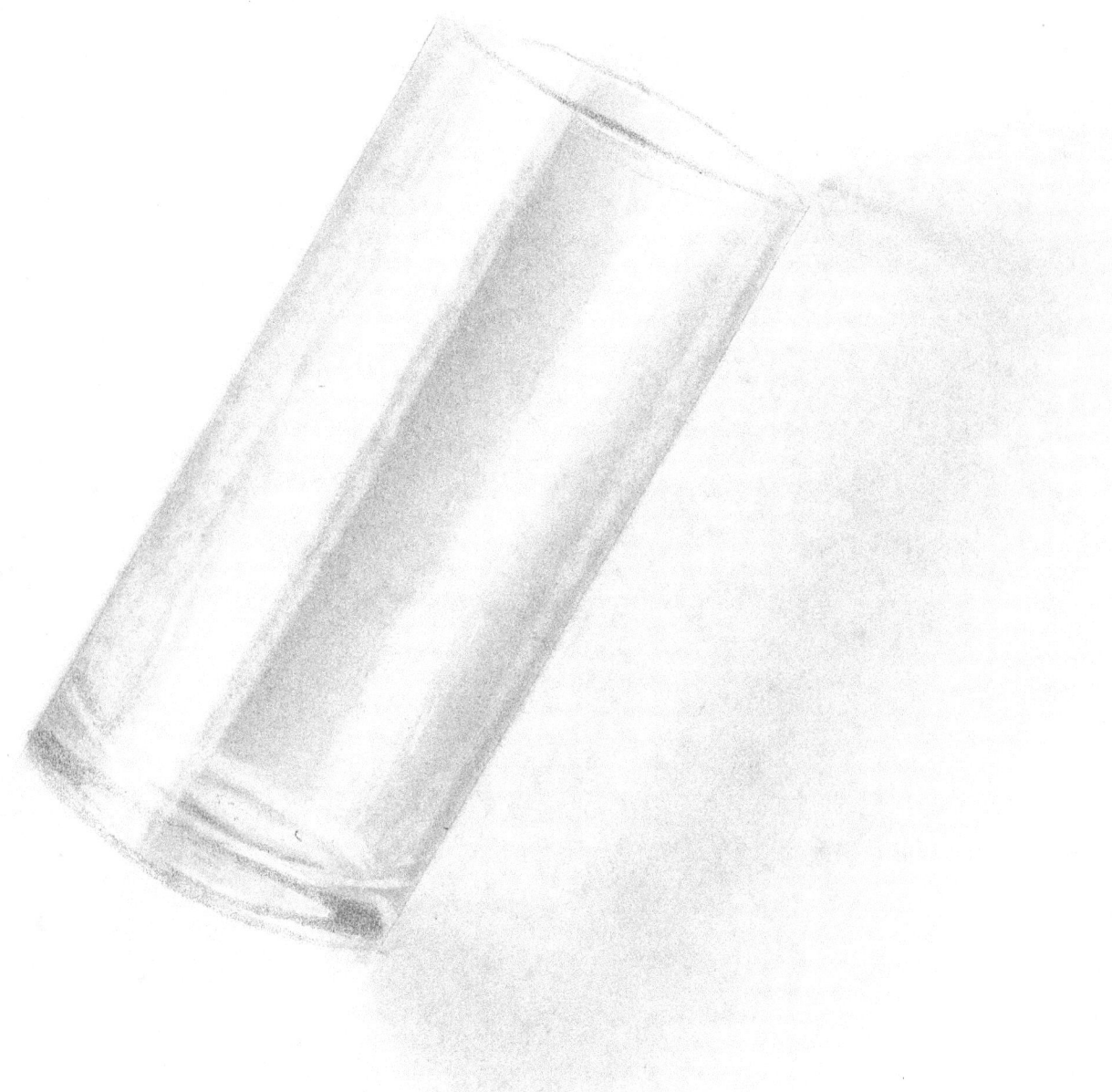

Mischen Sie es mit einem Papierwischer und schattieren Sie bei Bedarf weiter. Sie können und weitere Details, wenn Sie möchten. Und wie bereits erwähnt, machen Sie Ihre eigenen Bilder und üben Sie das Schattieren und Zeichnen verschiedener Gläser, indem Sie die Schritte aus diesem Tutorial befolgen.

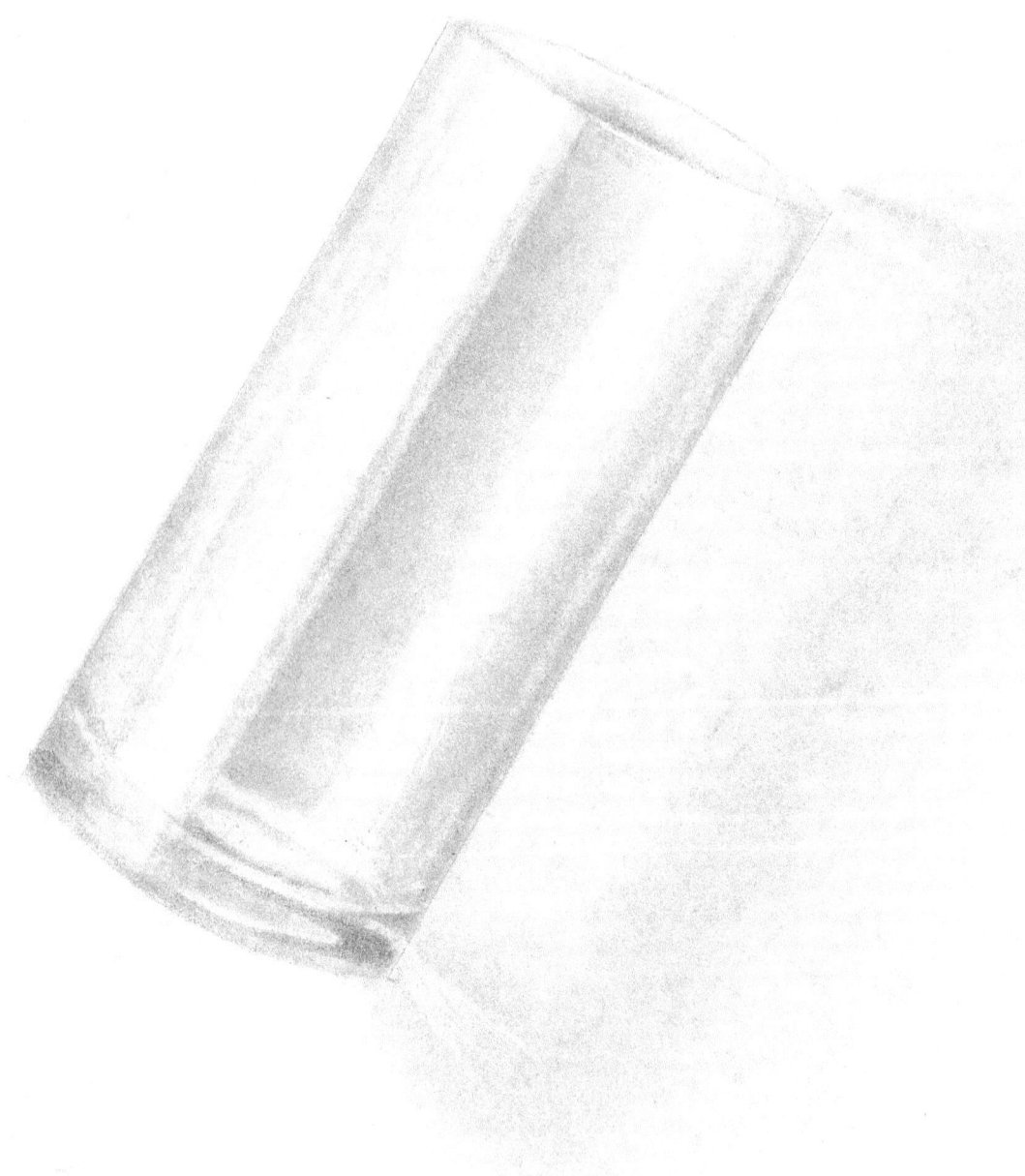

WIE MAN EINEN FUSSBALL ZEICHNET

Jetzt zeichnen wir einen Fußball und natürlich müssen wir mit einem Kreis beginnen. Deshalb müssen wir einen Zirkel verwenden, aber wir zeichnen einen Kreis auf ein separates Stück Papier und nicht auf unser Zeichenblatt. Der Durchmesser meines Kreises beträgt ca. 8,0 cm, wenn Sie die gleiche Größe wie ich zeichnen möchten. Erstellen Sie einen Kreis auf einem separaten Blatt Papier und schneiden Sie ihn mit der Schere aus. Machen Sie es sehr vorsichtig, denn wir brauchen einen perfekt runden Kreis. Werfen Sie kein rundes Stück Papier weg, da Sie das später benötigen.

Legen Sie das separate Blatt Papier mit seinem Loch auf die Mitte Ihres Blattes. Halten Sie es die ganze Zeit mit Ihrer linken Hand fest. Ich möchte, dass Sie das Graphitpulver zum Schattieren verwenden. Wickeln Sie also ein Taschentuch um Ihren Finger, tauchen Sie es in das Graphitpulver, schütteln Sie den Überschuss ab, weil Sie es nicht zu dunkel machen möchten, und tragen Sie den Graphit auf den Rand zwischen dem separaten Blatt Papier und dem Teil Ihrer Zeichnung auf, der durch den Kreis zugänglich ist, wie im nächsten Bild gezeigt. Wir müssen uns die Position der Lichtquelle vorstellen, die auf den Ball fällt, und entsprechend schattieren. Ich möchte, dass sich meine Lichtquelle in der oberen linken Ecke befindet, was bedeutet, dass ich die untere rechte Seite des Balls viel mehr schattieren muss, um den Eigenschatten zu erzeugen. Deshalb beginne ich über dem unteren rechten Bereich, weil es hier am dunkelsten sein muss. Wenn uns dann der Graphit auf unserem Tuch ausgeht, können wir mit der Schattierung in Richtung der oberen linken Ecke beginnen und immer weniger aufdrücken. Auf diese Weise erzeugen Sie einen glatten Farbverlauf und erhalten eine runde Form.

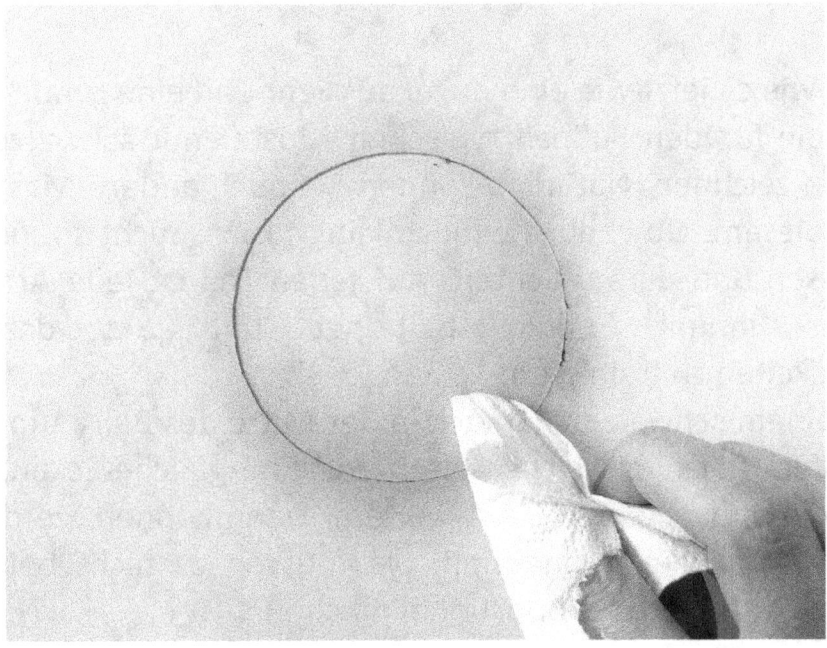

Wenn wir das separate Stück Papier entfernen, erhalten wir ungefähr Folgendes:

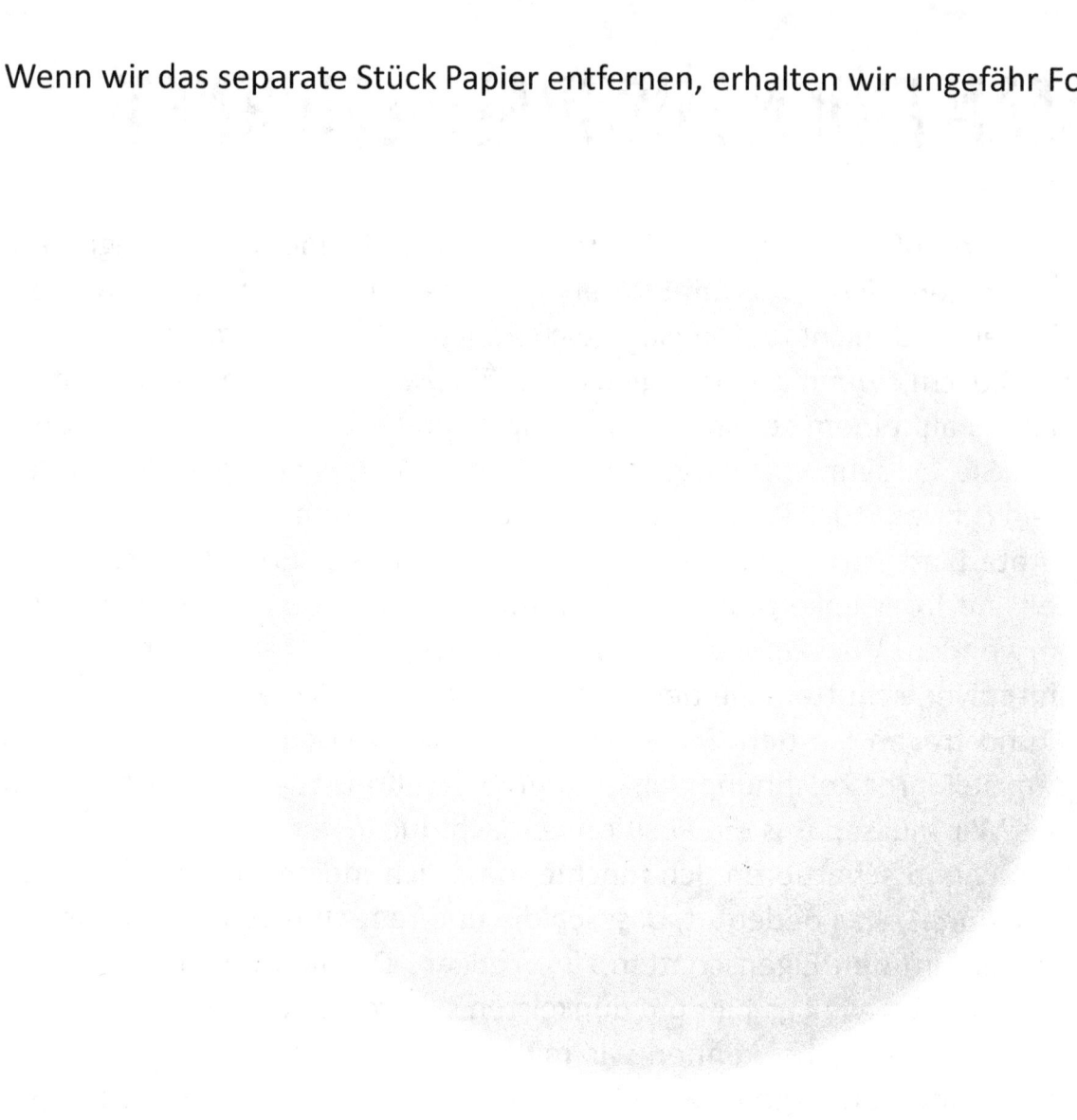

Sie können sehen, wie es jetzt wie eine Kugel aussieht und eine runde Form hat.
Jetzt können wir die für den Fußball typischen Muster mit schwarzen Fünfecken und weißen Sechsecken zeichnen. Natürlich können Sie auch andere Muster zeichnen, aber beginnen wir mit diesem. Obwohl es einfach klingt, ist es nicht so, und Sie müssen die Proportionen messen und darauf achten. Auf jeden Fall ist jede Art von Muster sehr nützlich, da es Ihnen Geduld beibringt und Sie dazu bringt, Ihre Beobachtungsfähigkeiten zu trainieren.
Beginnen Sie mit einem schwarzen Fünfeck in der Mitte des Balls, um es vorerst einfach zu halten. Ein Fünfeck hat fünf gleiche Seiten und fünf gleiche Ecken. Beginnen Sie mit einer kleineren Linie und zeichnen Sie 4 weitere. Dann können Sie die Seiten messen, um festzustellen, ob sie gleich lang sind. Sie müssen es nicht beim ersten Versuch perfekt, sondern nur annähernd proportional machen.

Im nächsten Bild sehen Sie meine Versuche, ein Fünfeck vom kleinsten zum letzten zu zeichnen. Da ich den inneren Bereich des Fünfecks mit dunklen Stiften ausmale, machte es mir nichts aus, all diese Linien sichtbar zu machen. Es ist zunächst schwierig, ein perfektes Fünfeck ohne mehr Linien zu zeichnen, um die richtigen Positionen zu finden. Sie können zuerst auf einem separaten Blatt Papier üben, wenn Sie möchten.

Jedes schwarze Fünfeck ist also nur von weißen Sechsecken umgeben, was bedeutet, dass wir die Linien von den äußeren Ecken des Fünfecks zeichnen müssen, wie im nächsten Bild gezeigt. Diese repräsentieren die Ränder zwischen den benachbarten Sechsecken. Denken Sie daran, dass der Ball rund ist, sodass die Fünfecke und Sechsecke unter diesem Gesichtspunkt neben dem Rand nicht die richtige Form haben.

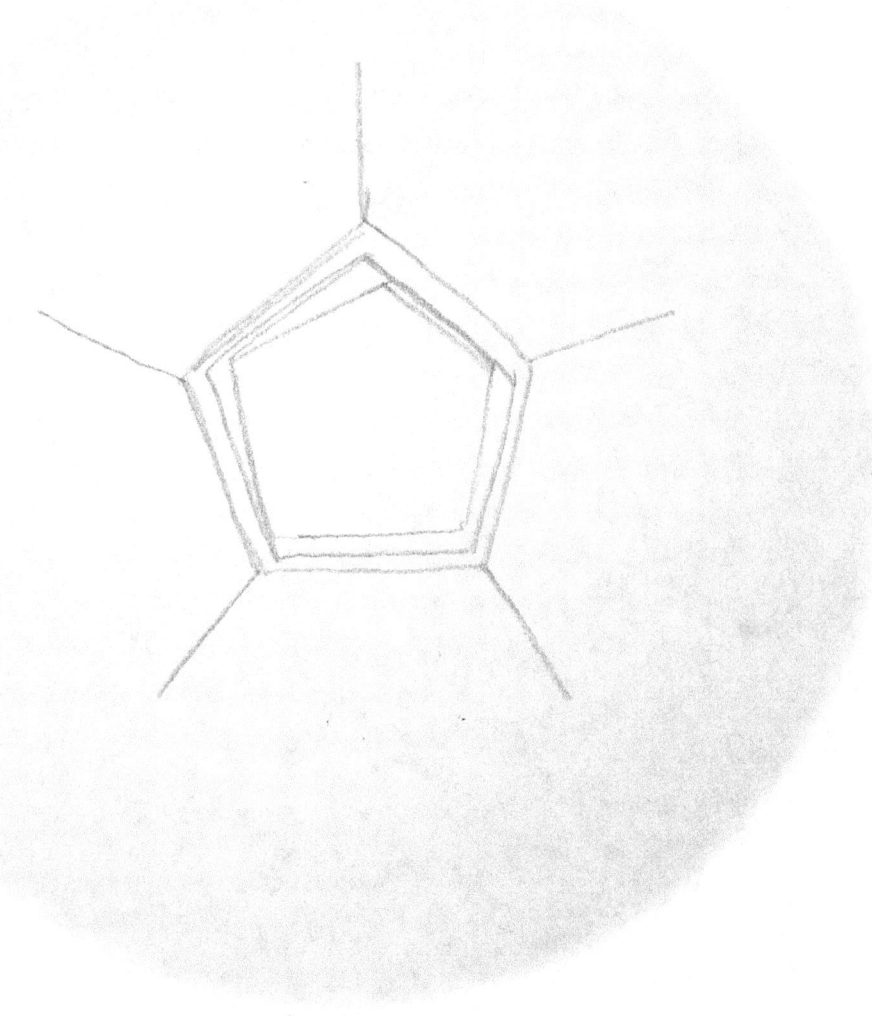

Auf der anderen Seite dieser Linien müssen wir Fünfecke zeichnen, deren zwei Seiten am Ende der zuvor gezeichneten Linien beginnen. Zeichnen Sie dann zwei kurvigere Linien, und die fünfte Linie muss nicht sichtbar sein.

Stellen Sie sicher, dass sich alles am richtigen Ort befindet und wo Sie es möchten, bevor Sie mit dem Schattieren beginnen oder die Fünfecke färben, da die dunklen Stifte nicht vollständig wegradiert werden können.

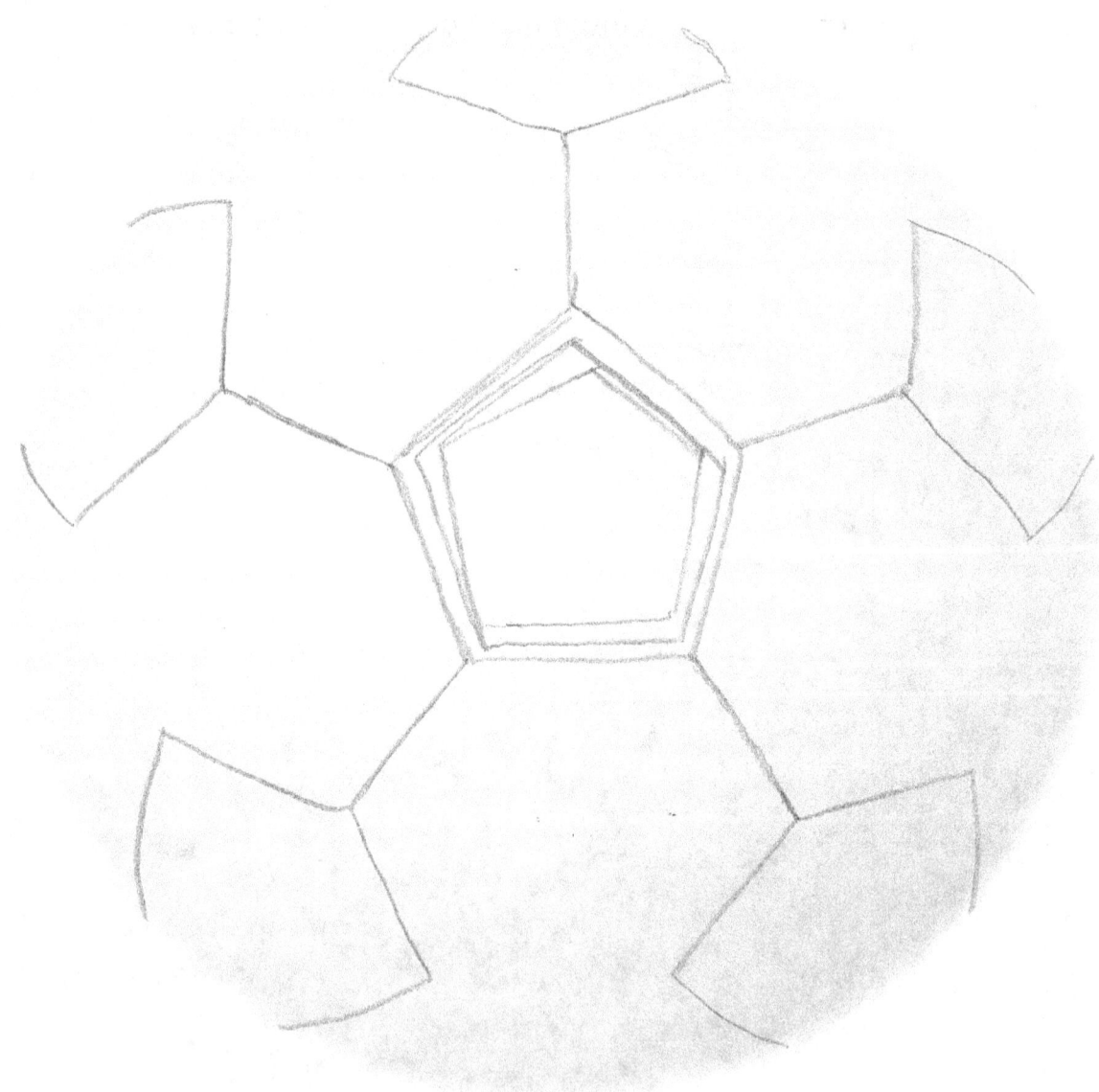

Hier können Sie sehen, dass sich die Sechsecke bilden, nachdem Sie alle Fünfecke gezeichnet haben. Zeichnen Sie einfach die sechste Linie der sichtbaren Sechsecke und Sie sind fertig mit dem Skizzieren.

Zuletzt markieren Sie jedes Fünfeck mit einem X oder wie Sie möchten, um sicherzustellen, dass dies die Bereiche sind, die Sie einfärben möchten.

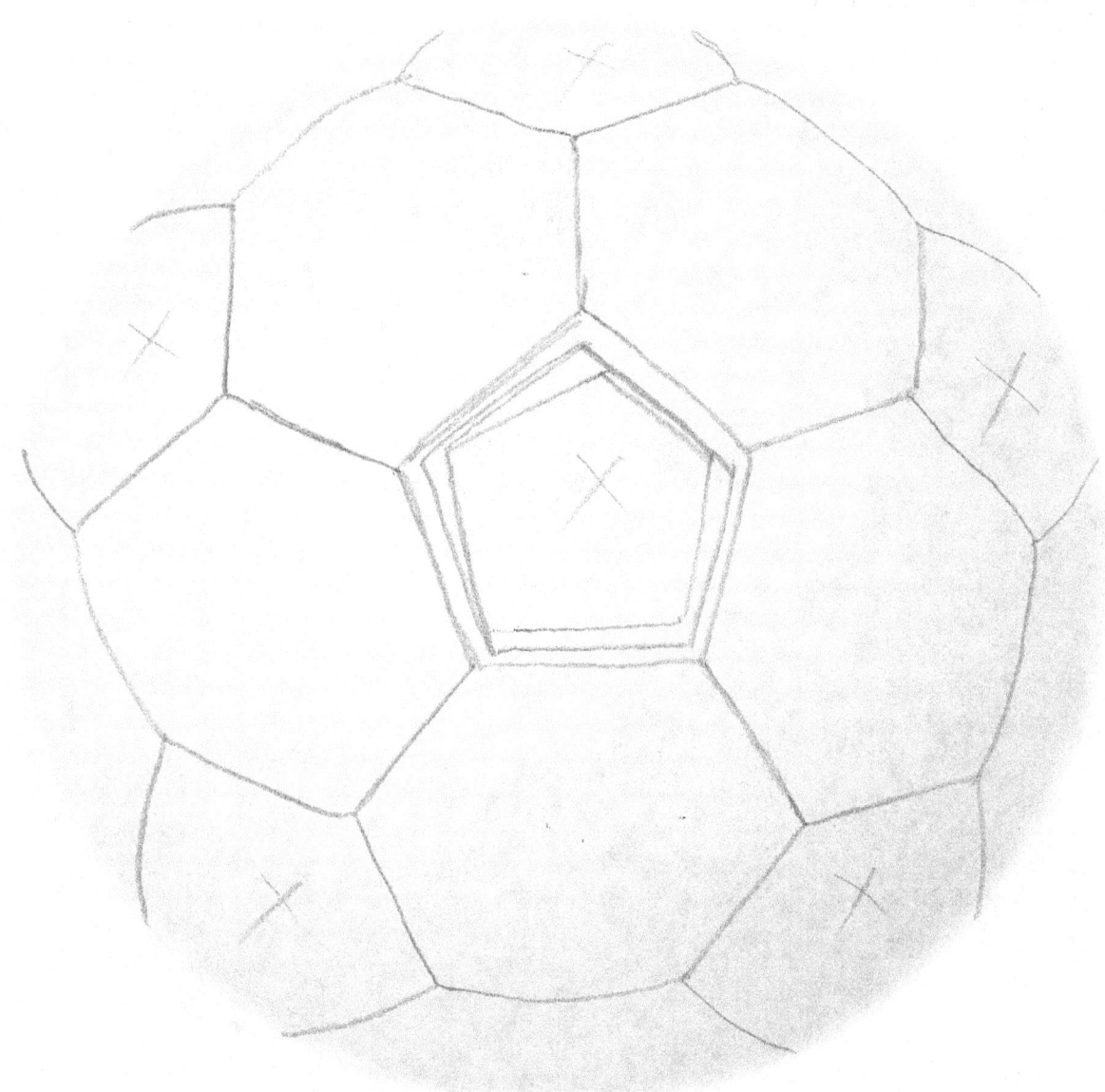

Jetzt können wir die Werte der Fünfecke erstellen. Wie wir wissen, sind diese Teile absolut schwarz, aber die schwarze Farbe ändert ihren den Wert, wenn sie beleuchtet wird. Deshalb ist es wichtig, je nach Position unterschiedliche Werte für diese Fünfecke zu verwenden.

Wenn also unsere Lichtquelle aus der oberen linken Ecke kommt, sind die Fünfecke im oberen linken Bereich des Balls am hellsten. Ich benutze einen H und mache kreisende Bewegungen, um eine glatte Textur auf diesen Fünfecken zu erzeugen. Schattieren Sie vorsichtig neben den Rändern.

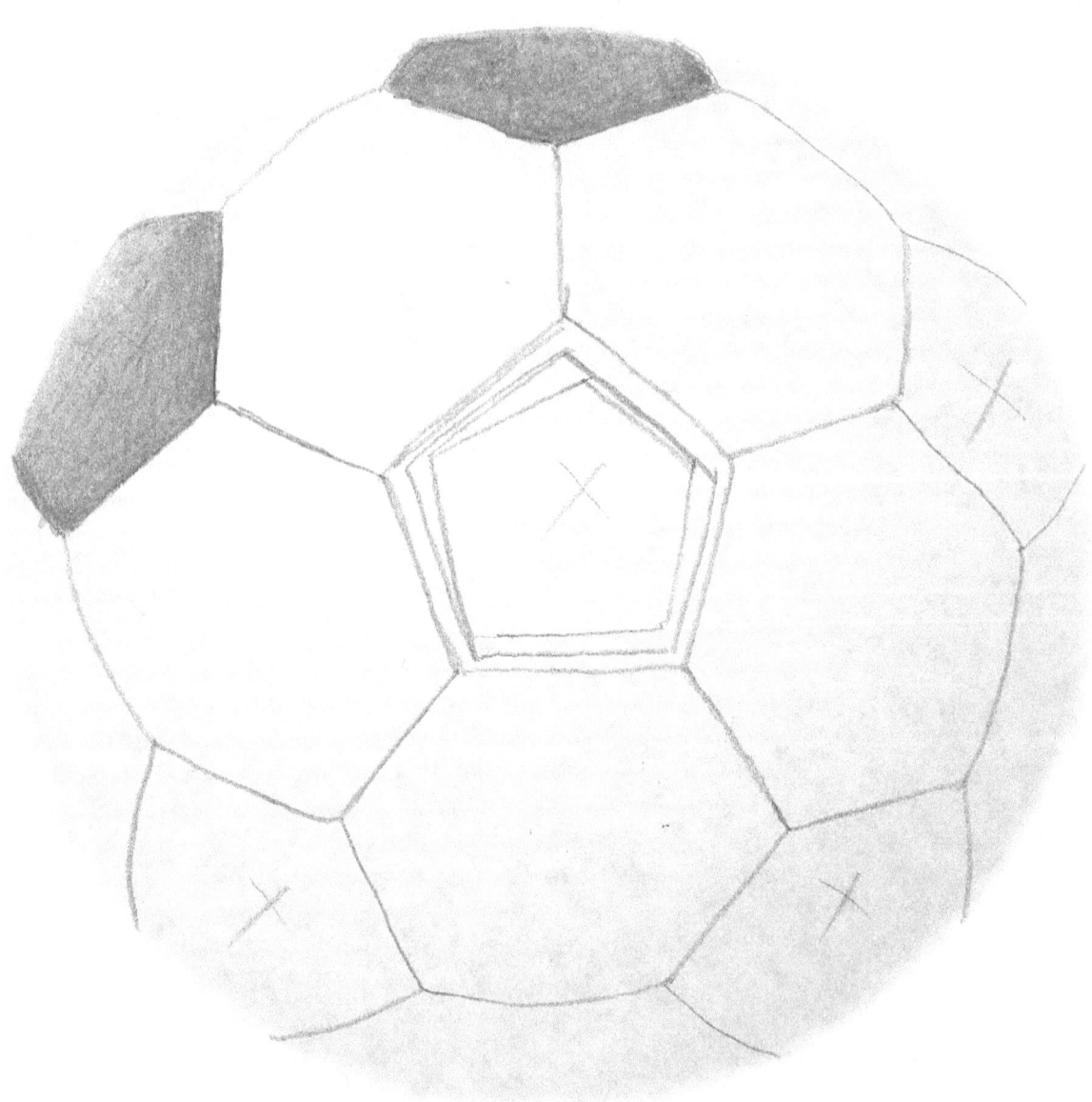

Fahren Sie mit einem HB fort, um den oberen linken Teil des Fünfecks in der Mitte abzudecken, da dieser Teil stärker beleuchtet ist, und fahren Sie dann mit einem dunkleren Stift fort. Wenden Sie auch hier immer den gleichen Druck und kreisende Bewegungen an.

Schattieren Sie auch die Teile der Fünfecke am Rand, die mehr Licht erhalten würden, und verwenden Sie dabei immer noch einen HB für den Rand des Fünfecks, der sich im Eigenschatten-Bereich befindet. Der Rand einer Kugel ist immer stärker beleuchtet, und das wird als reflektiertes Licht bezeichnet.

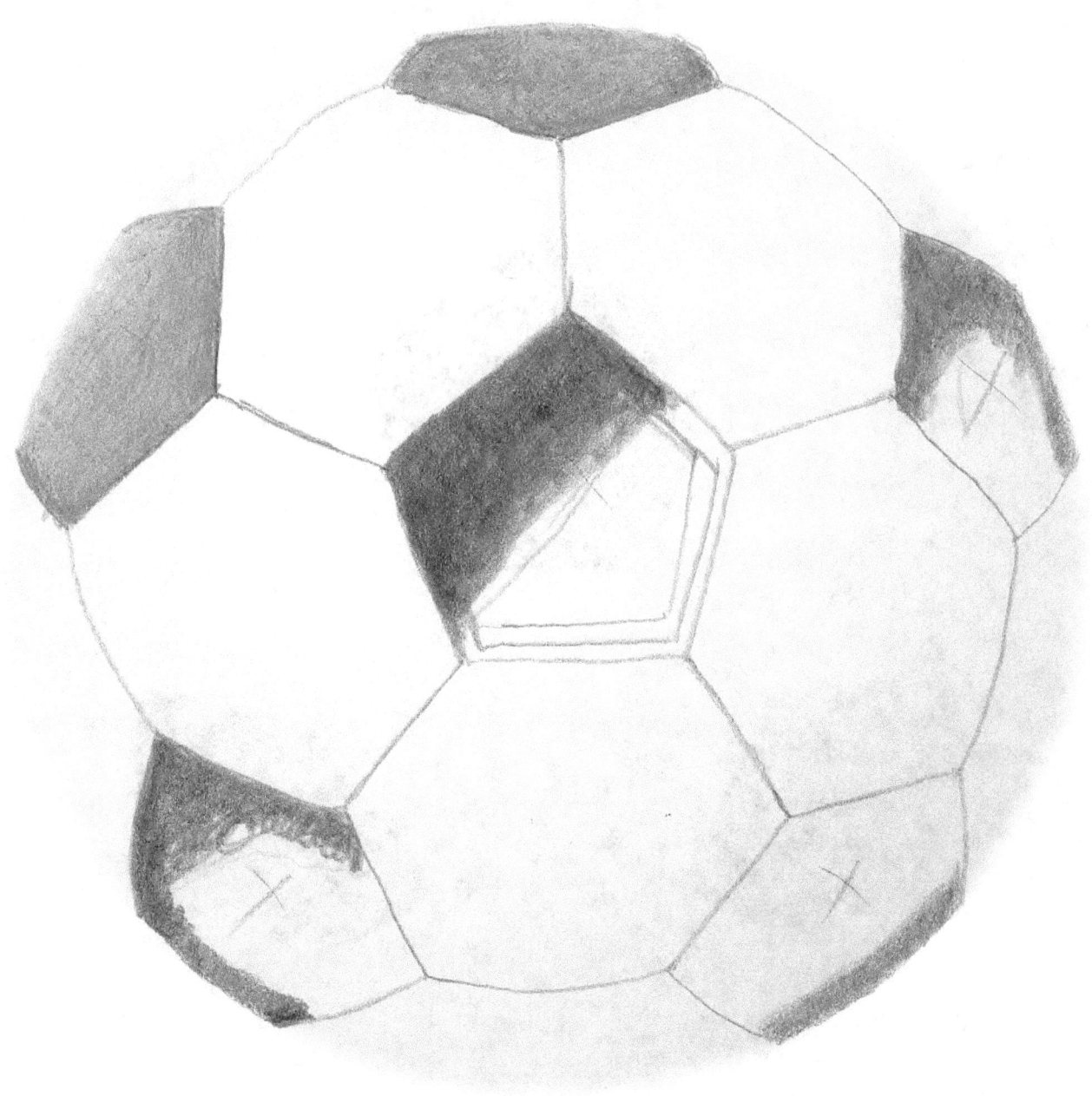

Verwenden Sie ein 6B oder dunkler, um die restlichen Fünfecke zu färben. Wie Sie sehen können, repräsentiert der hellere Bereich, den wir mit einem HB am Außenrand des Fünfecks im Schatten erstellt haben, das Licht, das vom Tisch reflektiert wird, auf dem der Ball platziert ist. Er zeigt auch die Rundheit des Balls an und kommt zum Ausdruck, nachdem der dunkelste Stift aufgetragen wurde.

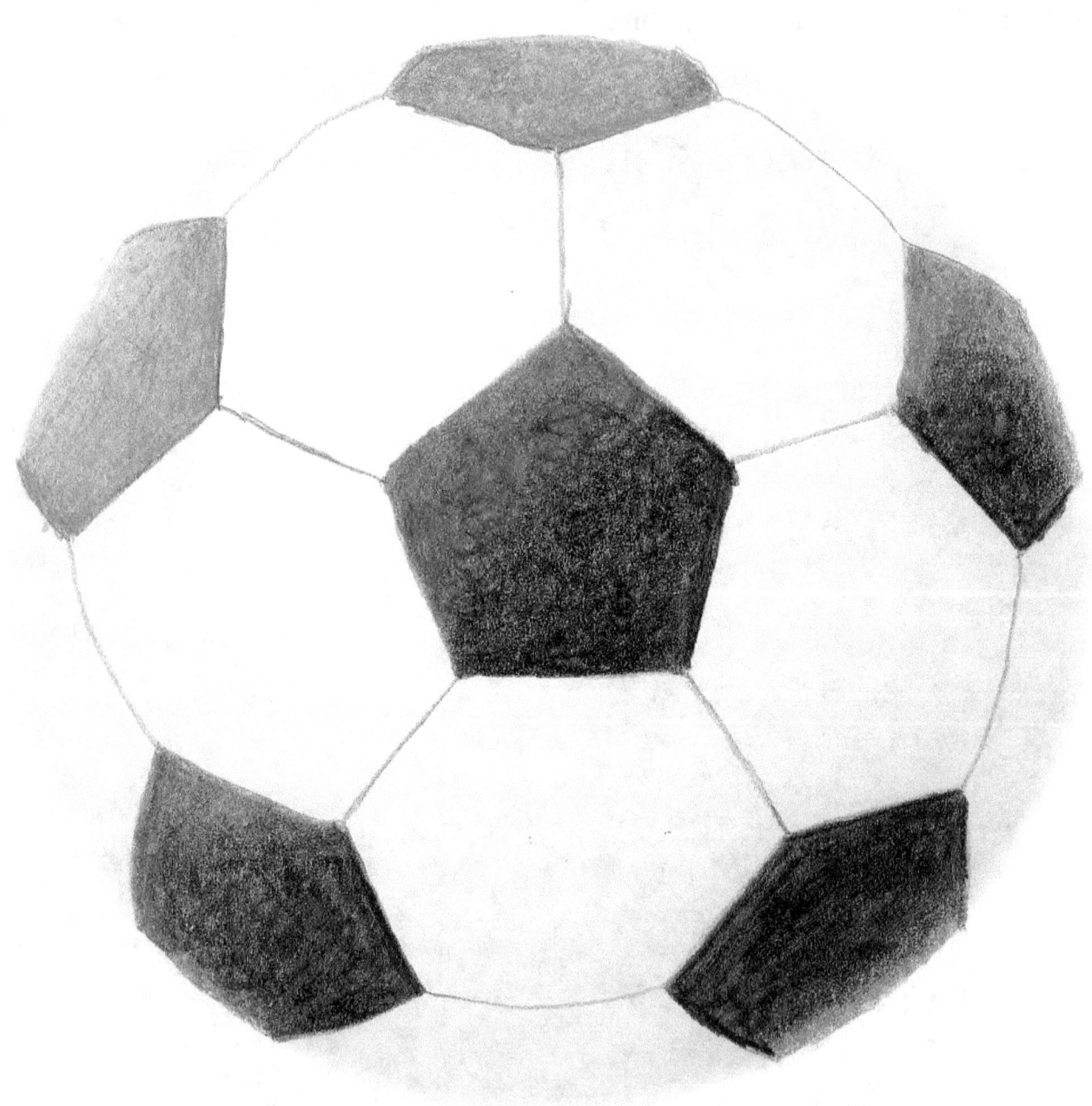

Als nächstes mischen Sie die Ränder zwischen den weißen Sechsecken mit einem Papierwischer, damit sie etwas nach innen gebogen aussehen. Versuchen Sie, diese nicht zu dunkel zu machen, damit Sie Ihren Papierwischer nicht in das Graphitpulver eintauchen müssen, sondern tragen Sie genau so viel auf, wie Sie vom vorherigen Mischen darauf gelassen haben.

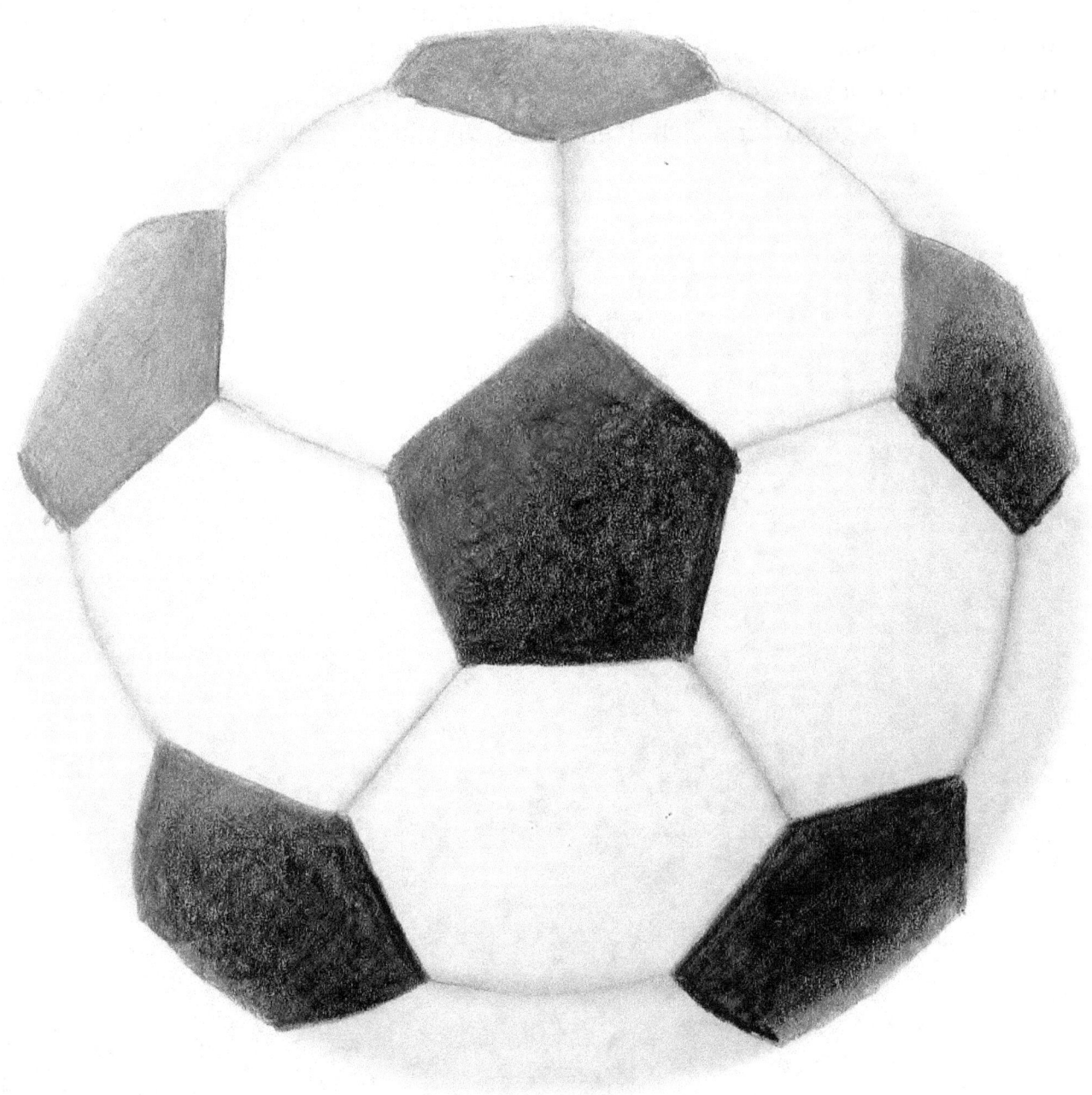

Zuletzt erstellen Sie den Schattenwurf mit Graphitpulver. Nehmen Sie das kreisförmige Stück Papier, das Sie nicht wegwerfen sollten, das Sie ganz am Anfang ausgeschnitten haben, und legen Sie es auf die Kugel, sodass sie vollständig bedeckt ist.
Wenn unsere Lichtquelle aus der oberen linken Ecke kommt, fällt der Schatten auf den Tisch neben den unteren rechten Rand des Balls.
Wickeln Sie ein Taschentuch um Ihren Finger, tauchen Sie es in das Graphitpulver und erzeugen Sie den Schatten mit horizontalen Bewegungen, auch auf dem kreisförmigen Stück Papier. Der geworfene Schatten muss neben dem Ball am dunkelsten sein. Gehen Sie daher häufiger über diesen Bereich und verringern Sie den Druck, wenn Sie sich vom Ball entfernen. Der geworfene Schatten muss wie immer allmählich im Hintergrund verschwinden.

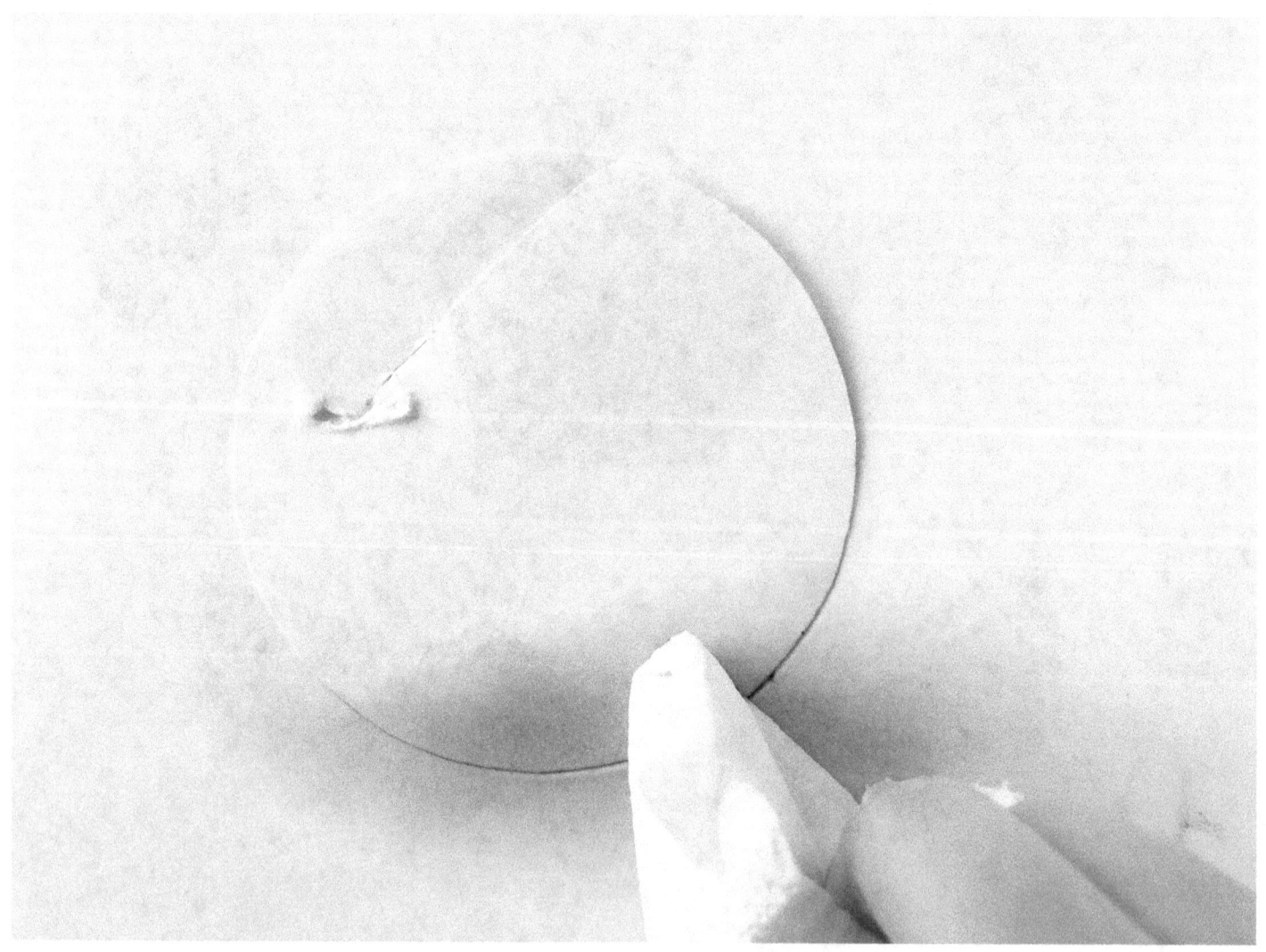

Wenn wir das kreisförmige Stück Papier abheben, haben wir unseren Schattenwurf fertig.
Versuchen Sie als Nächstes, einen Ball mit unterschiedlichen Mustern oder einen

Basketball, Tennisball oder sogar Billardkugeln zu zeichnen, indem Sie die Schattierungsschritte aus diesem Tutorial ausführen.

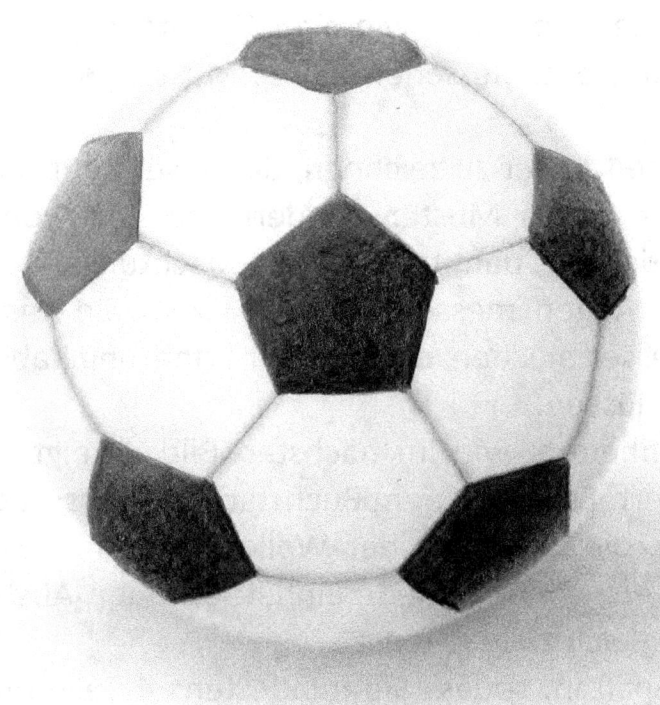

Hinweis

Machen Sie sich keine Sorgen, dass Sie mit einer Zeichnung nicht zufrieden sind oder wie sie aussieht. Das Ergebnis spielt keine Rolle, weil es ein Prozess ist. Zeichnen Sie einfach und zeichnen Sie weiter. Mit der Zeit werden Sie sich verbessern. Andererseits ist es auch nicht gut, wenn Sie mit Ihren Zeichnungen zufrieden sind. Das bedeutet, dass Sie keinen Grund haben, sich zu verbessern und zu üben. Seien Sie realistisch und arbeiten Sie weiter.

GESTRICKTES STOFFGEWEBE

Lassen Sie uns Stoffgewebe zeichnen, so etwas wie einen Wollfaden, der das Material verwebt, aus dem Wollkleidung besteht. Sie sehen dieses Muster, wenn Sie die Stoffe vergrößern.

Ich schlage vor, sich wiederholende Muster zu zeichnen, da sie sehr gut für Sie sind, um das Zeichnen zu üben. Nicht nur dieses Muster, sondern jede Art von Muster, wie Mandalas und alles, was sich wiederholt, damit Sie Ihre Beobachtungsfähigkeiten üben, Geduld gewinnen und mit Ihren Augen messen können. Wenn Sie dasselbe Muster erneut erstellen, werden Sie es besser machen, da Sie mehr Erfahrung haben und besser wissen, wo und wie Sie zeichnen müssen.

Erstellen Sie die Zeilen mit 4 Einheiten, wie im nächsten Bild gezeigt. Eine einzelne Einheit ist mit fetten Linien markiert. Es ähnelt dem Buchstaben V, muss jedoch mit zwei parallelen Linien erstellt werden, die die Dicke der Wolle angeben. Das Endergebnis sollte nicht verbunden werden. Versuchen Sie, jede Einheit und den Abstand zwischen den Einheiten so gut wie möglich gleich zu machen.

Zeichnen Sie dann drei weitere Spalten, sodass Sie mindestens 4 Zeilen und 4 Spalten haben. 2–3 reichen nicht aus, um die Textur erkennbar zu machen, und es reicht nicht aus, um zu üben.

Wenn Sie es verkehrt herum betrachten, sollten Sie das gleiche Muster sehen. Dann werden Sie wissen, ob das Muster gut ist. Drehen Sie Ihr Papier häufig, um es zu überprüfen. Natürlich können wir es nicht perfekt machen, aber nur ungefähr, also versuchen Sie Ihr Bestes. Es ist vielleicht beim ersten Versuch nicht erfolgreich, aber wenn Sie es immer wieder versuchen, werden Sie es besser machen. Im nächsten Bild sehen Sie, dass mein Muster auch nicht perfekt ist, aber es ist in Ordnung.

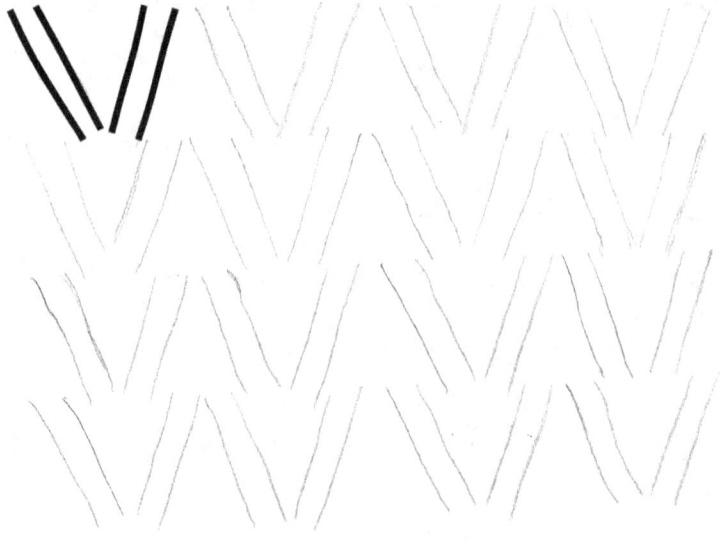

Jetzt können wir diese Fäden mit kurvigen Linien verbinden. Ich habe meine Arbeit in diesem Schritt mit fetten Linien markiert, die Sie im nächsten Bild sehen können. Zeichnen Sie doppelte Linien und versuchen Sie, immer den gleichen Abstand zwischen diesen Linien zu halten, nämlich die gleiche Dicke des Fadens.

In der ersten Reihe sind sie vollständig sichtbar, in der zweiten, dritten und vierten Reihe müssen sie jedoch hinter den oberen Bereichen der Einheiten gezeichnet werden, wie in der folgenden Abbildung dargestellt.

Wenn Sie eine Einheit erstellen, schauen Sie sich einfach die obere an, um sie identisch zu machen, und links und rechts, wenn Sie sie bereits gezeichnet haben.

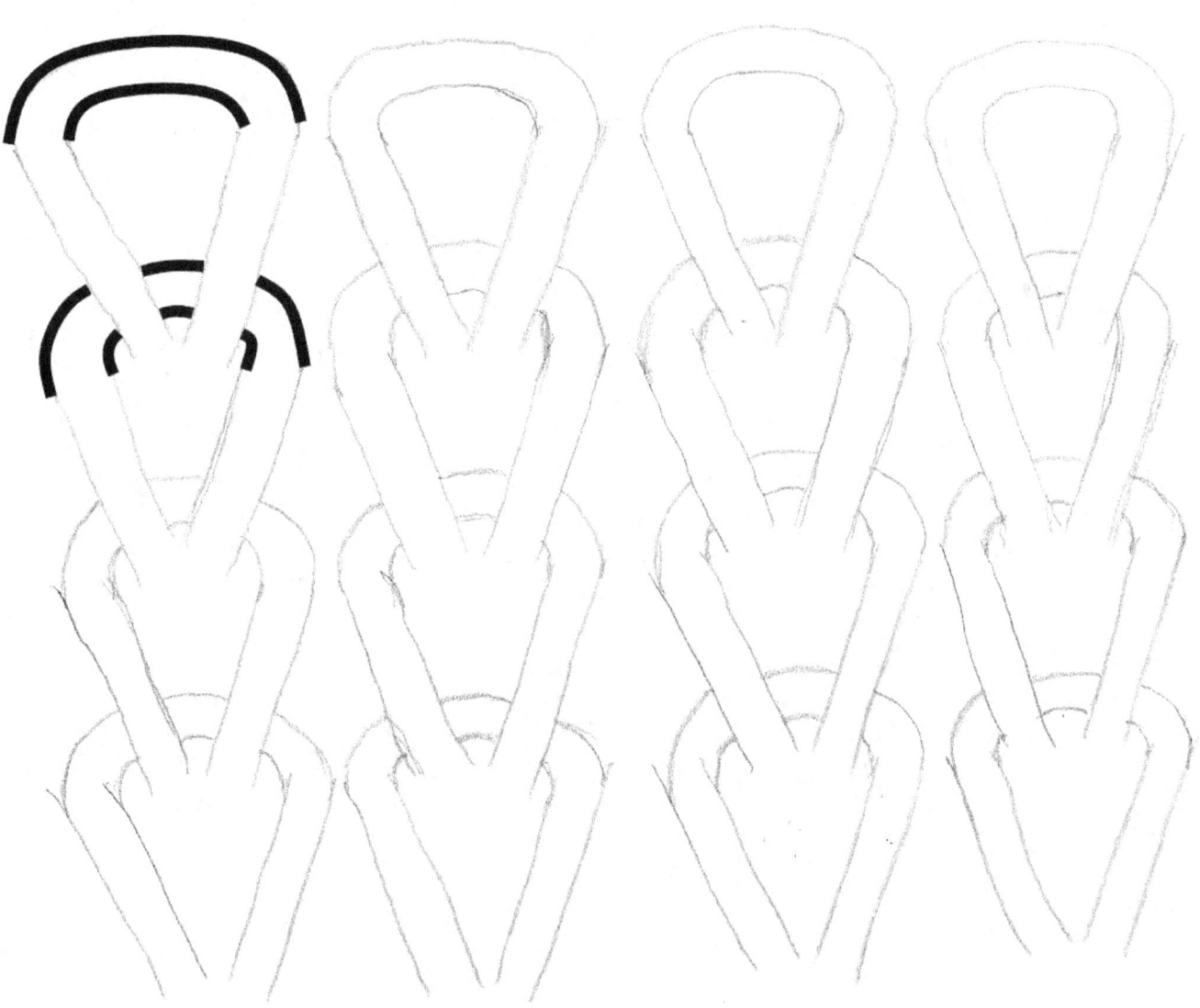

Als Nächstes müssen wir das Gleiche machen, aber mit dem Papier auf dem Kopf. Natürlich müssen Sie es nicht drehen, sondern üben verschiedene Striche und Bewegungen. Zeichnen Sie also die kurvigen Linien, um die unteren Teile der Einheiten zu verbinden, und gehen Sie hinter die oberen Bereiche der Einheiten. Ich habe die fetten Linien über die Verbindungen gesetzt, die ich in diesem Schritt erstelle. Analysieren Sie das Bild, bevor Sie mit dem Zeichnen beginnen.

Jetzt sehen Sie, wie sie miteinander verwoben sind. Bei den Randeinheiten sind die Verbindungen unterbrochen. Lassen Sie sie also so, wie ich es gemacht habe oder zeichnen Sie weitere Einheiten daneben.

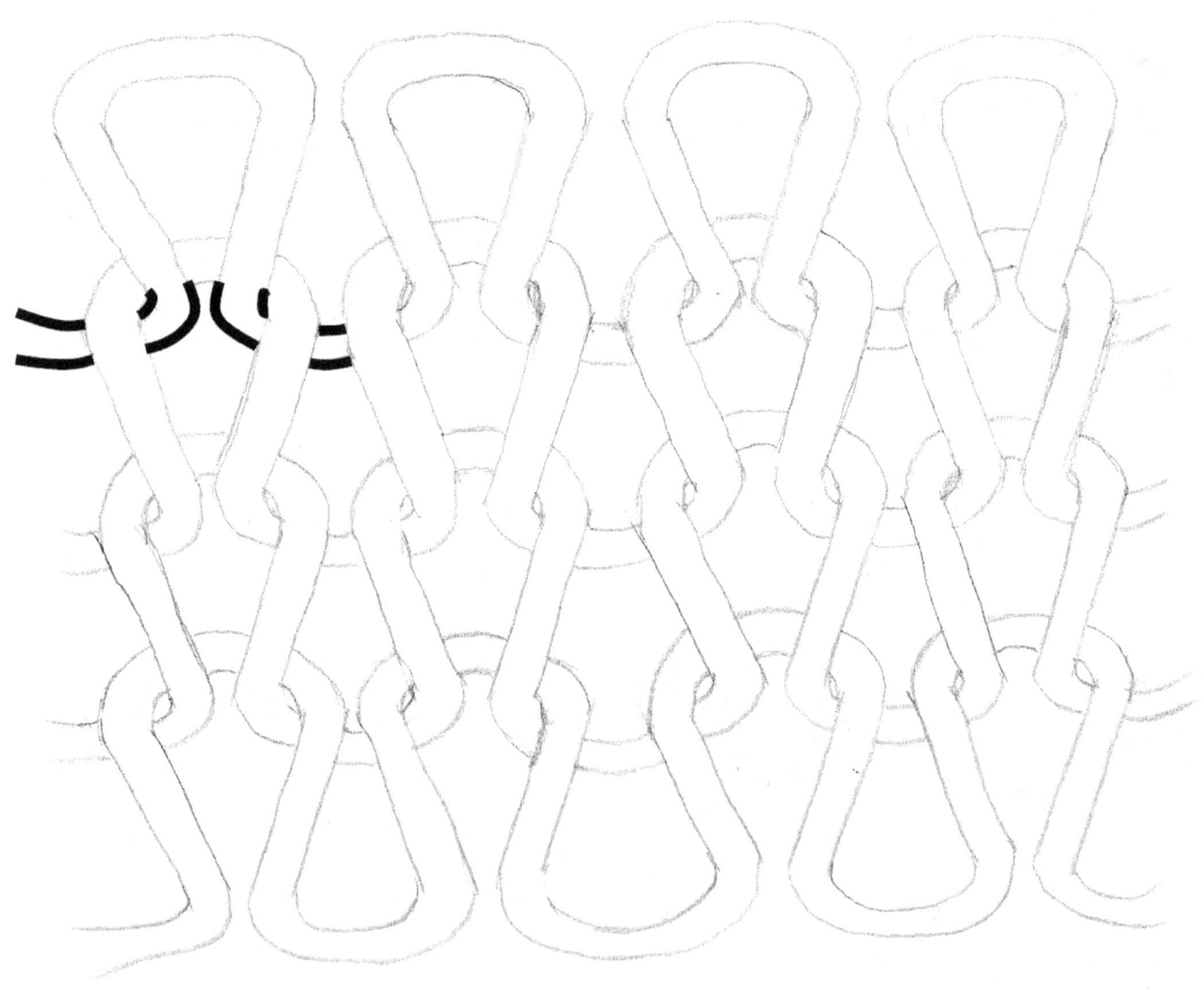

Radieren Sie die unnötigen Linien weg, wenn Sie sie um die Hauptlinien gezeichnet haben.

Jetzt können wir mit dem Schattieren beginnen. Ich möchte einen Papierwischer verwenden und neben dem Rand innerhalb des Fadens schattieren. Dadurch sieht der Faden rund und weniger flach aus. Sie können das sogar mit einem Bleistift machen und dann mit einem Papierwischer mischen. Um die Schattierung zu vereinfachen, machen Sie es vorerst nur mit den geraden Bereichen.

Radieren Sie den Graphit, den Sie auf dem Hintergrund neben dem Faden aufgetragen haben, um die Ränder sauber und scharf zu machen.

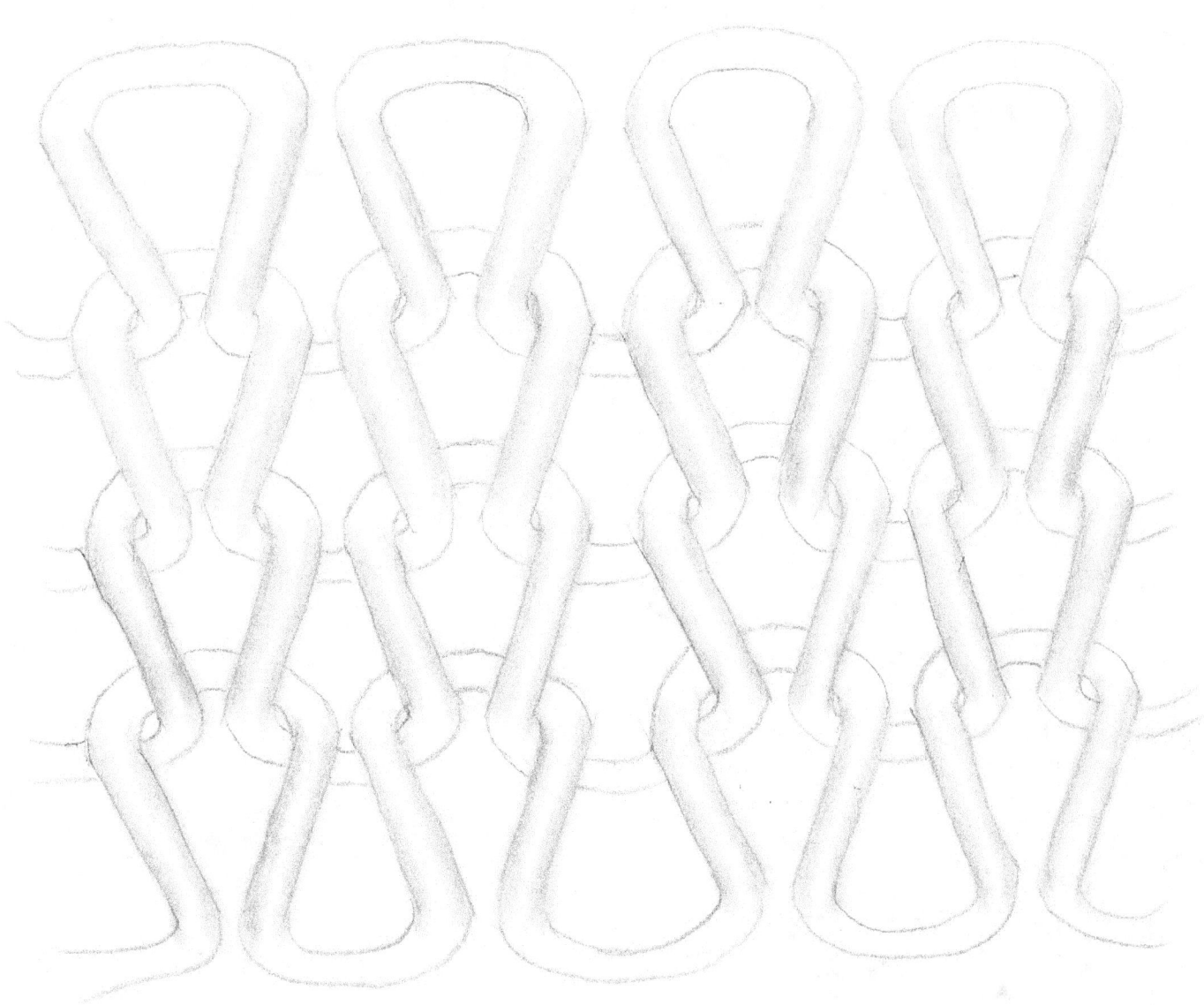

Als Nächstes schattieren Sie die Teile des Fadens, die weniger Licht erhalten, nämlich die Teile, die hinter dem Faden liegen. Wir können sie tatsächlich ganz mit einem HB schattieren. Sie können auch einen H oder einen 2H verwenden.

Studieren Sie das nächste Bild und vergleichen Sie es mit dem vorherigen Bild, um den Unterschied und die Bereiche zu sehen, die ich schattiert habe.

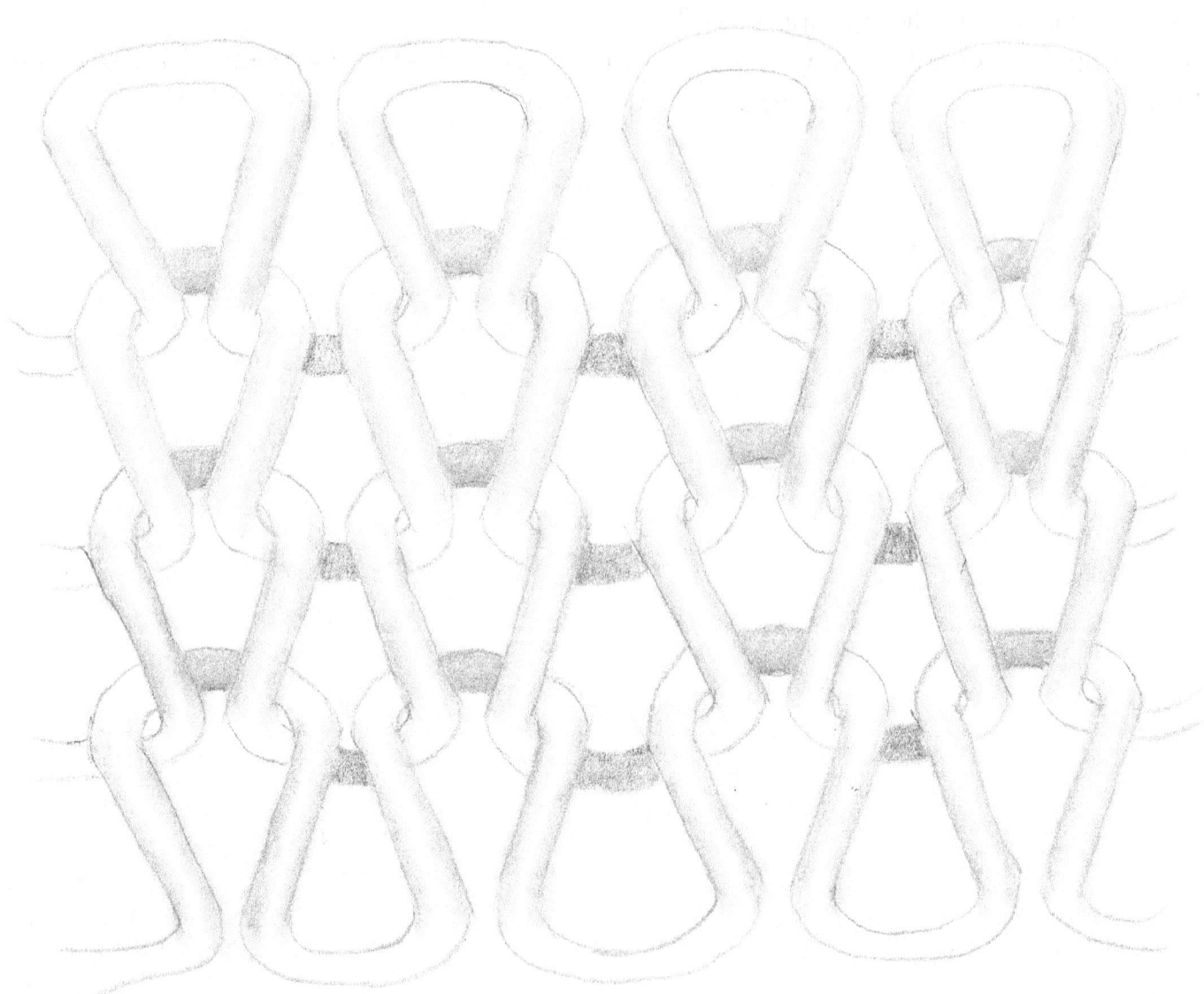

Als Nächstes schattieren wir auch die oberen Teile der Einheiten, die sich hinter den unteren Teilen der Einheiten befinden. Dafür können wir einen Papierwischer verwenden oder wir können sogar einen helleren Bleistift nehmen und sie schattieren. Besonders um mehr im unteren Bereich, und im oberen Bereich etwas weniger Schatten zu geben. Dadurch sieht der Faden auch rund aus. Ich benutze es, um dafür zu altern. Füllen Sie die oberen Bereiche der Geräte vollständig aus und drücken Sie dann stärker auf den unteren Bereich. Sie können auch zwei verschiedene Stifte verwenden.

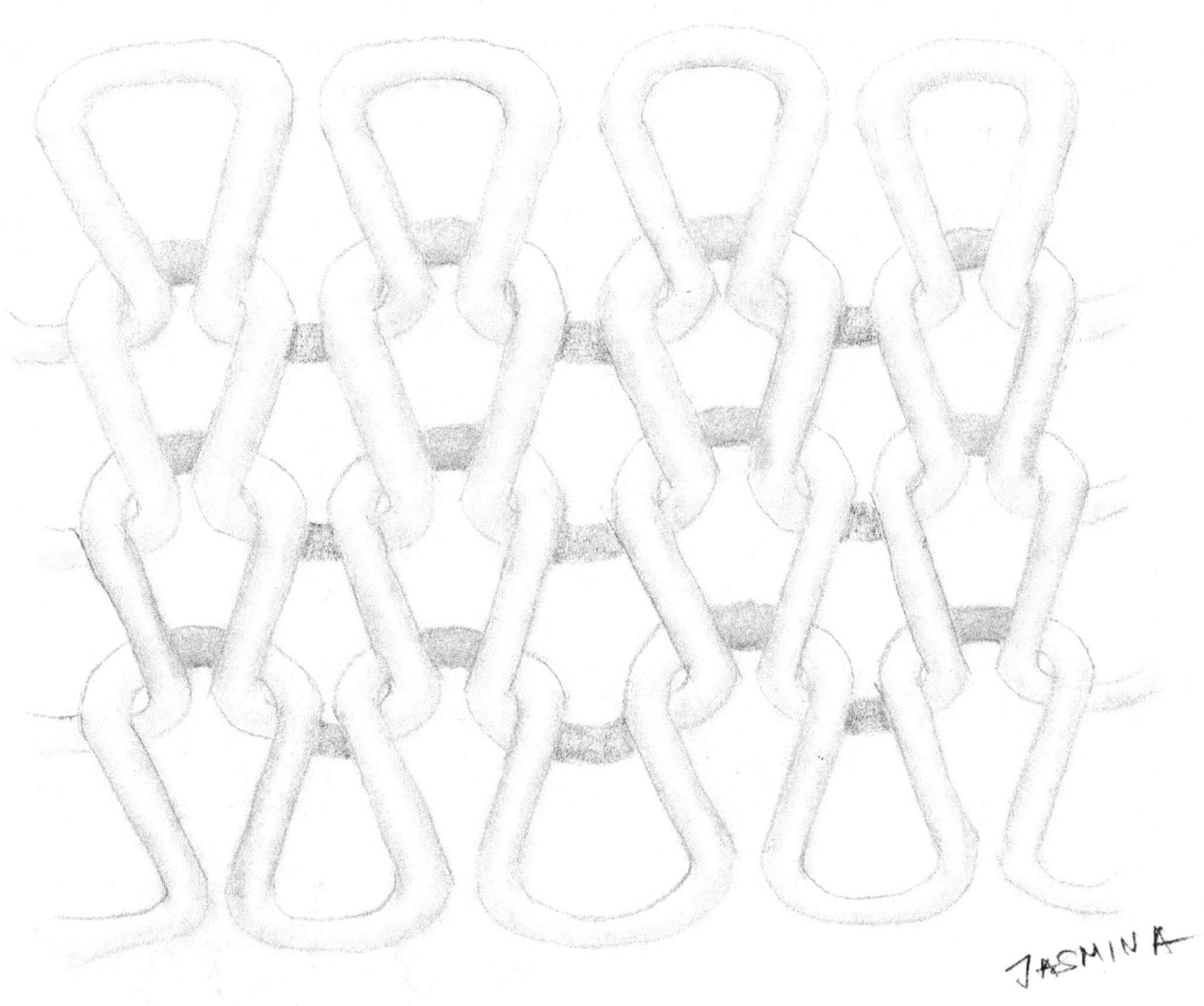

EINE PALME AM STRAND

Zeichnen wir als Nächstes eine Landschaft. Ich möchte eine Palme am Strand zeichnen und eine quadratische Ausrichtung von 21 cm x 21 cm verwenden.

Markieren Sie den Horizont, den Rand zwischen Himmel und Meer / Ozean, mit einem Lineal mit einer geraden, horizontalen Linie. Tragen Sie dann das Graphitpulver mit einem Papiertaschentuch auf, um die obere Hälfte des Papiers für den Himmel zu schattieren. Beginnen Sie oben, da der Himmel dort dunkler sein sollte, und machen Sie nur horizontale Bewegungen. Wenn Sie nach unten schattieren, geht Ihnen der Graphit aus und auf diese Weise erzeugen Sie einen glatten Farbverlauf zwischen den dunkleren und helleren Tönen, da der Himmel am Horizont immer heller ist.

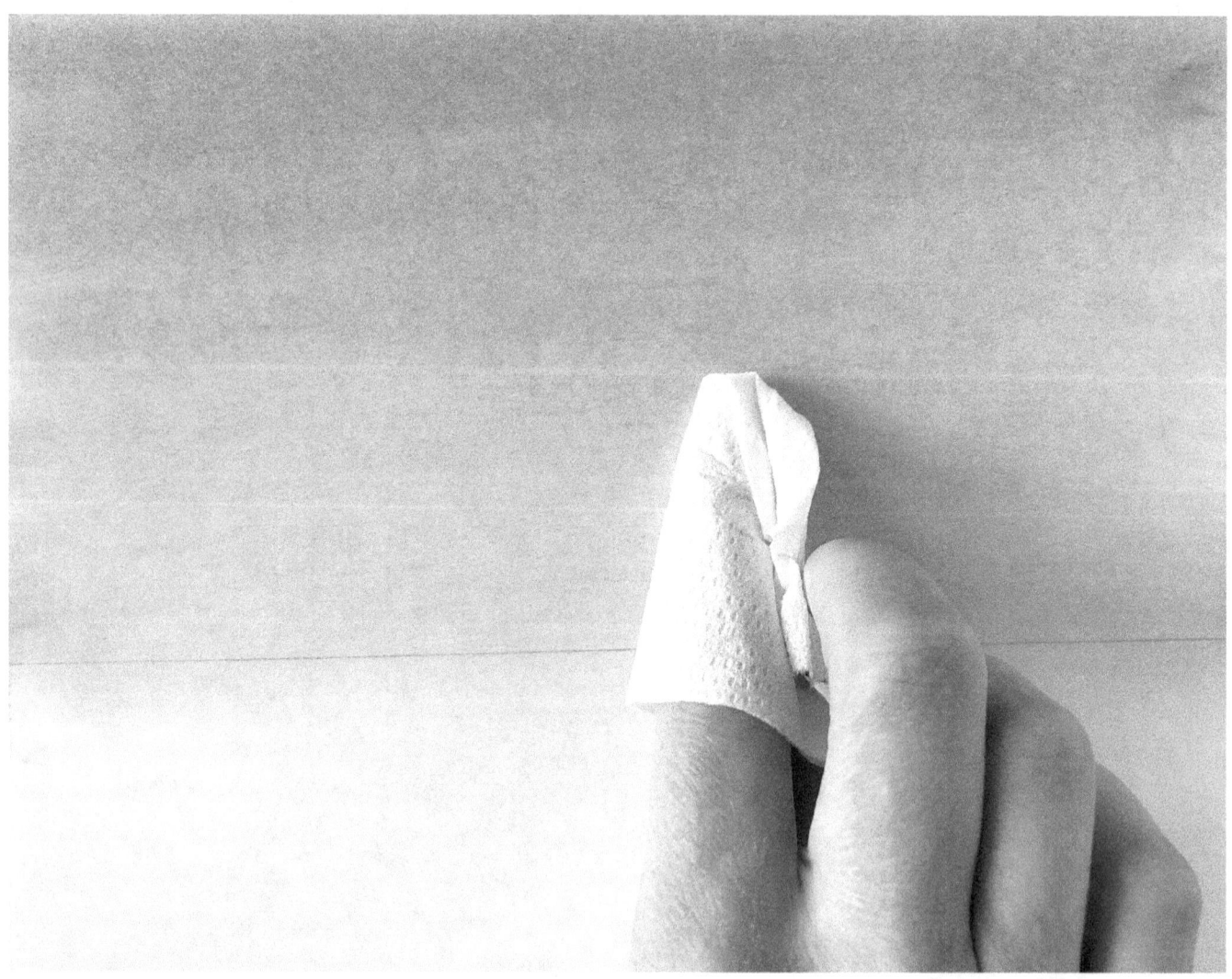

Dann werden Wolken im Himmel erstellt. Sie können diesen Schritt überspringen, aber ich denke, es ist eine gute Idee, das Erstellen der Wolken zu üben, und es ist ziemlich interessant, das zu machen. Ganz zu schweigen davon, dass der Himmel mit einigen Wolken interessant und weniger langweilig aussehen wird.

Ich möchte einen elektrischen Radiergummi verwenden, da ich mit diesem Werkzeug den größten Teil des Graphits entfernen kann und nichts verschmiere, damit die Ränder meiner Wolken sauber bleiben. Sie können jeden anderen Radiergummi verwenden, nur ein gekneteter Radiergummi ist nicht hart genug, um viel Graphit zu entfernen.

Erstellen Sie Ihre Wolken, wo immer Sie wollen. Im nächsten Bild sehen Sie, wo ich meine platziert habe. Sie können dicker oder dünner, länger oder kürzer sein, und vergessen Sie natürlich nicht die sehr kleinen, die sich immer in größerer Entfernung und näher am Horizont befinden. Der obere Teil der Wolken ist immer der hellste oder tatsächlich absolut weiß, und der untere Bereich befindet sich immer im Eigenschatten. Da wir es nach dem Schattieren nicht wieder absolut weiß machen können, können wir oben auf den Wolken einen undurchsichtigen weißen Marker anbringen.

Jetzt können wir die unteren Ränder dieser Wolken erzeugen, die auch ziemlich beleuchtet sind, sodass sie heller sein müssen als der Eigenschatten der Wolken. Erstellen Sie mit der scharfen Spitze eines Radiergummis eine winzige Linie unter den Wolken.

Und jetzt können wir auch den Eigenschatten aufhellen, und ich möchte dafür einen gekneteten Radiergummi verwenden, weil ich ihn nicht zu sehr aufhellen möchte.

Berühren Sie diesen Bereich also vorsichtig mit einem gekneteten Radiergummi, da er fast den gleichen Wert haben kann wie der Himmel in der Mitte. Sie können sehen, dass all diese Radiergummis für verschiedene Dinge gut sind. Sie können also mit einem gekneteten Radiergummi nicht genug Graphit entfernen und ein elektrischer Radiergummi würde zu viel entfernen. Es ist daher eine gute Idee, in einige verschiedene Radiergummis zu investieren, um Ihre Arbeit einfacher und angenehmer zu gestalten.

Nun zeichnen wir das Meer oder den Ozean. Wir haben also bereits die Position des Horizonts irgendwo in der Mitte des Papiers bestimmt und können jetzt direkt darunter schattieren. Wir müssen den oberen Teil des Meeres eher dunkler schattieren als ihn aufzuhellen. Ich schlage vor, ein Lineal zu nehmen, es auf dem Himmel zu platzieren und darunter zu schattieren. Verwenden Sie für diesen Bereich einen HB. Ändern Sie den Druck, um dunklere und hellere Bereiche zu erzeugen.

Als nächsten Wert können Sie mit einem 2H Schatten direkt unter dem HB-Bereich erzeugen. Machen Sie natürlich nur horizontale Striche mit Ihrem Bleistift. Drücken Sie stärker neben dem HB-Bereich auf und verringern Sie dann den Druck, wenn Sie nach unten zeichnen.

Jetzt können wir den Sand und den Himmel mit Graphitpulver schattieren, aber diesmal müssen wir keinen glatten Farbverlauf erzeugen, sondern ihn überall gleich machen. Tauchen Sie also ein Taschentuch in das Graphitpulver und tragen Sie es gleichmäßig auf die Unterseite Ihres Papiers auf, wie im nächsten Bild gezeigt.

Schattieren Sie mit einem Papierwischer einige Hügel am Horizont. Da sich die Hügel in größerer Entfernung befinden, sollten sie heller und ihre Ränder verschwommen sein. Natürlich können Sie sie mit einem H leicht aufdrücken und dann alles mischen.

Erstellen Sie einige dunklere, horizontale Bereiche auf dem Meer, die die Wellen darstellen, mit einem HB und mischen Sie sie.

Und jetzt können wir den Schaum zwischen Meer und Sand erzeugen. Ich möchte einen elektrischen Radiergummi nehmen, um etwas Graphit auf dem oberen Teil des Sandes und dem unteren Teil des Meeres zu entfernen. Versuchen Sie, nach dem Zufallsprinzip verschiedene Schaumformen herzustellen. Machen Sie es nur nicht so gerade wie den Horizont.

Lassen Sie uns den Schatten unter dem Schaum erzeugen, den Schatten, den der Schaum auf den Sand wirft. Ich benutze dafür einen Papierwischer. Auf diese Weise werden wir den Schaum hervorstehender und natürlicher machen.

Als Nächstes erstellen wir einige Details des Schaums mit einem weißen Marker oder einem weißen Tintengelstift. Im nächsten Bild sehen Sie, dass ich viele fliegende Tropfen hinzugefügt habe, die entstehen, wenn die Wellen spritzen. Wenn Sie nicht möchten, dass diese Teile zu hell sind, tippen Sie einfach mit dem Finger auf die weiße Markierung, während sie nass ist.

Zeichnen Sie außerdem einige vertikale, dicke Linien über das gesamte Wasser, um den Schaum auf den kommenden Wellen anzudeuten, die sich noch weiter vom Strand entfernt befinden.

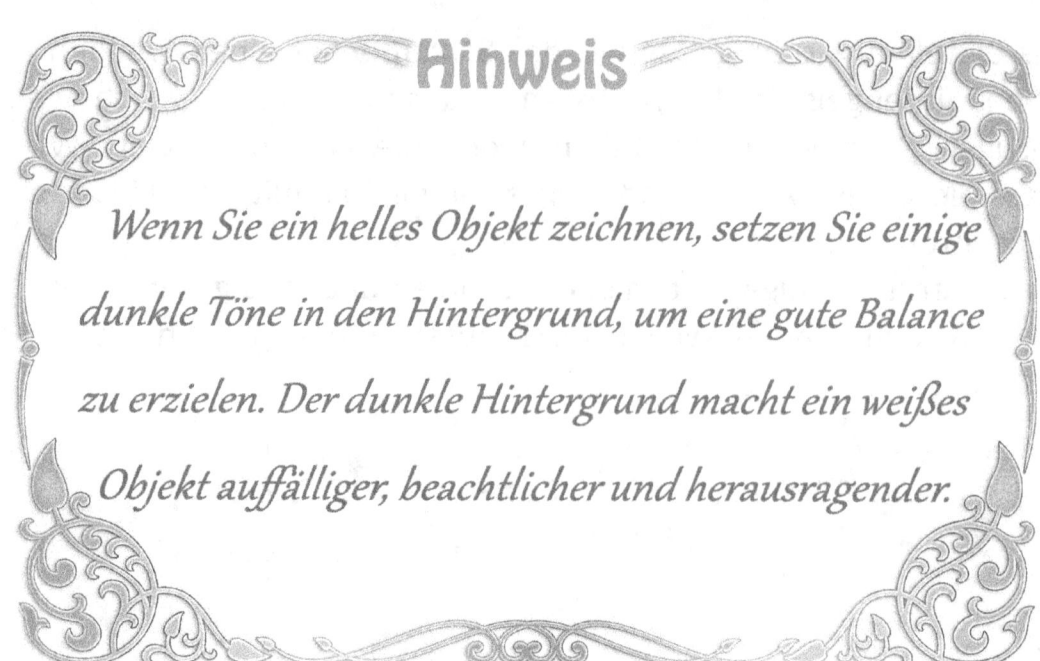

Hinweis

Wenn Sie ein helles Objekt zeichnen, setzen Sie einige dunkle Töne in den Hintergrund, um eine gute Balance zu erzielen. Der dunkle Hintergrund macht ein weißes Objekt auffälliger, beachtlicher und herausragender.

Zum Schluss zeichnen wir eine Palme.
Beginnen Sie mit dem Stamm. Ich möchte den Stamm über den Sand, den Schaum und das Wasser zeichnen, wie im nächsten Bild gezeigt. Da wir die Rundheit des Stamms andeuten müssen, müssen wir dunklere und hellere Stifte nehmen, um ihn zu schattieren. Ich benutze einen B, um die rechte Seite des Stamms abzudecken. Wie immer müssen wir uns vorstellen, woher unsere Lichtquelle oder in diesem Fall das direkte Sonnenlicht kommen soll. Ich möchte, dass meine Lichtquelle aus der oberen linken Ecke kommt, daher muss die rechte Seite des Stamms dunkler sein. Deshalb schattiere ich ihn mit einem B. Ich habe oben an meinem Stamm einige Zweige hinzugefügt, so groß soll er sein.

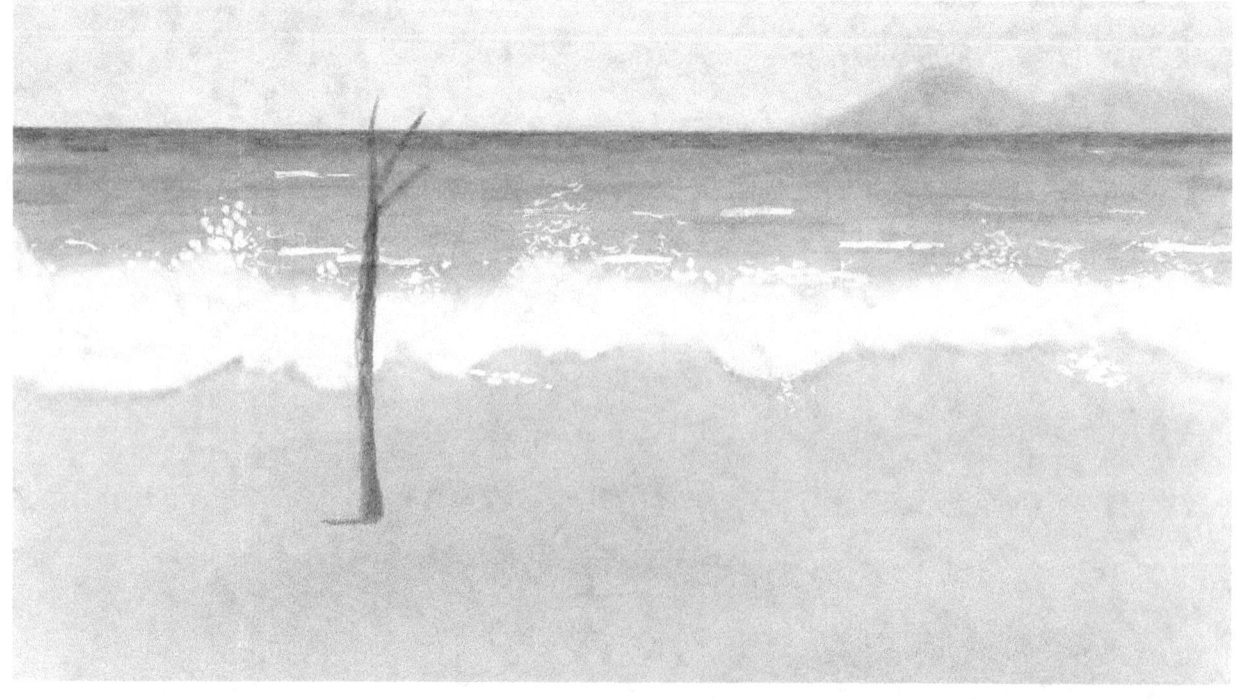

Verwenden Sie einen 2H, um den Rest des Stamms abzudecken. Drücken Sie etwas fester neben dem B-Rand auf und verringern Sie dann den Druck, während Sie zur linken Seite des Stamms zeichnen. Auf diese Weise sieht der Stamm rund aus.

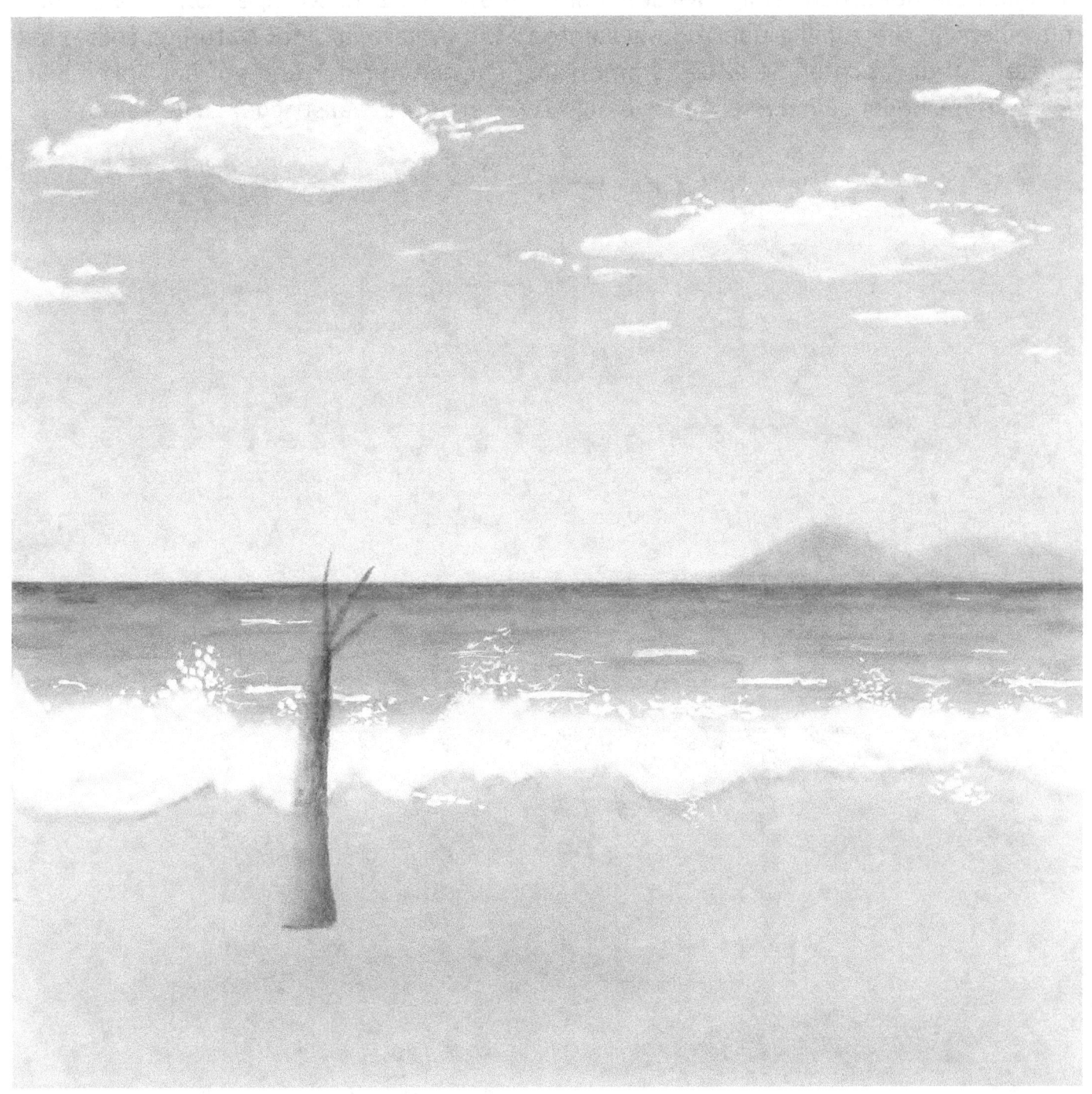

Wie Sie sehen können, hat die linke Seite des Stamms den gleichen Wert wie der Sand. Um sie zu trennen, müssen wir etwas Graphit auf der linken Seite des Stamms mit einer spitzen Radiergummispitze entfernen.

Erstellen Sie außerdem einige Muster auf dem Stamm, z. B. winzige horizontale Linien mit einem B, die zufällig über den gesamten Stamm verteilt sind. Natürlich sollten die Muster auf der rechten Seite des Stamms im Schatten dunkler und auf der linken Seite des Stamms heller sein. Erstellen Sie einige Zweige, um es realistischer zu gestalten.

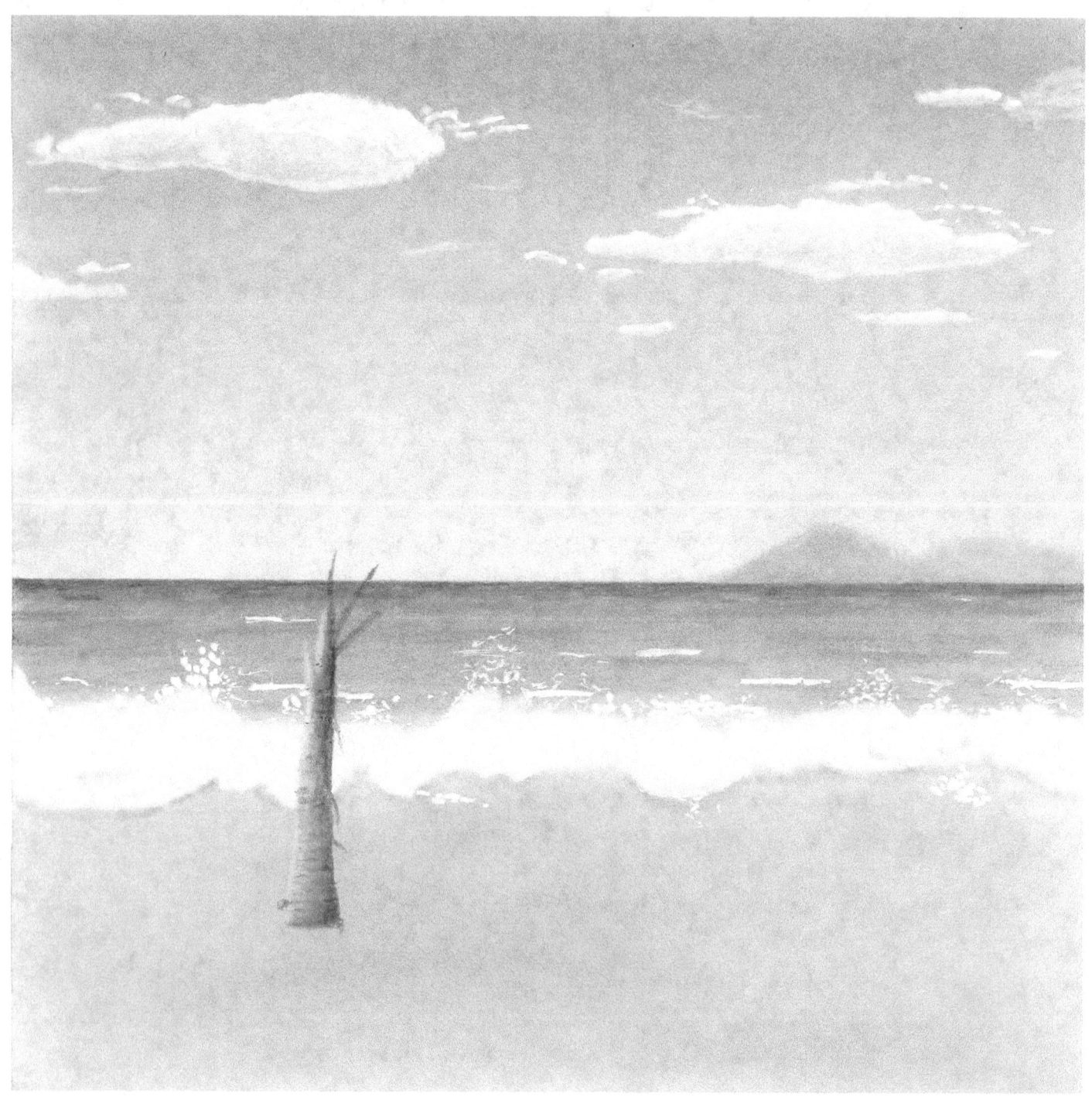

Ich möchte die Zweige so machen, als ob sie im Wind wehen. Also zeichne ich alle Zweige in die Richtung nach rechts. Natürlich müssen Sie sie nicht so zeichnen, aber ich schlage vor, immer zu versuchen, etwas anderes zu machen, das Sie noch nie zuvor gesehen haben oder was nicht üblich ist, damit Sie einzigartige Kunstwerke haben.

Legen Sie ein separates Stück Papier auf den Sand, da Sie ihn nicht verschmieren möchten. Im nächsten Bild sehen Sie die erste Reihe für meine Zweige und wie ich ihre Positionen skizziert habe.

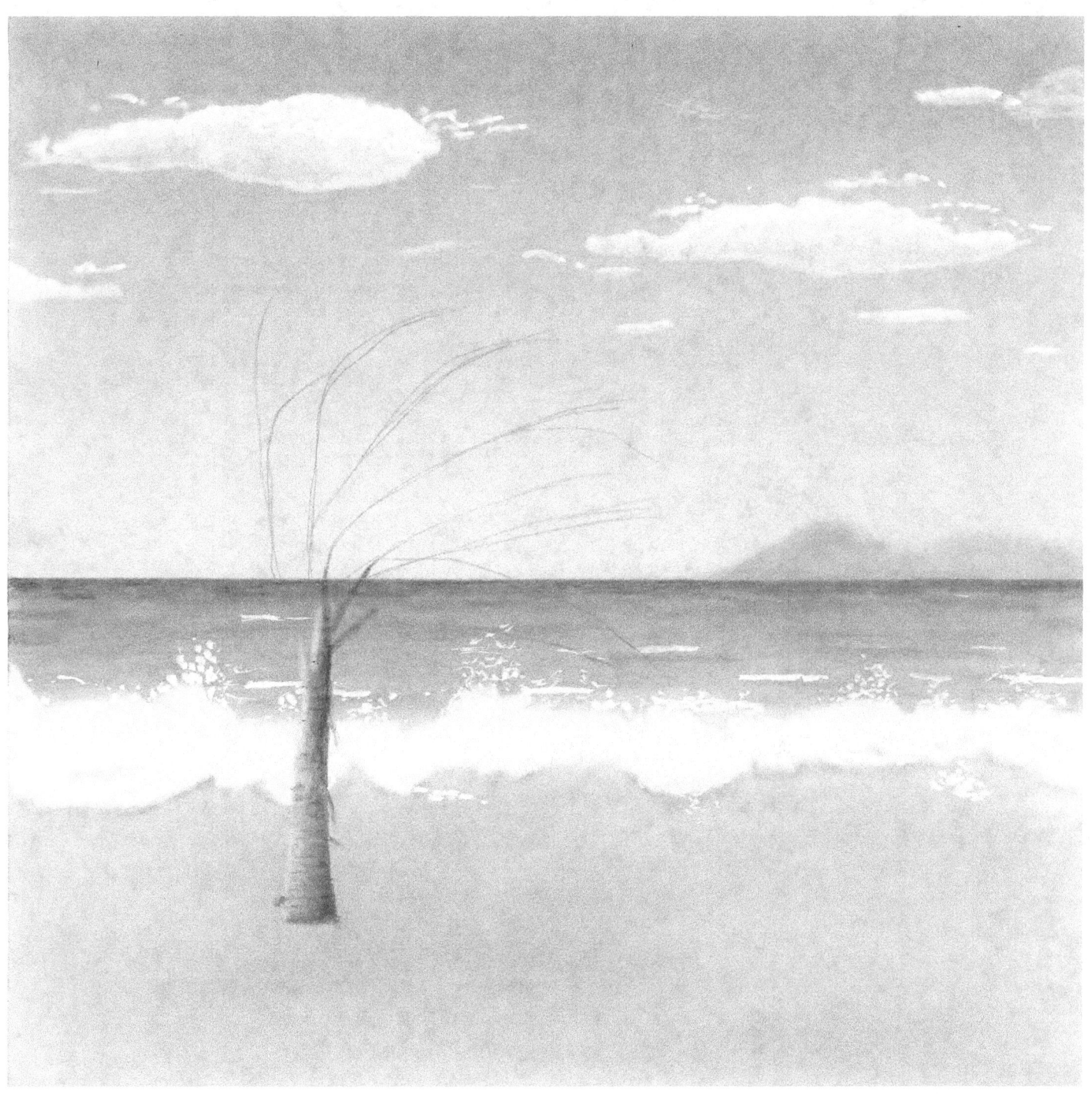

Jetzt können wir die Details zeichnen: Zweige und Blätter. Ich möchte mit dem Mittelton beginnen und einen HB dafür verwenden. Dann werden wir die dunklen Blätter dahinter erstellen und die hervorgehobenen Blätter darüber.

Sie können mehr oder weniger Zweige zeichnen, so wie Sie es wünschen. Sie müssen nicht mit meinen identisch sein. Sie können den Druck auch mit einem HB ändern, um unterschiedliche Werte zu erstellen und sich jeweils nur auf einen Zweig zu konzentrieren.

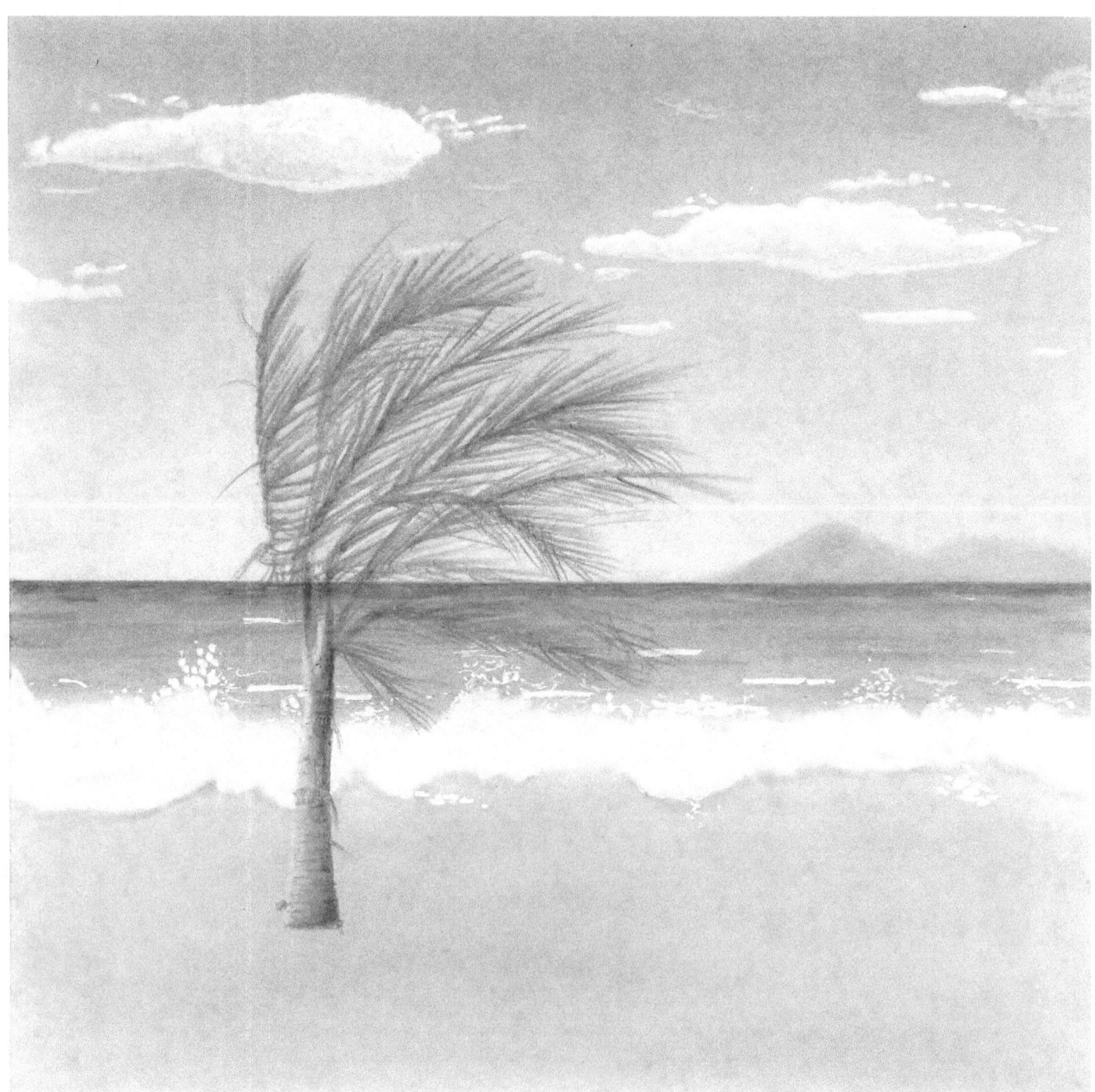

Erstellen Sie einige dunklere Teile, zum Beispiel hinter denen, die wir gerade gezeichnet haben. Ich möchte einen 6B verwenden, also mindestens 3B oder 4B oder dunkler. Erstellen Sie zufällig dunkle Blätter zwischen den zuvor gezeichneten Blättern und drücken Sie stärker auf. Die unteren Äste bekommen immer weniger Licht, daher schattieren Sie mehr im unteren Bereich der Krone.

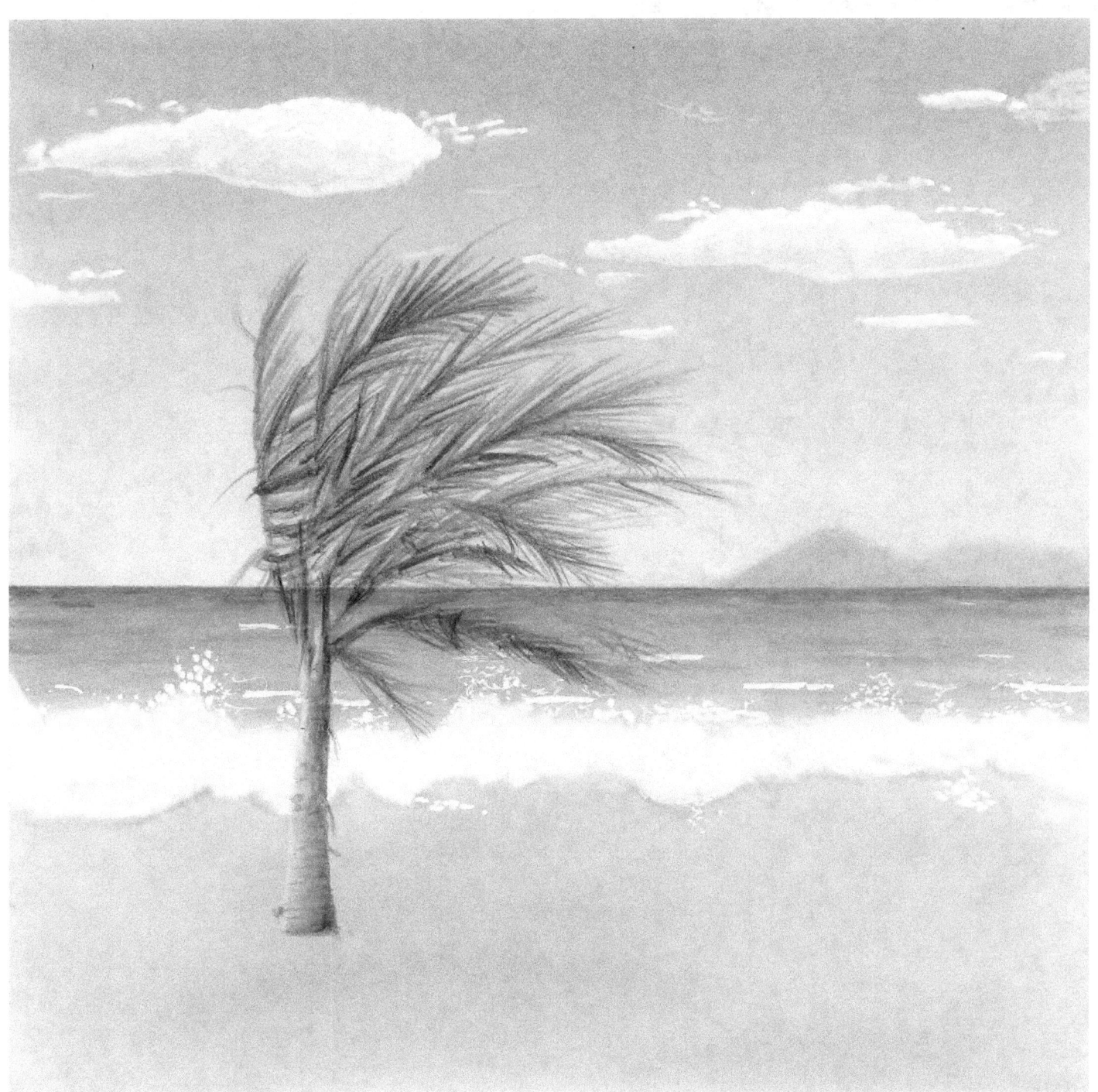

Erstellen Sie zum Schluss einige Highlights mit einem Radiergummi auf den Blättern, insbesondere über dem Meer, da diese in dunkleren Bereichen besser sichtbar sind. Wenn Sie übertreiben oder einen Fehler machen, gehen Sie einfach mit dem Bleistift darüber, um die Highlights abzudunkeln.

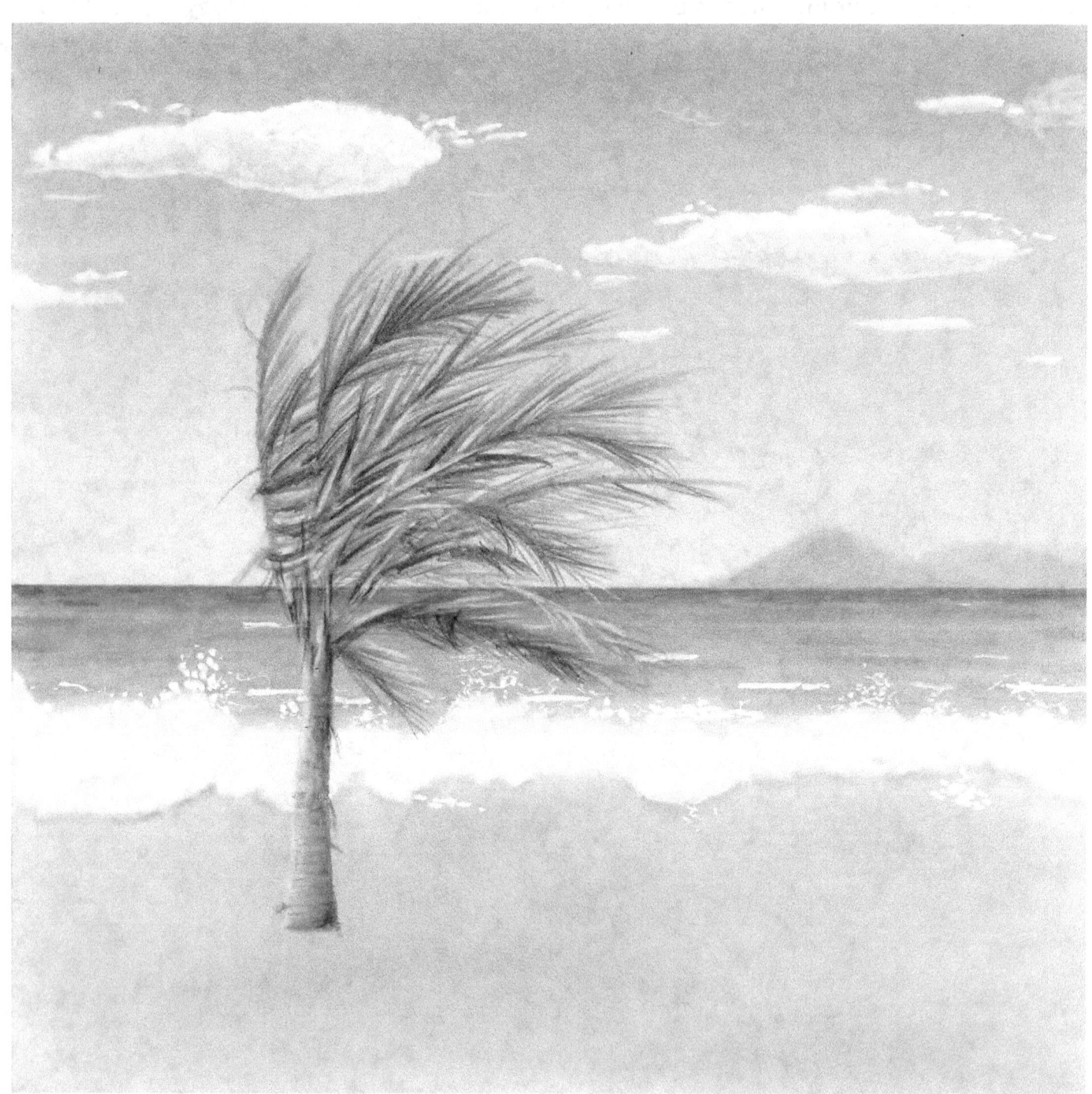

Erstellen wir den Schatten, den Eigenschatten, den die Krone auf den Sand wirft. Auch hier muss man sich eine Lichtquelle vorstellen, das direkte Sonnenlicht, von dem das Licht kommt, und den Schatten entsprechend erzeugen. Wie ich bereits erwähnt habe, möchte ich, dass sich meine Lichtquelle in der oberen linken Ecke befindet. Daher muss ich den Schatten in der Mitte des Sandes neben dem Boden des Stamms erzeugen. Ich benutze dafür einen HB. Wir können es auch mit einem Taschentuch mischen.

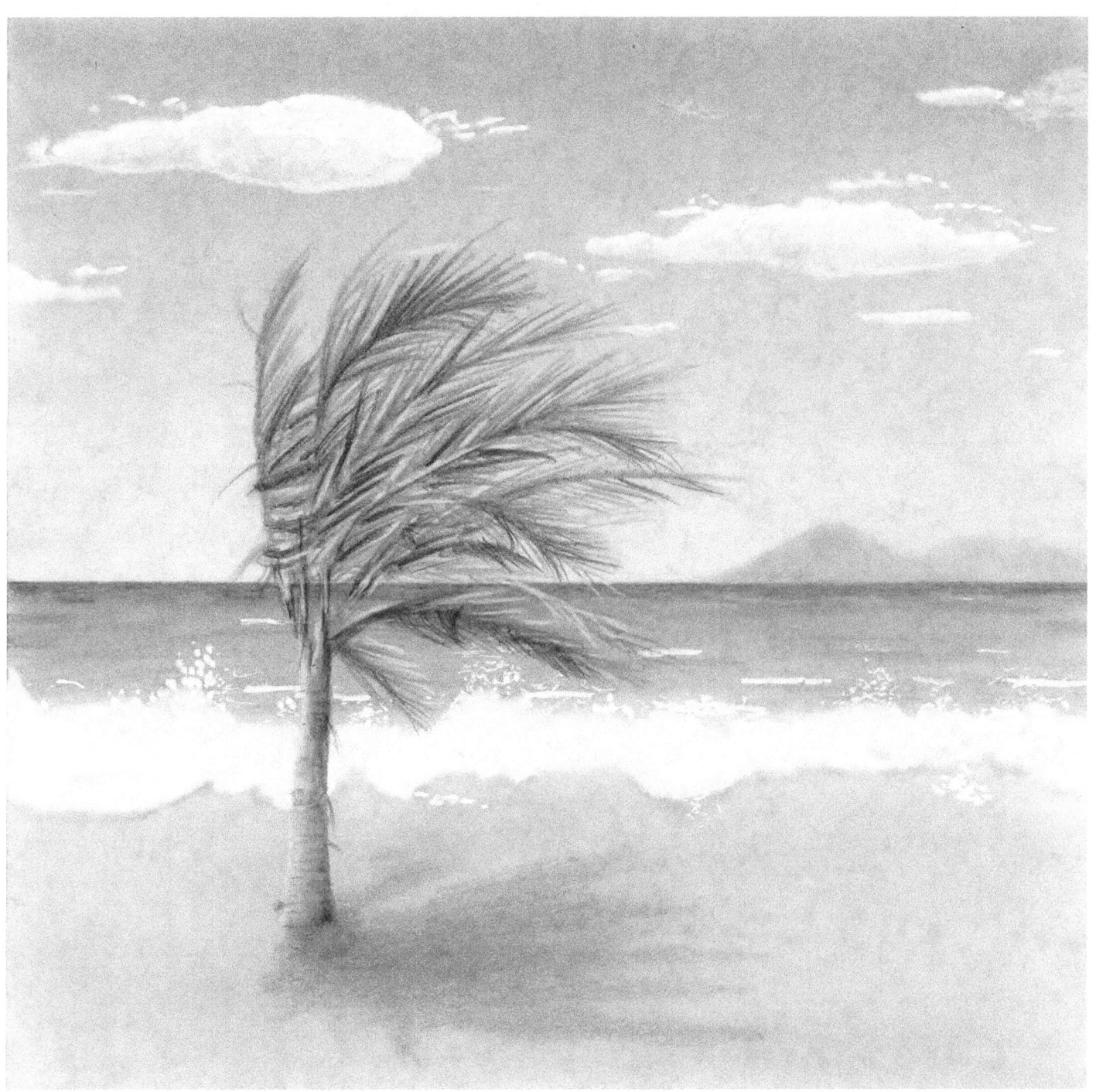

Wir sollten auch einige andere Unregelmäßigkeiten auf dem Sand hinzufügen, zum Beispiel einige Fußabdrücke und heruntergefallene Blätter. Ich benutze einen Papierwischer, aber Sie können es auch mit jedem Bleistift machen.

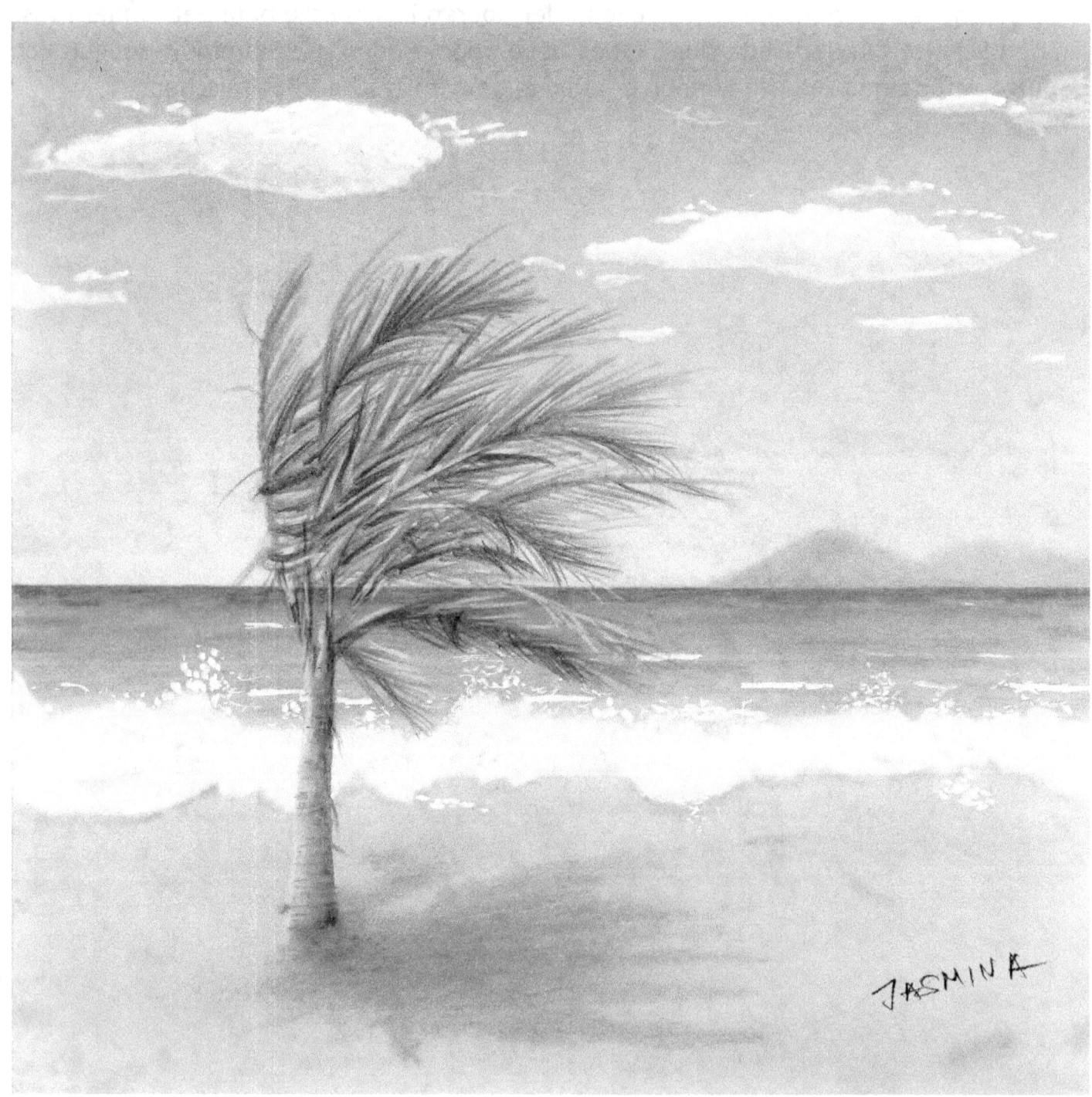

EIN REGENSCHIRM

Als Nächstes zeichnen wir einen Regenschirm.
Wir müssen so etwas wie ein T zeichnen, wie im nächsten Bild gezeigt, um etwas zur Orientierung zu haben. Die längere Linie repräsentiert den Schaft und die kürzere hilft bei der Bestimmung der Position der Abdeckung.

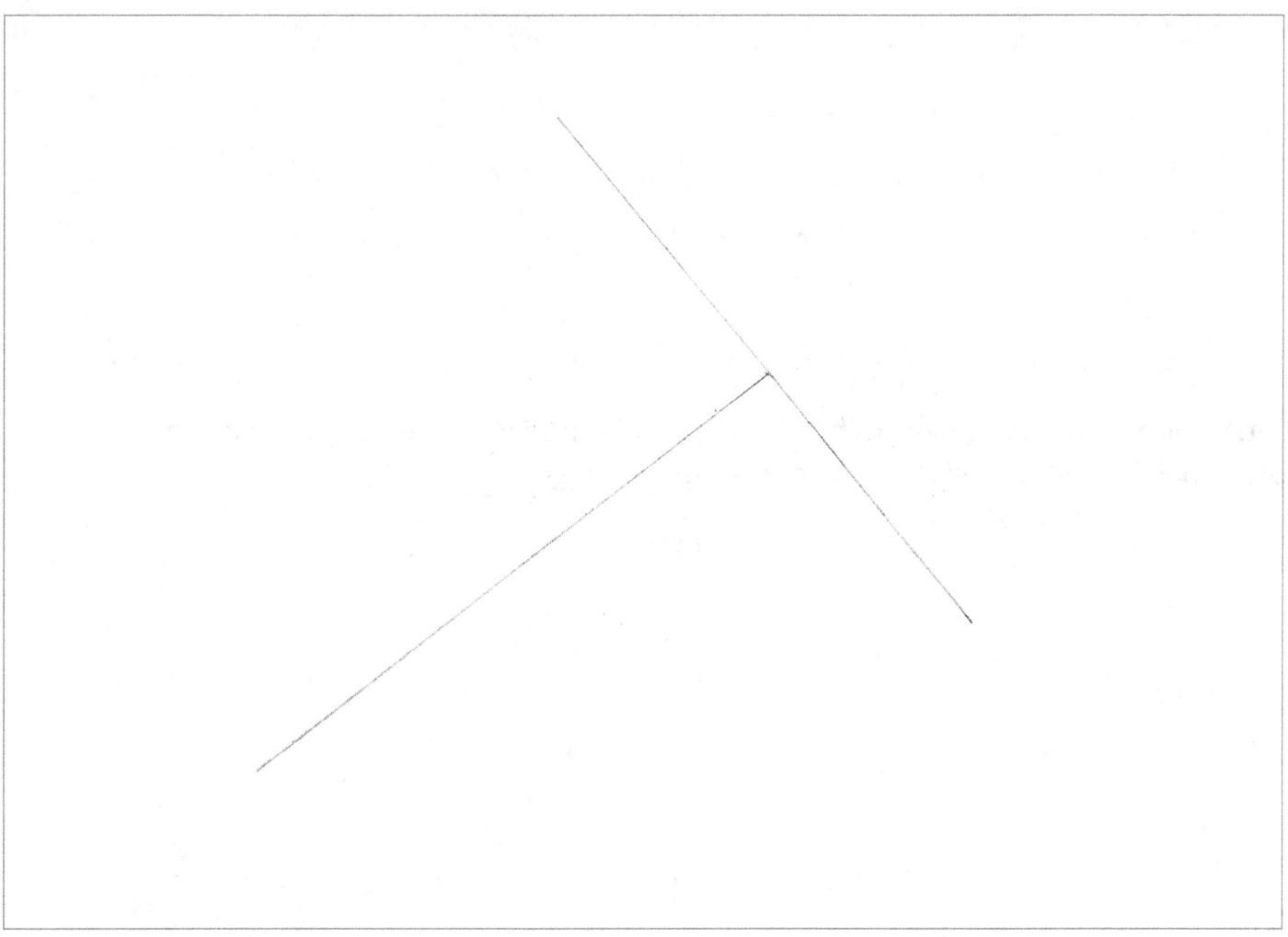

Hinweis

Sehen Sie sich die Werke anderer Künstler an, aber verlieren Sie nicht das Vertrauen, wenn Sie versuchen, sie selbst zu lernen. Denken Sie, dass diese Leute auch das durchmachen mussten, was Sie gerade tun, und sie wollten vielleicht auch aufgeben. Sie haben viele Jahre, wenn nicht Jahrzehnte mit Zeichnen verbracht. Das sollte Sie ermutigen, auch dorthin zu gelangen. Einer braucht mehr Zeit, andere weniger. Aber keiner dieser Künstler hat nur 2–3 Zeichnungen gezeichnet, sondern Tausende. Ich würde gerne Ihre tausendste eichnung sehen. Es wird ein Meisterwerk sein, glauben Sie mir.

Jetzt können wir zwei elliptische Linien um die kürzere Linie für die Spitze zeichnen. In diesem Schritt skizzieren wir die innere Abdeckung.

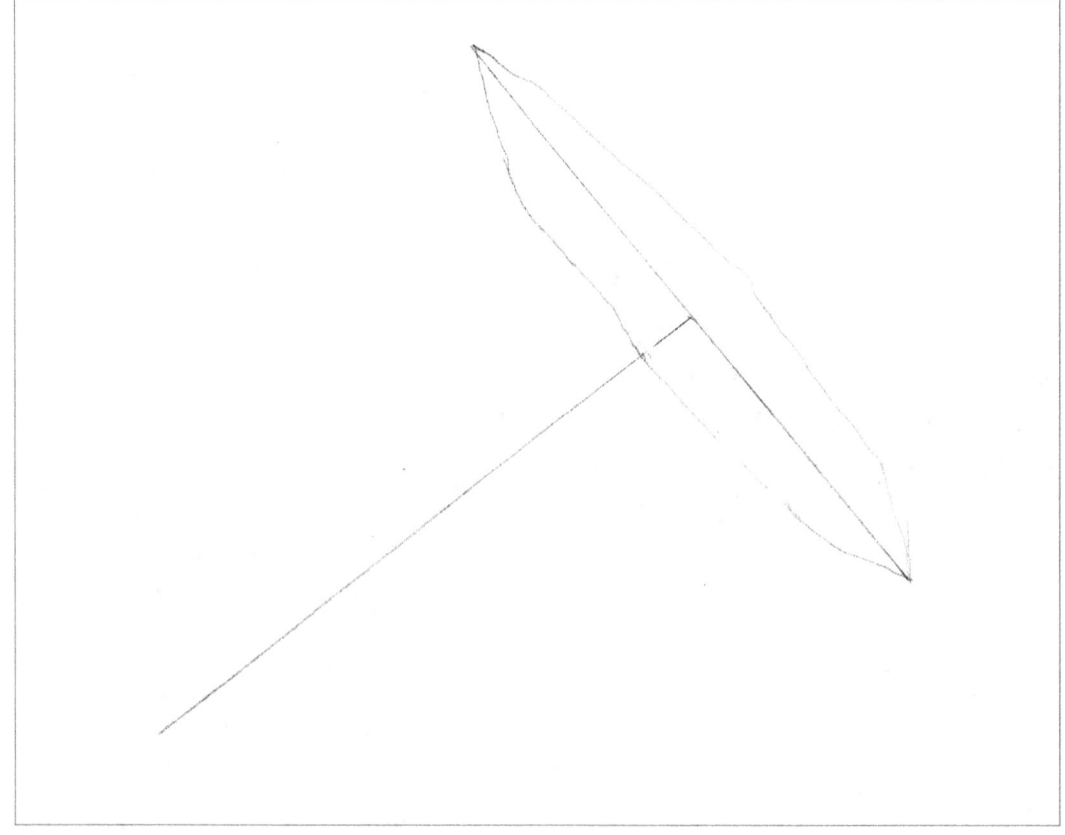

Wenn Sie die kürzere Linie wegradieren, können Sie die äußere Abdeckung skizzieren. Sie müssen eine große, kurvige Linie zeichnen, die auf beiden Seiten der kürzeren Linie beginnt, die Sie gerade wegradiert haben. Ich habe diese typische Form gezeichnet, aber Sie können jede andere Form erstellen. Versuchen Sie einfach, beide Seiten so symmetrisch wie möglich zu gestalten. Erstellen Sie das obere Ende des Schafts, der durch die Abdeckung verläuft und häufig oben auf Regenschirmen zu sehen ist. Es kann kürzer oder länger sein.

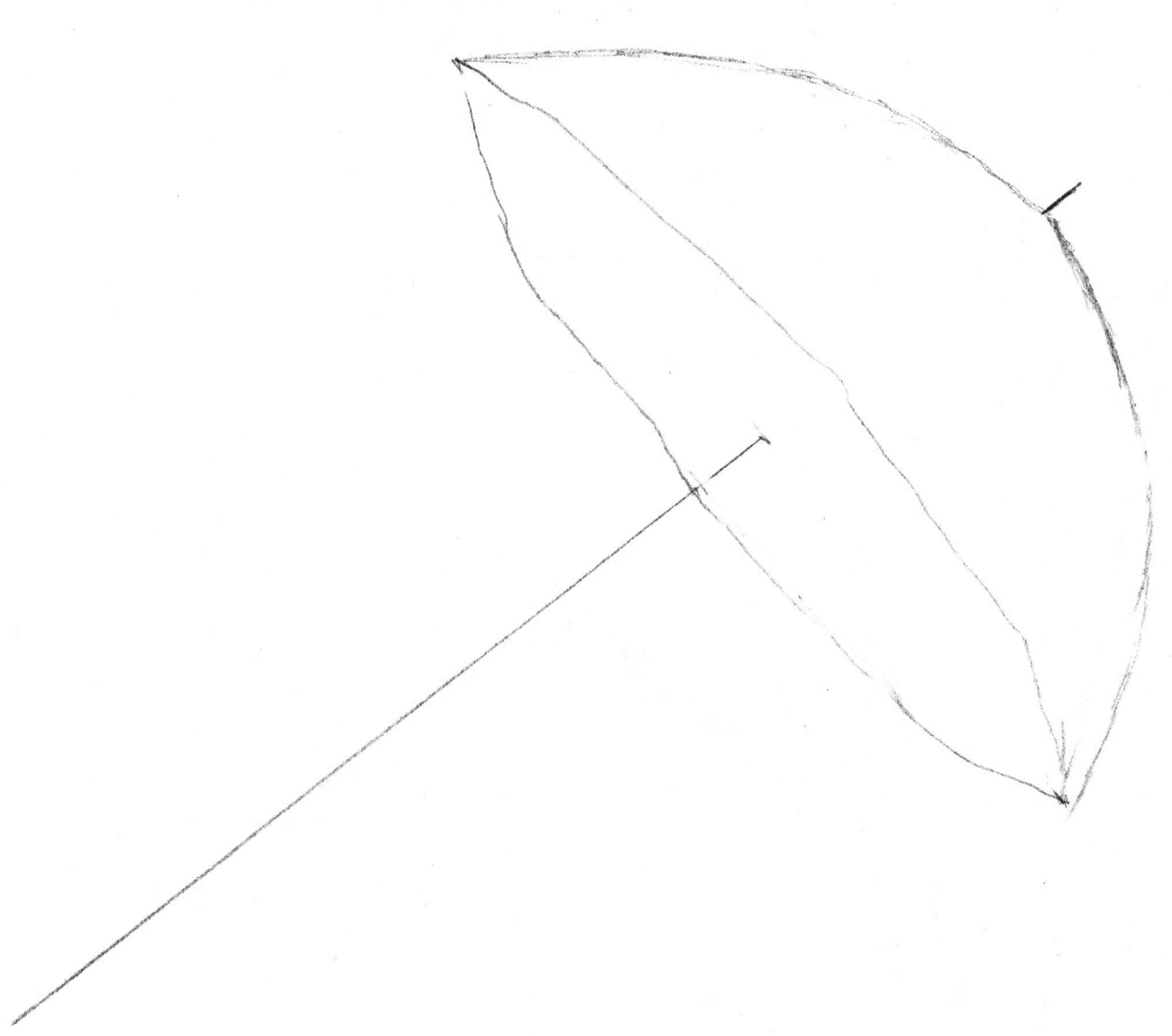

Jetzt können wir den Schaft schattieren.
Erstellen Sie zunächst Linien neben der Hauptkontur und machen Sie sie parallel dazu. Mein Schaft schien zu lang zu sein, also habe ich unten etwas davon gekürzt.
Ich benutze einen H, um den ganzen Schaft zu schattieren. Gehen Sie vorsichtig neben den Rändern vor, da diese gerade bleiben müssen. Verwenden Sie einen B in dem Teil, der sich im inneren Bereich des Schirms befindet, da dieser Teil weniger Licht erhält. Ich benutze auch einen B für den unteren Bereich entlang des Schafts und drücke immer weniger auf, wenn ich nach oben schattiere, weil ich ihn rund aussehen lassen möchte. Das können wir erreichen, indem wir einen glatten Farbverlauf erzeugen.

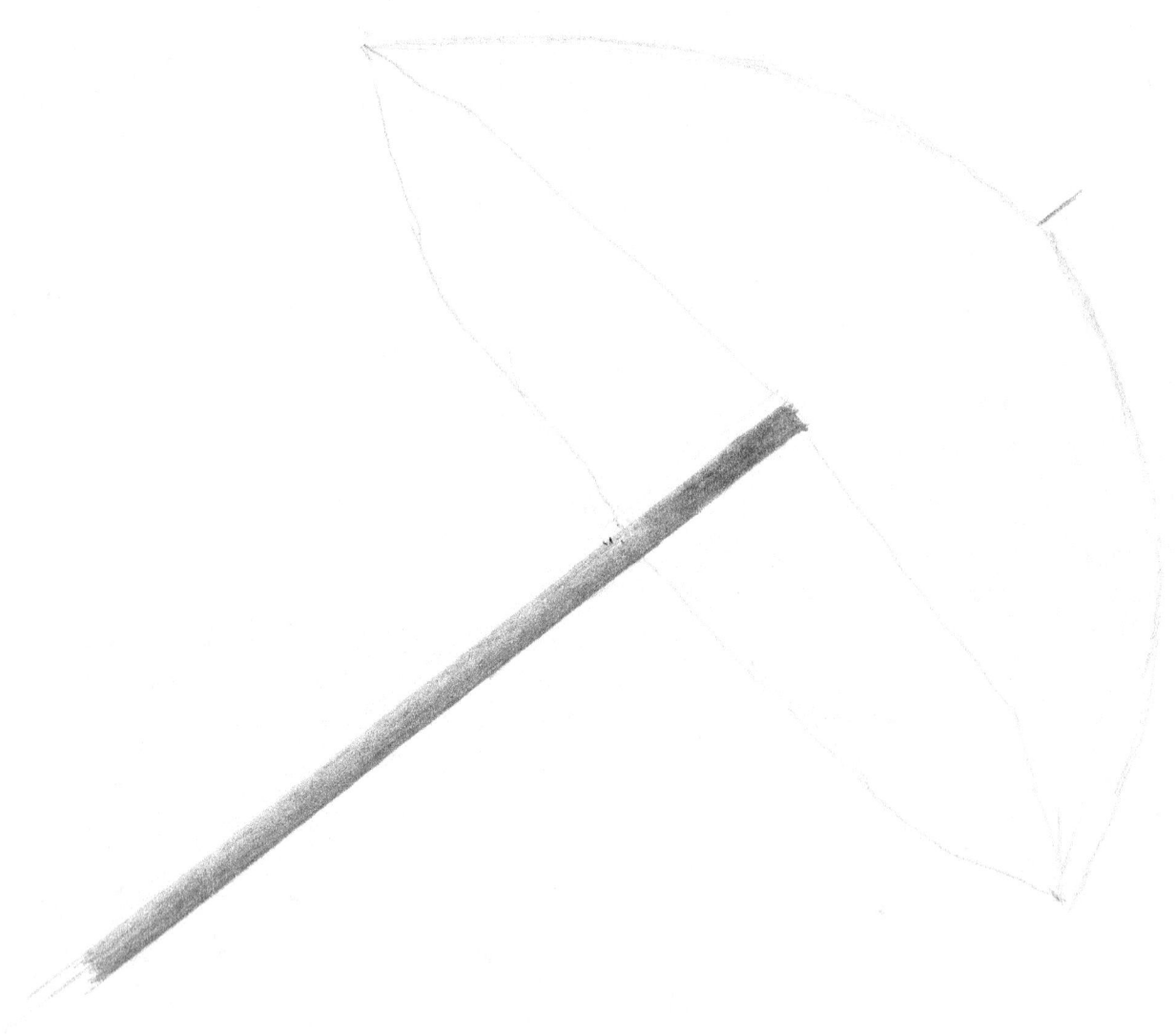

Und jetzt zeichnen wir den Griff am unteren Ende des Schafts. Der Griff kann eine typische, kurvige Form haben, die an ein U erinnert. Er kann etwas dicker sein als der Schaft. Verwenden Sie hier einen B für den unteren Bereich, da dieser Bereich weniger Licht erhält und auch für die anderen Teile, die weniger beleuchtet sind.

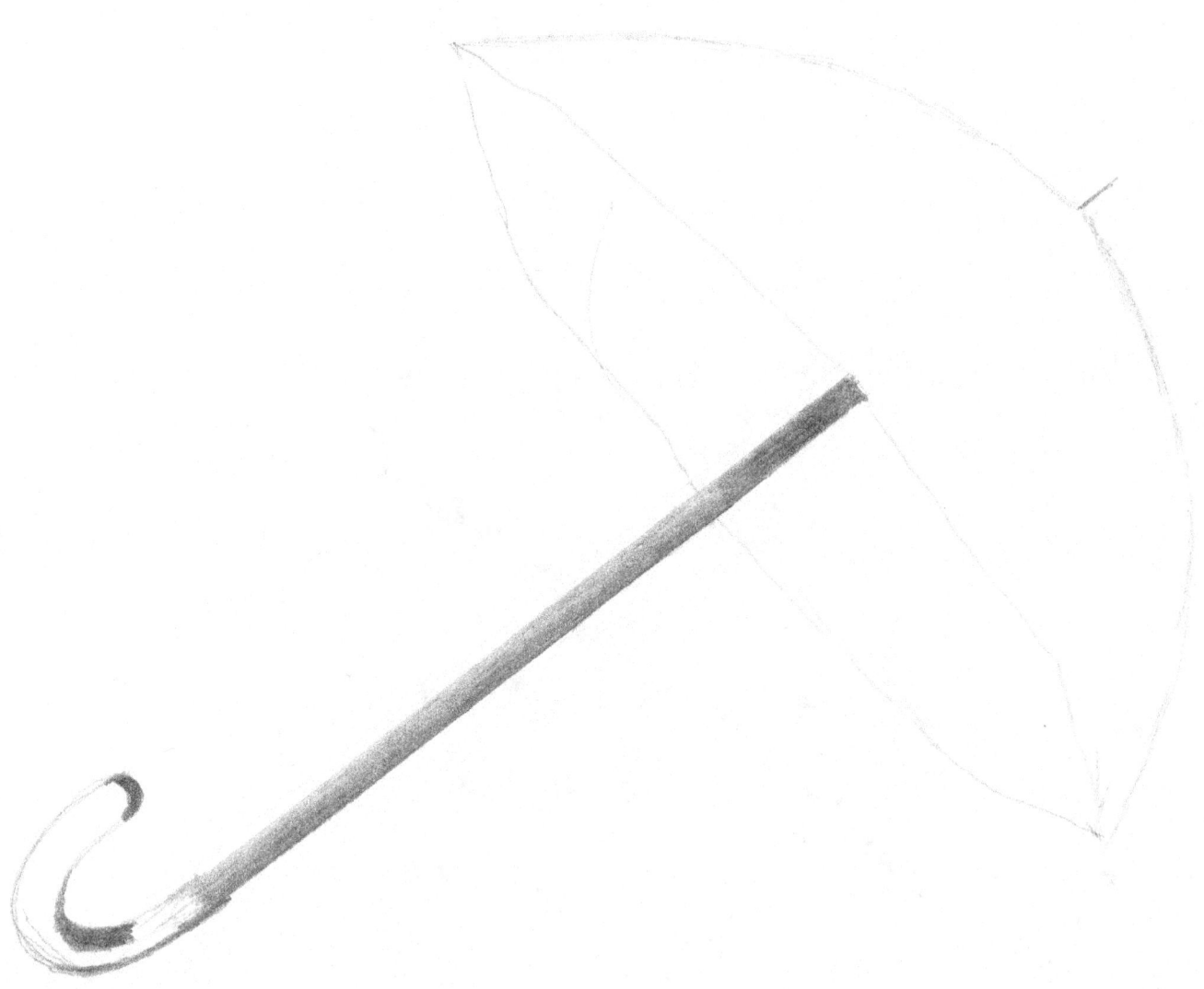

Jetzt können wir den Rest des Griffs mit einem H mit leichtem Druck schattieren. Schattieren Sie dann diese beiden Stifte mit einem HB, da diese beiden Werte ineinander fließen sollten, damit sie rund aussehen.

Wir können auch mit einem Radiergummi einige Highlights auf dem Griff und auch zwischen dem Griff und dem Schaft hinzufügen.

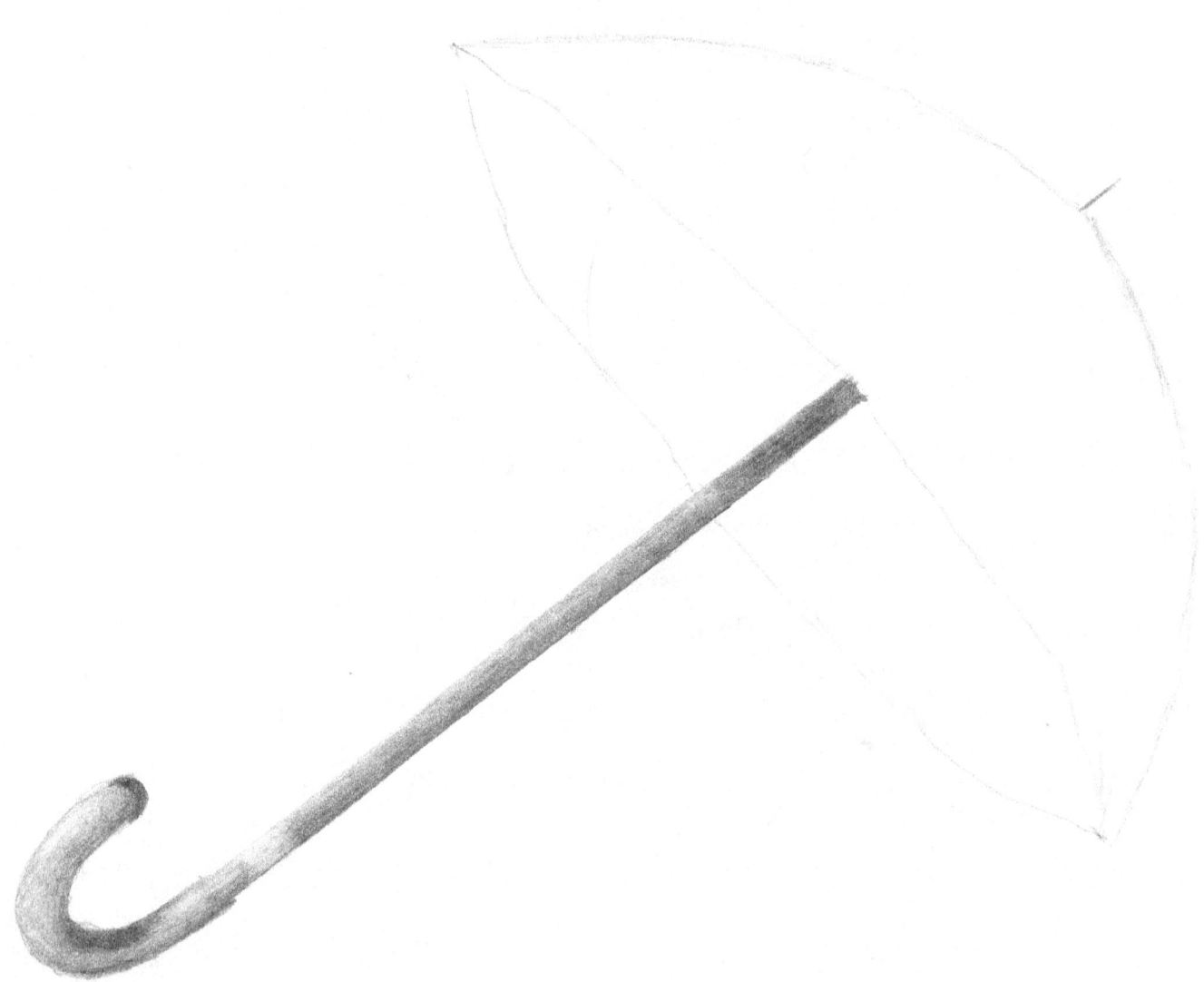

Jetzt können wir den Schirm schattieren.

Bevor Sie mit dem Schattieren beginnen, verstärken Sie zuerst die Konturen, da wir diesen Bereich schattieren und die Konturen durch ihn hindurch sehen möchten. Wickeln Sie ein Taschentuch um Ihren Finger und tauchen Sie es in das Graphitpulver und gehen Sie über den gesamten Bereich des Schirms. Sie können auch über den Hintergrund gehen, um ihn gleichmäßig neben den Rändern zu schattieren. Radieren Sie es nach Abschluss der Schattierung weg. Hier können Sie sehen, wie ich das Papier beschädigt habe, als ich diese kürzere Anfangslinie wegradiert habe, und es ist jetzt sichtbar, nachdem ich das Pulver aufgetragen habe.

Sie können sehen, dass diese Art der Schattierung eine viel glattere Textur erzeugt als beim Zeichnen mit einem Bleistift, selbst wenn wir die Zirkelmethode anwenden. Wenn Sie kein Graphitpulver haben, können Sie es jederzeit selbst mit einem Anspitzer und einem Bleistift herstellen.

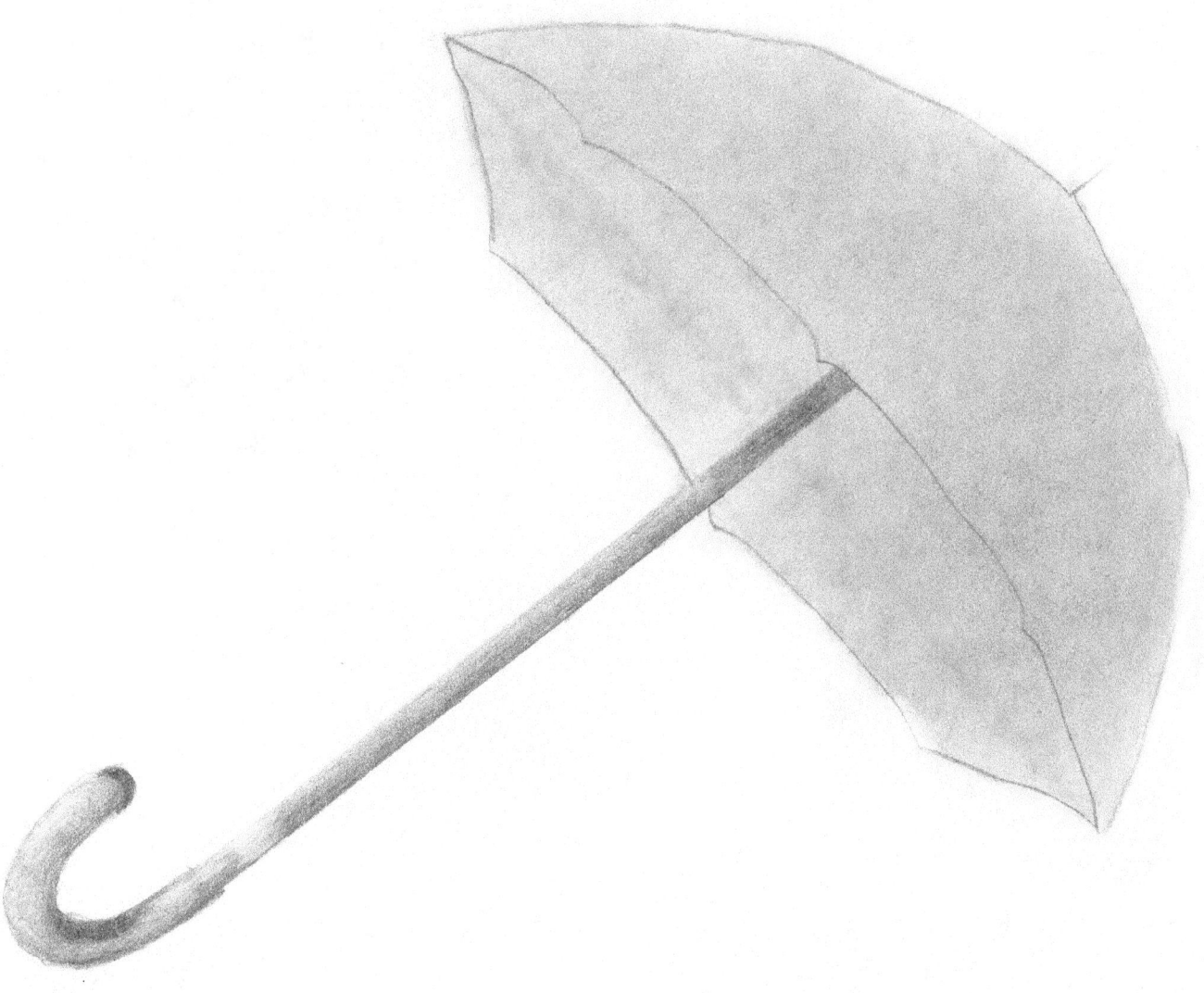

Als Nächstes schattieren Sie den inneren Teil des Schirms mehr, da er immer weniger Licht bekommt. Ich benutze dafür ein Wattestäbchen und tauche es natürlich in das Graphitpulver. Dieser Abschnitt muss also viel dunkler sein als der äußere Schirm. Ich benutze einen Papierwischer neben den Rändern und tauche die Spitze auch in das Graphitpulver, weil sie nicht genug Graphit enthält. Tragen Sie mehr auf die helleren Bereiche auf, um eine gleichmäßige Textur zu erzielen. Jetzt sieht es glatter aus.

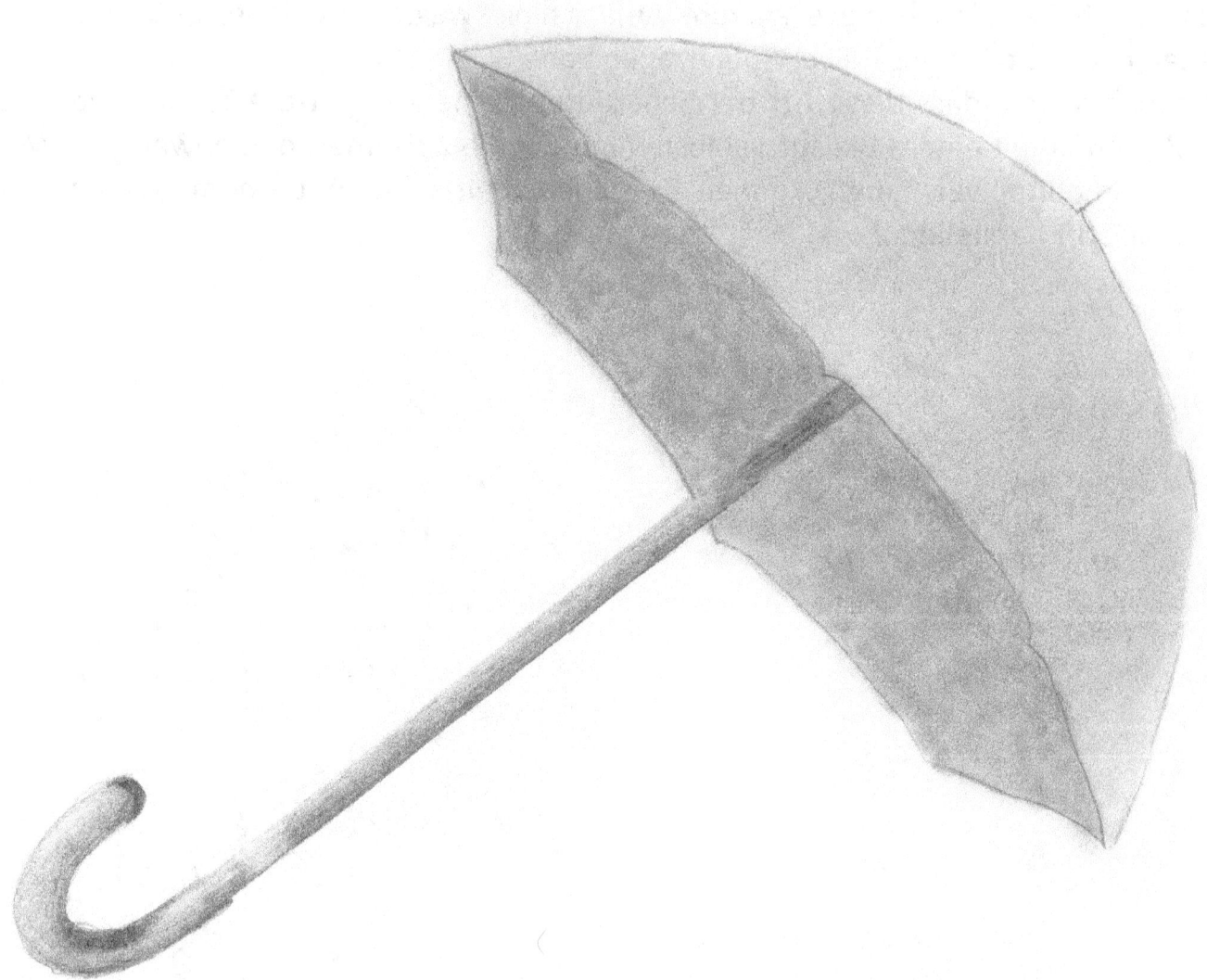

Zeichnen Sie mit einem 4B oder dunkler die Rippen auf den inneren Schirm, wie im nächsten Bild gezeigt. Sie sollten alle von der Spitze oben in der Mitte ausgehen. Ich benutze dafür einen 6B. Diese Linien müssen etwas kurvig sein.
Nehmen Sie einen HB für die Rippen im Außenbereich und drücken Sie sehr leicht auf.

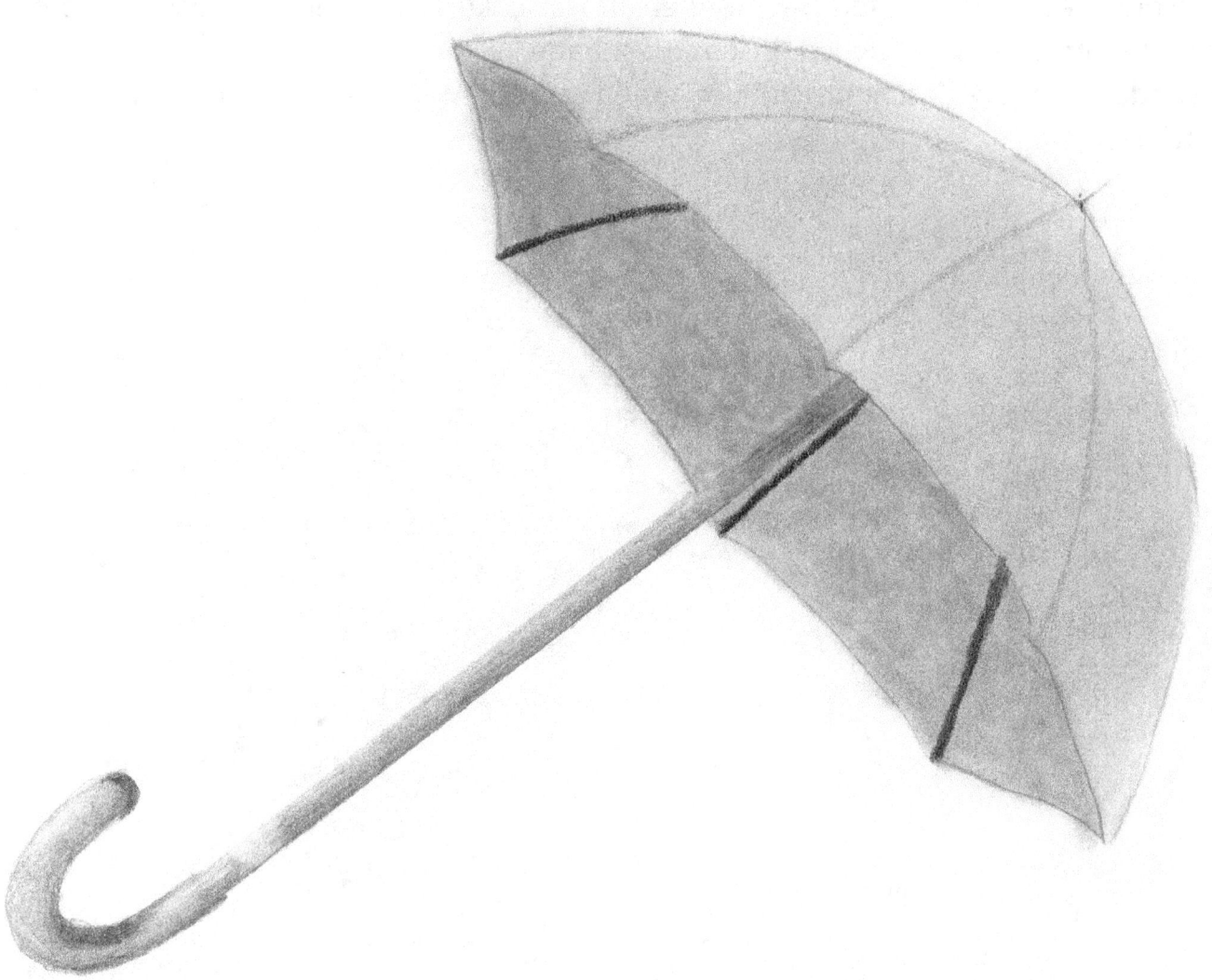

Mit einem Wattestäbchen oder einem Papierwischer neben den Rippen über der Außenseite schattieren, wo der Baldachin weniger Licht bekommen würde.

Zuletzt erstellen Sie die Schattenwurf. Nehmen wir an, der Regenschirm steht auf dem Tisch, also schattieren Sie ihn mit Wattestäbchen und Graphitpulver ein wenig unter dem Griff nach rechts. Solch ein dünnes Objekt würde keinen Schatten weiter von der Unterseite des Griffs werfen. Sie können ihn also kurz machen und das nächste Bild studieren, um zu sehen, wie ich es schattiert habe.

Verwenden Sie ein Taschentuch, um einen größeren Bereich unter dem Schirm zu schattieren.

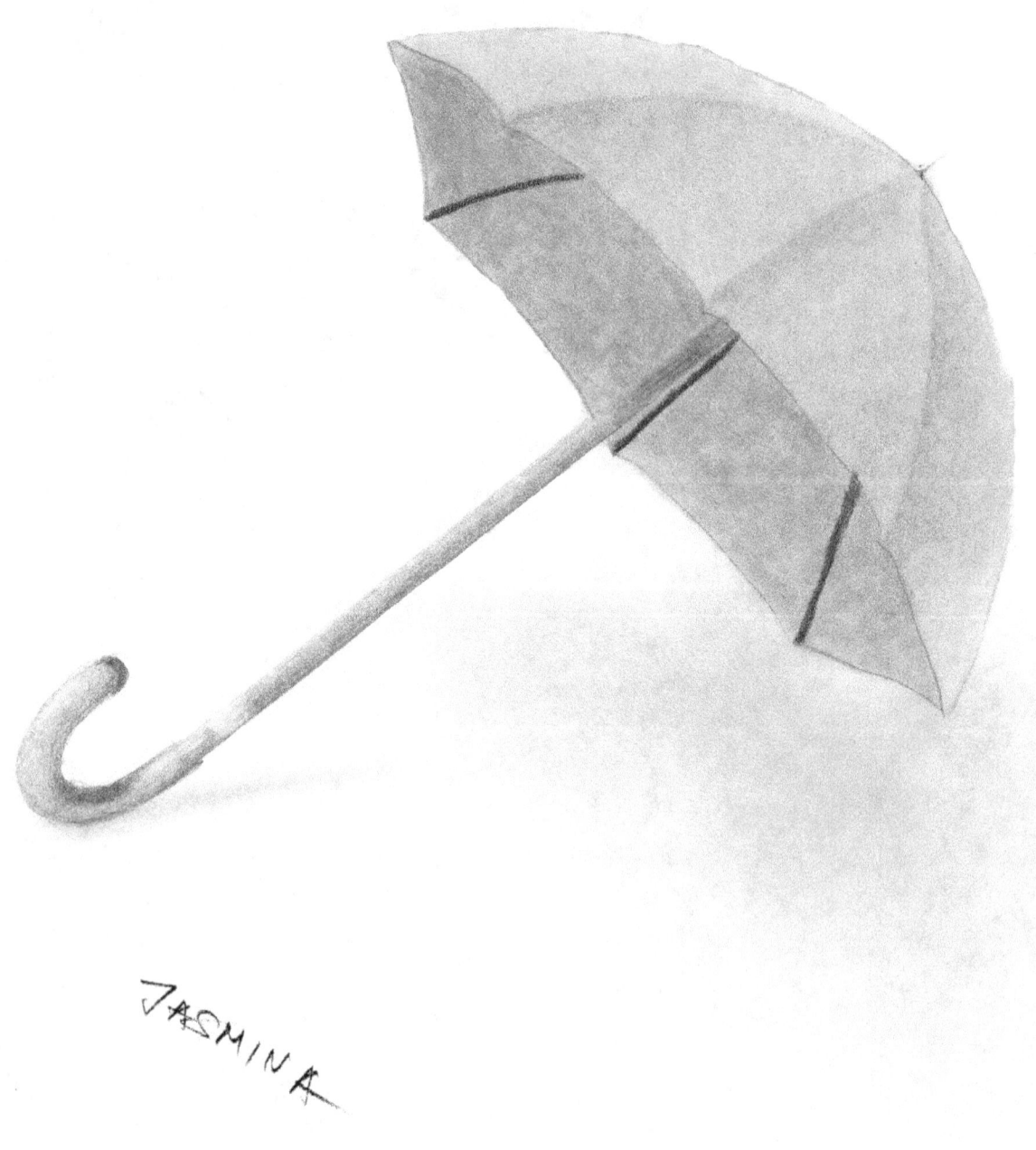

EIN APFEL

Lassen Sie uns einen Apfel zeichnen. Wir können mit einem Kreis in der Mitte des Papiers beginnen, aber wir müssen keinen Zirkel verwenden, da es sich nicht um einen perfekten Kreis handeln muss, sondern nur um die Form eines Apfels. Egal, welche Form Sie zeichnen, sie wird gut sein. Skizzieren Sie hier auch den versunkenen Bereich, von dem aus der Stiel wächst, und zeichnen Sie den Stiel und ein Blatt, wie im nächsten Bild gezeigt. Der Durchmesser meines Apfels beträgt ungefähr 8 cm, wenn Sie die gleiche Größe wie ich zeichnen möchten.

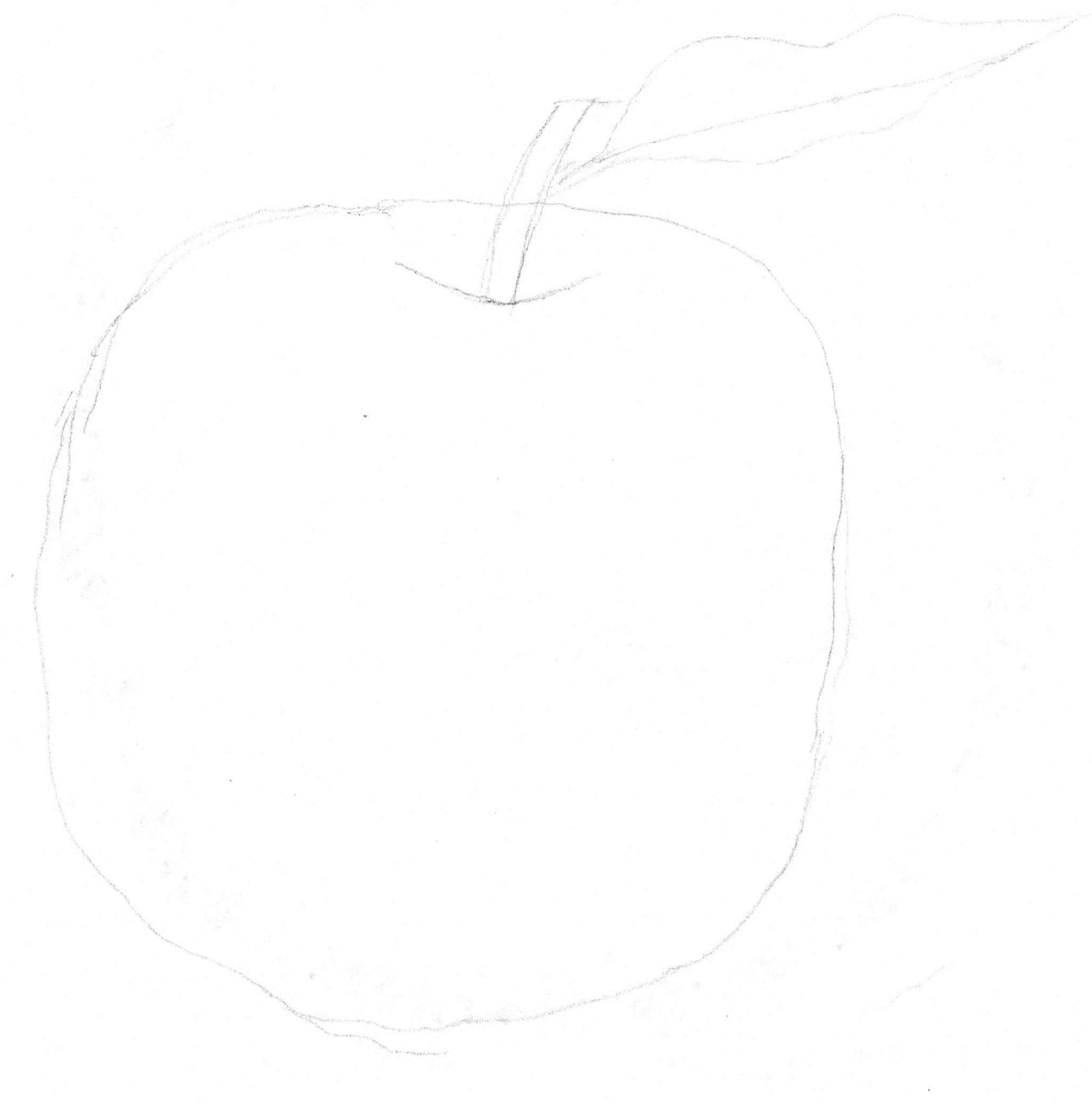

Jetzt können wir mit dem Schattieren beginnen. Wir müssen uns vorstellen, woher unsere Lichtquelle kommt. Ich möchte, dass meine Lichtquelle aus unserer Sicht kommt, was bedeutet, dass wir rundum dunklere Farbtöne neben den Rändern und hellere Farbtöne erzeugen müssen, wenn wir in Richtung der Apfelmitte schattieren. Ich möchte mit dem 5B neben dem Rand beginnen, aber Sie können einen 4B oder einen 3B verwenden. Auch hier sollten wir die Zirkel-Technik anwenden. Machen Sie also winzige, überlappende Kreise, drücken Sie stärker neben dem Rand auf und lassen Sie den Druck nach, während Sie zur Mitte hin schattieren. Ich habe den oberen Teil übersprungen, weil er immer beleuchteter ist, damit er nicht so dunkel ist.

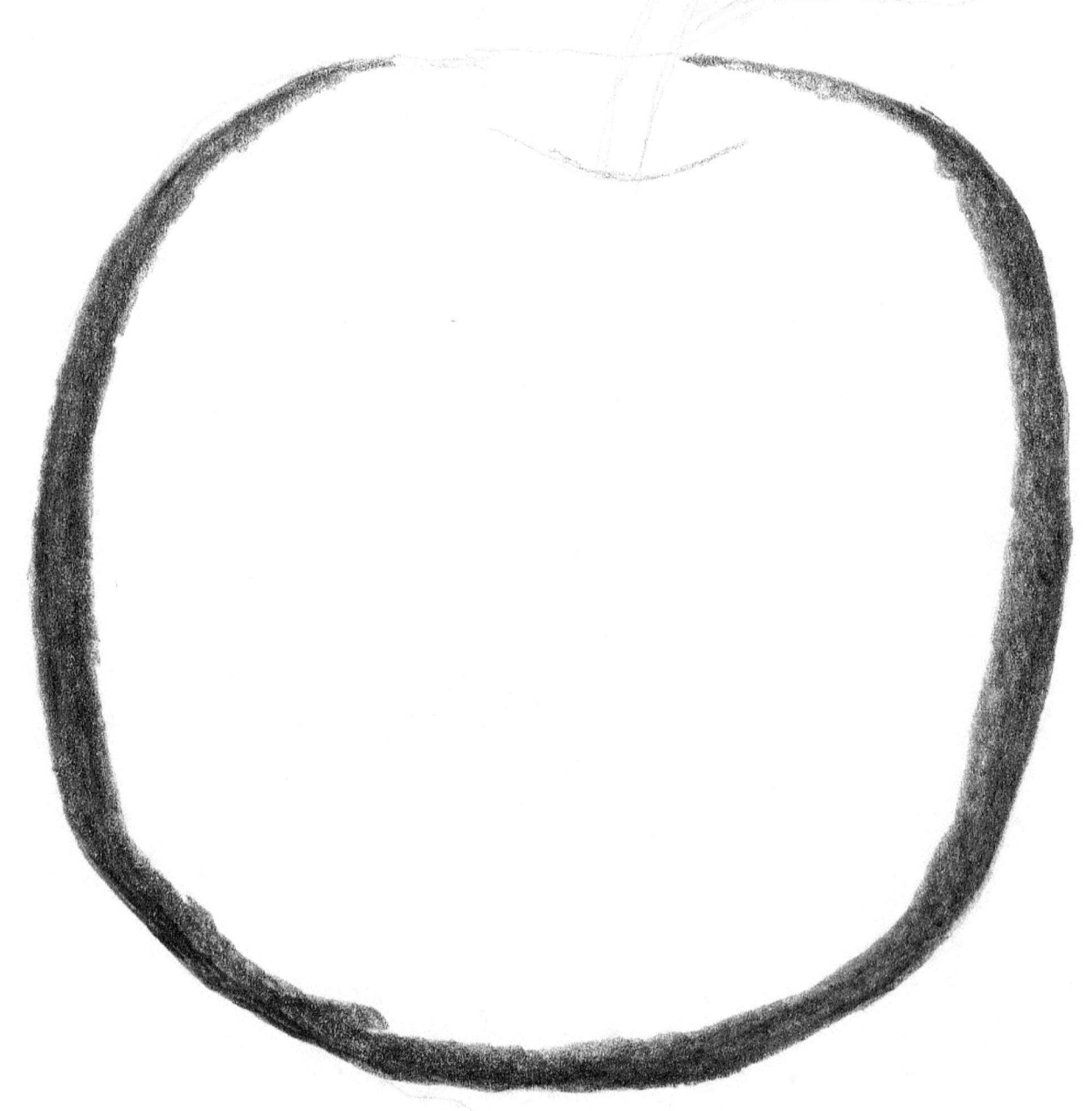

Fahren wir mit einem 2B fort. Gehen Sie ein wenig über den 5B-Bereich und entlasten Sie dann einfach Ihren Bleistift, während Sie in Richtung Apfelmitte arbeiten.

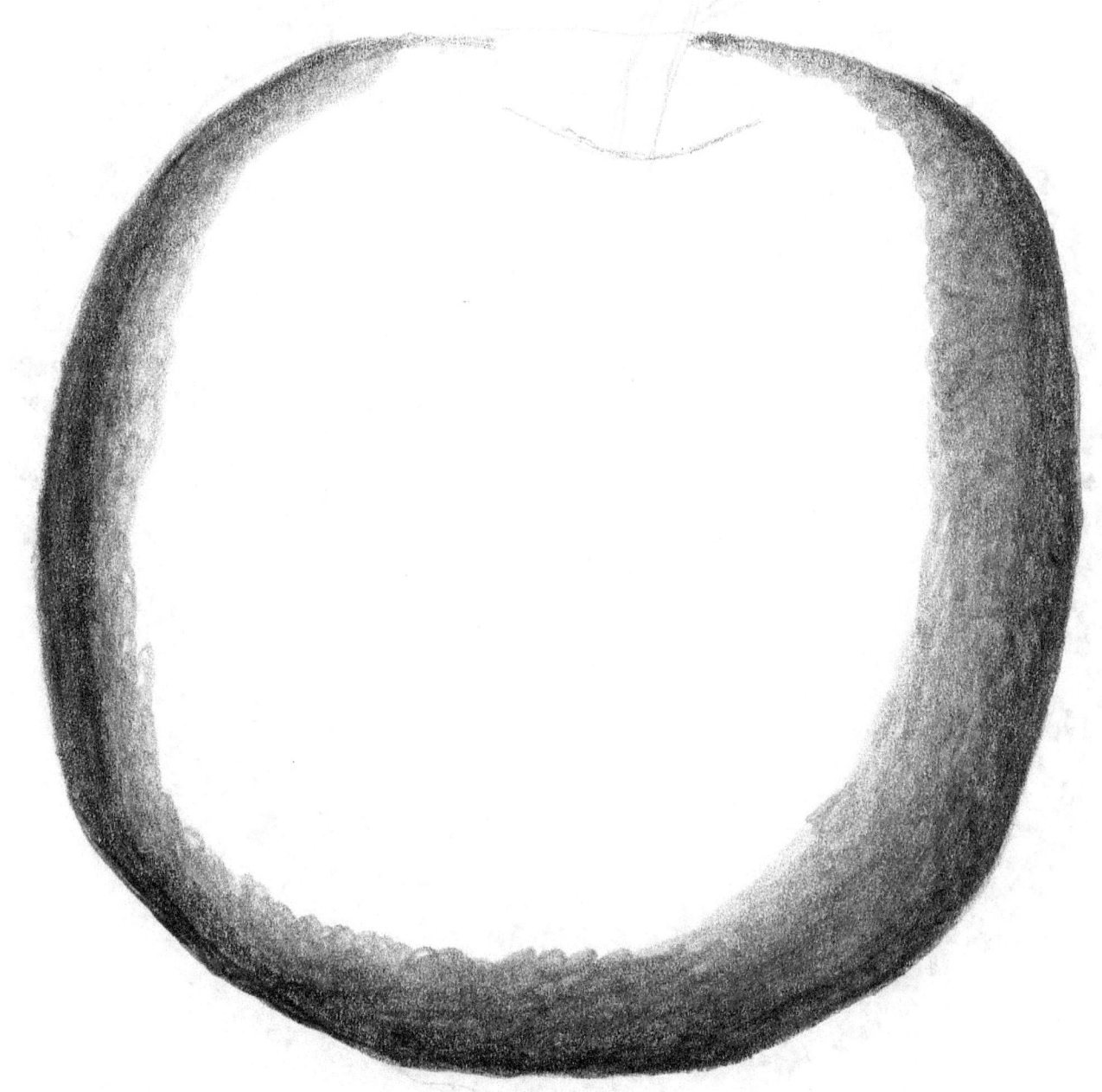

Verwenden Sie als Nächstes einen leichteren Stift wie einen H und machen Sie dasselbe. Gehen Sie ein wenig über den 2B-Bereich und verringern Sie dann den Druck, wenn Sie in Richtung Zentrum schattieren. Hier können wir auch den Rand zwischen dem oberen Rand und dem versunkenen Bereich, aus dem der Stiel wächst, schattieren. Drücken Sie fester auf und auf dem Rand immer weniger, wenn Sie nach unten zeichnen. Auf diese Weise erzeugen Sie einen glatten Farbverlauf, der die Rundheit des Apfels andeutet.

Schattieren Sie den Außenrand des oberen Teils, den Bereich, den wir im ersten Schritt nicht mit einem 5B schattiert haben.

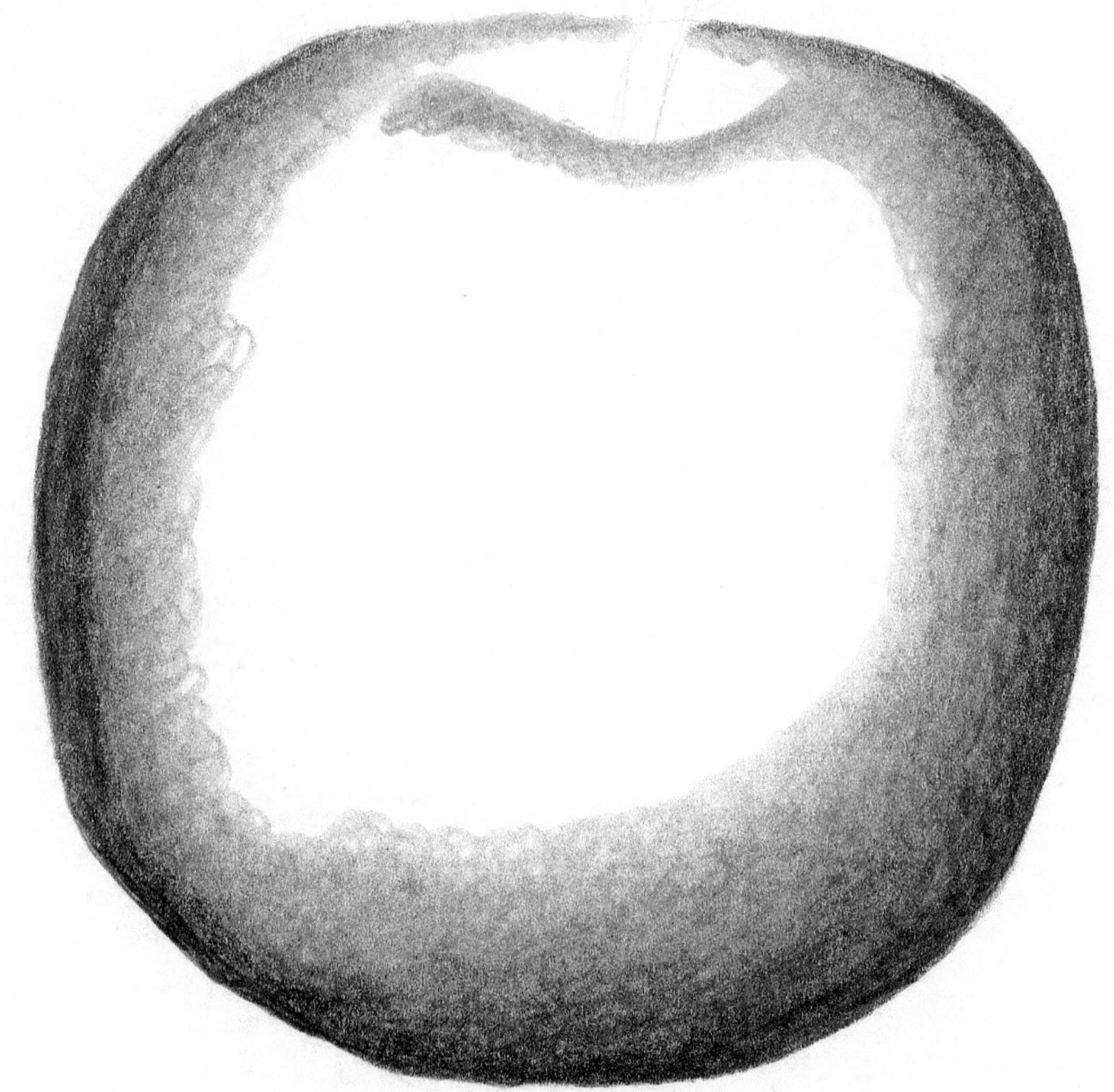

Im folgenden Bild sehen Sie, dass ich irgendwo in der Mitte des Apfels das Highlight umrissen habe, das weiß bleiben oder viel heller sein muss als die anderen. Dann habe ich einen 2H verwendet, um dieses Highlight auf die gleiche Weise wie mit den zuvor verwendeten Stiften zu schattieren. Arbeiten Sie mehr im versunkenen Bereich neben dem Stiel, überspringen Sie diesen Stiel und schattieren Sie ihn etwas auf dem oberen Rand, und verringern den Druck, wenn Sie nach unten arbeiten. Beachten Sie, wie ich das gelöst habe, und jetzt scheint sogar der obere Bereich (hinter dem Stiel) rund zu sein. Der tiefste Teil kann hervorgehoben bleiben, und der obere Rand an der Vorderseite des Stiels sollte sehr dunkel bleiben. Auf diese Weise werden diese beiden Bereiche genauso getrennt angezeigt wie sie es sollten. Außerdem wird der Stiel mehr Eindruck machen, nachdem wir ihn später schattiert haben.

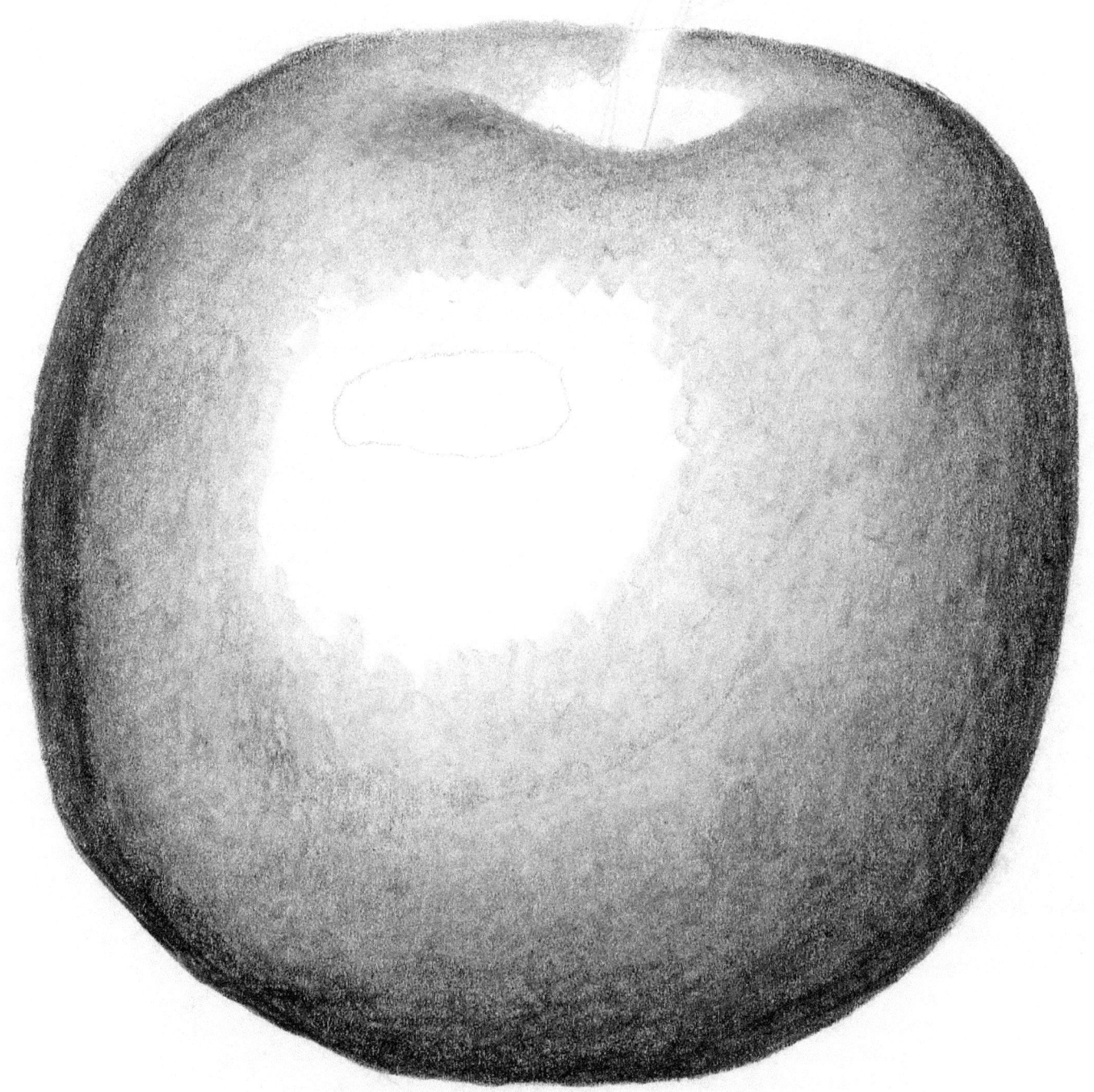

Jetzt können wir einen 4H für den Rest des Apfels verwenden, mit Ausnahme des umrissenen Highlights. Gleiches hier: Gehen Sie über den 4H-Bereich und drücken Sie dann immer weniger als Schatten um das Highlight auf. Schattieren Sie auch den versunkenen Bereich, aus dem der Stiel wächst, und drücken Sie leicht auf, da dieser Bereich sehr hell bleiben muss. Erstellen Sie den Schatten, der vom Stiel geworfen wird und über den rechten Bereich dahinter fällt. Machen Sie diesen Schatten kurvig, damit er auch die runde Form dieses Teils des Apfels andeuten kann. Überprüfen Sie das nächste Bild, um die Position zu sehen, bevor Sie zeichnen.

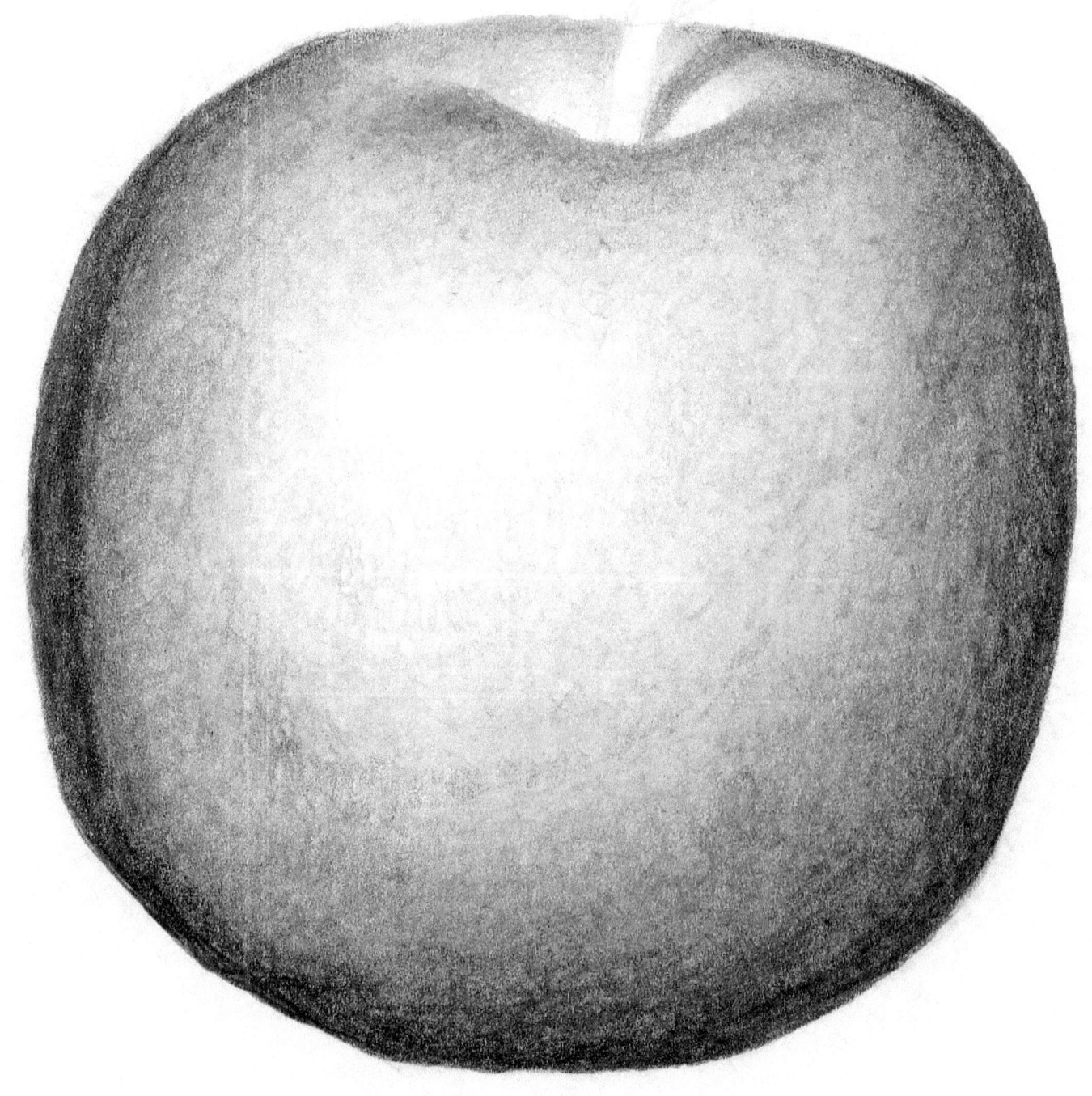

Mischen Sie nun alles mit einem Papiertaschentuch. Überspringen Sie erneut das Highlight in der Mitte und mischen Sie vorsichtig. Nach dem Mischen können wir sehen, ob wir mehr schattieren müssen. Da nach dem Mischen einige Bereiche heller werden, müssen wir sie mehr schattieren. Verwenden Sie einen Papierwischer oder ein Wattestäbchen, um den oberen Bereich um den Stiel herum zu mischen, da Ihr Finger mit einem umwickelten Taschentuch für diesen Bereich zu groß ist und Sie nicht alles verschmieren und das Highlight abdunkeln möchten.

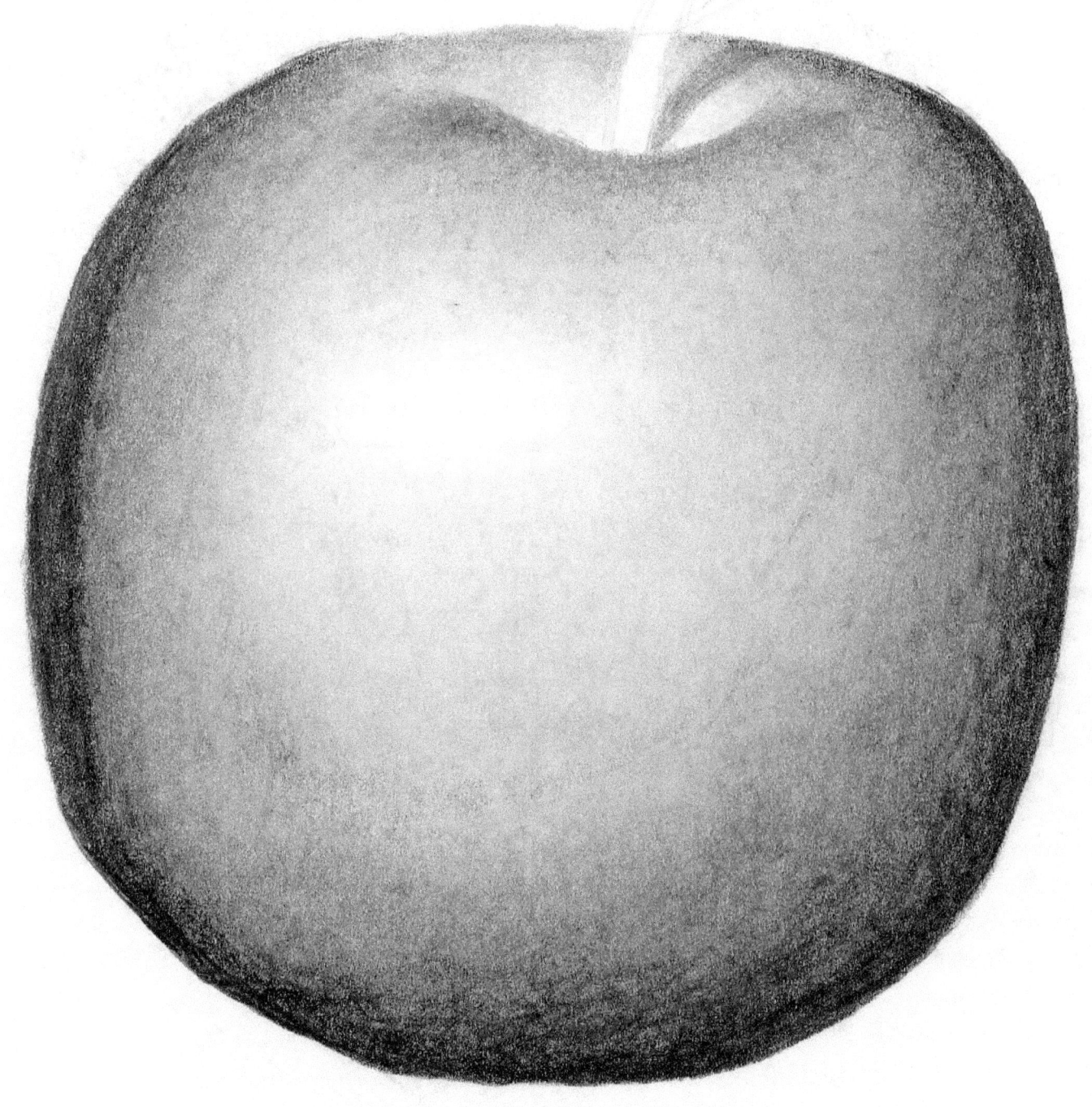

Da ich diese Bereiche aufgehellt habe, muss ich bei Bedarf noch einmal etwas durchgehen, da zwischen den dunklen und hellen Werten ein klarer Rand besteht. Ich benutze wieder einen 2B. Wenn wir mit einem 2B auf dem 2H schattieren, können wir es nicht zu dunkel machen, aber wir können einen angemessenen Wert bekommen. Ich möchte das Highlight auch etwas mehr schattieren, um es markanter und heller zu machen.

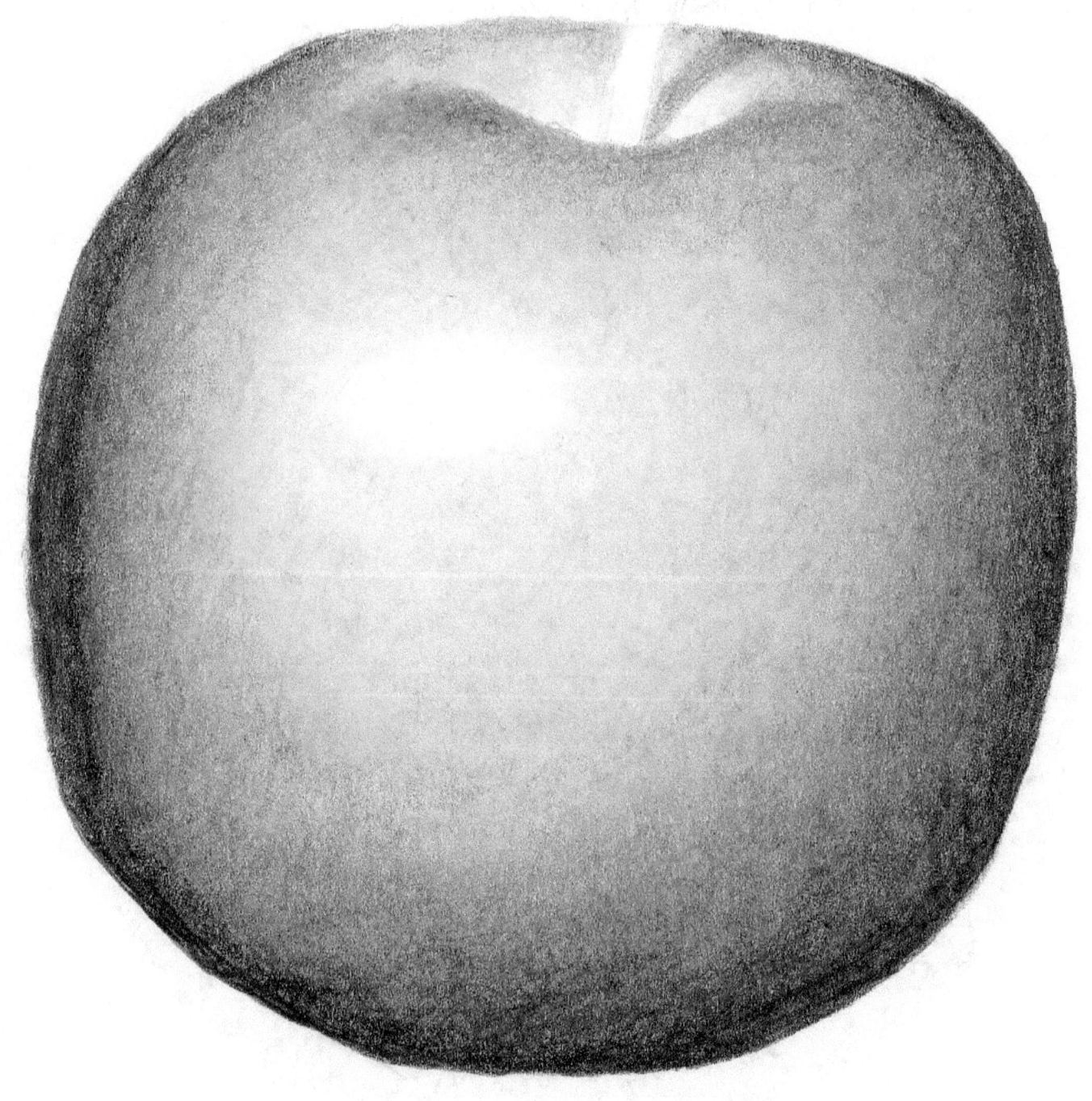

Ich bin der Meinung, dass die Form meines Apfels im oberen Bereich etwas breiter sein sollte, daher habe ich einen neuen Rand um ihn herum erstellt und ihn mit einem 5B gefüllt, den ich zu Beginn des Schattierungsprozesses für den Rand verwendet habe. Wir können die Form jederzeit ändern und vergrößern, aber wir können sie nicht verkleinern.

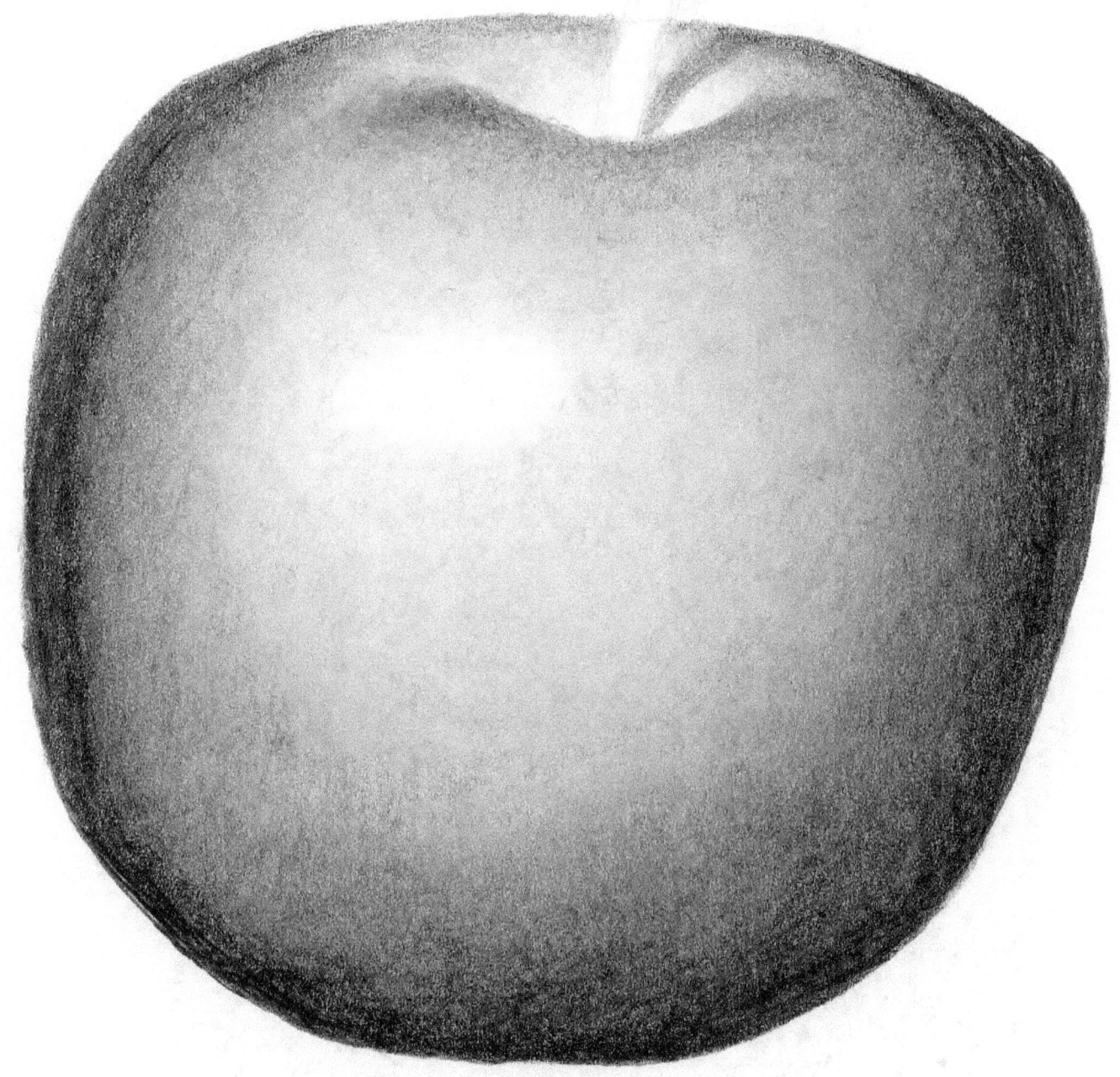

Jetzt können wir einige Muster erstellen, die Äpfel normalerweise haben, einige vertikale Streifen. Ich benutze einen 5B für diese, aber ich drücke nicht zu fest auf. Wir sollten gerade Streifen in der Mitte des Apfels zeichnen, und dann müssen sie kurviger sein, wenn wir sie zu den Rändern auf der linken und rechten Seite zeichnen. Wenn Sie die Streifen so positionieren, deutet dies auch auf die Rundheit des Apfels hin. Zeichnen Sie sie nicht über das Highlight in der Mitte, das wir nicht schattiert haben. Das Highlight ist so hell, dass wir keine Muster darauf sehen konnten, weil die Äpfel glänzend sind. Machen Sie die Streifen zufällig anders. Und natürlich sollten diese Streifen auf den helleren Bereichen heller und in den schattigen Teilen des Apfels dunkler sein.

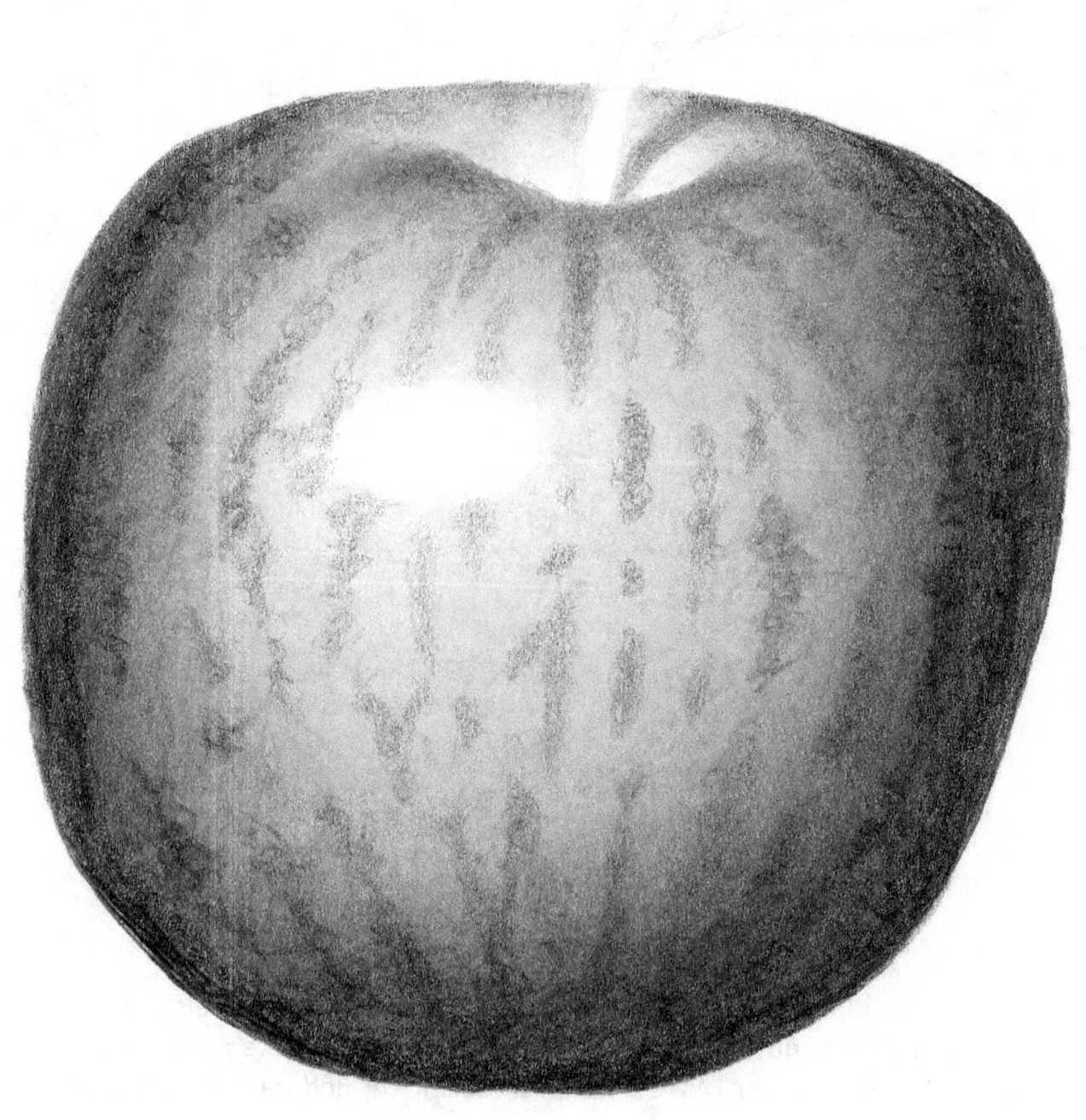

Und jetzt können wir diese Streifen mischen und den Bereich um das Highlight schattieren, um das Highlight noch weiter zu verbessern. In diesem Schritt verwende ich einen HB, da ich neben dem Mischen der Streifen auch den gesamten Bereich in der Mitte etwas abdunkeln möchte. Wenn Sie es zu dunkel machen, tippen Sie einfach mit einem gekneteten Radiergummi darauf und Sie können ein wenig Graphit entfernen. Mischen Sie es mit einem Wattestäbchen. Jetzt nach dem Mischen sehen die Streifen weniger auffällig aus, was gut ist, weil wir nicht wollen, dass es wie eine Wassermelone aussieht. Wir möchten aber einige Streifen haben, damit der Apfel weniger flach und interessanter aussieht.

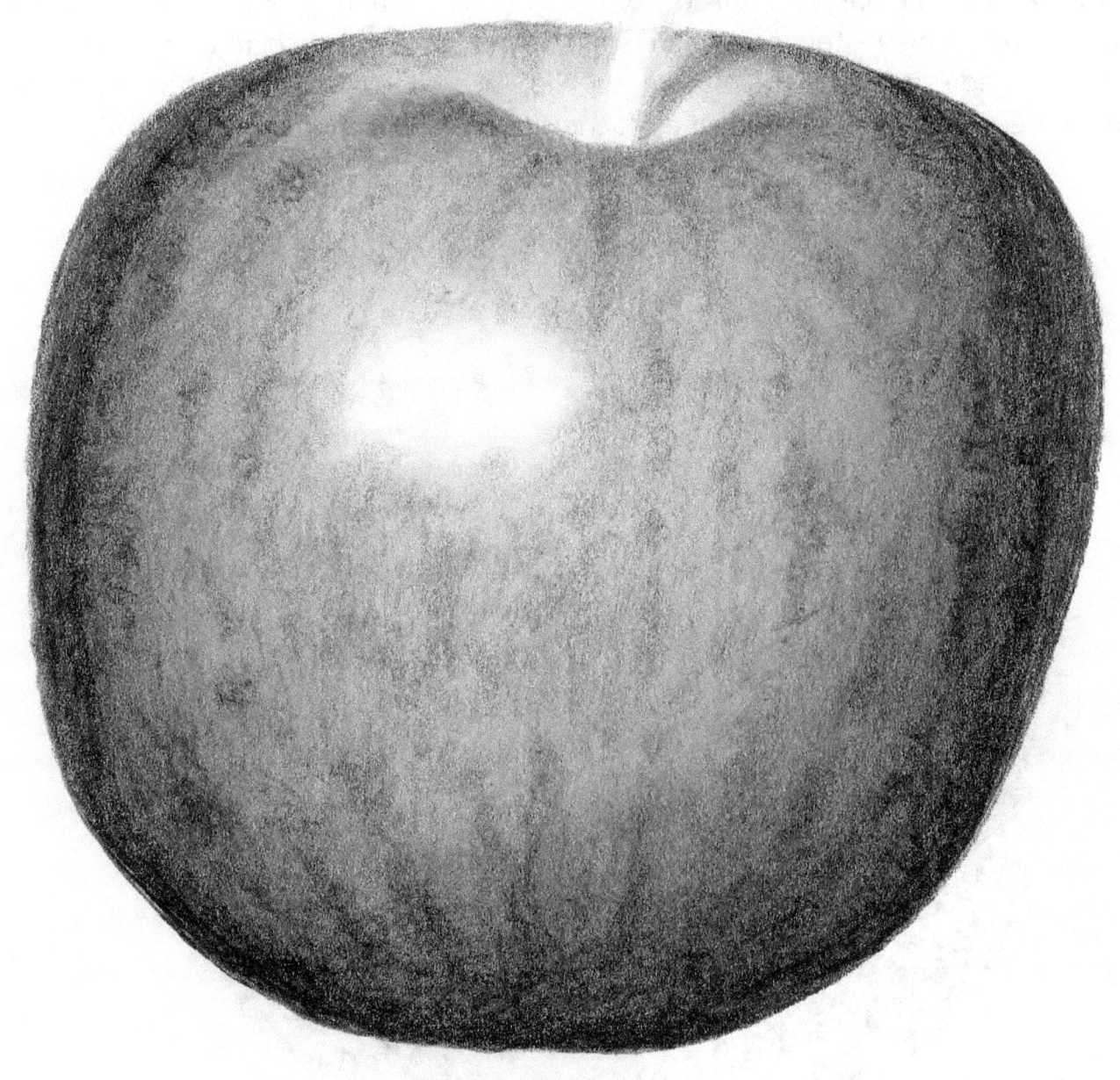

Lassen Sie uns nun die winzigen Flecken erzeugen, die die Äpfel normalerweise haben. Dafür möchte ich einen elektrischen Radiergummi verwenden. Ich habe die Spitze meines Radiergummis angespitzt, indem ich sie über das Sandpapier gestrichen habe, damit ich winzige Punkte über dem Apfel erzeugen kann. Erstellen Sie sie zufällig überall auf dem Apfel. Wenn Sie feststellen, dass einige von ihnen zu hell sind, gehen Sie einfach mit einem Papierwischer darüber und sie werden dunkler. Oder wenn Sie sie entfernen möchten, überzeichnen Sie sie einfach mit einem Bleistift. Wenn Sie keinen elektrischen Radiergummi haben, können Sie einen weißen Tintengelstift oder einen weißen Marker verwenden. Erstellen Sie einen Punkt und tippen Sie mit dem Finger darauf, während er nass ist. Diese Punkte sind mit einem gekneteten Radiergummi ziemlich schwer herzustellen. Aus diesem Grund empfehle ich immer, verschiedene Arten von Radiergummis zu kaufen, da Sie, wie Sie sehen, alle für verschiedene Aktionen benötigen und Ihre Arbeit einfacher und angenehmer wird.

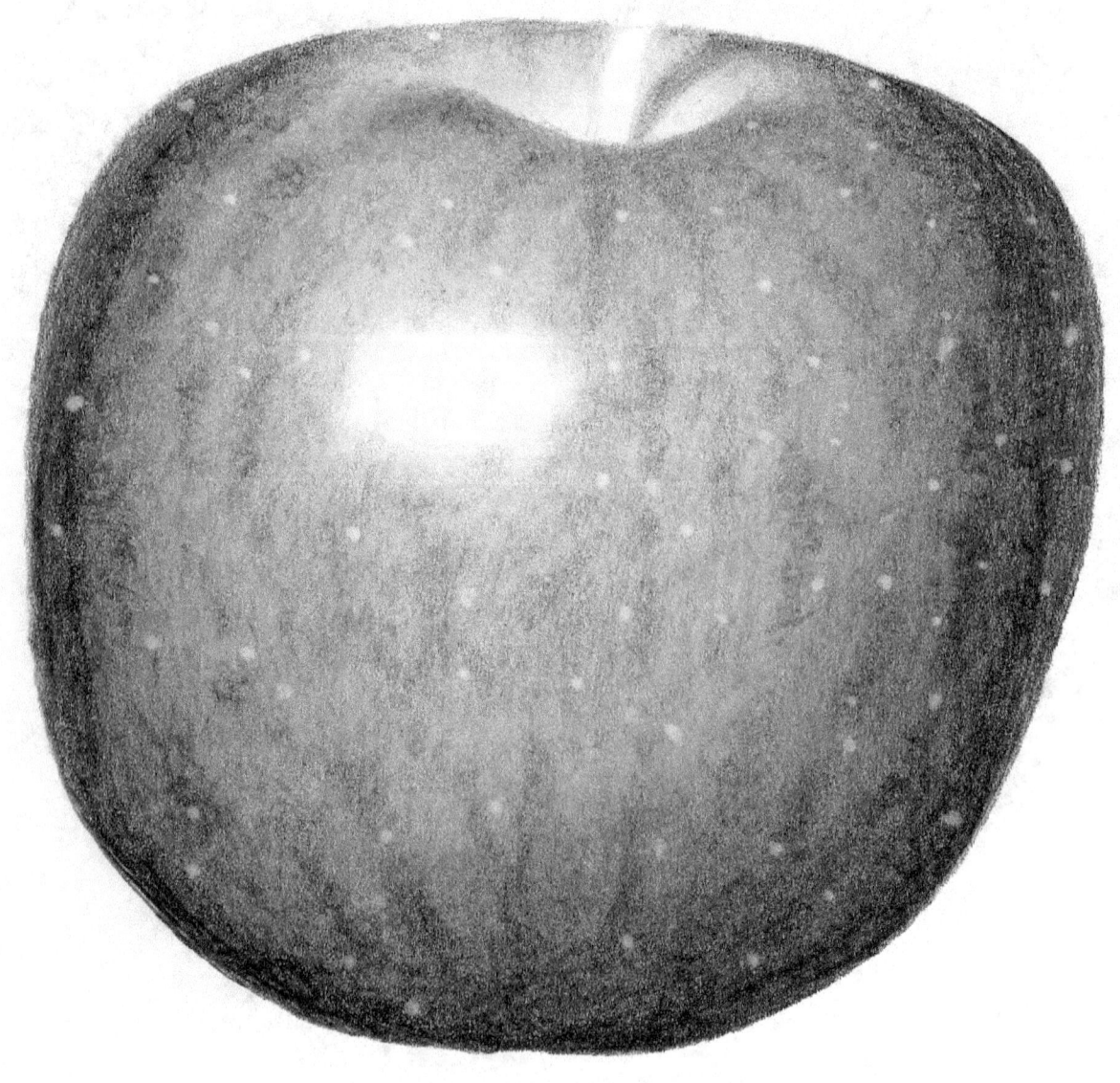

Wenn Sie mit Ihrem Apfel zufrieden sind, können Sie den Stiel zeichnen. Ich möchte einen HB dafür verwenden. Wir müssen den Stiel rechts und links dunkler machen, also fester aufdrücken. Er muss in der Mitte heller sein, damit er seine runde Form zeigen kann. Drücken Sie also weniger in der Mitte auf oder verwenden Sie einen helleren Stift.

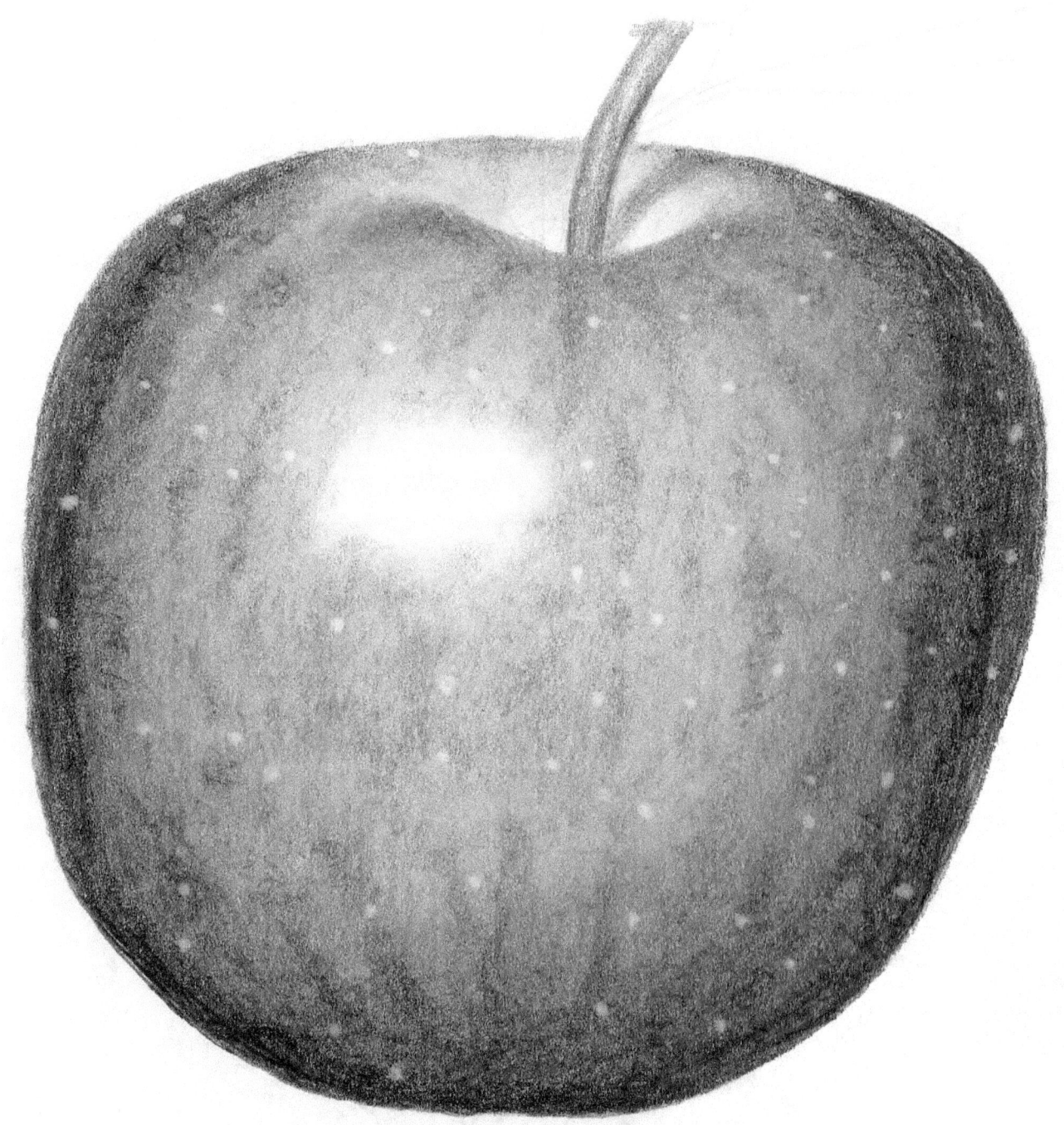

Als Nächstes schattieren Sie das Blatt. Sie können entweder das ganze Blatt schattieren und dann die Adern mit einem Radiergummi erstellen oder Sie können die Adern überspringen und sie schattieren wie ich es mit einem 2H mache. Wir haben eine

Hauptader in der Mitte, die dicker ist, und dann haben wir winzigere, diejenigen, die aus der Hauptader wachsen. Im linken Bild können Sie sehen, wie ich es schattiert habe, und im Bild auf der rechten Seite können Sie sehen, wie es aussieht, nachdem ich es mit einem Papierwischer gemischt habe.

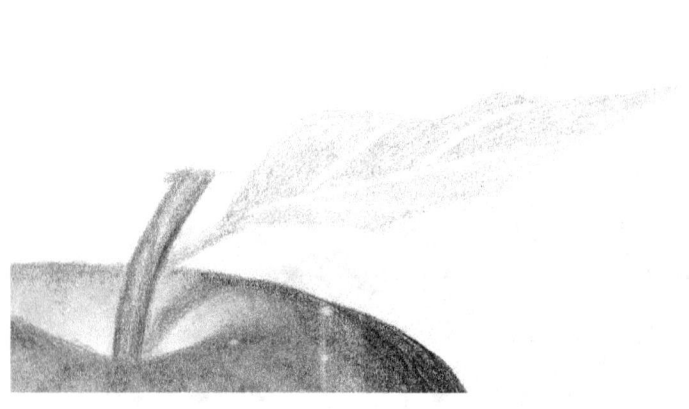
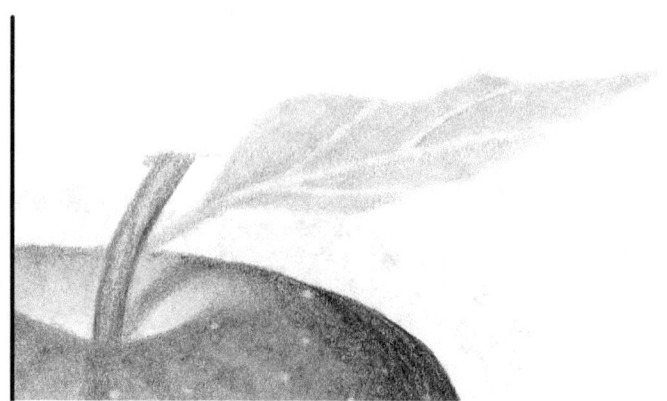

Hinweis

Versuchen Sie immer, mit einer meißelförmigen Bleistiftspitze ebene Oberflächen zu schaffen. Achten Sie darauf, Ihren Stift während des Schattierens nicht zu drehen, da er sonst scharfe Striche zeichnet. Es ist am besten, eine Seite Ihrer Bleistiftspitze auf dem Sandpapier zu schrubben und nur damit zu schattieren. Das macht das Schattieren größerer Oberflächen einfacher und schneller.

Zuletzt erstellen Sie den Schattenwurf. Wenn also unsere Lichtquelle aus unserer Sicht kommt, haben wir unseren Schatten hinter dem Apfel. Ich schlage vor, Graphitpulver zum Schattieren zu verwenden. Schattieren Sie hinter und unter dem Apfel. Verwenden Sie einen Papierwischer direkt neben dem Apfel und erzeugen Sie einen etwas dunkleren Ton für den Schattenwurf.

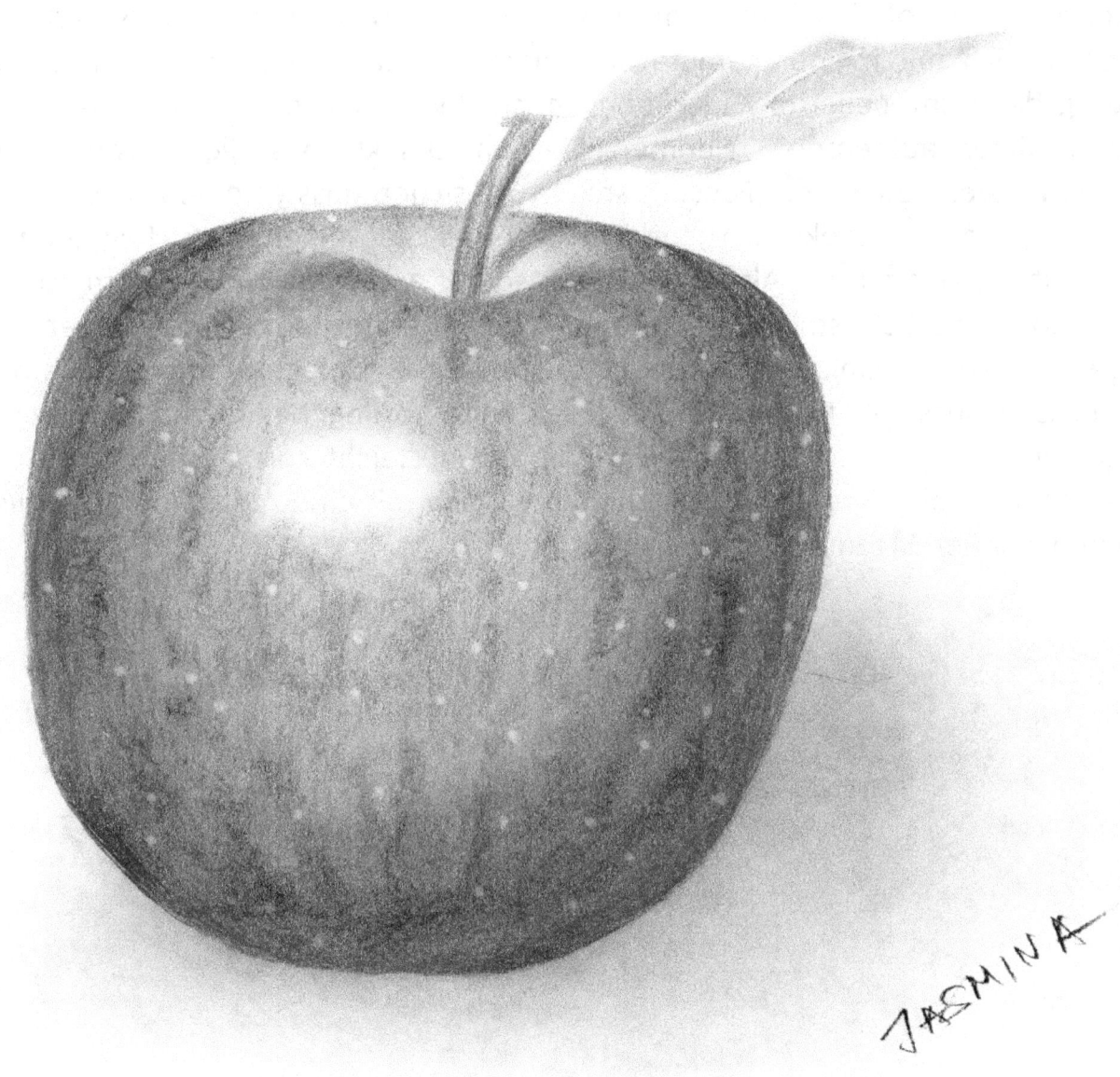

EIN TEELÖFFEL

In diesem Tutorial möchte ich Ihnen zeigen, wie Sie einen Teelöffel von einer Fotoreferenz zeichnen. Ich habe ein Bild von meinem Teelöffel gemacht und es auf der linken Seite meines Zeichenpapiers ausgedruckt, damit ich es die ganze Zeit sehen kann, während ich den Löffel auf der rechten Seite zeichne. Das sind also die Schatten und die Lichter, die ich mit meiner Kamera aufgenommen habe. Sie hängen immer von der Richtung der Lichtquelle ab. Sie können nach dem Üben dieser Zeichnung auch Ihre eigenen Bilder aufnehmen. Nehmen Sie ein Objekt, das Sie zeichnen möchten, platzieren Sie es neben dem Fenster, stellen Sie sicher, dass es einen schönen Schatten für einen guten 3D-Effekt wirft, und verwenden Sie keinen Blitz. Beginnen wir wie immer mit der Gliederung. Also müssen wir so gut wie möglich eine Form schaffen, die diesem Löffel ähnlich ist. Natürlich kann er ein bisschen anders sein, aber der Löffel sollte symmetrisch sein. Überprüfen Sie die Kontur im Spiegel und wenn sie dort auch symmetrisch aussieht, können Sie mit der Schattierung beginnen. Ich skizziere den Umriss mit einer gestrichelten Linie, damit ich ihn leicht korrigieren kann. Sobald ich sicher bin, dass alles gut aussieht, gehe ich einfach mit einer vollständigen Linie durch. Ich benutze einen 3H zum Skizzieren.

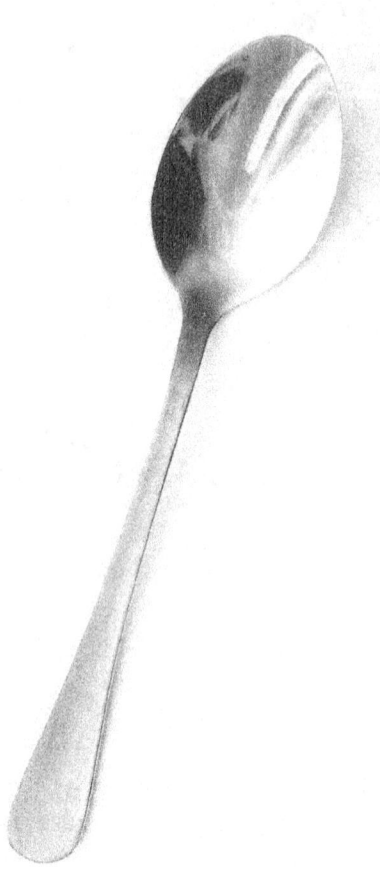

Wir können anfangen, unseren Teelöffel zu schattieren.

Wenn Sie häufig aus Referenzfotos zeichnen, haben Sie sich möglicherweise oft gefragt, welchen Stift Sie für einen bestimmten Bereich verwenden sollen. Ich habe Mobil- und Desktop-Anwendungen für diesen Zweck entwickelt, bei denen die Benutzer ihre eigenen Bilder hochladen, einen beliebigen Punkt eines Bildes auswählen und die App den Stift für diesen bestimmten Teil vorschlägt. Wenn Sie mehr darüber wissen und selbst kaufen möchten, finden Sie weitere Informationen und Links auf der Website www.pen-pick.com. Die Apps verfügen über zwei Bedienfelder: eines für Blei- und eines für Buntstifte. Sie ist eine große Hilfe bei der Auswahl der richtigen Stifte, insbesondere für Anfänger.

Im nächsten Bild sehen Sie, dass sie einen 2H für den Bereich zeigt, in dem das Ziel platziert ist (geklickt), und ich werde definitiv einen 2H für den Griff verwenden.

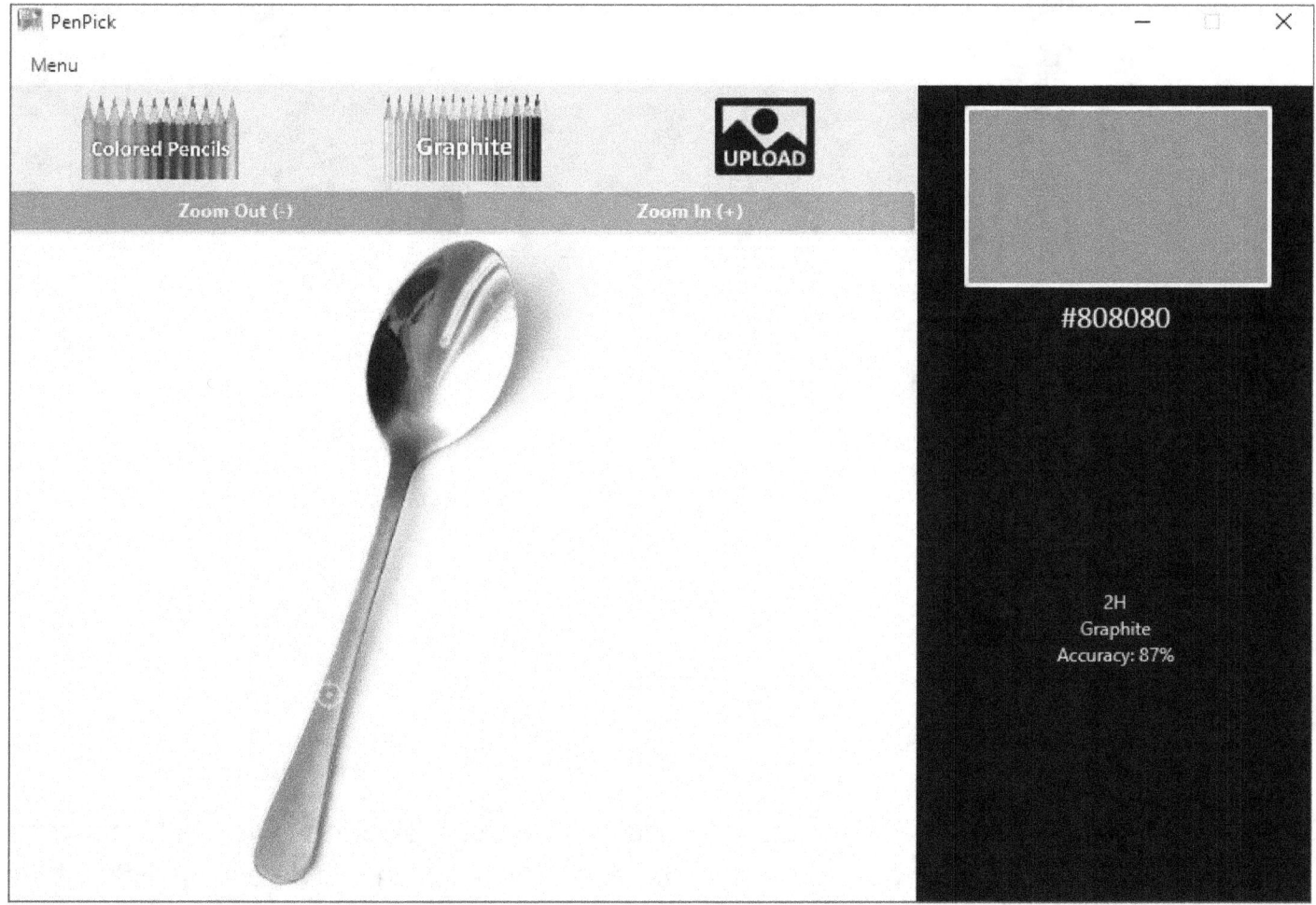

Aber ich möchte mit einem 5B mit den dunkelsten Stellen auf der linken Seite des Löffels beginnen. Um es einfach zu machen, werde ich genau das Gleiche tun. Also werde ich nichts ändern. Wenn ich von Referenzfotos zeichne, versuche ich normalerweise, etwas zu ändern, aber dieses Mal zeichne ich nur das, was ich sehe, damit Sie es leichter verstehen.

Schattieren Sie sehr sorgfältig neben dem anderen Rand. Drücken Sie sehr fest auf, um den Zahn des Papiers zu füllen, damit diese weißen Punkte des Papiers nicht sichtbar sind. Verwenden Sie auch hier die Zirkelmethode, da wir glatte Texturen erstellen möchten.

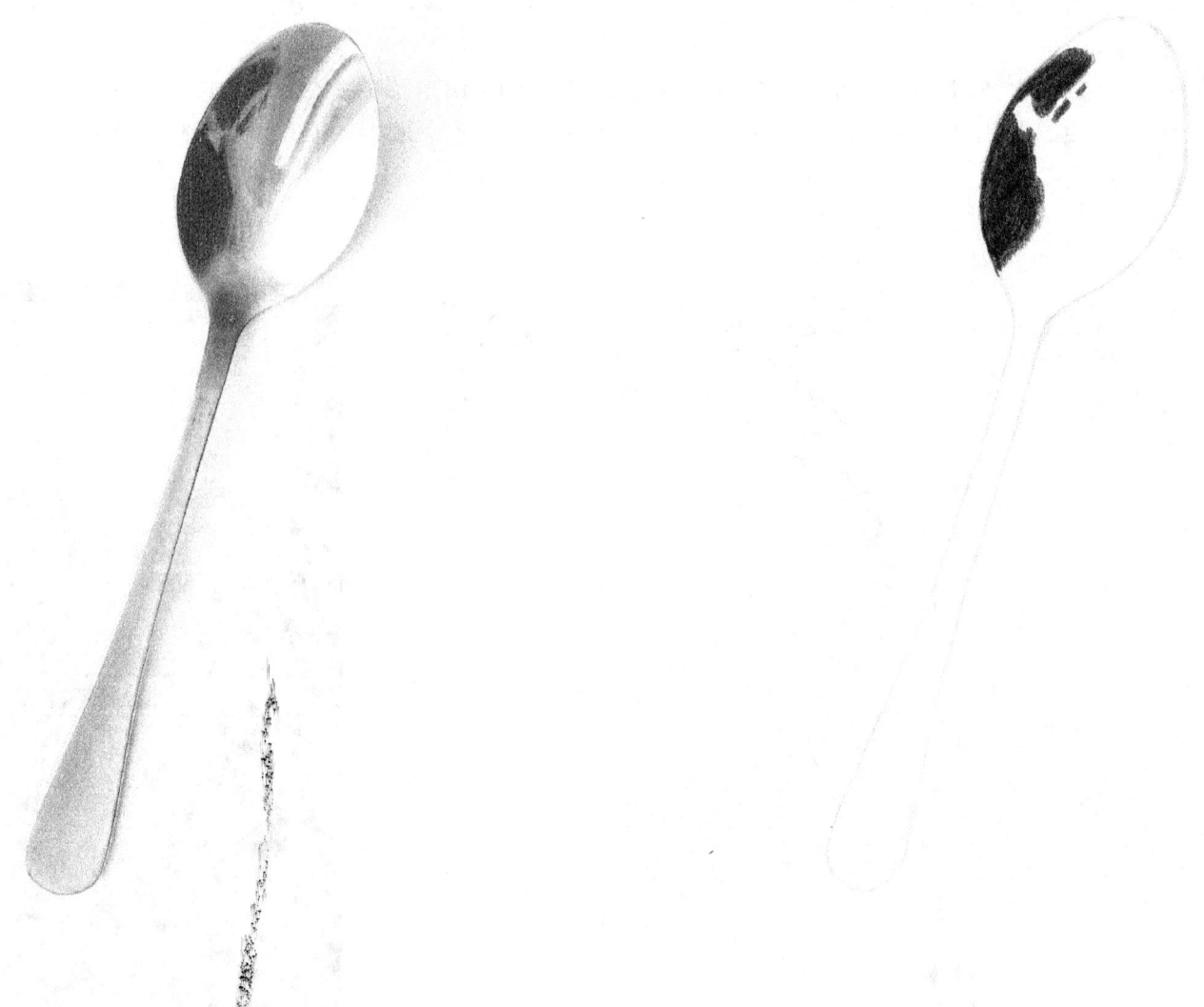

Da wir nirgendwo anders so dunkle Bereiche haben, können wir hellere Stifte verwenden. Ich möchte den Bereich daneben fortsetzen und einen HB dafür verwenden. Ich habe um das Highlight herum gezeichnet, weil es weiß bleiben muss. Studieren Sie das nächste Bild, um zu sehen, was ich in diesem Schritt schattiert habe.

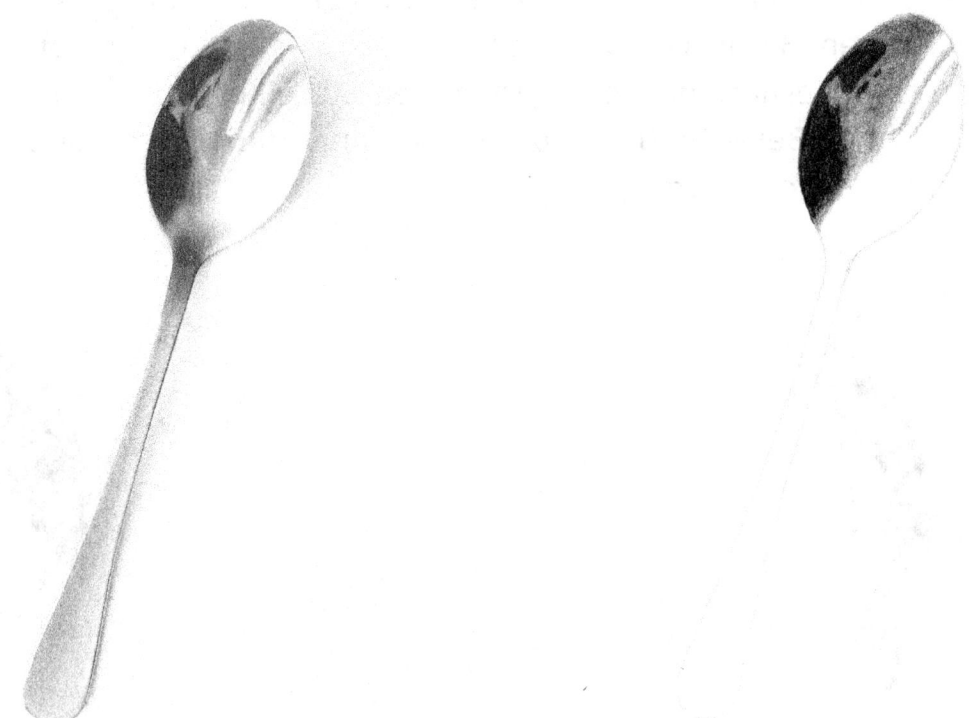

Verwenden wir einen 2B für den Bereich zwischen dem Löffel und dem Griff. Verwenden Sie denselben Bleistift und zeichnen Sie den Rand auf der rechten Seite und der Unterseite des Griffs. Machen Sie es sehr vorsichtig mit einem gut angespitzten Stift. Wenn Sie möchten, können Sie sogar eine Lupe verwenden, um die Details besser zu sehen. es kann oft sehr hilfreich sein. Drücken Sie nicht zu fest auf, da Sie nicht radieren können, wenn Sie Fehler machen.

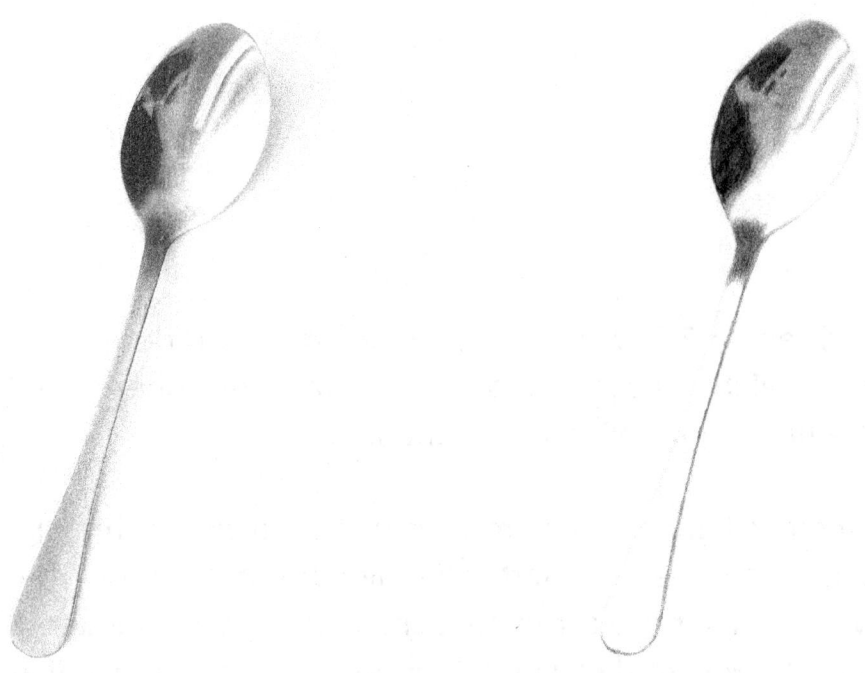

Schattieren Sie den Löffel weiterhin mit einem helleren Stift zwischen den zuvor schattierten dunkleren Bereichen und dem weißen Highlight auf der rechten Seite. Natürlich sollte es unberührt bleiben. Verwenden Sie einen H, beginnen Sie auf den Rändern der dunkleren Bereiche und drücken Sie dann immer weniger auf, wenn Sie in Richtung des Highlights schattieren.

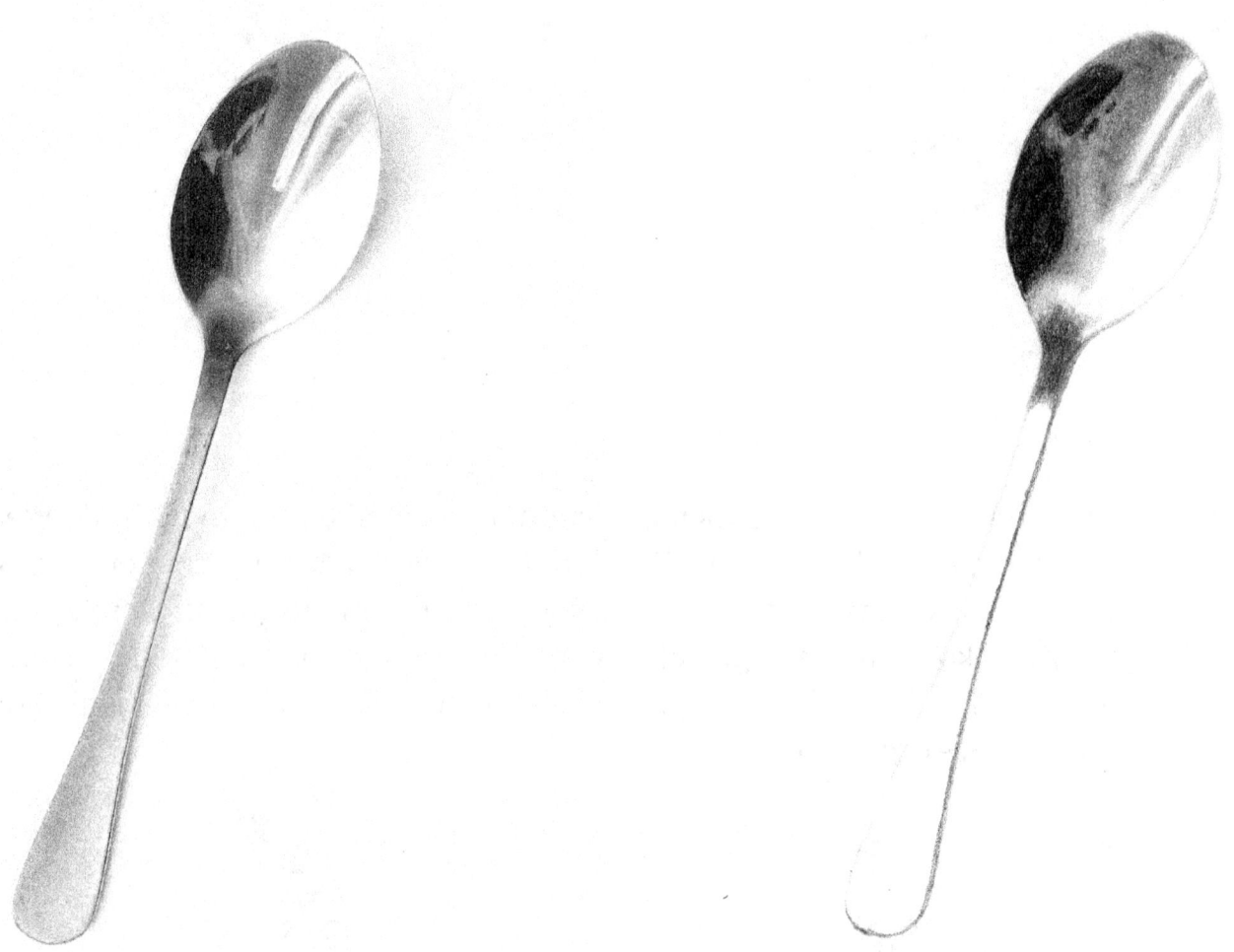

Und jetzt können wir einen 2H für die helleren Schatten auf dem Löffel verwenden, die neben den weißen Bereichen liegen, und wir sind mit dem oberen Teil fertig. Am Ende alles sorgfältig mit einem Papierwischer mischen.

Immer noch mit einem 2H gehen Sie zum Griff und schattieren ihn. Sie können auf dem Referenzfoto sehen, dass wir einen glatten Farbverlauf auf dem Griff erstellen müssen. Deshalb sollten wir normalerweise neben dem Rand auf der linken Seite aufdrücken. Verringern Sie dann entweder den Druck, wenn Sie zum Rand auf der rechten Seite

schattieren, oder verwenden Sie einen leichteren Stift, z. B. 3H oder 4H.
Drücken Sie nicht zu fest auf, sondern gehen Sie mehrmals durch, bis Sie den gewünschten Ton erzeugt haben.

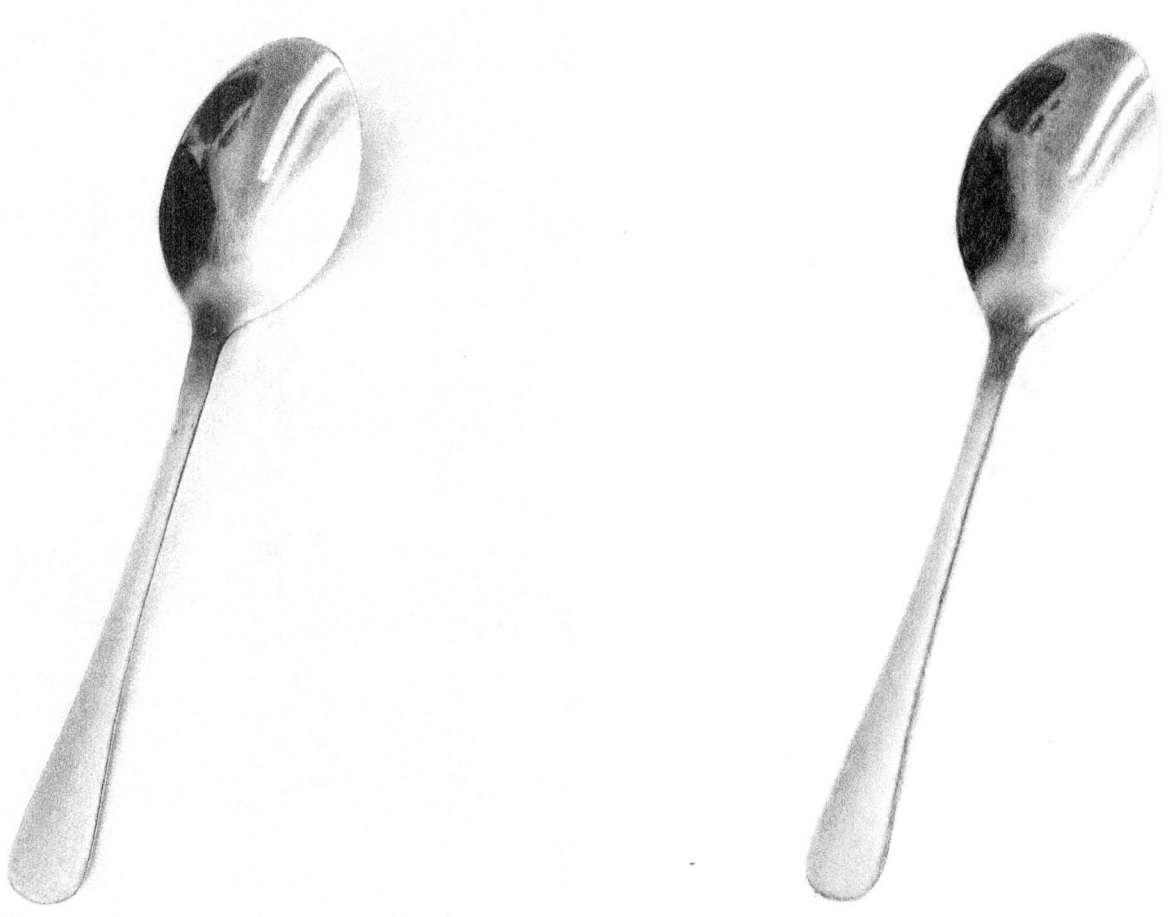

Zuletzt erstellen wir den Schattenwurf, da dies das einzige ist, was noch zu tun ist. Es reicht aus, wenn wir einen Papierwischer verwenden, dessen Spitze etwas Graphit hat, aber nicht zu viel. Wischen Sie die Spitze ein wenig mit einem Papiertaschentuch ab, um eine Übertreibung der Schattierung zu vermeiden.

Erstellen Sie den Schatten, der vom oberen Teil des Griffs geworfen wird. Schattieren Sie eine dünne Linie, die etwas weiter vom Löffel entfernt ist. Der obere Teil dieses Schattenwurfs sollte mit dem Teil zwischen dem oberen Teil und dem Griff verbunden sein, und der untere Teil sollte auch allmählich unter dem unteren Teil des Griffs verschwinden. Sie können sehen, dass der geworfene Schatten darauf hindeutet, dass dieser Teil weiter von der Oberfläche entfernt liegt, und dass er die Form des Löffels anzeigt.

Erstellen Sie dann den Schatten, den der obere Teil wirft, und schattieren Sie ihn vorsichtig neben dem weißen Teil des Löffels, da dieser weiß bleiben muss. Der Schattenwurf sollte wie in jedem Fall neben den Objekten, die ihn werfen, dunkler sein und allmählich im Papier verschwinden. Der Schattenwurf sollte so glatt wie möglich sein.

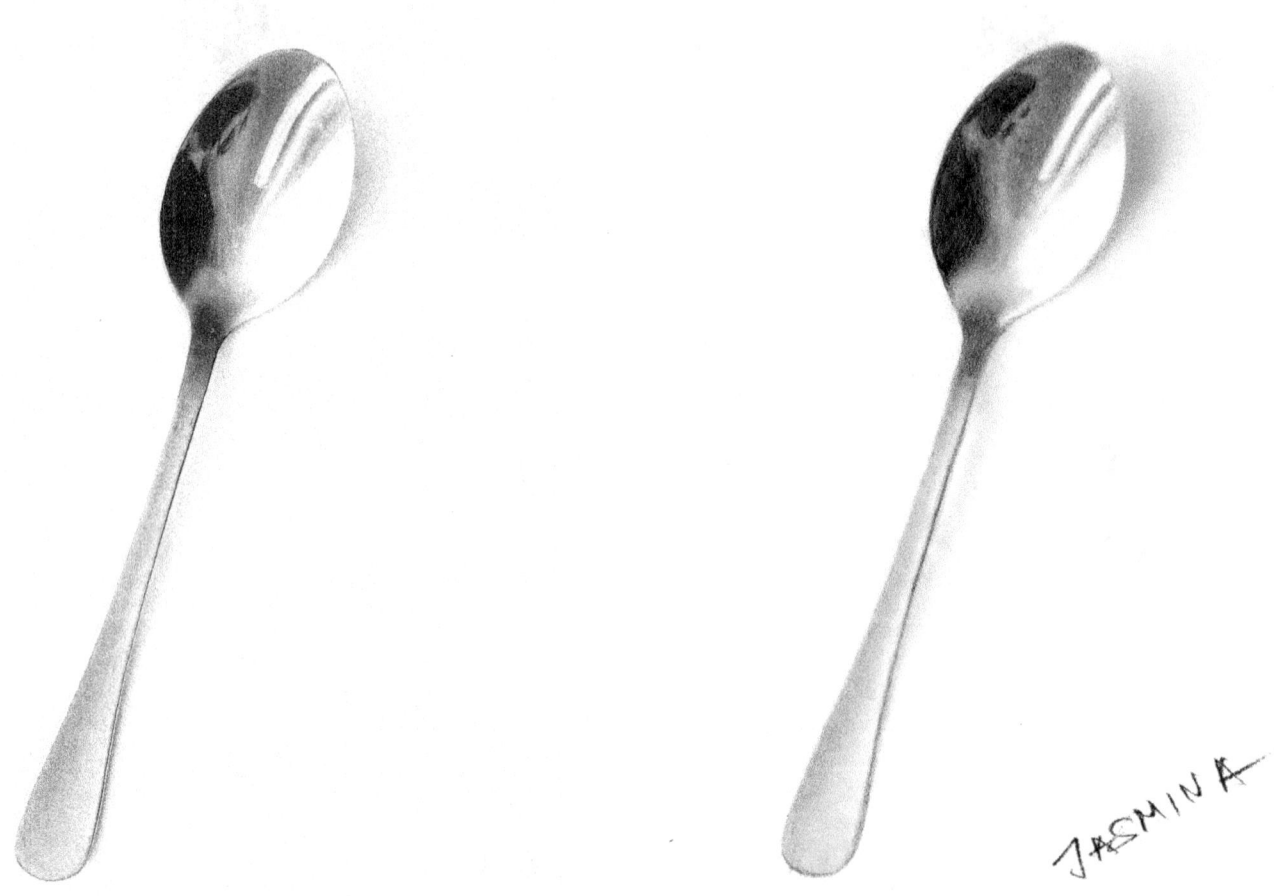

EIN OHR

In diesem Tutorial möchte ich Ihnen zeigen, wie Sie ein Ohr zeichnen und schattieren. Ich möchte Ihnen eine andere Art von Schattierung zeigen, damit Sie es auch so versuchen können. Je mehr Methoden Sie ausprobieren, desto mehr werden Sie lernen. Sie werden auch in der Lage sein, Ihren eigenen Stil zu finden und was am besten zu Ihnen passt. Ganz zu schweigen davon, dass es immer gut ist, etwas neues und anderes auszuprobieren. Beginnen wir mit einem Überblick. In diesem Fall müssen wir die Linien nicht zu stark zeichnen, da das Ohr wie eine Nase ist und größtenteils Schattierungen erfordert. Wir können nur den Umriss und einige Linien im Ohr zeichnen, wie im nächsten Bild gezeigt. Ich benutze einen 3H zum Skizzieren.

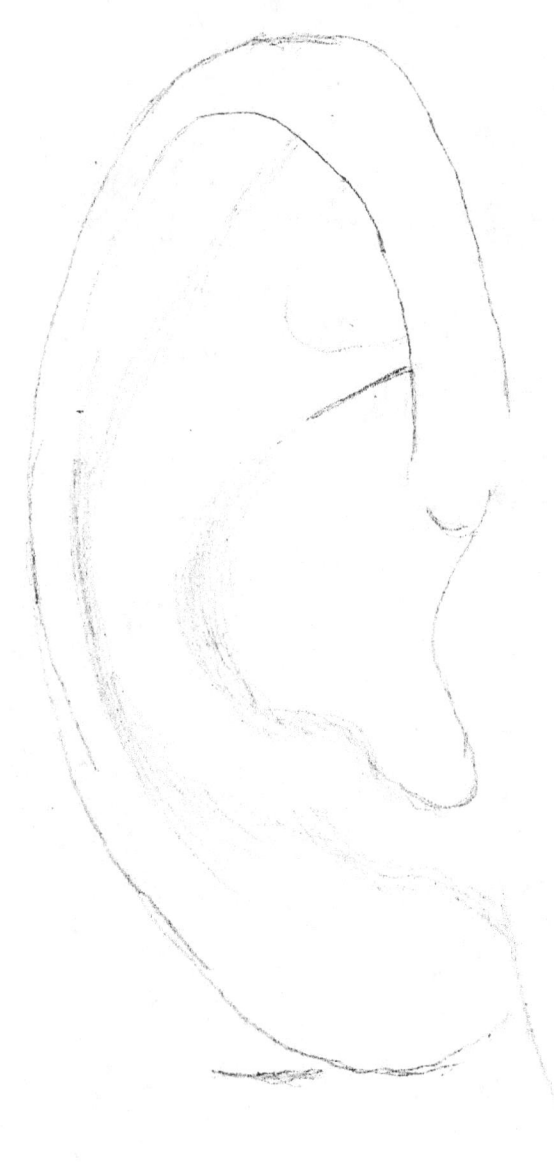

Lassen Sie uns nun den gesamten Bereich mit einem Taschentuch und Graphitpulver schattieren. Verstärken Sie die Konturen, damit Sie sie durch die Schicht des Graphits sehen können. Machen Sie immer kreisende Bewegungen und verteilen Sie den Graphit gleichmäßig, auch außerhalb der Ränder, da Sie auch die Ränder schattieren müssen. Wie Sie sehen können, ist die Textur sehr glatt, wenn wir auf diese Weise schattieren.

Bevor Sie fortfahren, radieren Sie einfach den Graphit rund um das Ohr neben seinem Rand weg.
Und jetzt haben wir einen Grundton der Haut, sodass wir beginnen können, Highlights und Schatten zu erzeugen.

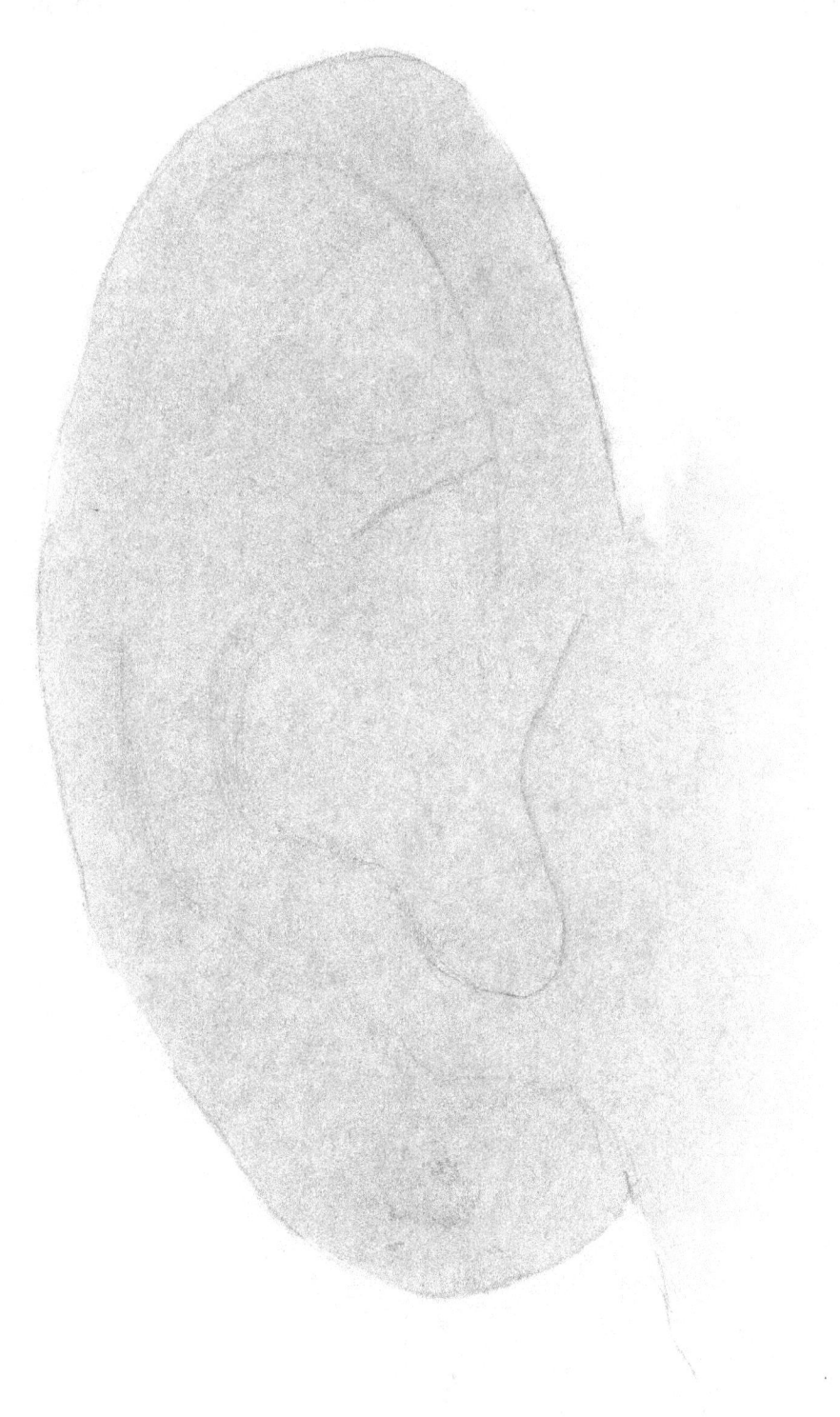

Wir können mit den Highlights beginnen, wir können mit Schatten beginnen und wir können beides machen, ein bisschen davon und ein bisschen davon.

Ich möchte mit dem Schatten beginnen, der vom oberen Teil des Ohrs auf den inneren Bereich darunter geworfen wird. Ich benutze dafür einen 2B. Studieren Sie das nächste Bild, um zu sehen, wo ich die Schatten gezeichnet habe. Sie können sehen, dass die geworfenen Schatten die Bereiche über ihnen so erscheinen lassen, als wären sie näher am Auge des Betrachters und die Zeichnung hat die Tiefe. Mischen Sie sie ein wenig mit einem Papierwischer.

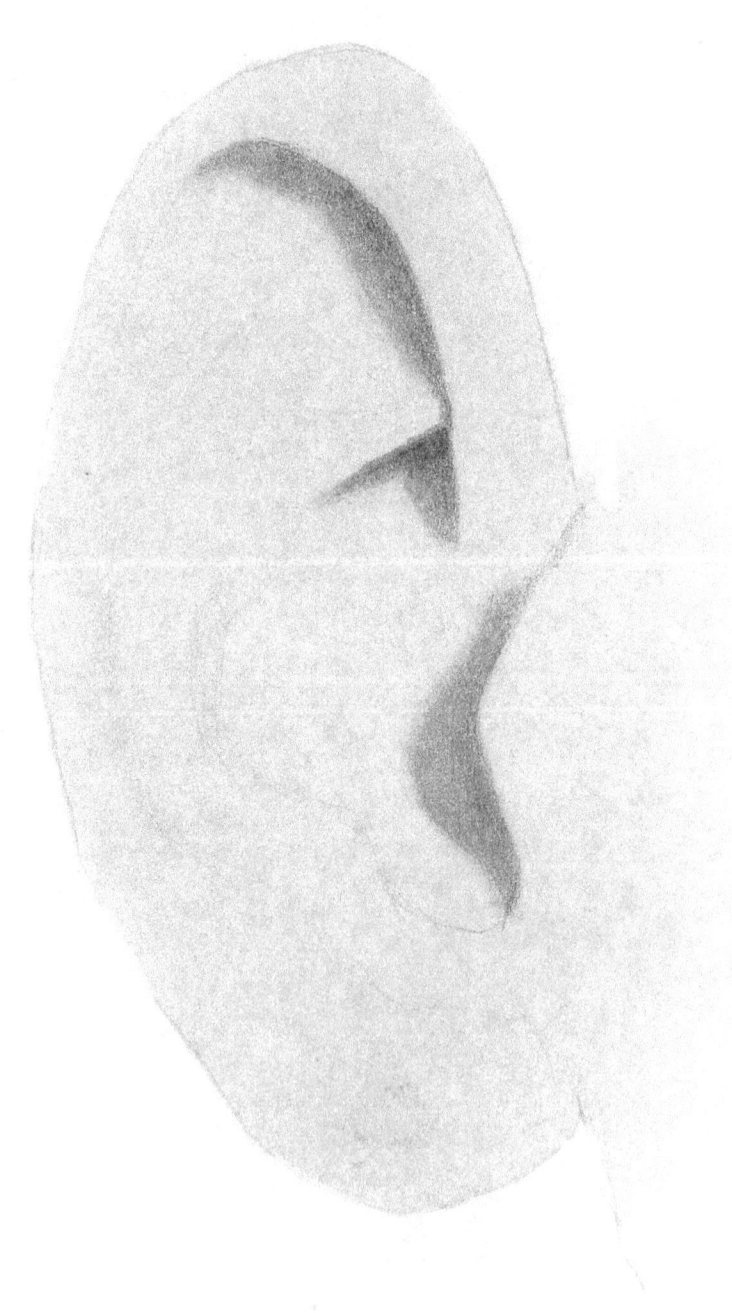

Jetzt können wir die hellsten Highlights auf den hervorstehenden Bereichen erzeugen, wie im Bild unten gezeigt. Ich benutze dafür einen Radiergummi aus Kunststoff, weil ich viel Graphit entfernen und diese Bereiche wieder fast weiß machen möchte. Bevor ich anfing, dieses Ohr zu zeichnen, habe ich einige Referenzfotos von Ohren und meinen eigenen Ohren im Spiegel studiert. Sie sollten das Gleiche tun, unabhängig davon, was Sie zeichnen, um nach Formen, Schatten und Highlights zu suchen, damit Sie realistische Zeichnungen zeichnen können.

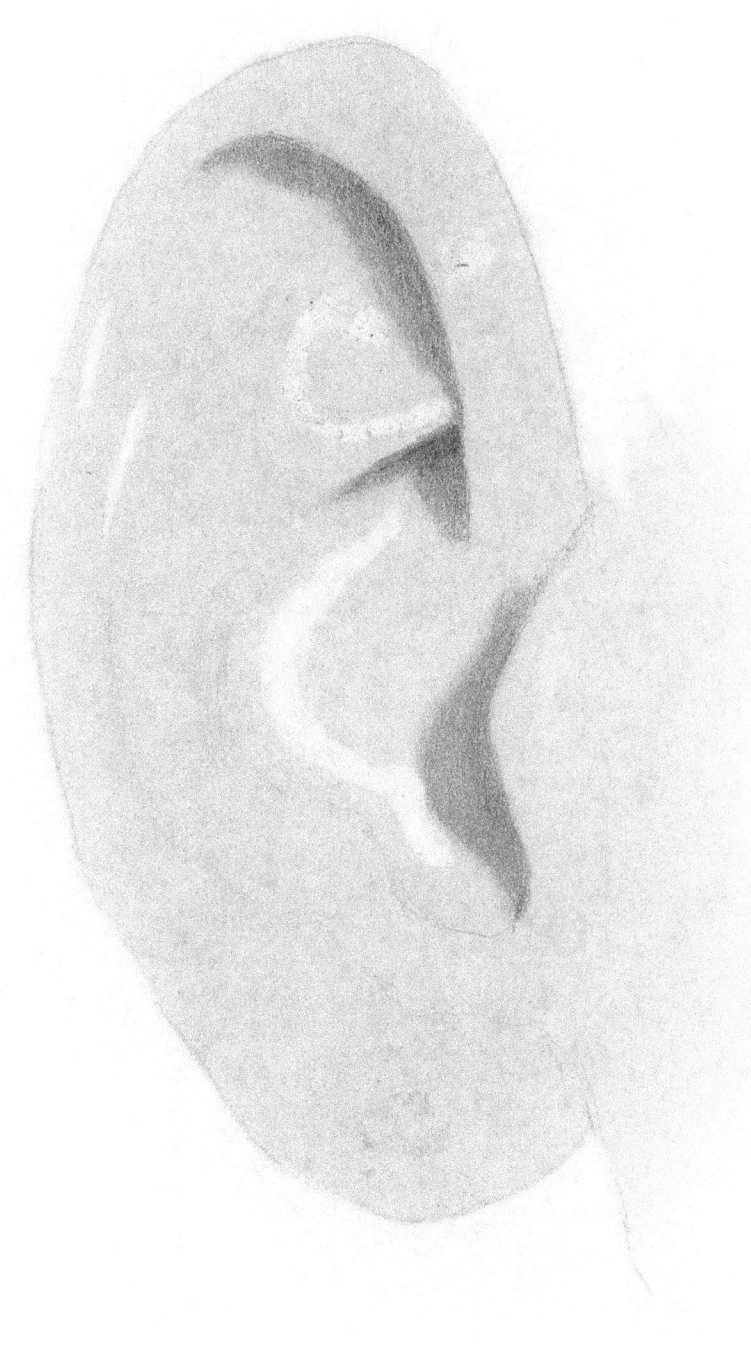

Jetzt können wir etwas hellere Schatten als den geworfenen Schatten erzeugen, und es reicht aus, wenn wir einen Papierwischer verwenden. Schattieren Sie in den versunkenen Bereichen und nicht zu fest aufdrücken, sondern leicht aufdrücken und immer wieder darüber gehen. Wir müssen immer weniger aufdrücken, wenn wir in Richtung der hervorgehobenen Bereiche schattieren, um einen glatten Farbverlauf zu erzeugen, damit die Teile herum scheinen.

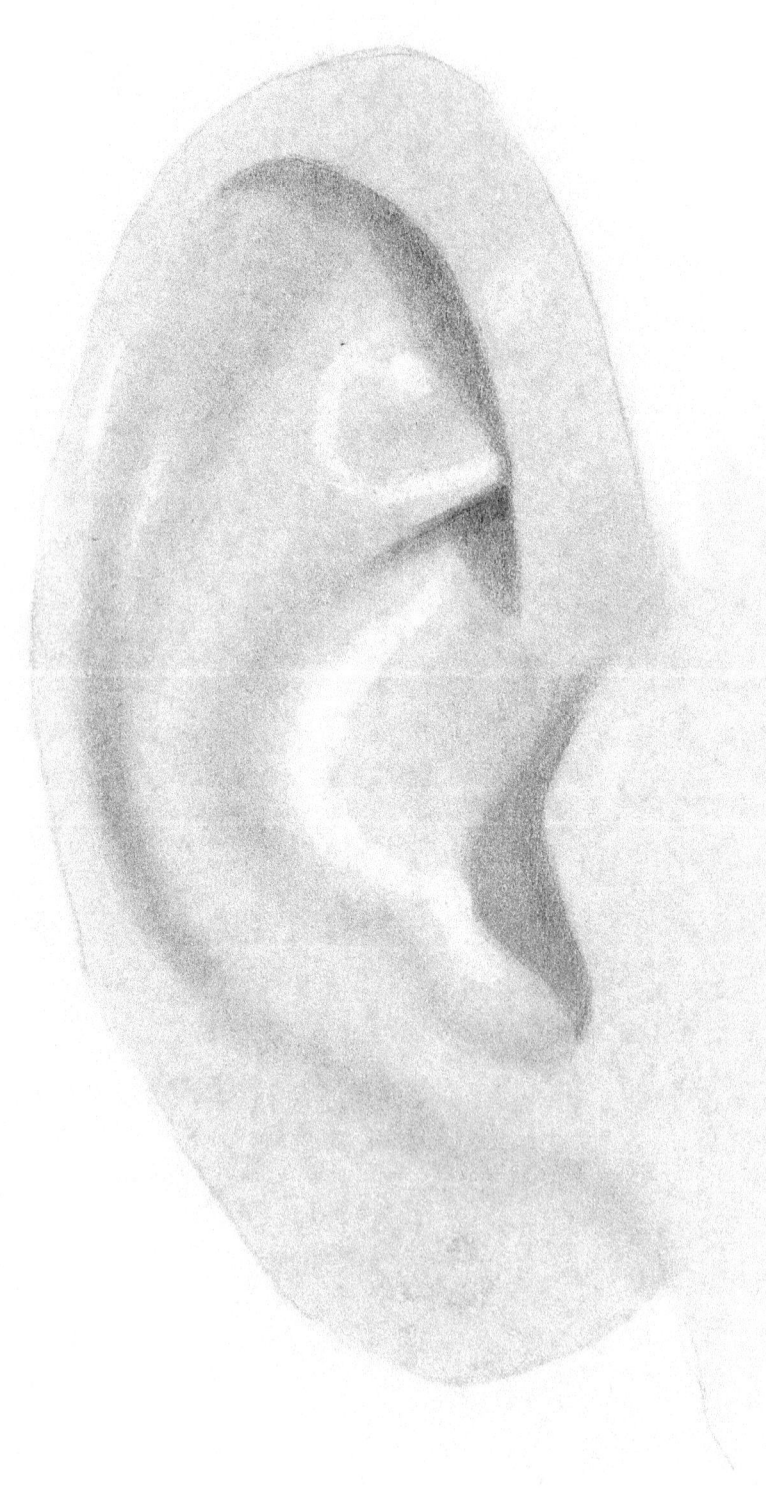

Als Nächstes, immer noch mit einem Papierwischer, schattieren Sie den Rand ringsum, weil wir den Rand rund aussehen lassen müssen. Und das Gleiche hier: Drücken Sie fester auf den Rand auf und verringern Sie den Druck auf Ihren Papierwischer, wenn Sie vom Rand wegarbeiten.

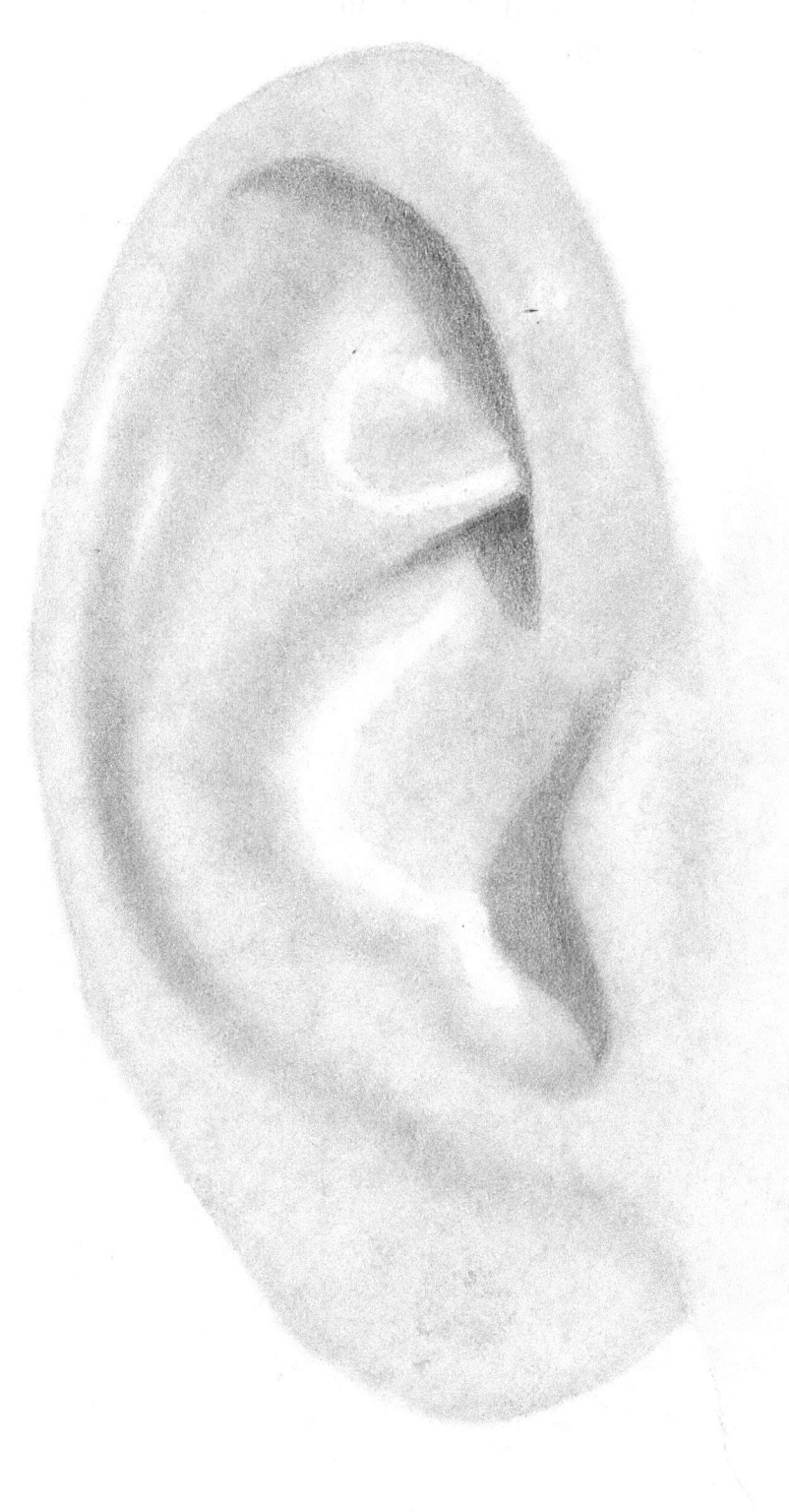

Lassen Sie uns die weniger hellen Highlights neben den fast weißen Highlights erstellen, die wir mit einem Radiergummi aus Kunststoff erstellt haben. Ich möchte einen gekneteten Radiergummi verwenden, um Highlights zwischen diesen sehr hellen Highlights und dem Grundton der Haut zu erzeugen, da der Rand zwischen ihnen nicht klar bleiben sollte. Diese beiden Werte sollten ineinanderfließen. Wir müssen nur daneben tippen und können gerade genug Graphit entfernen. Gehen Sie vorsichtig vor, da Sie nicht viel Graphit zu entfernen brauchen.

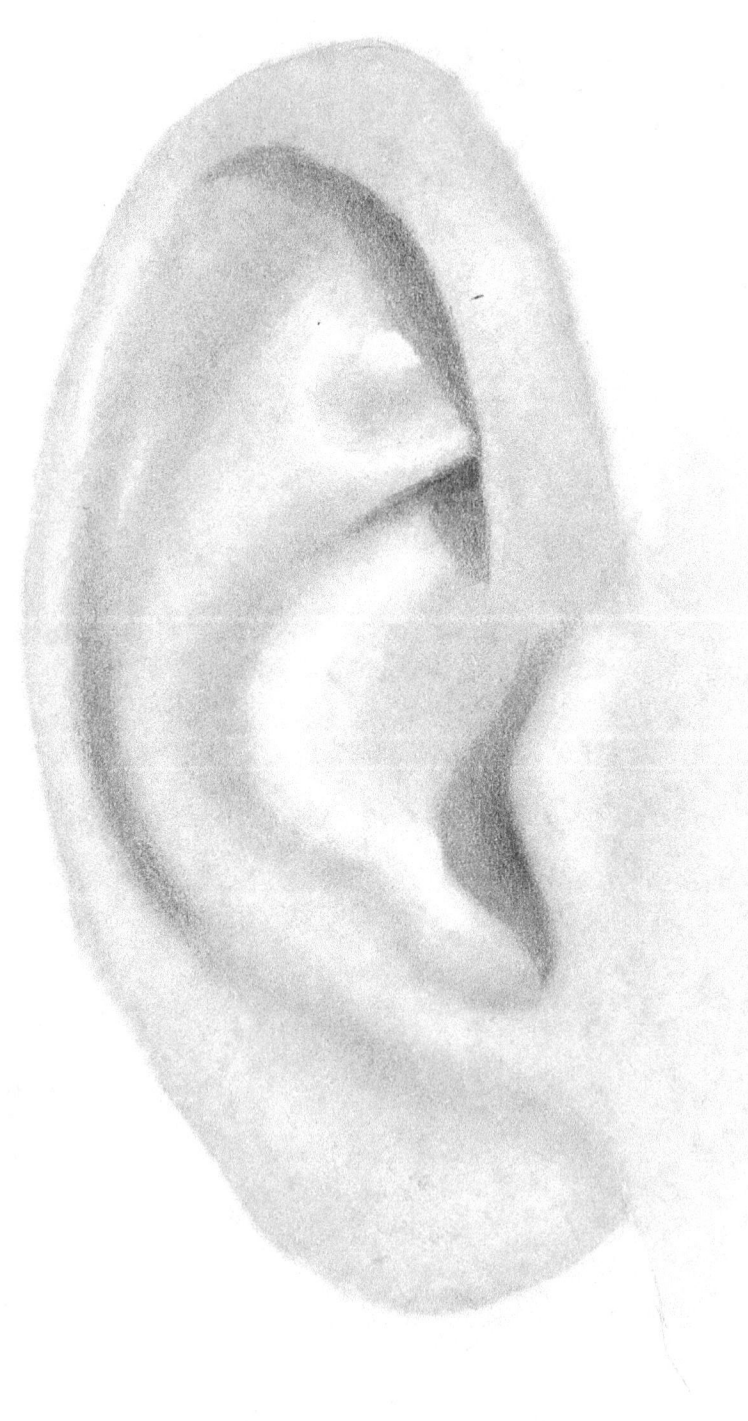

Jetzt zeichnen wir ein bisschen von den Haaren, die hinter dem Ohr liegen. Ich benutze einen HB für die Haare. Vermeiden Sie es natürlich, über das Ohr zu zeichnen, aber erstellen Sie trotzdem einige Ausreißer. Zeichnen Sie wellige Haare neben die Schläfe. Wir können es auch ein wenig mit einem Papiertaschentuch mischen, damit es weich aussieht.

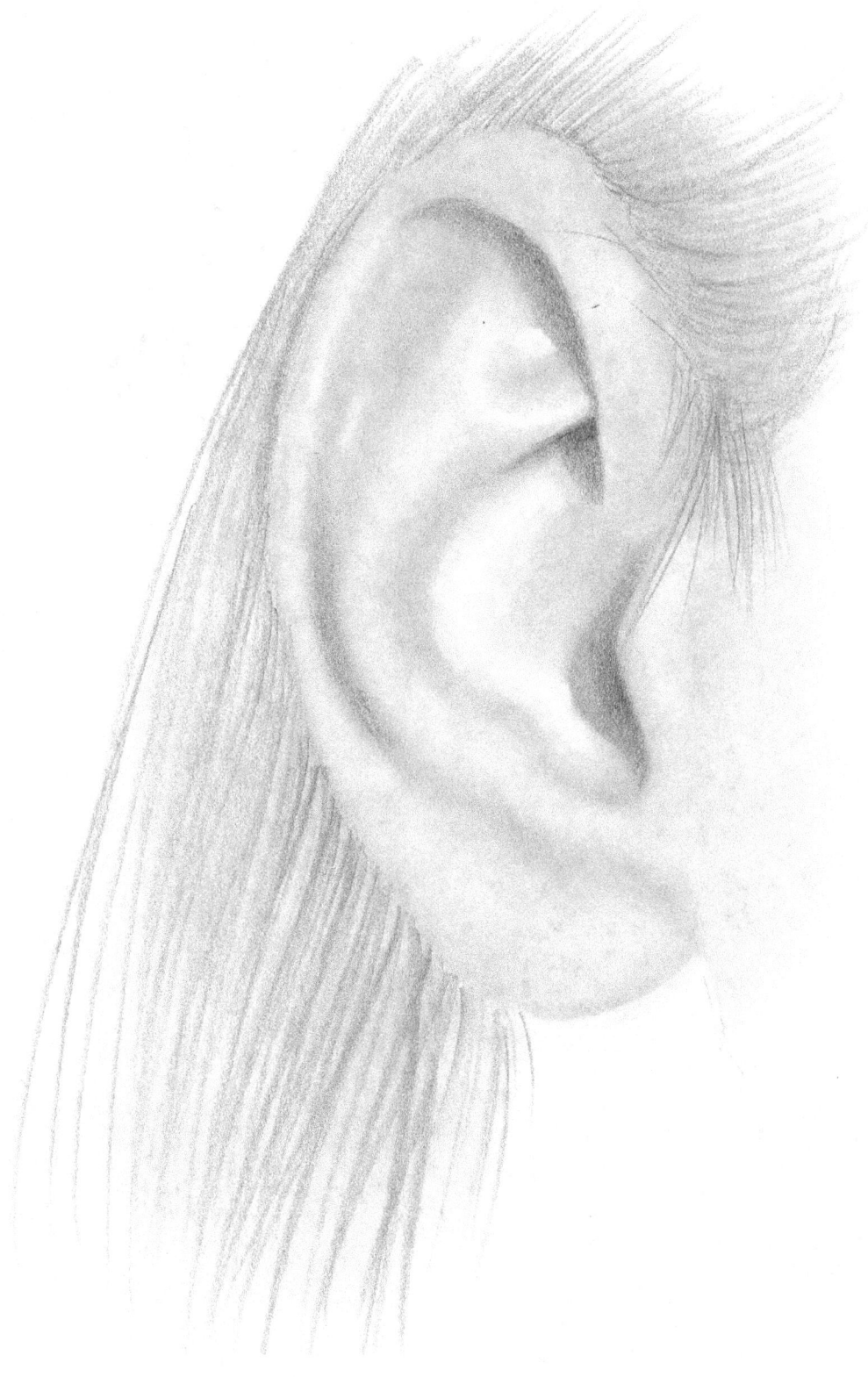

Zeichnen Sie einige hervorgehobene Linien mit einem Radiergummi. Verdunkeln Sie auch den Bereich unter dem Ohr, um den Schatten zu erzeugen, den das Ohr auf das Haar wirft. Ich benutze dafür einen 5B.

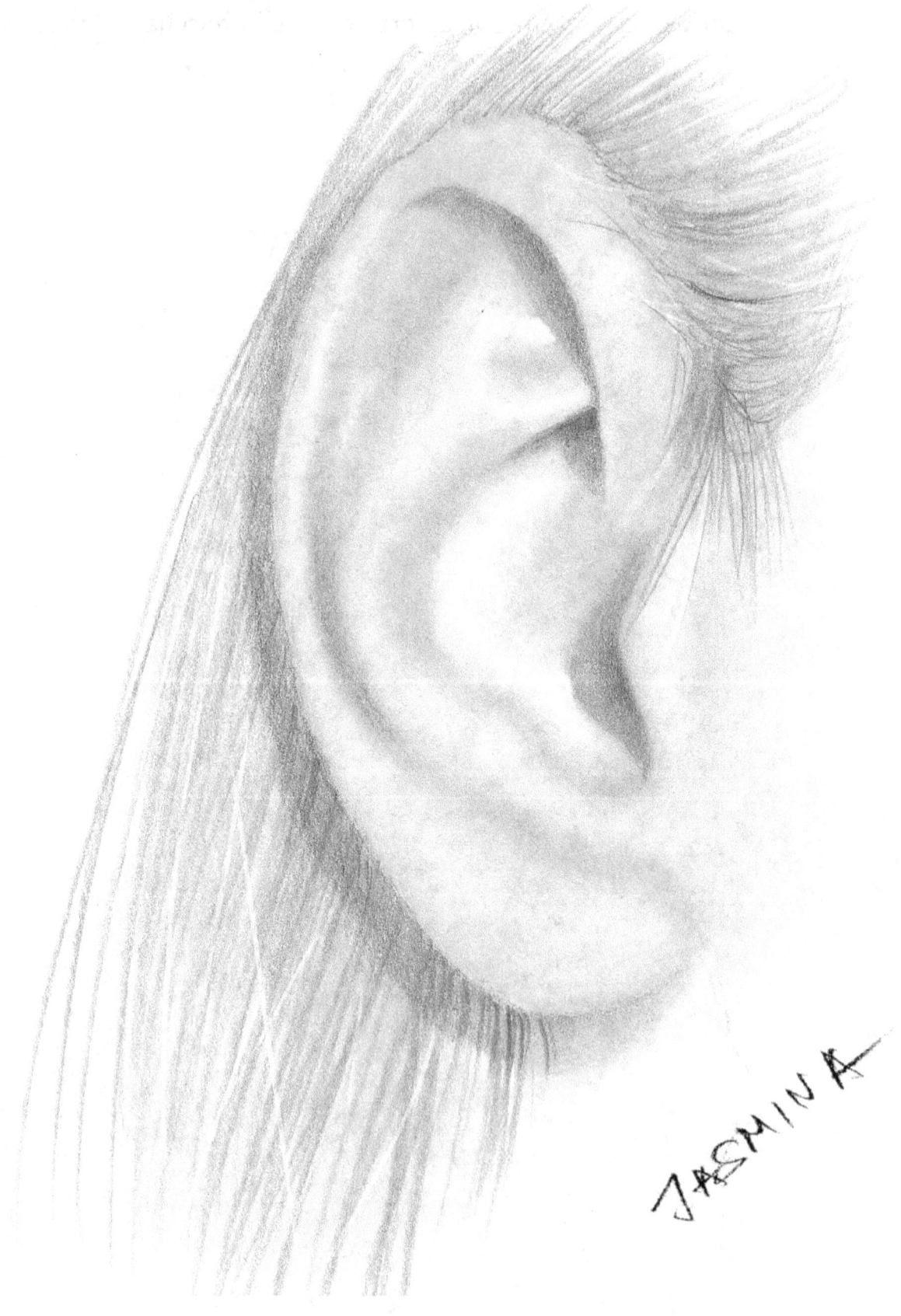

EINE HALBIERTE ORANGE

Beginnen Sie mit einem Kreis und verwenden Sie gegebenenfalls einen Zirkel. Ich habe auch einige winzige Blätter und die Details in der Orange hinzugefügt. Im nächsten Bild sehen Sie meine Hauptlinien.

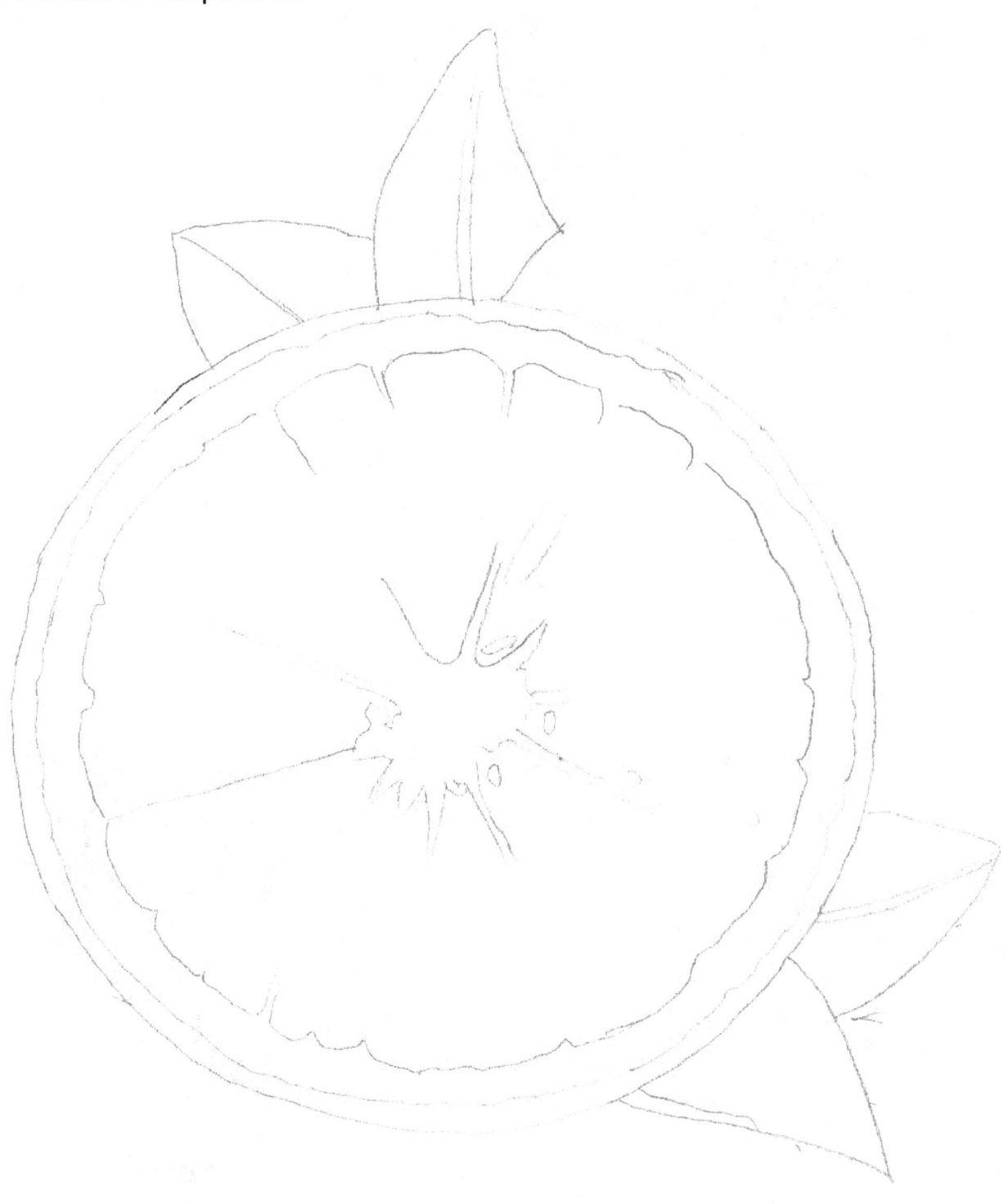

Beginnen wir mit dem Schattieren der Blätter. Ich benutze einen HB, um den Grundton zu erzeugen. Füllen Sie also die Blätter aus und machen Sie kleine, kreisende Bewegungen, um den Graphit gleichmäßig zu verteilen. Verwenden Sie die flache Oberfläche einer meißelförmigen Spitze Ihres Bleistifts, um schneller eine glatte Textur zu erstellen. Dann mischen Sie alles mit einem Papierwischer.

Erstellen Sie nun die dunkleren Bereiche der Blätter mit einem B auf den zuvor gezeichneten Bereichen. Versuchen Sie beim Zeichnen der Ränder zwischen zwei Blättern, einen starken Kontrast zu erzeugen, den Rand des Blattes, der näher am Auge des Betrachters liegt, viel heller zu machen und das Blatt dahinter zu schattieren. Auf diese Weise erstellen Sie eine realistischere Zeichnung und geben ihr mehr Tiefe. Konzentrieren Sie sich in diesem Schritt also nur auf die schattierten Bereiche. Analysieren Sie das nächste Bild, um zu sehen, wie und wo schattiert werden soll.

Fügen Sie die Highlights hinzu, und das ist der letzte Schritt für die Blätter. Radieren Sie zunächst mit einem gekneteten Radiergummi etwas auf den hervorgehobenen Bereichen und versuchen Sie, eine subtile Abstufung zwischen diesen hellen Teilen und den schattierten Bereichen zu erzielen. Erstellen Sie auch die Adern auf den Blättern mit einem spitzen Radiergummi. Radieren Sie die dickere Ader in der Mitte und die dünneren von der dickeren Ader bis zum Rand der Blätter.

Wenn Sie mit den Blättern fertig sind, können Sie zur Orange übergehen. Schattieren Sie als ersten Schritt den Ring um das geschnittene Stück mit einem 2H. Erstellen Sie einen scharfen Außenrand, während der Innenrand verschwommen sein sollte. Mischen Sie sie daher mit einem Papierwischer. Die Schale besteht im Wesentlichen aus zwei Teilen: dem sogenannten „Flavedo" und der sogenannten „Albedo", die weiß ist, und diese beiden Töne (Farben) fließen allmählich ineinander.

Fahren Sie mit einem 2H fort, um den gesamten Bereich des Fruchtfleisches zu füllen. Lassen Sie die zentrale Säule und einige Wände weiß und zeichnen Sie um sie herum. Hier sollten Sie diesen Bereich nicht mit kreisenden Bewegungen füllen, sondern mit Linien, die von der Mitte bis zur Schale reichen. Versuchen Sie, diese Textur so glatt wie möglich zu machen und mischen Sie alles mit einem Taschentuch. Wenn Sie versehentlich etwas Graphit auf die weißen Bereiche auftragen, radieren Sie ihn einfach weg. Studieren Sie das nächste Bild, um zu sehen, wo ich schattiert habe.

Fügen Sie die dunkleren Teile des saftigen Fruchtfleisches im äußeren Bereich näher an der Schale hinzu und verwenden Sie einen HB auf dem zuvor gezeichneten Ton. Erstellen Sie den Saftbeutel wie im folgenden Bild gezeigt. Zeichnen Sie zufällig und konzentrieren Sie sich eher auf den Druck auf den Bleistift. Die meisten dieser Linien sollten von der Mitte der Orange ausgehen. Drücken Sie fester neben dem Außenrand auf und leichter, wenn Sie in Richtung Mitte gehen. Sie können auch einen H verwenden, um hellere Linien zu erstellen.

Erstellen Sie mit einem Radiergummi die Highlights auf dem Fruchtfleisch und Saftbeutel. Gehen Sie nicht über die schattierten, dunkelsten Bereiche, die Sie im vorherigen Schritt erstellt haben, sondern nur in der Mitte. Drücken Sie stärker auf und markieren Sie mehr neben der mittleren Spalte, die der hellste Bereich ist. Dieser Schritt macht das Fruchtfleisch glänzend. Fügen Sie außerdem ein paar hellere Highlights mit einem undurchsichtigen, weißen Stift hinzu, damit das Fruchtfleisch an diesen Stellen noch feuchter und glänzender erscheint.

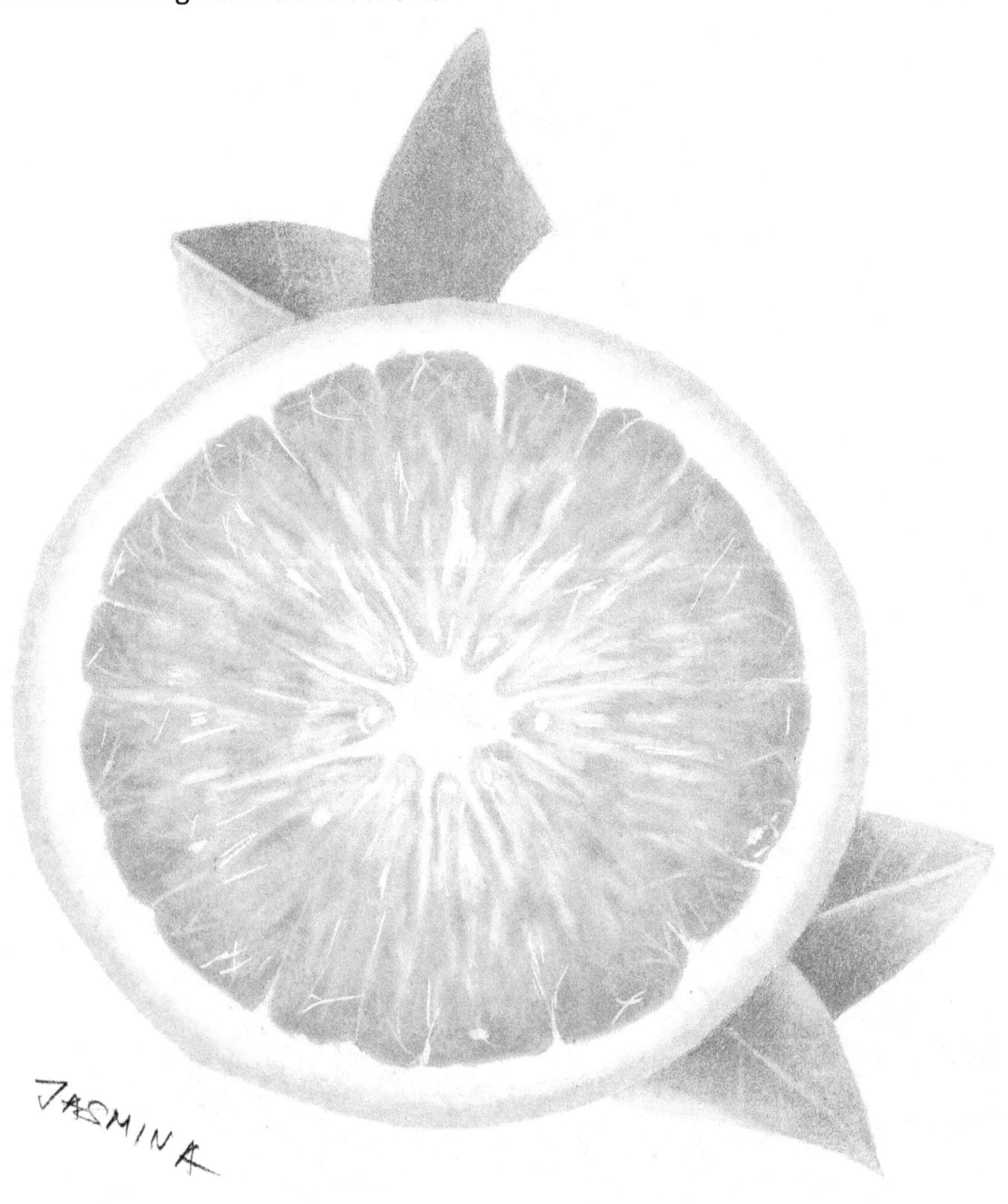

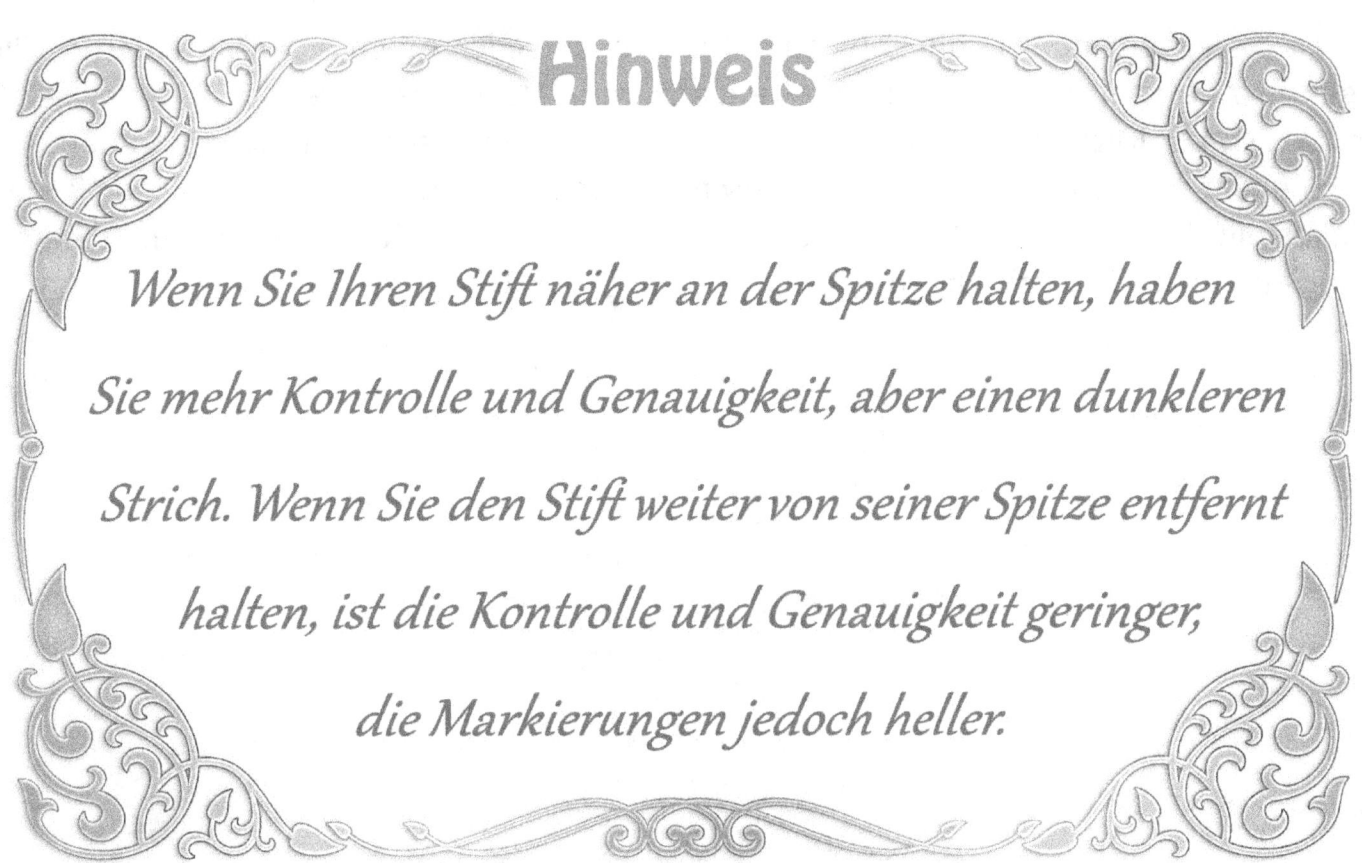

SO ZEICHNEN SIE REALISTISCHE AUGEN

Beginnen wir mit dem Skizzieren.

Wir müssen bestimmen, wie groß unsere Augen auf dem Papier sein sollen. Die Breite eines Auges entspricht normalerweise dem Abstand zwischen den beiden Augen.

Ich möchte, dass die Breite eines Auges ungefähr 5 cm breit ist, was bedeutet, dass ich den Abstand zwischen den Augen auf ungefähr 5,2 cm einstellen werde, nur ein bisschen mehr, weil wir auch an die Tränenkanäle denken müssen.

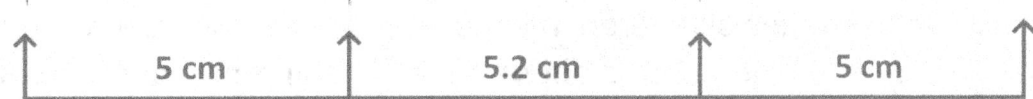

Als Nächstes zeichnen Sie die Pupillen mit einem Zirkel. Ich möchte die Mitte der Pupille irgendwo in der Mitte der Augenbreite platzieren. Wenn das Auge also 5 cm breit ist, sollte sich die Mitte der Pupille bei 2,5 cm befinden, gemessen von beiden Enden. Für die Pupille habe ich den Abstand zwischen Nadel und Bleistiftmine auf ca. 3 mm eingestellt. Platzieren Sie die Nadel an der zuvor markierten Stelle und zeichnen Sie die Pupillengrenze für beide Augen.

Zeichnen Sie als Nächstes die Irisgrenze und halten Sie die Nadel an derselben Stelle. Vergrößern Sie einfach den Abstand zwischen der Nadel und der Bleistiftmine. In meinem Fall ist es ungefähr 1 cm. Ich sage Ihnen das, falls Sie die gleiche Größe wie ich zeichnen möchten.

Lassen Sie uns nun die Augen skizzieren, nämlich das obere und das untere Augenlid. Ich benutze einen 3H zum Skizzieren. Das obere Augenlid sollte den oberen Bereich der Iris bedecken. Zeichnen Sie daher eine horizontale Linie zwischen der Irisgrenze und der Pupillengrenze. Beginnen Sie horizontal und krümmen Sie dann die Linie in Richtung der

Punkte, die Sie im ersten Schritt markiert haben. Sie können zuerst eine gestrichelte Linie erstellen, um zu sehen, wo die Linie verbunden wird, und sieht alles gut aus, gehen Sie einfach mit einer vollen Linie durch. Bestimmen Sie auch die Position des Tränenkanals in den inneren Augenwinkeln.

Skizzieren Sie dann das untere Augenlid. Beginnen Sie direkt auf der unteren Linie der Irisgrenze und zeichnen Sie sie horizontal darüber. Trennen Sie sie dann von der Irisgrenze und gehen Sie in Richtung der äußeren Ecken und in Richtung der Tränenkanäle.

Das untere Augenlid ist normalerweise weniger kurvig als das obere Augenlid, aber das variiert natürlich von Person zu Person.

Radieren Sie den oberen Teil der Irisgrenze weg, der sich jetzt über dem oberen Augenlid befindet.

Zeichnen Sie dann die Augenlidfalte. Es sollte eine Linie über dem oberen Augenlid sein, die parallel dazu verläuft. Sie kann näher an den Augen oder weiter von den Augen entfernt sein.

Zeichnen Sie auch die Hautdicke unter das Auge. Gehen Sie unter die zuvor skizzierte Linie des unteren Augenlids und erstellen Sie eine gestrichelte Linie. Drücken Sie leicht auf, da dieser Bereich später hervorgehoben wird. Markieren Sie nur die Position.

Skizzieren Sie den Platz für die Wimpern neben den äußeren Ecken, wie im nächsten Bild gezeigt.

Zeichnen wir auch den Umriss der Augenbrauen. Natürlich müssen Sie die Augenbrauen nicht zeichnen, aber ich denke, das Zeichnen der Augen sieht mit den Augenbrauen vollständiger aus.
Sie können dicker oder dünner sein, skizzieren Sie sie nur mit winzigen, gestrichelten Linien und erzeugen Sie Haare anstelle ganzer Linien.

Da wir dieses Papier viel berührt und während des Skizziervorgangs auch einige Teile wegradiert haben, sollten wir die Skizze auf ein neues Stück Papier übertragen und vermeiden, es mit den Fingern zu berühren. Legen Sie etwas Taschentuch unter Ihre Hand, da nach dem Auftragen des Graphits Fingerabdrücke sichtbar sind.

Beginnen wir mit den Pupillen. Ich möchte einen 8B verwenden, um die beiden Kreise zu füllen. Verwenden Sie also mindestens 4B oder dunkler und drücken Sie sehr fest auf, da hier eine absolut schwarze Farbe erzeugt werden muss. Gehen Sie sehr vorsichtig neben der Pupillengrenze vor, um die perfekt runde Form zu erhalten.

Das Nächste ist, die Irisgrenze zu schattieren. Ich benutze einen HB dafür. Gehen Sie über den anfänglichen Umriss und ca. 1 mm tief und drücken Sie im oberen Bereich fester auf. Daher sollte alles, was sich im oberen Bereich direkt unter dem oberen Augenlid befindet, dunkler sein, da das obere Augenlid das Licht blockiert und den Schatten auf den oberen Teil des Auges wirft. Versuchen Sie auch hier, die perfekt runde Form zwischen Iris und dem Weiß der Augen zu erhalten, das auch Sklera genannt wird.

Mischen Sie den Rand zwischen der Irisgrenze und der Sklera mit einem Papierwischer, da dieser verschwommen sein sollte.

Als Nächstes zeichnen wir die Iris. Ich möchte einen 3H dafür verwenden, aber Sie können jeden anderen Stift verwenden, abhängig von der Farbe, die Ihre Augen haben sollen. Hier müssen wir die Speichen zeichnen, die von der Mitte der Pupille ausgehen. Ich habe ein paar Speichen auf der Iris erstellt, um Ihnen die Richtung zu zeigen, in die Sie zeichnen müssen.

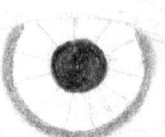 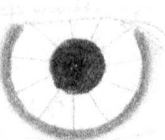

Nachdem wir ihre Richtung festgelegt haben, können wir die Speichen zeichnen und den gesamten Bereich für die Iris füllen.
Wenn Sie keinen weißen Tintengelstift, keinen weißen Marker, keine Gouache oder Ähnliches zur Hand haben, können Sie die Teile für das reflektierte Licht, weiße Punkte oder eine ähnliche Form weglassen und drum herumzeichnen. Sie können auch den Druck auf den Stift ändern, um Speichen mit unterschiedlichen Werten zu erstellen.

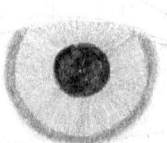 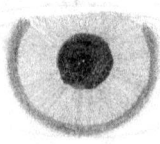

Da wir den Rand zwischen den Speichen und der Irisgrenze haben und der Rand zwischen den Speichen und der Pupille klar ist, müssen wir sie verschwimmen lassen. Ich möchte einen B verwenden, um beide Enden der Speichen allmählich in der Pupille und in der Irisgrenze verschwinden zu lassen. Beginnen Sie auf der Pupille und auch auf der Irisgrenze und zeichnen Sie winzige Speichen nach innen in die Iris. Verringern Sie den Druck, wenn Sie jeden Strich beenden. Dann mischen Sie alles mit einem

Papierwischer.

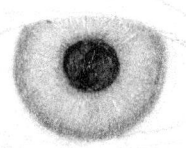 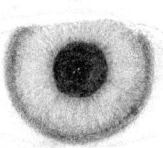

Zeichnen Sie einige dunklere Speichen, um die Muster der Iris zu erstellen, wie im nächsten Bild gezeigt. Ich benutze dafür einen 3B. Machen Sie sie zufällig in einer unvorhersehbaren Reihenfolge. Einige von ihnen sollten nicht über die gesamte Iris gehen, sodass sie irgendwo in der Mitte aufhören. Sie können auch dicker und dünner sein.

Im oberen Bereich, direkt unter dem oberen Augenlid, müssen wir die Iris absolut dunkel machen, um den Schatten zu erzeugen, der vom oberen Augenlid geworfen wird. Ich benutze dafür einen 6B.

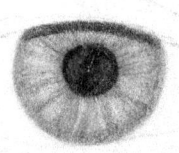 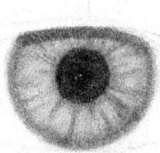

Erstellen Sie einige hervorgehobene Speichen oder Muster zwischen den dunklen Speichen, die Sie gerade erstellt haben, mit einer scharfen Spitze eines Radiergummis. Erstellen Sie dann die reflektierten Lichter auf der Iris und der Pupille mit einem weißen Marker. Hier können wir bereits über die Wimpern nachdenken und wie sie das Licht blockieren würden, damit wir das reflektierte Licht erzeugen können, als ob das Licht durch die Wimpern geht. Analysieren Sie das nächste Bild, um zu sehen, wie ich es gezeichnet habe. Zeichnen Sie außerdem einen weißen Punkt am unteren Rand der Irisgrenzen. Diese Highlights zeigen auch die Nässe des Auges an. Versuchen Sie, auf beiden Augen alles gleich zu machen.

Wie Sie sehen können, sehen die Augen jetzt glänzender und naturgetreuer aus. Wenn Sie diese Highlights noch weiter verbessern möchten, schattieren Sie sie einfach mit einem sehr dunklen Stift und sie sehen heller aus.

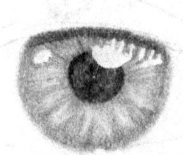 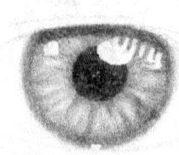

Lassen Sie uns nun die Sklera schattieren. Hier müssen wir uns eine Kugel vorstellen, und genau wie wir eine Kugel schattieren, müssen wir die Augäpfel schattieren. Die Augäpfel müssen in den Ecken dunkler sein und heller werden, wenn wir uns der Irisgrenze nähern. Wir müssen also einen subtilen Verlauf von Dunkelgrau zu Hellgrau erzeugen.

Ich möchte mit einem HB in den Ecken neben dem Tränenkanal beginnen. Ich empfehle die Zirkel-Technik, d. h. winzige, überlappende Kreise, um eine glatte Textur zu erzeugen. Wir müssen stärker direkt unter dem oberen Augenlid aufdrücken, weil es den Schatten über die Sklera wirft.

Wenn wir uns der Irisgrenze nähern, müssen wir den Druck verringern, und natürlich werden wir in den folgenden Schritten hellere Stifte verwenden.

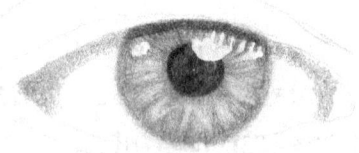 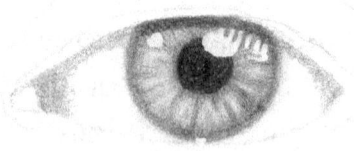

Und jetzt können wir mit einem 2H neben dem HB-Bereich weitermachen. Gehen Sie ein wenig über den HB-Bereich und schattieren Sie dann weiter in Richtung Irisgrenze, wobei Sie den Druck auf Ihren Bleistift verringern. Arbeiten Sie weiter mit der Zirkel-Technik. Es mag beängstigend erscheinen, wenn Sie es so schattieren, weil die Sklera tatsächlich weiß ist, aber es muss vollständig schattiert werden. Der einzige weiße Fleck sollte das reflektierte Licht sein; alles andere muss schattiert werden.

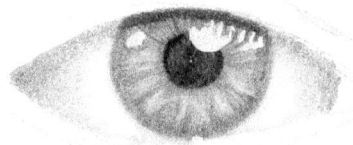 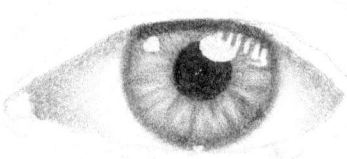

Wie Sie sehen können, habe ich den Platz für den nächsten Bleistift, den helleren Bleistift, verlassen. Fahren wir also mit einem 6H fort. Sie können einen 5H oder 7H verwenden, es muss kein 6H sein. Schattieren Sie also den Rest der Sklera mit kreisenden Bewegungen. Gehen Sie mit einem 6H über die zuvor schattierten Bereiche, um den Rand zwischen den Werten zu mischen. Mischen Sie alles sorgfältig mit einem Wattestäbchen, beginnend mit den helleren Bereichen in Richtung der dunklen.

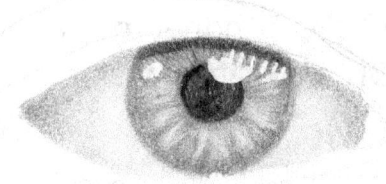 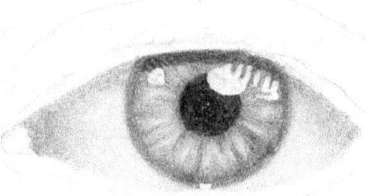

Schattieren Sie beide Tränenkanäle mit einem HB und lassen Sie die Bereiche für die reflektierten Lichter weg. Sie können sie auch mit einem weißen Marker auftragen, nachdem Sie die gesamten Tränenkanäle schattiert haben.

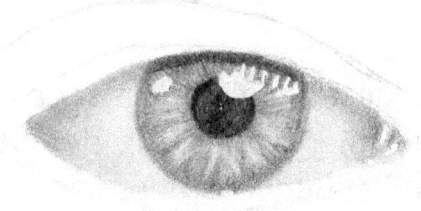 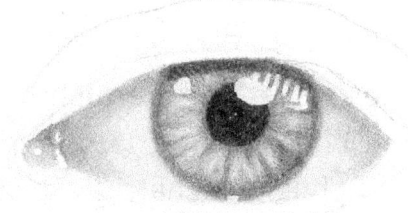

Zeichnen Sie als Nächstes eine dicke Linie auf das obere Augenlid zwischen der Sklera und der Haut, wie im nächsten Bild gezeigt. Wenn Sie weibliche Augen zeichnen möchten, können Sie sie dicker machen, um einen Eyeliner anzudeuten. Ich benutze dafür einen 8B. Das sind eigentlich die Wurzeln der Wimpern, aber wir werden die Wimpern auf die Haut zeichnen, weil es einfacher und besser ist, wenn die Haut vollständig schattiert und fertig ist.

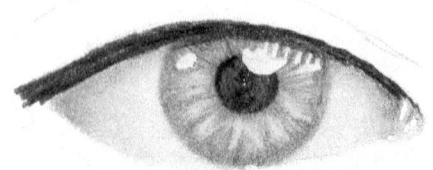 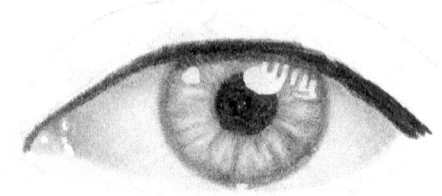

Lassen Sie uns nun die Haut über den Augen schattieren und diese Aufgabe in zwei Phasen aufteilen: Schattierung unter der Augenlidfalte und Schattierung über der Augenlidfalte.

Verstärken Sie zunächst die Linie für die Augenlidfalten. Ich benutze dafür einen HB.

Verwenden Sie immer noch einen HB und die Zirkelmethode, um die Haut über der Sklera des linken und des rechten Auges zu schattieren. Wir werden einen helleren Stift für die Haut über der Iris verwenden, sodass sogar die Haut die Rundheit des Augapfels suggeriert. Machen Sie die Textur so glatt wie möglich. Drücken Sie fester neben der Augenlidfalte und neben dem Eyeliner auf.

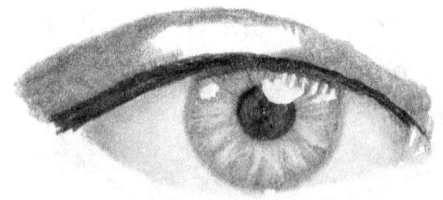 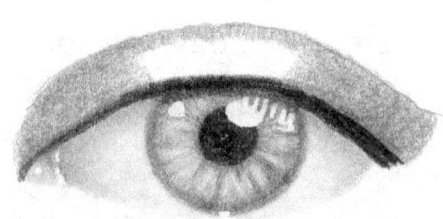

Schattieren Sie den Bereich in der Mitte mit einem 2H. Drücken Sie stärker neben die HB-Bereiche auf und lassen Sie den Druck nach, während Sie in Richtung der Mitte dieses Highlights schattieren. Stärken Sie die Augenlidfalten bei Bedarf erneut.

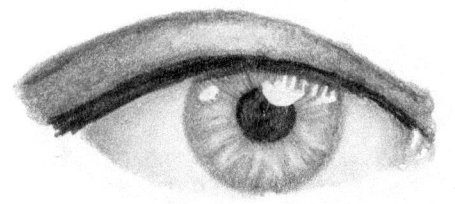 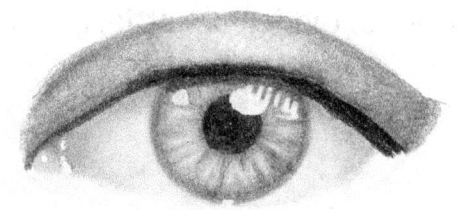

Als Nächstes schattieren Sie die Haut über den Augenlidfalten, also zwischen den Augenbrauen und den Augenlidfalten. Verstärken Sie die Augenbrauen, damit Sie die Konturen sehen können, wenn der Farbton angewendet wird. Die versunkenen Bereiche neben der Nase liegen immer mehr im Schatten und deshalb müssen wir hier stärker aufdrücken. Ich benutze einen 2H und mache auch Kreisbewegungen. Drücken Sie stärker neben der Augenlidfalte auf und verringern Sie dann den Druck, wenn Sie in Richtung des Highlights oder nach oben schattieren.

Hinweis

Sie müssen die Technik ändern, um verschiedene Texturen zu erstellen. Sie können menschliche Haut nicht wie Metalle oder Pelz zeichnen. Jedes hat einzigartige Eigenschaften und muss anders schattiert werden. Es ist ein guter Ausgangspunkt, um zu prüfen, ob die Textur grob oder glatt ist und ob sie Licht absorbiert oder abstößt. Reflektierende und glatte Texturen wie Metall weisen einen höheren Kontrast auf, während absorbierende und grobe Texturen wie Baumwolle und viele andere Stoffe einen geringen Kontrast aufweisen und nur geringe oder keine Highlights haben.

Auch ein wenig Schatten direkt unter der Augenbraue, da die Augenbrauenwulst das Licht blockieren und einen Schatten werfen würde. Im nächsten Bild sehen Sie die Bereiche, die ich schattiert und unberührt gelassen habe.

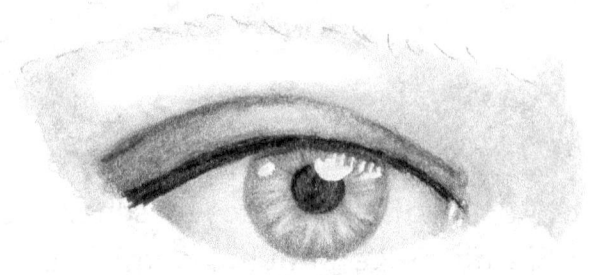 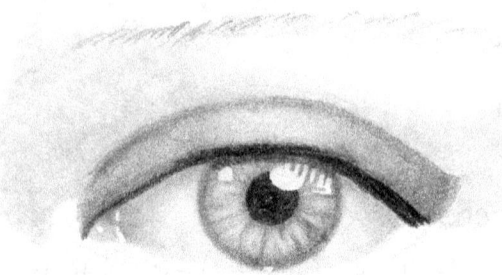

Das Nächste ist, die hervorgehobenen Teile zu schattieren, die wir nicht schattiert haben. Ich benutze dafür einen 6H. Dann mischen Sie alles mit einem Papiertaschentuch und Sie werden sehen wie es glatter wird.

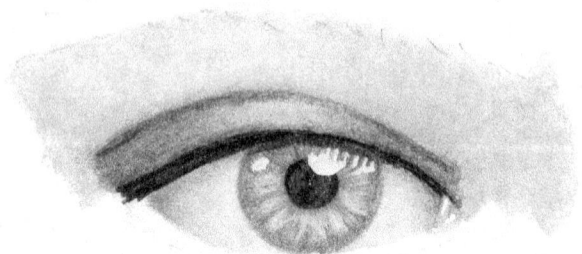 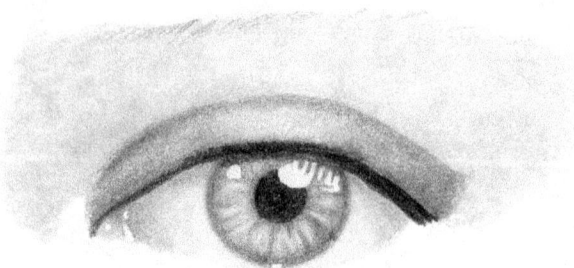

Da die Bereiche im Schatten immer noch zu hell sind, können wir mehr Schatten geben. Aber natürlich können Sie die Haut auch blasser machen. Dafür benutze ich einen 2B. Wenn Sie ein wenig gezeichnet haben, können Sie es mit einem Papierwischer oder mit einem Wattestäbchen mischen und dann sehen, ob Sie mehr Schatten benötigen.

Ich habe auch mehr direkt über den Augenlidfalten schattiert. Wie Sie sehen können, ist es immer besser, wenn wir dunklere Schattierungen erzeugen, aber beginnen Sie nicht mit den starken Schatten, da es schwierig ist, sie zu radieren. Schattieren Sie einfach Schicht für Schicht und beginnen Sie mit einem hellen Stift. Bei Bedarf können Sie immer mehr Schatten hinzufügen. Und wenn wir mit einem 2B auf den 2H-Bereichen schattieren, können wir es nicht zu dunkel machen. Das ist gut, da Sie so die Schattierung nicht versehentlich übertreiben.

Die Schattenbereiche hängen auch von der Lichtquelle ab. Ich habe mir meine Lichtquelle irgendwo im mittleren Bereich vorgestellt.
Mischen Sie alles mit einem Wattestäbchen.

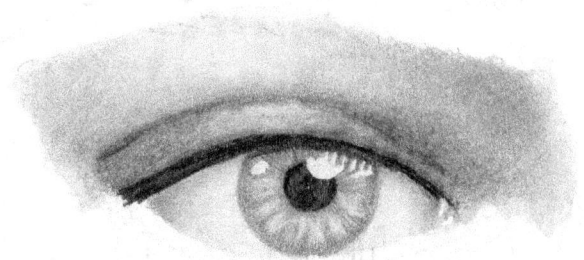 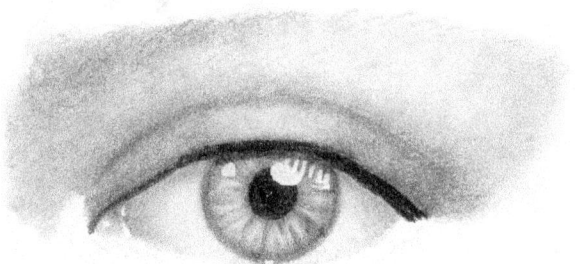

Wenn Sie mit der Haut über den Augen zufrieden sind, können Sie endlich die Wimpern zeichnen. Aber vorher schattieren Sie die dicke, dunkle Linie, die wir über dem oberen Augenlid gezogen haben. Erstellen Sie einige Wimpern auf der Sklera, die nach unten wachsen. Schattieren Sie bei Bedarf auch mehr zwischen Eyeliner und Sklera. Der Rand schien zwischen diesen beiden Werten zu scharf zu sein, deshalb schattiere ich sie mit einem 2B. Das sind eigentlich die winzigen Schatten, die von den Wimpern oder den Gruppen der Wimpern auf die Sklera geworfen werden. Dann mischen Sie es mit einem Papierwischer.

Ich hatte das Gefühl, dass die oberen Teile der Sklera in meinem Fall zu hell waren, aber das müssen Sie selbst entscheiden, ob Sie mehr oder weniger schattieren möchten. Wenn wir ein bisschen Make-up machen wollen, können wir dunklere Werte anwenden, und dann sieht die Zeichnung auffälliger und spektakulärer aus.

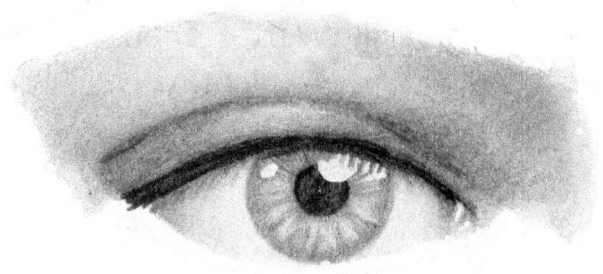 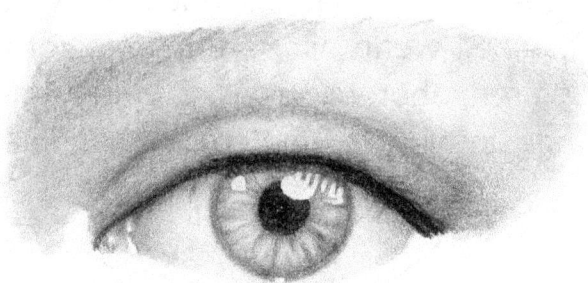

Wir können endlich die Wimpern zeichnen.
Beginnen Sie mit den vertikalen in der Mitte über der Iris. Ich benutze einen 7B für die Wimpern.

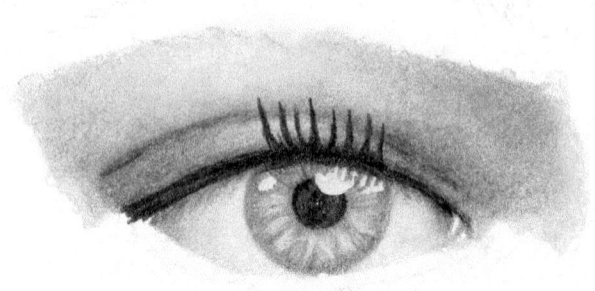 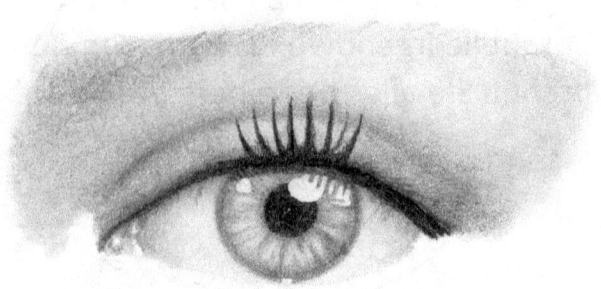

Zeichnen Sie größere Wimpern in Richtung der äußeren Ecken. Sie müssen auch kurviger, dicker und dichter sein, wenn wir sie in Richtung der äußeren Ecken zeichnen.

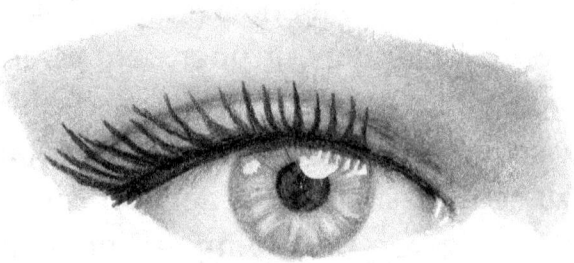 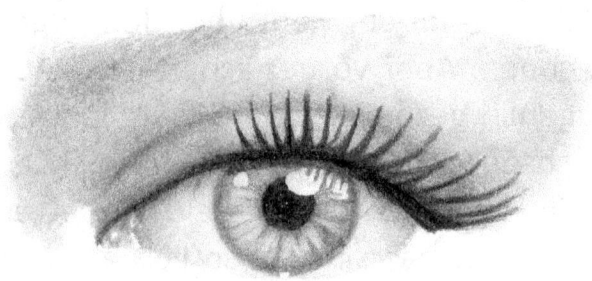

Jetzt kann ich sehen, dass der Schattenwurf nicht lang genug auf dem oberen Teil der Iris ist, daher muss ich ihn mit einem dunklen Stift wie einem B mehr schattieren. Wenn das obere Augenlid einen kürzeren Schatten wirft, sieht eine Person normalerweise so aus als würde sie starren. Möglicherweise stellen Sie beim Vergleich des vorherigen und des nächsten Bilds fest, dass es mit zusätzlichem Schatten weniger starr aussieht. So viele Dinge werden klar, nachdem wir die Umgebung gezeichnet haben. Natürlich ist es einfacher, wenn wir von Referenzfotos zeichnen, wir können die Werte sehen und sie kopieren, aber wenn wir so von Grund auf neu zeichnen, wissen wir nicht, wie sich die Dinge entwickeln werden. Wir können also immer zurückgehen und etwas ändern.

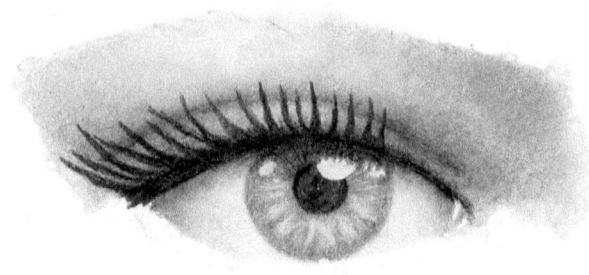 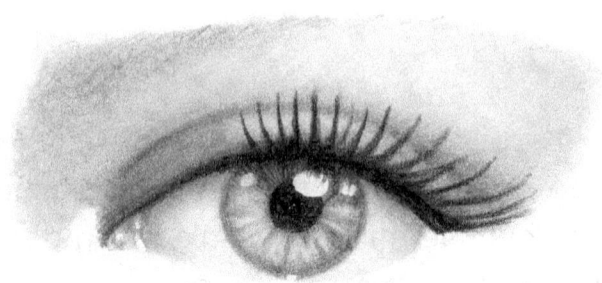

Zeichnen Sie die Wimpern in Richtung Tränenkanal. Hier müssen wir sie kürzer, weniger dicht, dünner und kurviger machen, wenn wir in Richtung der Tränenkanäle zeichnen.

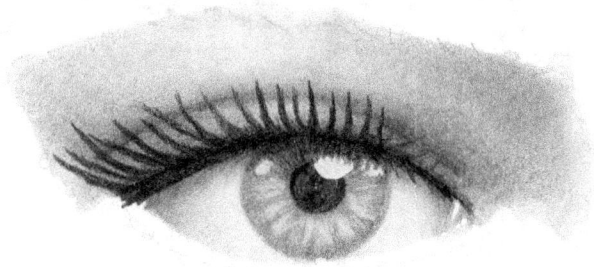 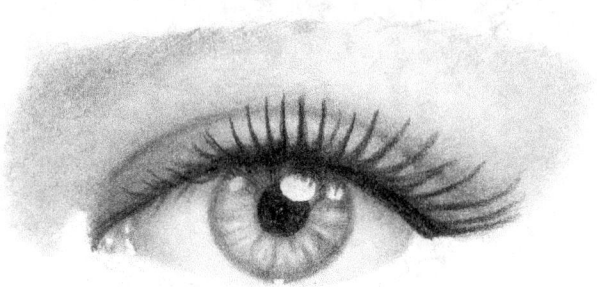

Als Nächstes schattieren Sie hier die Hautdicke des unteren Augenlids. Wir müssen dafür einen sehr hellen Stift verwenden, aber zuerst die Linie zwischen der Sklera und der Hautdicke mit einem gut angespitzten H verstärken.
Verwenden Sie dann einen 6H, um die Hautdicke zu schattieren. Es sollte neben den Ecken etwas dunkler und in der Mitte unter der Iris heller sein. Mischen Sie es ein wenig, aber dafür sollten Sie ein sauberes Wattestäbchen oder eine saubere Spitze des Papierwischers nehmen. Verwenden Sie also nicht die, die Sie bereits für die Schattierung genommen haben, da Sie sie sonst möglicherweise dunkel machen.

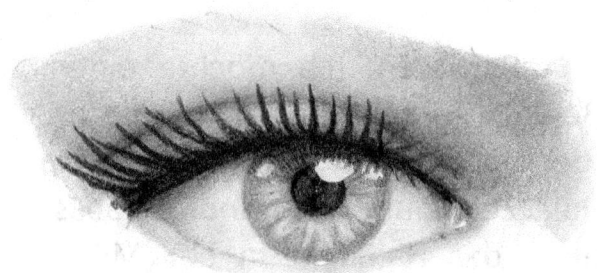 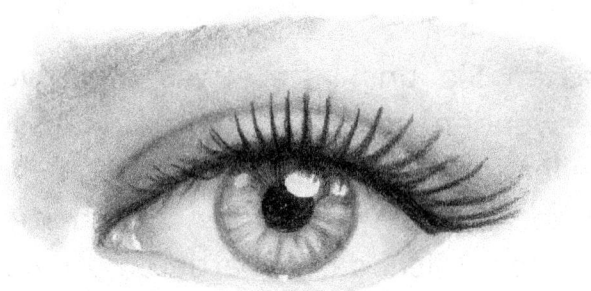

Bevor wir die unteren Wimpern zeichnen, schattieren wir die Haut unter den Augen. Ich benutze einen H und wende natürlich die Zirkel-Technik an. Wir müssen den hervorgehobenen Rand zwischen der Hautdicke und der Haut erstellen, wo sich die Wurzeln der Wimpern befinden. Schattieren Sie also unter der Hautdicke und Sie können den Rand später mit einem Radiergummi hervorheben. Im nächsten Bild sehen Sie, dass ich einen dünnen, unberührten Bereich für den Rand gelassen habe. Drücken Sie fester unter dem hervorstehenden Muskel auf, um seinen Schatten zu erzeugen. Erhöhen Sie einfach den Druck auf Ihren H oder verwenden Sie einen dunkleren Stift wie einen HB, sogar einen 2B.

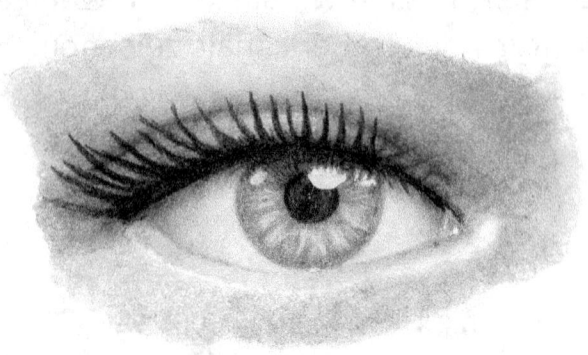 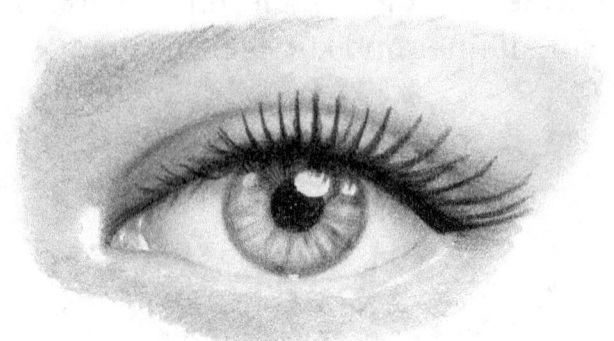

Jetzt können wir alles mit einem Wattestäbchen mischen. Wie Sie sehen können, wurde die Haut nach dem Mischen viel glatter.

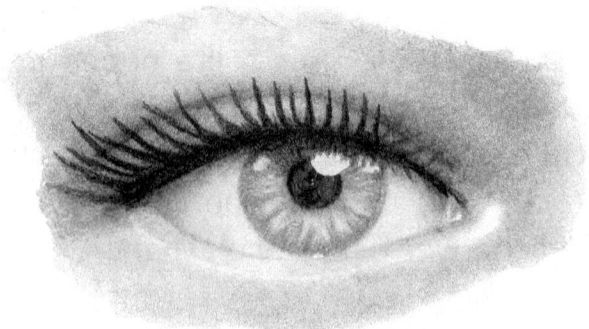 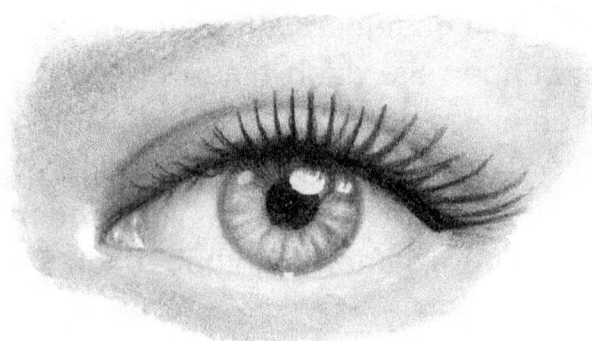

Lassen Sie uns jetzt etwas mehr von der Haut schattieren. Ich möchte einen 3H verwenden, um unter dem zuvor schattierten Bereich zu schattieren, da dieser viel heller sein muss. Schattieren Sie auch etwas von der Nase. Ich schlage vor, den Teil der Nase zwischen den Augen zu schattieren, damit die Zeichnung vollständiger aussieht, und natürlich das Schattieren zu üben. Wir haben das Highlight in der Mitte des Nasenrückens, daher müssen wir einen glatten Farbverlauf zwischen dem dunklen Farbton neben den Tränenkanälen und dem Highlight auf der Nase erzeugen.

Die Highlights können sehr schmal oder breiter sein, das hängt von der Form der Nase ab. Natürlich kommt es auch auf die Lichtquelle an. Wenn wir eine Lichtquelle haben, die zum Beispiel von der rechten Seite kommt, sollte die linke Seite der Nase viel stärker schattiert und die rechte Seite der Nase stärker beleuchtet sein.

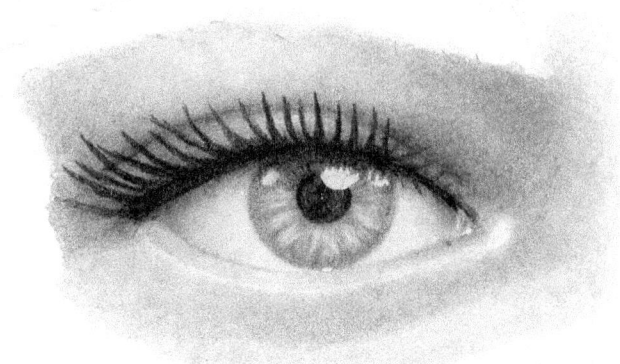 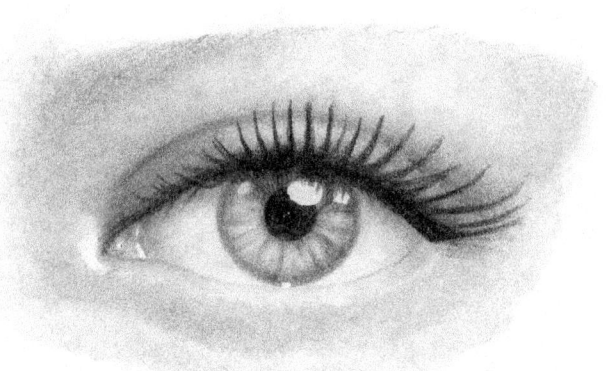

Als Nächstes schattieren Sie den Rest der Nase mit einem 6H. Beginnen Sie neben dem 3H-Bereich und verringern Sie den Druck, wenn Sie in Richtung Nasenmitte schattieren. Drücken Sie fester auf den Bereich zwischen den beiden Augenbrauen auf, um den Selbstschatten des Stirnbeins zu schattieren. Er muss dunkler sein als der Nasenrücken. Zuletzt mischen Sie alles mit einem Papiertaschentuch und dann werden Sie sehen, ob Sie mehr Schatten benötigen.

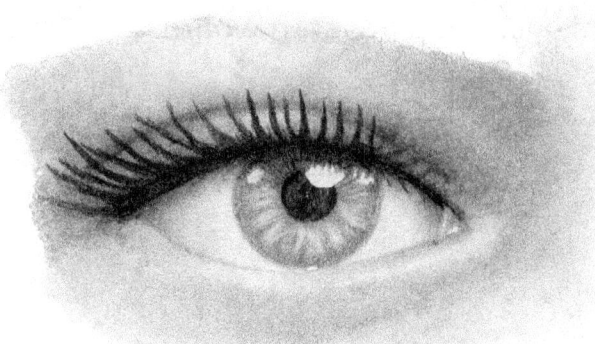 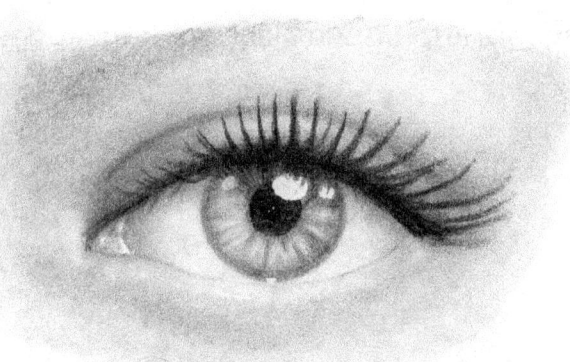

Zeichnen Sie als Nächstes die unteren Wimpern. Es reicht aus, wenn Sie einen B verwenden. Ich habe einen 7B für die oberen Wimpern verwendet, aber die unteren Wimpern sind immer dünner, sodass sie mit einem helleren Stift gezeichnet werden können. Legen Sie die Spitze Ihres Bleistifts auf den Rand zwischen der Dicke des Augenlids und der Haut und machen Sie schnelle, sichere Striche in Richtung des Haarwuchses. Die unteren Enden einiger benachbarter Wimpern sollten zusammenkleben.

Zeichnen Sie längere Wimpern, während Sie in Richtung der äußeren Ecken arbeiten, und machen Sie sie natürlich dicker und dichter.

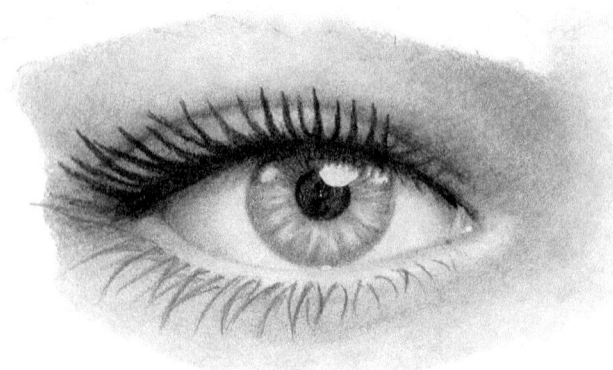
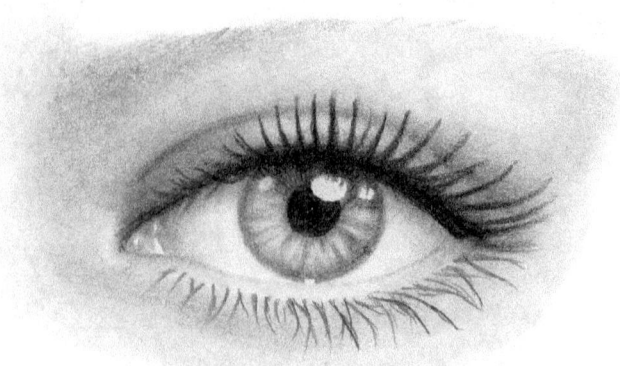

Jetzt können wir die Augenbrauen zeichnen.

Schattieren Sie zuerst die Bereiche für die Augenbrauen mit einem Papierwischer, den Sie bereits zum Schattieren verwendet haben, und Sie haben etwas Graphit an der Spitze. Sehen Sie sich das nächste Bild an, um zu sehen, wie ich diese Bereiche schattiert habe. Es ist keine gute Idee, die Haare auf das weiße Papier zu zeichnen, denn wenn wir die Bereiche vor dem Zeichnen der Augenbrauen schattieren, erzeugen wir die Schatten, die von den Wimpern geworfen werden. Sie können sehen, dass meine ersten Linien der Augenbrauen noch sichtbar sind, sodass ich weiß, wo ich sie platzieren wollte.

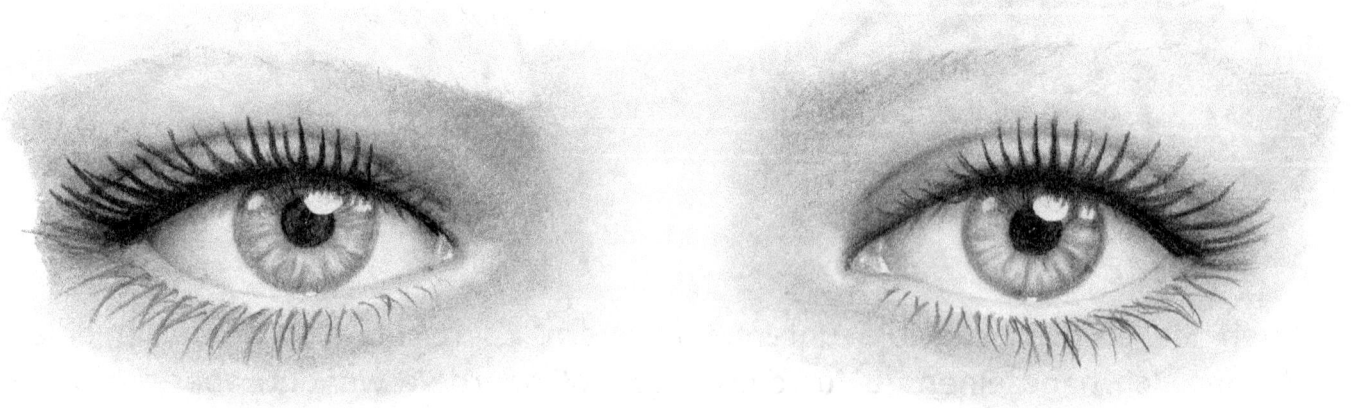

Zeichnen wir also die Augenbrauen in Richtung ihres Wachstums. In der folgenden Abbildung sehen Sie die digital platzierten Pfeile, um die Richtungen anzuzeigen, in die Sie die Augenbrauen zeichnen sollten. Natürlich können Sie auch Ihre eigenen Augenbrauen im Spiegel oder auf einigen Referenzfotos überprüfen.

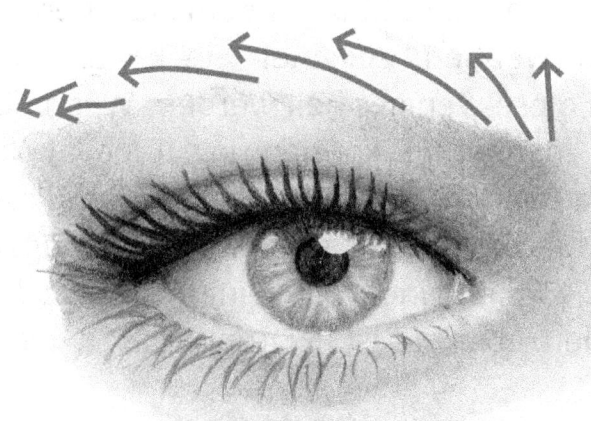 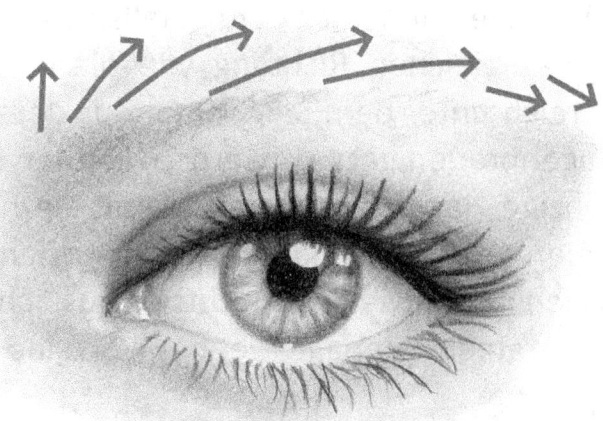

Sie können mit den vertikalen neben der Nase beginnen und sie dann horizontaler zeichnen, während Sie in Richtung Schläfe arbeiten. Ich benutze einen HB, aber ich ändere den Druck, um die Haare mit unterschiedlichen Werten zu machen.

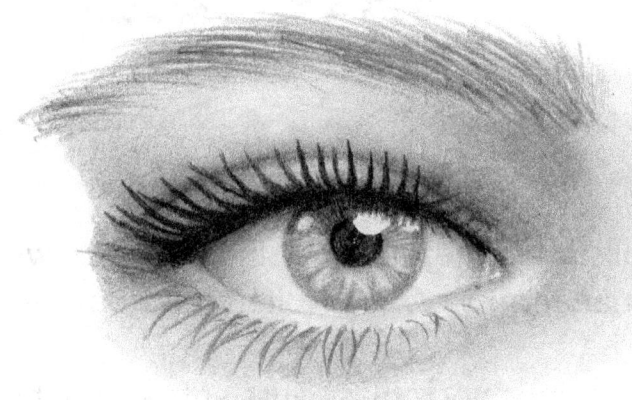 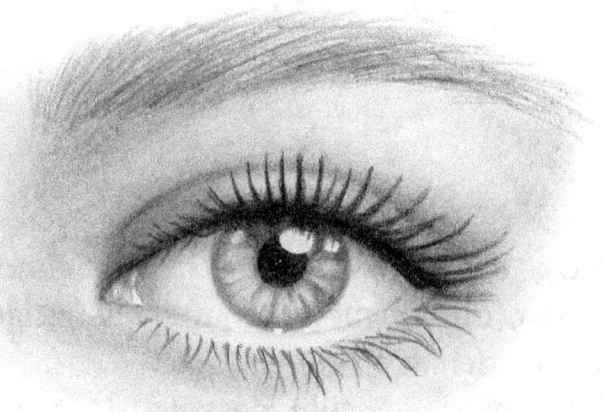

Mischen Sie diese Haare sorgfältig mit einem Papierwischer oder einem Wattestäbchen, damit die Augenbrauen weich aussehen und der Graphit in das Papier eingeprägt wird.

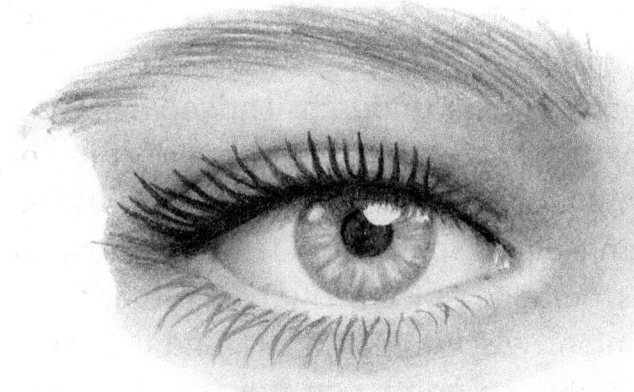 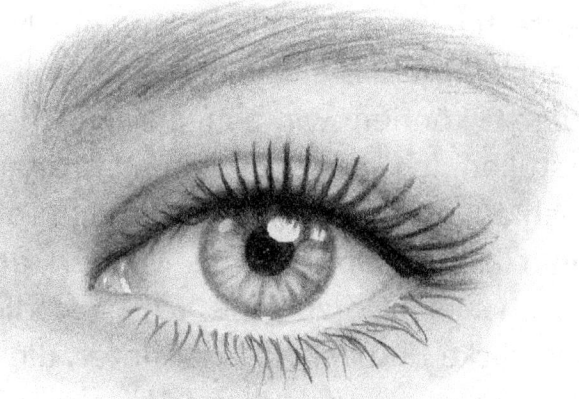

Fügen Sie dann nach dem Zufallsprinzip einige dunklere Haare hinzu, indem Sie einen 3B in der gleichen Richtung wie diese Pfeillinien verwenden. Zeichnen Sie im unteren Bereich unter dem Stirnkamm dunklere Haare, da diese weniger hell werden. Wenn die Augenbrauen gezupft werden, können sie so bleiben, aber wir können ringsum ein paar winzige Haare hinzufügen, damit sie natürlicher aussehen. Beachten Sie, wo ich diese Linien gezeichnet habe, und versuchen Sie, dasselbe zu tun. Mir scheint, meine Augen sehen irgendwie geschlechtslos aus, ich meine, sie können einer Frau, einem Mann oder sogar einem Teenager gehören. So sind sie geworden, aber das ist in Ordnung.

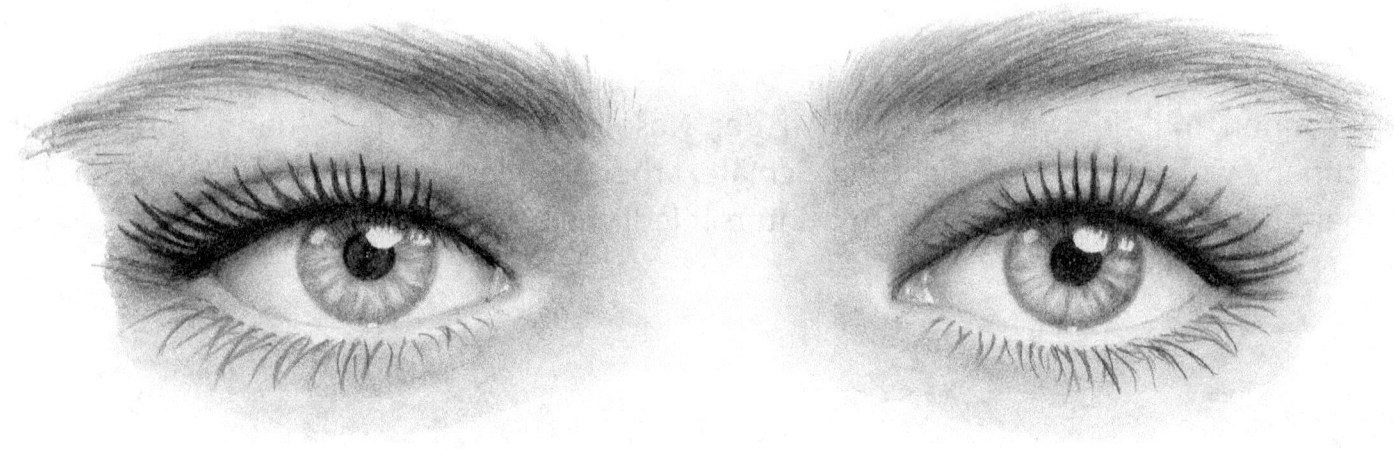

Jetzt, da die Augen im Grunde genommen vollständig gezeichnet sind, können wir sehen, ob wir mehr Schatten benötigen, um zu ändern, was wir wollen, und um den letzten Schliff zu geben.

Ich habe das Gefühl, dass die Haut auf der Nase immer noch blass aussieht, also habe ich eine weitere Schicht eines 3H hinzugefügt und leicht aufgedrückt.

Ich habe auch die Iris etwas abgedunkelt, aber das ist willkürlich. Sie müssen nicht mehr schattieren. Sie können sogar mit einem Radiergummi aufhellen.

Ich habe einige winzige Falten unter den unteren Wimpern hinzugefügt, die sogar junge Leute haben. Sie sind nur aus der Nähe sichtbar, aber es ist auch gut zum Üben, viel mehr auf Details einzugehen.

Zuletzt können wir einige Highlights mit einem weißen, undurchsichtigen Medium erstellen. Ich verwende einen Stiftmarker von Uni Posca, aber jeder Tintengelstift reicht auch aus. Wie Sie im nächsten Bild sehen können, habe ich kleine, dünne Highlights mit einer kleinen Spitze eines Markers erstellt. Die mit einer Spitze von 1 mm oder mehr wären hier also zu groß. Ich habe die Highlights erstellt: Auf dem Rand zwischen der Hautdicke und der Haut darunter, die winzigen Linien zwischen der Sklera und der Dicke des unteren Augenlids und direkt auf den Falten, die ich unter den Augen gezeichnet habe.

Wenn Sie nicht möchten, dass diese Highlights zu hell sind, tippen Sie sie im nassen Zustand einfach mit dem Finger an. Wenn Sie sie nicht mögen, können Sie sie auch nach dem Austrocknen problemlos mit Ihrem Nagel entfernen.

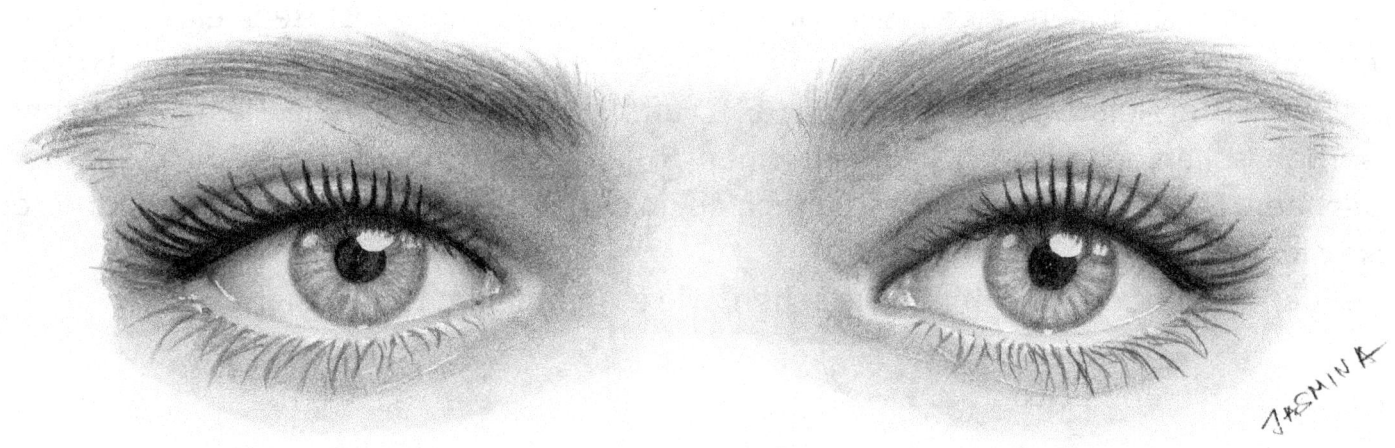

Hinweis

Es ist normal, wenn Sie an einer Zeichnung arbeiten und es hat keinen Sinn, Sie mögen es nicht und Sie möchten aufgeben. Aber nein. Arbeiten Sie einfach weiter und ändern Sie alles, was Ihrer Meinung nach geändert werden muss. Möglicherweise haben Sie eine Ihrer besten Zeichnungen, die Sie jemals erstellt haben.

WIE MAN SCHWARZE HAARE ZEICHNET

Lassen Sie mich Ihnen zeigen, wie man schwarze Haare mit Bleistiften zeichnet. Damit wir auf schwarzen Haaren radieren und hervorgehobene Ausreißer erzeugen können, sollten wir als erste Schicht 5H oder 6H auftragen. Wo immer Sie Haare gezeichnet werden sollen, nehmen Sie einfach einen 5H, aber Sie müssen nicht Haar für Haar zeichnen. Decken Sie einfach den Bereich ab, in dem Ihre Haare sein sollen, und drücken Sie nicht zu fest auf.
Auf dem folgenden Bild können Sie sehen, wie es in meinem Fall aussieht.

Jetzt können wir einen 6B oder dunkler nehmen, ich nehme einen 8B. Beginnen Sie oben in dem Bereich, den Sie im vorherigen Schritt abgedeckt haben, und zeichnen Sie haarartige Striche bis zur Mitte. Dann machen Sie dasselbe von unten bis zur Mitte. Auf diese Weise erstellen Sie die Highlights in der Mitte, wie im nächsten Bild gezeigt.

Heben Sie den Stift leicht ab, wenn Sie jede Linie beendet haben, damit jede Linie allmählich im Papier verschwindet und einen Farbverlaufsübergang von 8B zur weißen Farbe des Papiers aufweist. Einige der Haare können länger sein und auch über das Highlight hinausgehen. Wenn Sie das Haar zeichnen, können Sie Strich für Strich, längere oder kürzere Striche zeichnen, genauso wie in diesem Tutorial. Sobald Sie sich diese Methode angeeignet haben, können Sie alle Haare zeichnen. Und Sie können sehen, mein Haar sieht schon kurvig und glänzend aus. Es sieht so aus, als würde es sich bei der Hälfte biegen.

Da dieses Highlight für das schwarze Haar zu hell zu sein scheint, können wir mit einem HB arbeiten und nicht zu stark aufdrücken, um hervorgehobene Haare mit unterschiedlichen Werten zu erzeugen. Da wir 5H als erste Schicht aufgetragen haben, können wir keine zu dunklen Bereiche darüber erzeugen. Es spielt also keine Rolle, welchen Stift wir zuerst auftragen.

Lassen Sie mich Ihnen im nächsten Bild ein kurzes Beispiel dafür zeigen. Beim linken Haar habe ich zuerst einen 5H genommen und darüber die Ebene mit einem 8B erstellt (genau wie beim Haar aus diesem Tutorial).
Für das rechte Haar habe ich einen 8B als erste Schicht genommen und versucht, mit einem Radiergummi die hervorgehobenen Ausreißer auf beiden Haaren zu erstellen.

Beachten Sie, dass meine Highlights auf dem rechten Haar nicht einmal sichtbar sind, da es unmöglich war, einen 8B zu radieren, da er zuerst angewendet wurde. Mit dem Haar auf der linken Seite war die Arbeit einfacher, da ein 8B nicht durch eine 5H-Schicht die Faser des Papiers färben kann, und ich habe die 5H-Schicht nur mit einem Radiergummi radiert.

Erstellen wir also die hervorgehobenen Ausreißer auf unserem Haar. Ich schneide immer die Oberseite meines mechanischen Radiergummis ab, weil ich eine sehr scharfe Kante haben möchte. Ein gekneteter Radiergummi ist nicht sinnvoll, da diese Radiergummis zu weich sind, um solche winzigen Linien radieren zu können, wenn man stärker aufdrückt. Daher ist es wichtig, in verschiedene Radiergummis zu investieren, da sie alle für verschiedene Dinge gut sind. Und jetzt können wir, wie bereits erwähnt, einige hervorgehobene Ausreißer erstellen, indem wir die Linien auf dem gesamten Haar nach dem Zufallsprinzip radieren. Sie werden sehen, es ist viel einfacher, das hervorgehobene Haar in der Mitte des Haars zu bearbeiten, aber auf den dunkleren Bereichen ist es viel schwieriger, doch mit diesem Radiergummi ist es immer noch möglich, aufgrund der gewählten Reihenfolge der Bleistifte. Schneiden Sie die Oberseite eines Radiergummis ab, um eine saubere Kante zu erhalten, bevor Sie ihn verwenden.

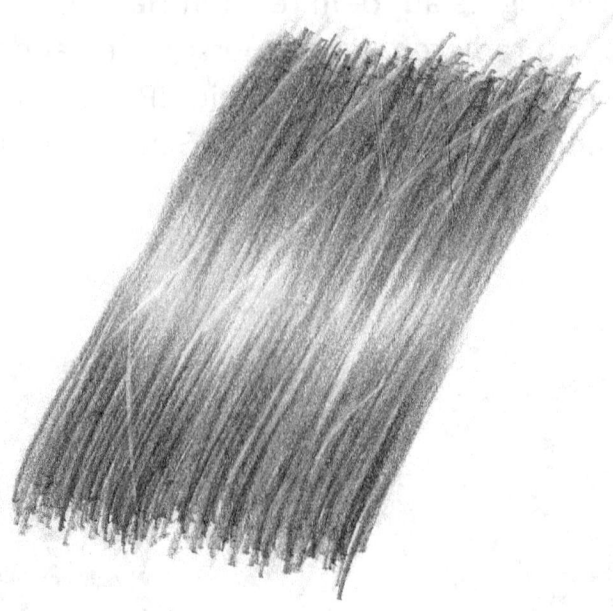

Zuletzt verdunkeln Sie einige Bereiche oben und unten, wenn Sie möchten, und erstellen Sie dunkle Ausreißer. Setzen Sie die Spitze eines HB oder eines dunkleren Stifts auf das Haar und zeichnen Sie mit schnellen, festen Strichen Haare, die nicht am Haar haften. Erstellen Sie sie auch um das Haar, um den klaren Rand zwischen Hintergrund und Haar aufzulösen. Zeichnen Sie diese Linien nach dem Zufallsprinzip, ohne Mustern zu folgen. Diese Ausreißer sind also immer wichtig und erzeugen auch immer sowohl dunkle als auch hervorgehobene Ausreißer.

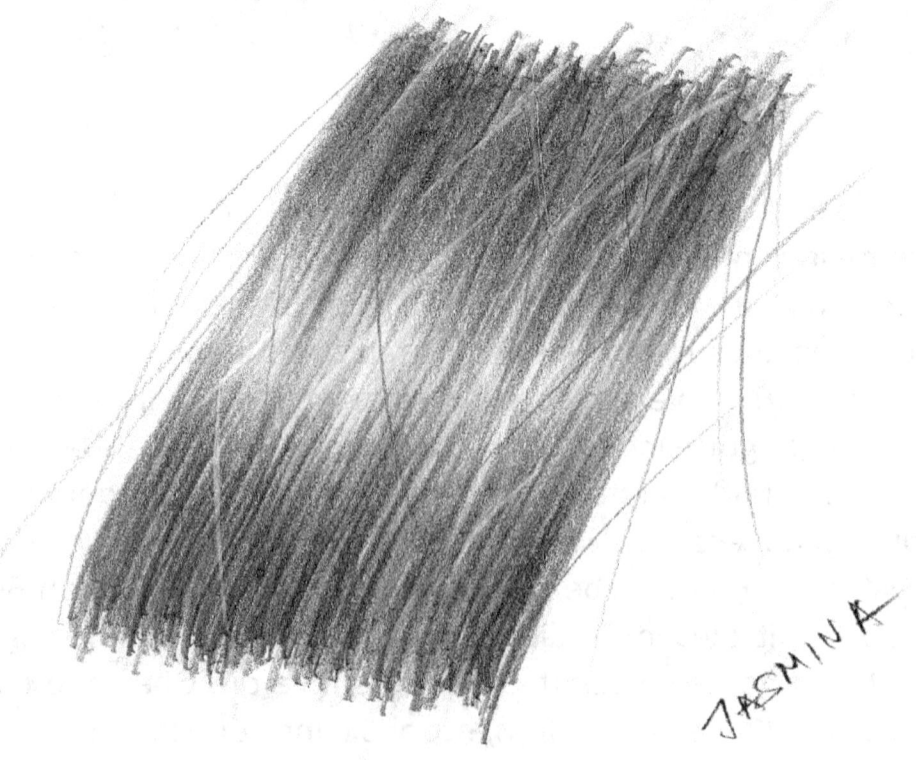

WIE MAN BRAUNE HAARE ZEICHNET

Und jetzt zeichnen wir braune Haare und auch hier müssen wir die erste Schicht mit 5H, 6H oder 7H auftragen.

Decken Sie den Bereich ab, in dem Ihre Haare sein sollen. Ich werde noch einmal eine Strähne zeichnen. Zeichnen Sie die Linien in Richtung des Haarflusses, wie im folgenden Bild gezeigt.

Jetzt können wir für braune Haare mit einem HB rübergehen. Wenn Sie blondes oder hellbraunes Haar zeichnen möchten, können Sie in diesem Schritt einen 2H oder helleren Stift verwenden.

Beginnen Sie oben und zeichnen Sie die Haare in Richtung des mittleren Bereichs und drücken Sie nicht auf.

Einige der Haare können länger sein und sich über die gesamte Länge erstrecken, aber die meisten dieser Haare sollten vor dem Highlight enden, das wir in der Mitte der Strähne erstellen möchten. Heben Sie den Stift leicht ab, um am Ende jedes Strichs einen glatten Farbverlauf zu erzielen, da sie allmählich in diesem Grundton verschwinden sollten. Ändern Sie den Druck auf Ihren Stift, um verschiedene Töne zu erzeugen. Machen Sie dasselbe von unten bis zur Mitte.

Sehen Sie sich das nächste Bild an, um zu sehen, wie es nach dem Anwenden dieser Art von Strichen aussehen sollte.

Lassen Sie es uns mit einem Papierwischer mischen und dann können wir die hervorgehobenen und braunen Ausreißer hinzufügen.

Ich habe einen HB für die braunen Ausreißer und meinen mechanischen Radiergummi für die hervorgehobenen verwendet, genau wie im vorherigen Tutorial.

Hier können Sie einige dunklere Töne hinzufügen, um das Haar braun oder dunkelbraun zu machen, oder Sie können mehr helle Ausreißer erzeugen, um das Haar blond oder hellbraun zu machen.

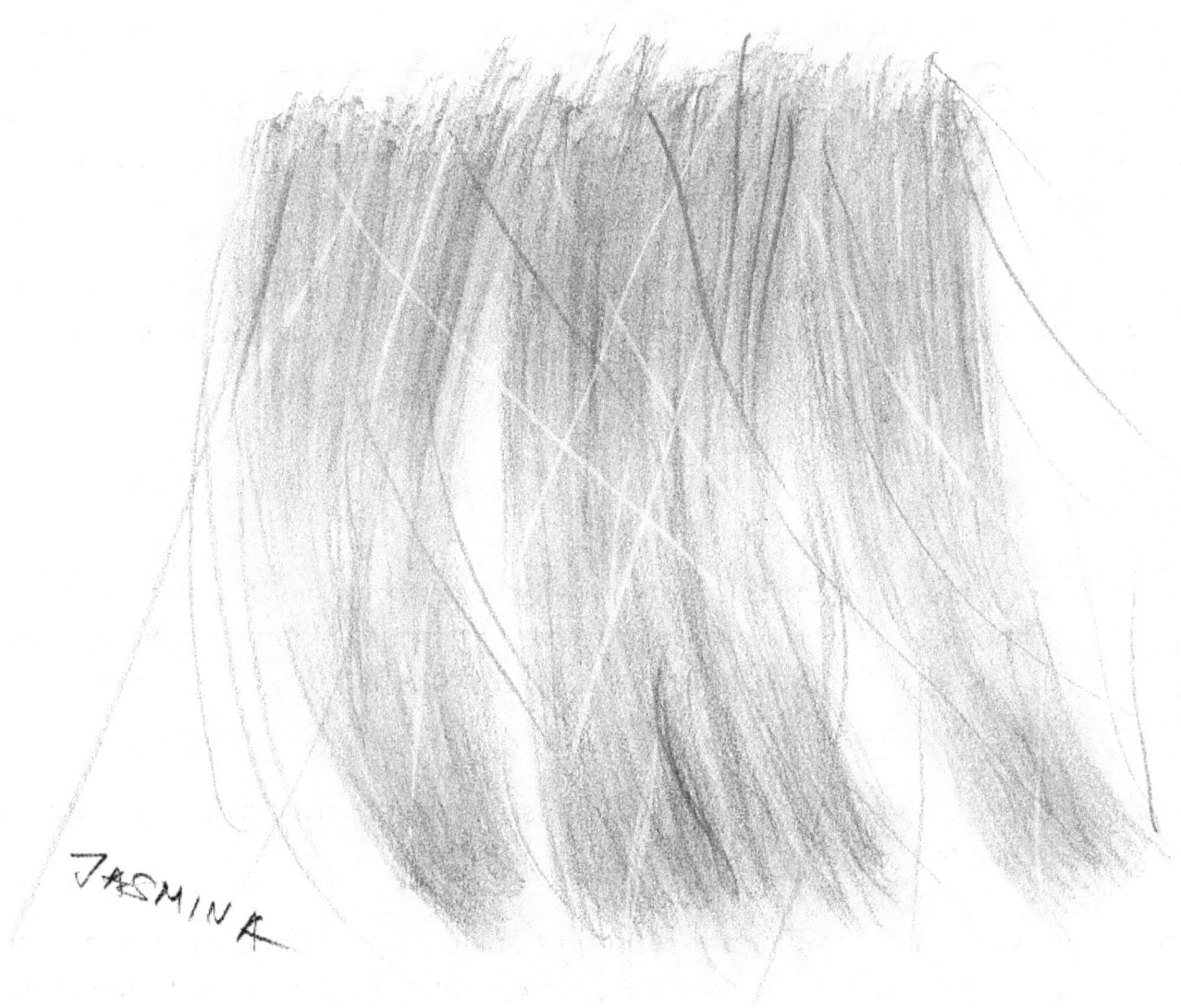

WIE MAN HYPERREALISTISCHE LIPPEN ZEICHNET

Hyperrealismus ist ein Zeichenstil, der viel detaillierter ist als ein realistischer Zeichenstil. Sobald Sie die Techniken zum Erstellen realistischer Zeichnungen erworben haben, möchten Sie möglicherweise weitere Details für ein hyperrealistisches Erscheinungsbild erstellen.

Künstler erstellen normalerweise hyperrealistische Zeichnungen von Fotos, das jeder kann, der seit Jahren oder Jahrzehnten praktiziert. Aber lassen Sie uns eine von Grund auf neu erstellen.

Die Schritte zum Erstellen einer hyperrealistischen Zeichnung erfolgen wie beim Zeichnen realistischer Zeichnungen. Also die gleiche Reihenfolge von Schritten, die wir normalerweise machen:
1. Skizzieren
2. Grundfarbe
3. Highlights und Schatten

Wenn diese drei Schritte ausgeführt sind, können wir zwei Arten von Details hinzufügen: Diejenigen, die sichtbar sind, wenn sie aus größerer Entfernung betrachtet werden und diejenigen, die nur sichtbar sind, wenn wir das Foto vergrößern.
4. Zwei Arten von Details.

Es gibt also vier Phasen, die wir bei der Erstellung unserer hyperrealistischen Zeichnungen durchlaufen werden.

Der erste Schritt ist das Skizzieren, um den proportionalen Umriss für unsere Zeichnung zu erstellen. Das Verhältnis ihrer Abmessungen sollte auch wie im wirklichen Leben sein.

Der zweite Schritt ist eine Grundfarbe, wenn wir die Grundfarbe auf die Bereiche auftragen, die gefärbt werden müssen. Natürlich können wir verschiedene Werte innerhalb eines Objekts verwenden, aber bei diesen Lippen habe ich einen Wert genommen, um den gesamten Bereich abzudecken.

Die dritte Phase besteht darin, die Highlights und Schatten so zu erstellen, dass Objekte ihre Formen erhalten und aus größerer Entfernung erkennbar sind. Im nächsten Bild sehen Sie beispielsweise die gezeichneten Lippen nur mit Schatten und Highlights, bevor ich die winzigen Details hinzugefügt habe.

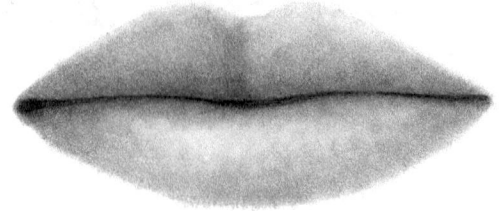

In der vierten Phase werden also die Details auf der realistischen Zeichnung hinzugefügt, die nur sichtbar sind, wenn wir uns das Bild genauer ansehen.

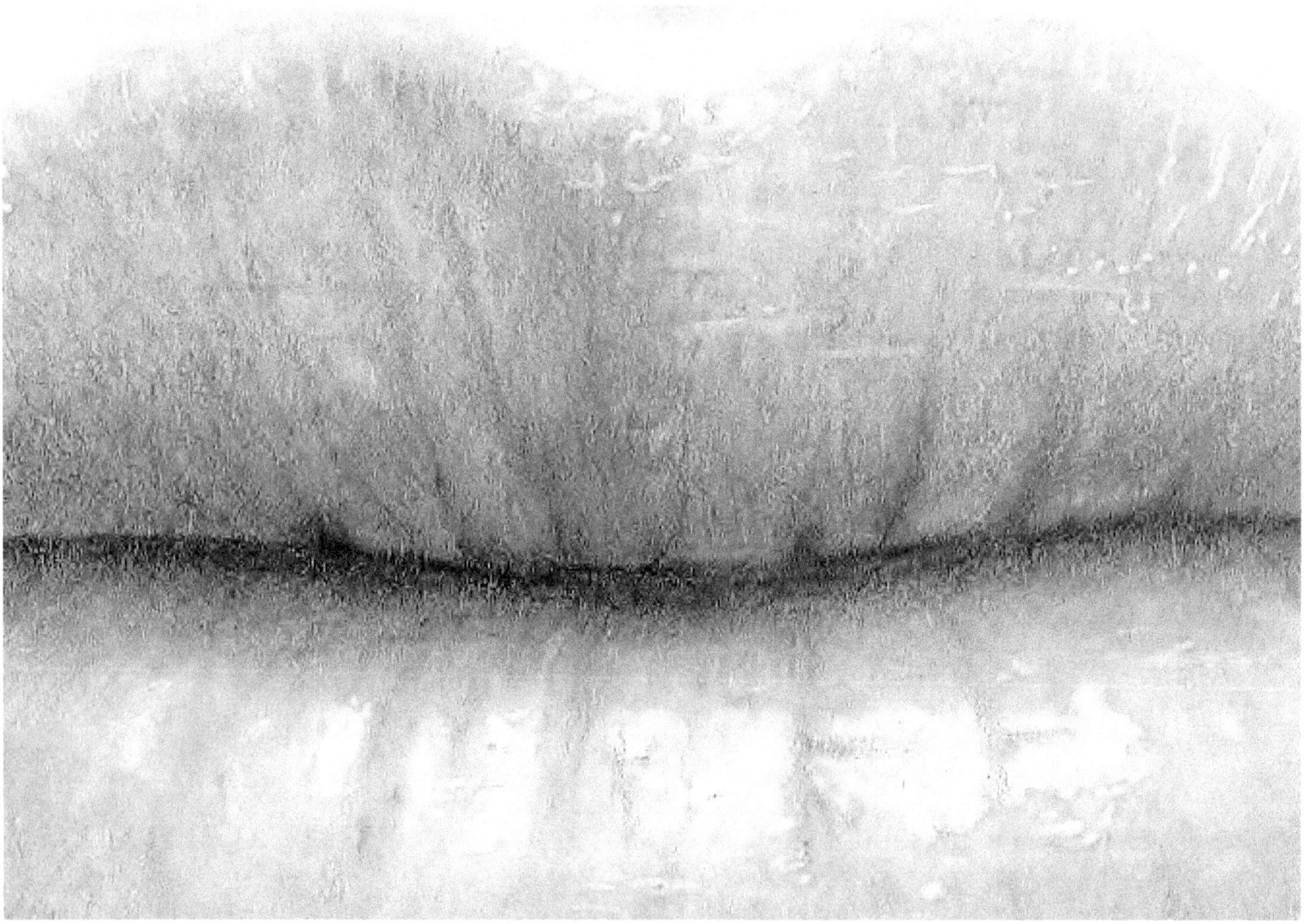

In der dritten Phase wird die Zeichnung realistisch oder fotorealistisch und in der vierten Phase wird die Zeichnung hyperrealistisch.

Aber fangen wir von vorne an.
Beginnen Sie zur Orientierung für das Erstellen der Konturen mit der Erstellung eines einfachen Rasters. Ich beginne mit den äußeren Linien des Rasters, das 12 Zentimeter breit und 5 Zentimeter hoch ist.

Erstellen Sie dann eine horizontale Linie fast in der Mitte. Wenn die Höhe 5 Zentimeter beträgt, wollen wir den Punkt 2,5 Zentimeter von oben oder unten, links und rechts von den vertikalen Rasterlinien markieren. Dann verbinden wir Sie und erhalten eine horizontale Linie in der Mitte, wie im nächsten Bild gezeigt.

Jetzt können wir die Lippen skizzieren und mit der Linie zwischen den beiden Lippen über der mittleren horizontalen Linie beginnen. Die Oberlippe ist normalerweise dünner, sodass wir die Linie etwas über dieser horizontalen Rasterlinie zeichnen können. Hier können wir kreativ sein und die Formen so zeichnen, wie wir sie wollen. Die Linie zwischen den beiden Lippen ist fast gerade, muss aber einige Kurven haben: Neben den Ecken sollten sie nach unten gehen. Natürlich hängt es vom Winkel, den Gesten und so vielen anderen Dingen ab. Im nächsten Bild sehen Sie, wo ich diese Linie platziert habe.

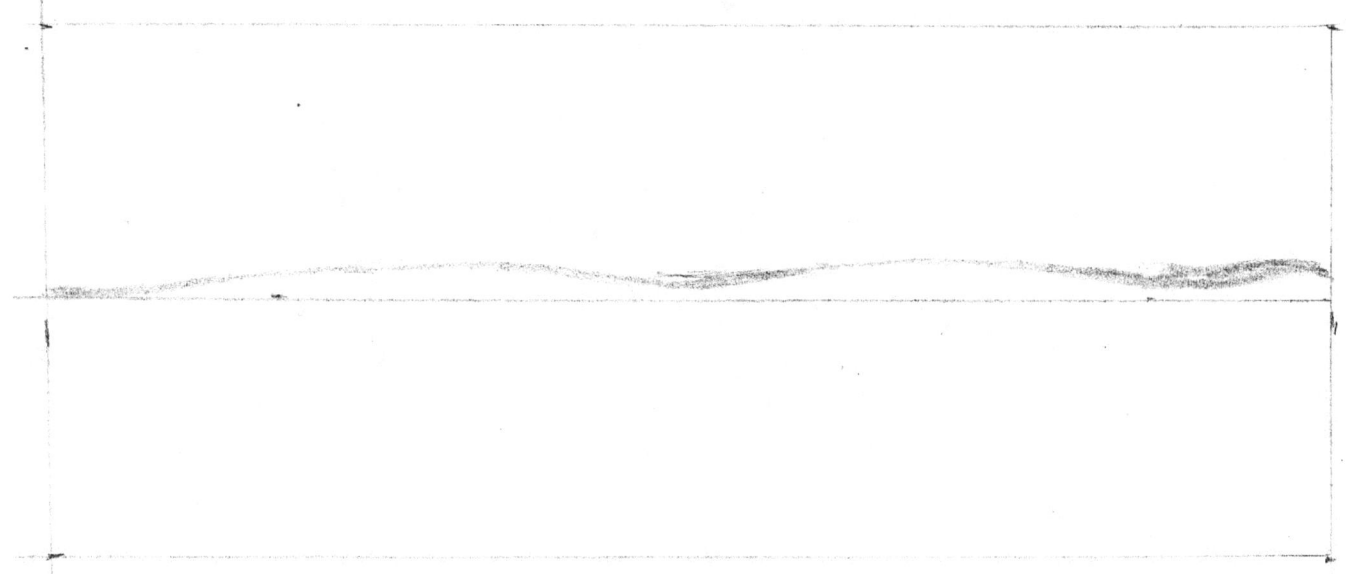

Als Nächstes skizzieren wir den äußeren Rand beider Lippen.

Die Unterlippe ist normalerweise weniger kompliziert, sodass Sie mit dieser beginnen können. Beginnen Sie auf der horizontalen Rasterlinie, zeichnen Sie eine horizontale Linie ein wenig darüber und beginnen Sie dann, sich von der Rasterlinie zu lösen und beide Seiten nach oben und in Richtung der Ecken zu zeichnen. Versuchen Sie, die beiden Seiten so symmetrisch wie möglich zu gestalten.

Für die Oberlippe müssen wir den Mittelpunkt der oberen horizontalen Gitterlinie bestimmen und den Amorbogen in der Mitte zeichnen und ihn dann mit den Rändern der Lippen verbinden.

Radieren Sie die Rasterlinien weg, weil Sie sie nicht mehr benötigen.

Als Nächstes „färben" Sie die Lippen in der Richtung der Linien, die Sie in der nächsten Grafik sehen können. Diese Linien repräsentieren die Falten.

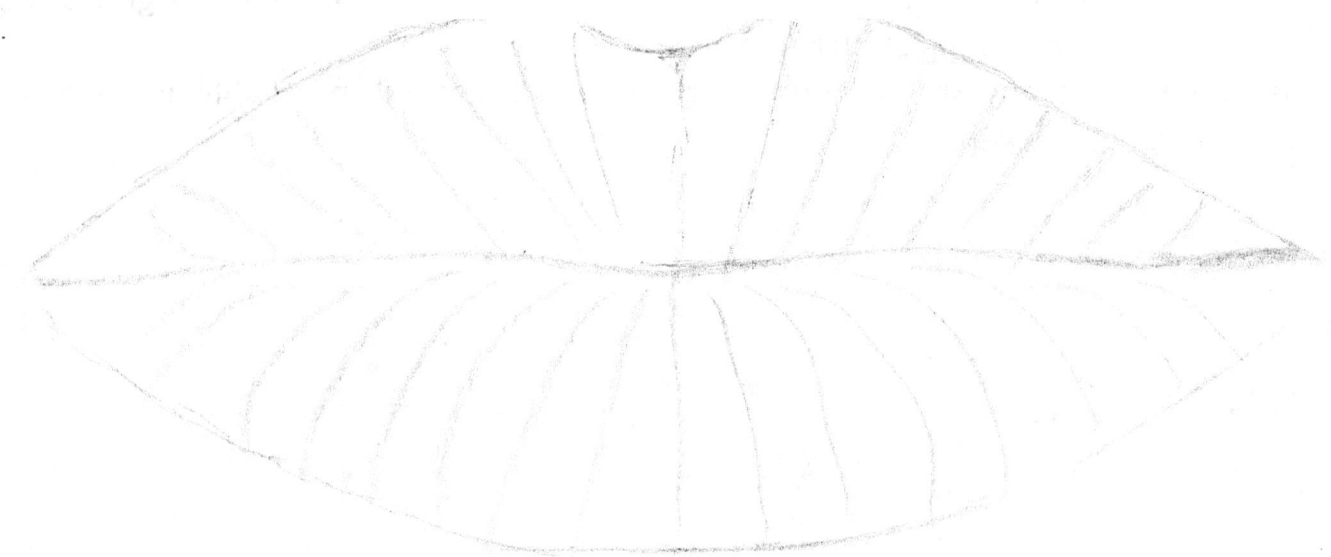

Ich benutze einen HB, aber Sie können jeden anderen Stift verwenden.

Decken Sie in diesem Schritt den gesamten Bereich beider Lippen ab und üben Sie überall den gleichen Druck aus, um den Grundton der Lippen zu erzeugen. Wenn Sie die Linie zwischen den beiden Lippen sehen möchten, verdunkeln Sie sie, indem Sie mit dem HB stärker drücken, oder verwenden Sie einen 2B oder dunkler, um diesen Umriss zu verstärken, da Sie ihn später sichtbar haben möchten.

Hier müssen wir keine glatte Textur erstellen, machen Sie sich jetzt keine Sorgen, weil wir sie mischen werden. Sie können eine meißelförmige Spitze Ihres Stifts verwenden, da Sie damit die Bereiche schneller abdecken können als mit einem gut angespitzten Stift.

Jetzt können wir alles mit einem Wattestäbchen mischen. Drücken Sie ganz fest auf, um den Graphit in die Faser des Papiers einzudrücken, und Sie werden sehen, wie die Textur glatt wird. Sie werden auch sehen, dass es nach dem Mischen aufgrund des verschmierten Graphits dunkler aussieht.

Jetzt haben wir unseren Grundton und können jetzt Schatten und Highlights erzeugen und die Details hinzufügen.

Ich schlage vor, mit den Schatten zu beginnen. Ich benutze einen 4B, um die Bereiche abzudunkeln, die weniger hell werden, also normalerweise die Ecken und natürlich zwischen den beiden Lippen.

Wenn Sie Angst haben, einen sehr dunklen Stift zu verwenden, empfehle ich, zuerst einen hellen zu nehmen. Wenn Sie sicher sind, dass alles gut aussieht und an der richtigen Stelle ist, drücken Sie stärker auf. Das ist besonders wichtig, wenn Sie wie dieses Bild von Grund auf neu zeichnen, da wir nie wissen, wie es werden wird, sodass wir langsame Fortschritte machen und die Schattierung nicht übertreiben müssen.

Hier müssen wir also einen Schatten erzeugen, den Schatten, den die Oberlippe auf die Unterlippe wirft, insbesondere in den Ecken.

Der Bereich in der Mitte der Lippen ist stark beleuchtet, da er dem Licht stärker ausgesetzt ist als die Ecken, sodass die Ecken dunkler sein müssen.

Dafür müssen Sie keinen 4B wie ich verwenden, Sie können sogar 9B oder einen anderen dunklen Stift nehmen, aber Sie können auch einen HB verwenden und sehr fest aufdrücken. Wenn Sie jedoch mit einem HB und einem helleren Wert arbeiten, wird es nicht dunkel genug.

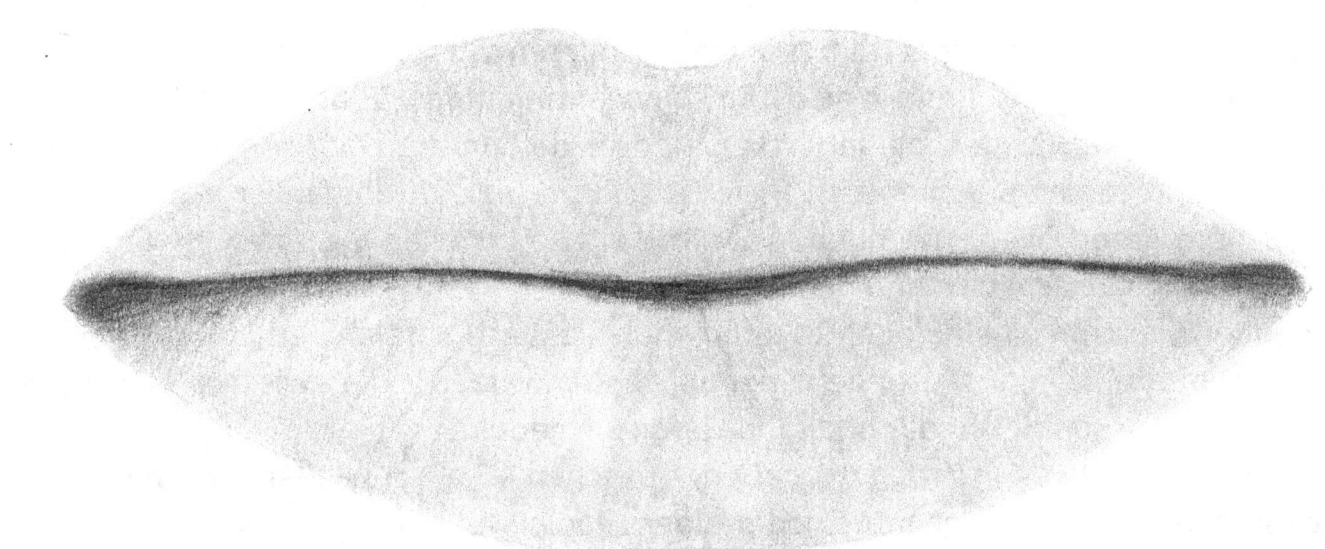

Jetzt müssen wir die Werte zwischen diesem sehr schwarzen Bereich und dem Grundton der Lippen erstellen, den wir mit einem HB gezeichnet haben. Danach können wir die Highlights hinzufügen. Jetzt sollten wir einen Farbton verwenden, der viel heller als 4B ist. Also werde ich einen HB verwenden und dieses Mal möchte ich stärker auf der Oberlippe aufdrücken, um sie dunkler zu machen. Sie können hierfür B nehmen und leicht aufdrücken oder Sie nehmen H und drücken stärker auf.

Ich arbeite gerne mit einem HB, weil ich damit durch Ändern des Drucks viele Farbtöne erzeugen kann und die Stifte nicht so oft wechseln muss.

Der untere horizontale Teil der Oberlippe erhält immer weniger Licht, sodass wir ihn in diesem Schritt schattieren können. Dieser Bereich wird als Eigenschatten bezeichnet.

Drücken Sie also in Richtung der Falten sehr leicht auf den oberen Bereich der Oberlippe auf und stärker auf den unteren Bereich. Wir müssen irgendwo in der Mitte weniger drücken, um einen Farbverlaufsübergang zwischen dem dunklen und dem hellen Ton zu erzeugen, der die Lippe rund erscheinen lässt.

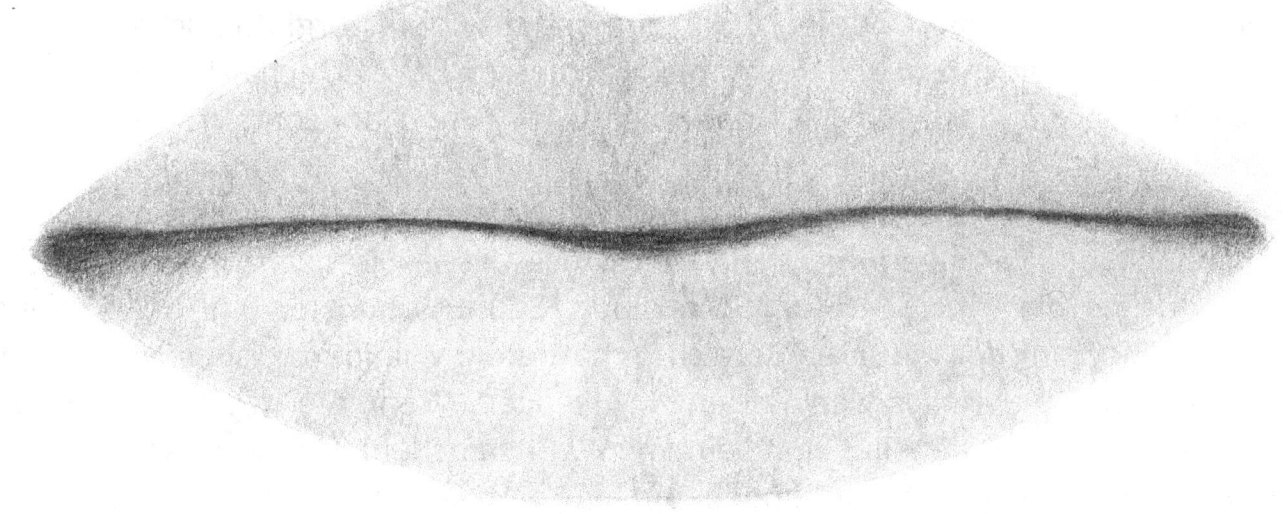

Da die Lippen auf einer runden Ebene liegen, müssen wir beide Lippen horizontal und vertikal rund machen. Gehen Sie also immer noch mit einem HB über die Oberlippe und drücken Sie stärker in den beiden Ecken und in der unteren horizontalen Hälfte der Oberlippe auf. Lassen Sie dann den Druck auf Ihren Bleistift allmählich nach, während Sie sich dem Amorbogen zuwenden. Auf diese Weise erstellen Sie einen glatten Verlauf zwischen den Eigenschatten und den Highlights.

Verwenden Sie dann einen B oder 2B und gehen Sie diese Bereiche erneut durch, um sie langsam abzudunkeln, insbesondere neben der schwarzen Linie zwischen den Lippen. Drücken Sie also sehr leicht auf und schattieren Sie geduldig.

Nachdem Sie etwas schattiert haben, mischen Sie den Bereich mit einem Wattestäbchen, einem Taschentuch oder einem Papierwischer.

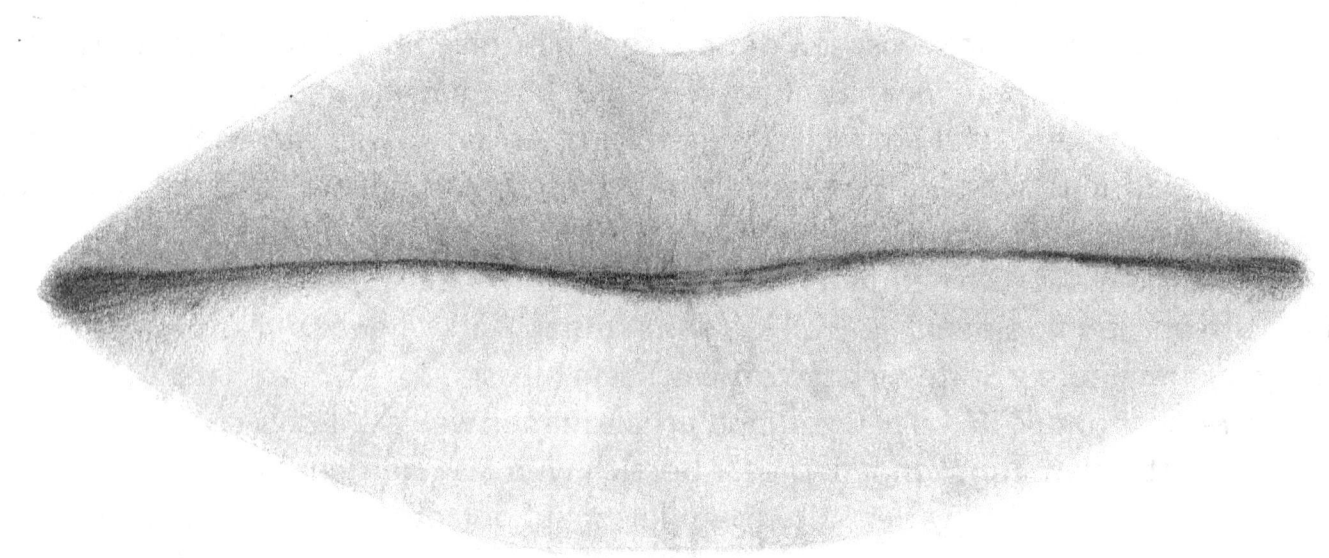

Und jetzt können wir die Unterlippe mit einem HB schattieren. Die Unterlippe ist immer stärker beleuchtet als die Oberlippe, daher müssen wir sie sorgfältig schattieren. Die Bereiche neben der linken und rechten Ecke müssen stärker schattiert sein als der mittlere Bereich der Lippe, da die Lippe auch vertikal und horizontal rund erscheinen muss.

Drücken Sie außerdem fester unter der schwarzen Linie auf, die wir zwischen den Lippen gezeichnet haben. Verringern Sie dann den Druck, wenn Sie nach unten schattieren. Gleiches gilt für die Unterkante der Unterlippe. Es muss dunkler und heller werden, wenn Sie in Richtung des mittleren Bereichs schattieren. Wie immer ist es wichtig, einen glatten Farbverlauf zwischen den Farben zu erzeugen. Wenn Sie mit der Schattierung fertig sind, mischen Sie alles mit einem Wattestäbchen, und Sie können einen Papierwischer für die Ränder verwenden, um eine genauere Mischung zu erzielen.

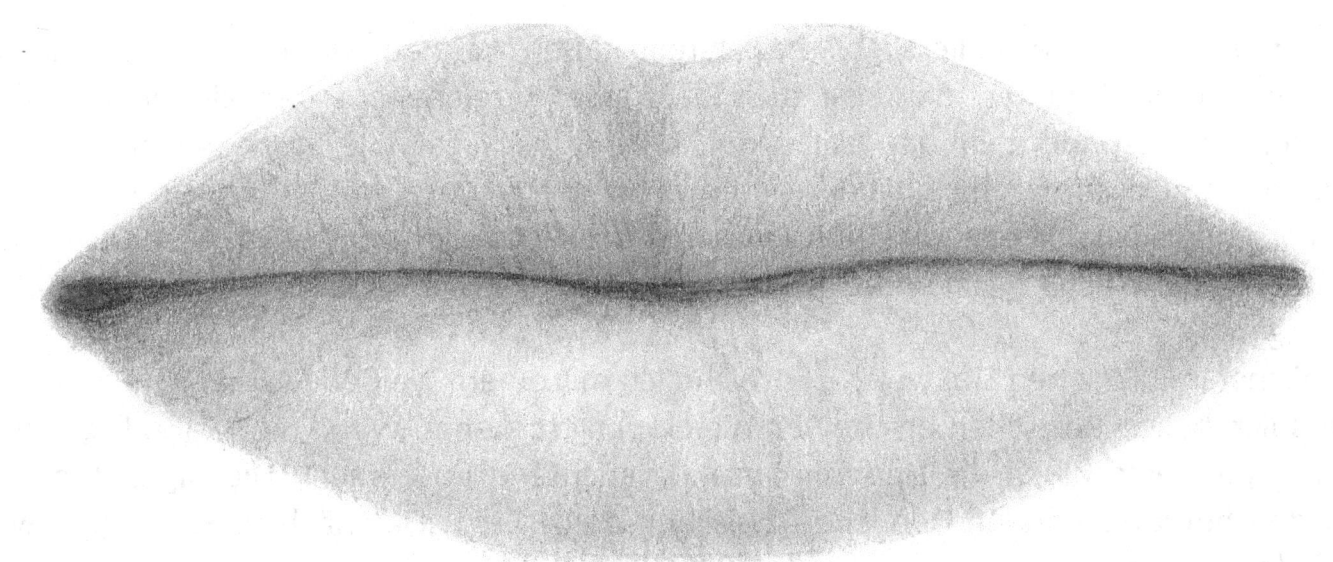

Und jetzt sehen die Lippen nicht mehr flach aus.

Wir haben jedoch noch keine Details erstellt. Wir werden später noch viel mehr auf Details eingehen. Im Moment müssen wir uns darauf konzentrieren, die Form der Lippen durch Hinzufügen der Schatten und Highlights zu erzeugen.

Lassen Sie uns als nächsten Schritt die Highlights erstellen, indem Sie den Grundton über den Teilen der Lippen radieren, die am hellsten sind.

Es reicht aus, wenn Sie das Papier nur mit einem gekneteten Radiergummi berühren und es wird heller. Gehen Sie also sehr vorsichtig vor, da Sie das Hervorheben nicht übertreiben wollen.

Radieren Sie etwas Graphit im oberen Bereich der Oberlippe neben dem Rand, da der Rand gebogen ist und mehr Licht erhält und auch in der Mitte der Unterlippe.

Wenn Sie es versehentlich mit den Highlights übertreiben, gehen Sie einfach mit einem Wattestäbchen über diesen Bereich und Sie können ihn wieder abdunkeln.

Wenn Sie die Highlights in der Mitte der Unterlippe erstellen, drücken Sie mit einem gekneteten Radiergummi etwas fester in der Mitte des Highlights und immer weniger, wenn Sie von der Mitte des Highlights wegarbeiten. Der Rand zwischen dem Highlight und dem Grundwert der Lippe sollte verschwommen sein.

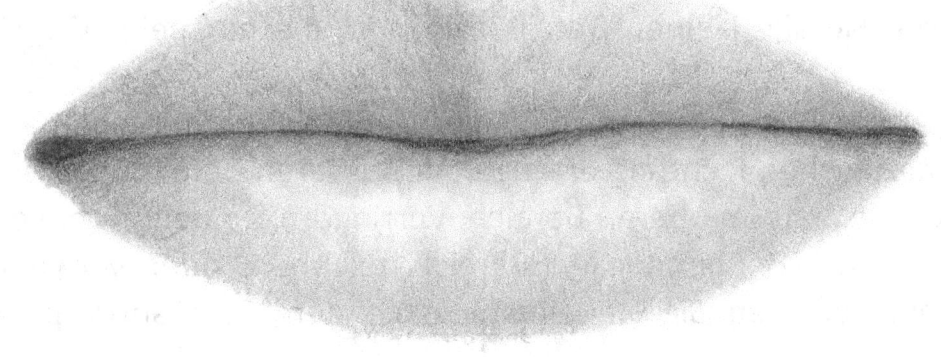

Nachdem wir weniger helle Highlights erstellt haben, können wir sehr helle Highlights erstellen, was bedeutet, dass wir absolut weiße Bereiche auf den Lippen erstellen müssen, insbesondere in der Mitte der Unterlippe. Egal wie stark wir mit einem Radiergummi aufdrücken, wir bekommen nicht mehr diese weiße Farbe des Papiers. Daher schlage ich vor, einen weißen Tintengelstift, Gel-Roller oder einen weißen Marker zu verwenden, alles, was undurchsichtig ist, um die Highlights auf dem Graphit zu erzeugen.

Im nächsten Bild sehen Sie, welche Bereiche ich mit einem weißen Marker gefärbt habe. Mit solch hellen Bereichen erscheinen die Lippen trockener. Wenn Sie weiße Highlights hinzufügen, erscheinen die Lippen glänzend, leuchtend und feucht. Die Highlights sind auf den hervorstehenden Bereichen zwischen den Falten. Das nächste Foto zeigt, was ich erklären möchte.

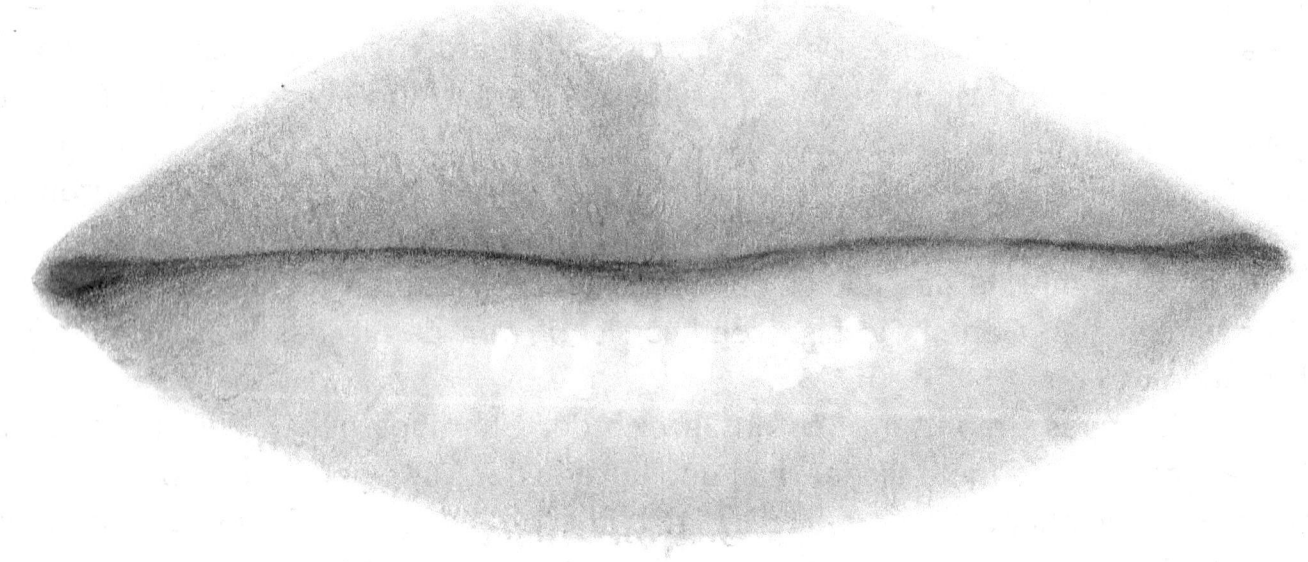

Jetzt können wir einige kleine Details erstellen, kleine Details, die aus größerer Entfernung kaum sichtbar sind. Wenn Sie hineinzoomen und sich die Textur ansehen, werden Sie viele kleine Falten sehen, sodass die Haut nicht wirklich so glatt ist wie sie scheint. Wir haben viele Falten. Wenn Sie also hyperrealistische Zeichnungen zeichnen möchten, müssen Sie alle kleinen Details zeichnen, die nur beim Vergrößern sichtbar sind.

Beginnen Sie mit der Oberlippe und zeichnen Sie die Falten mit einem 4B. Wir müssen Falten in ihrer natürlichen Richtung erzeugen. Im unteren Bereich der Oberlippe sollten sie etwas dunkler sein als im oberen Bereich. Verringern Sie daher entweder den Druck, wenn Sie mit einem 4B über diesen Bereich zeichnen, oder verwenden Sie einen helleren Farbton. Zeichnen Sie sie einfach nach dem Zufallsprinzip, wo immer Sie möchten. Sie müssen nicht in einer bestimmten Reihenfolge gezeichnet werden. Wenn wir sie in einer bestimmten Reihenfolge zeichnen, kann die Zeichnung außerdem weniger realistisch aussehen.

Ich schlage vor, in der Mitte der Lippen zu beginnen, da wir hier sehr einfache vertikale Falten haben. Wenn Sie sie in Richtung der Ecken zeichnen, machen Sie sie immer kurviger. Einige sollten über die ganze Lippe gehen und andere können kürzer sein. Wenn Sie einige Falten gezeichnet haben, mischen Sie sie mit einem Papierwischer. Es gibt keine Falten in den Ecken, daher müssen wir sie meistens in der Mitte zeichnen. In diesem Schritt können Sie den Ecken mehr Schatten verleihen.

Fahren Sie mit dem Erstellen aller Arten von winzigen Falten fort, auch den horizontalen, insbesondere in der Mitte der Oberlippe, wie im folgenden Bild gezeigt.
Verwenden Sie für die Unterlippe einen 2H oder heller, da die Falten auf der Unterlippe nicht tief sind und stärker beleuchtet werden.

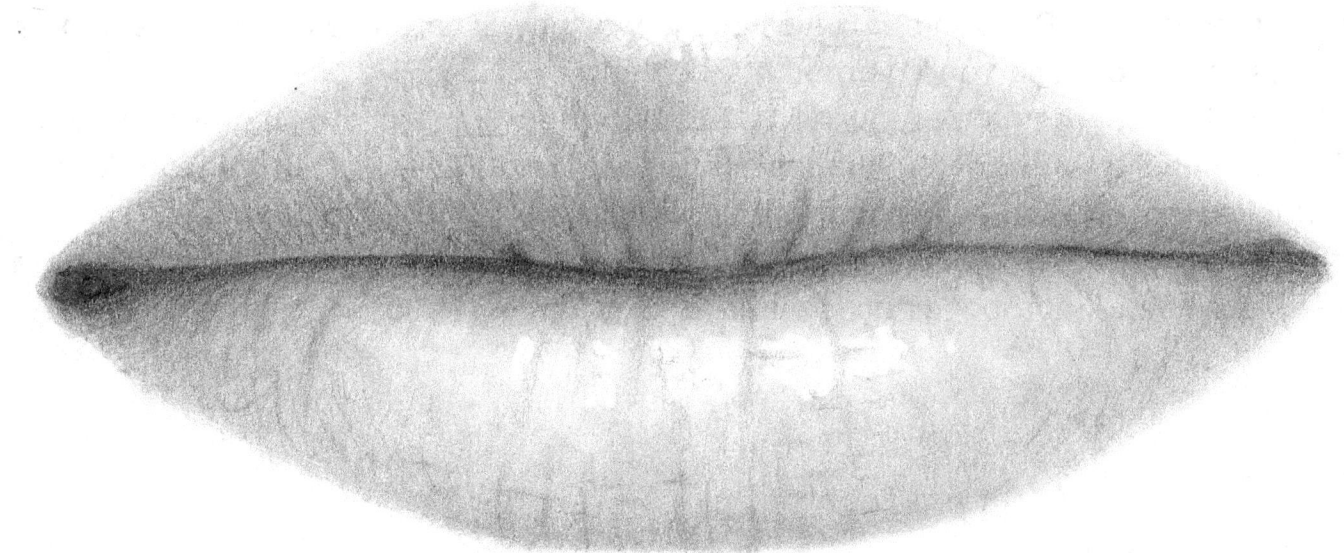

Jetzt können wir winzige Highlights erzeugen, die nicht zu hell sind und die sich auf den Rändern der Falten bilden, also neben den Falten. Ich benutze einen gekneteten Radiergummi, um diese winzigen Highlights neben jeder Falte zu erzeugen, die ich gerade erstellt habe. So werden sowohl die horizontalen als auch die vertikalen Falten hervorgehoben. In den schattierten Bereichen sollten diese Highlights etwas dunkler sein, und wir müssen sie erstellen, indem wir das Papier vorsichtig mit der Spitze des Radiergummis berühren, um etwas Graphit zu entfernen, aber nicht zu viel.
Sie können dafür sogar einen weißen Tintengelstift oder einen weißen Marker verwenden. Wenn Ihnen die hervorgehobenen Falten, die Sie erstellt haben, nicht gefallen, gehen Sie einfach mit einem Papierwischer oder einem Bleistift darüber.

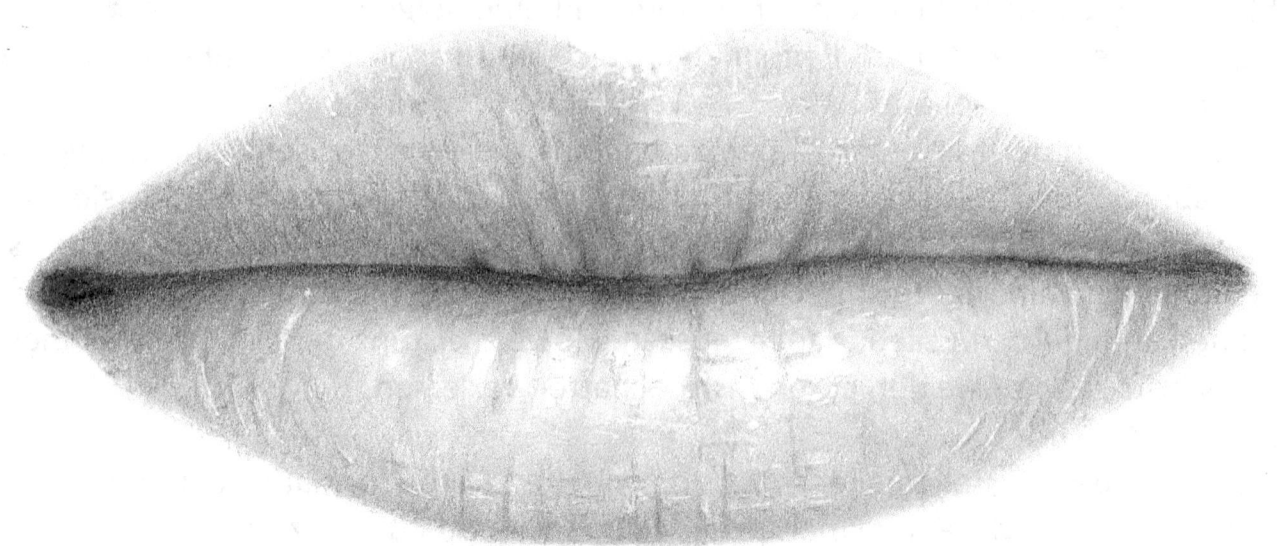

Wenn Sie mit den Lippen zufrieden sind, können Sie einige Schatten hinzufügen, beispielsweise direkt unter der Unterlippe. Ich trage das Graphitpulver mit einem Wattestäbchen auf. Der von der Unterlippe geworfene Schatten lässt die Unterlippe auf einer Seite hervorstehen und sie rund erscheinen.

Erstellen Sie außerdem das reflektierte Licht auf dem Rand der Unterlippe, indem Sie mit einem Radiergummi etwas Graphit entfernen. Der Schlagschatten sollte in der Mitte am dunkelsten sein und dann nach links und rechts allmählich verschwinden.

Wir können auch die tief liegenden Bereiche auf dem Amorbogen schattieren und auf diese Weise den Amorbogen noch deutlicher und hervorgehobener machen.

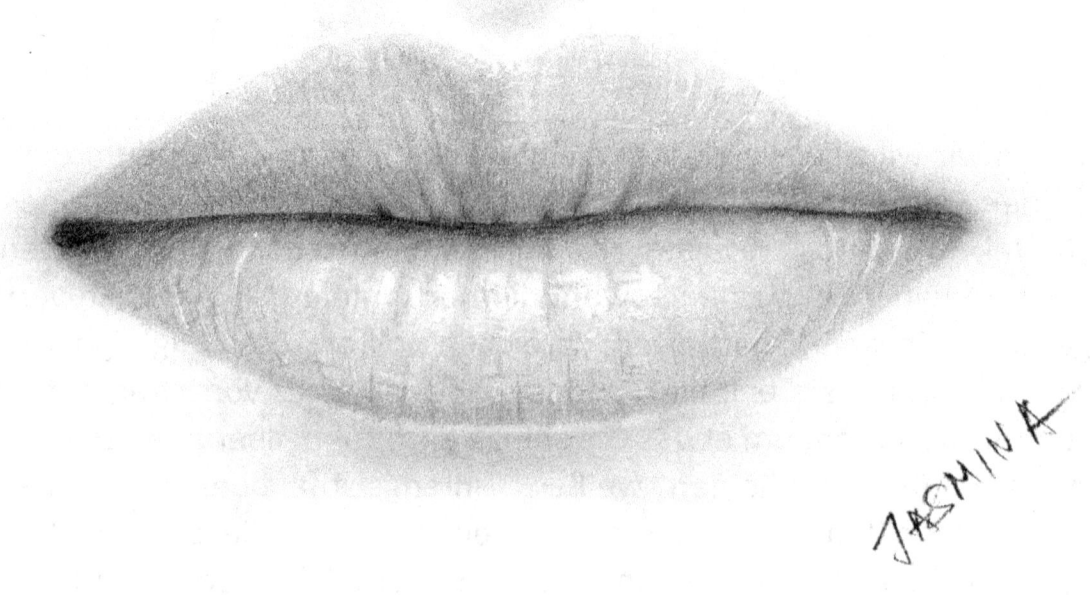

WIE MAN GLITZER-LIPPEN UND ZÄHNE ZEICHNET

Zeichnen wir nun einen leicht geöffneten Mund mit sichtbaren Zähnen, damit Sie auch das Zeichnen der Zähne üben können. Ich möchte die Lippen mit einem starken Lippenstift zeichnen und sie glitzern lassen, also nicht so natürlich wie die Lippen aus dem vorherigen Tutorial.

Das Erste ist, einen Kreis zu zeichnen, um einige Orientierungspunkte zu haben. Der Durchmesser meines Kreises beträgt ungefähr 6 Zentimeter, wenn Sie die gleiche Größe wie ich zeichnen möchten.

Das ist also die Höhe des offenen Mundes mit beiden Lippen, aber wir möchten ihn etwas breiter machen, damit der Abstand zwischen den beiden Ecken etwa 10 bis 11

Zentimeter beträgt. Markieren Sie diese Punkte und zeichnen Sie die Umrisse der Lippen.

Ich beginne mit der Oberlippe, wo wir den Amorbogen genau in der Mitte direkt über dem oberen Teil des Kreises erstellen müssen. Erstellen Sie einfach eine winzige, kurvige Linie innerhalb des Kreises und zeichnen Sie die Linien weiter nach außen und dann ein wenig horizontal, dann verbinden Sie sie mit den Ecken der Lippen. Analysieren Sie das nächste Bild, um festzustellen, wo die Linien um den Kreis platziert werden sollen.

Sie können zuerst eine gestrichelte Linie erstellen, um zu sehen, wie die Verbindung hergestellt wird, und dann eine vollständige Linie darüber zeichnen. Die Ecken müssen auch eine gewisse Höhe haben, da der Mund leicht geöffnet ist. Versuchen Sie, dasselbe auf der linken und rechten Seite zu machen, um den Mund vertikal symmetrisch zu machen. Der untere Umriss kann weniger kurvig sein und sollte dem Umriss des Kreises in der Mitte folgen. Dann zeichnen Sie einfach nach oben in Richtung der Ecken.

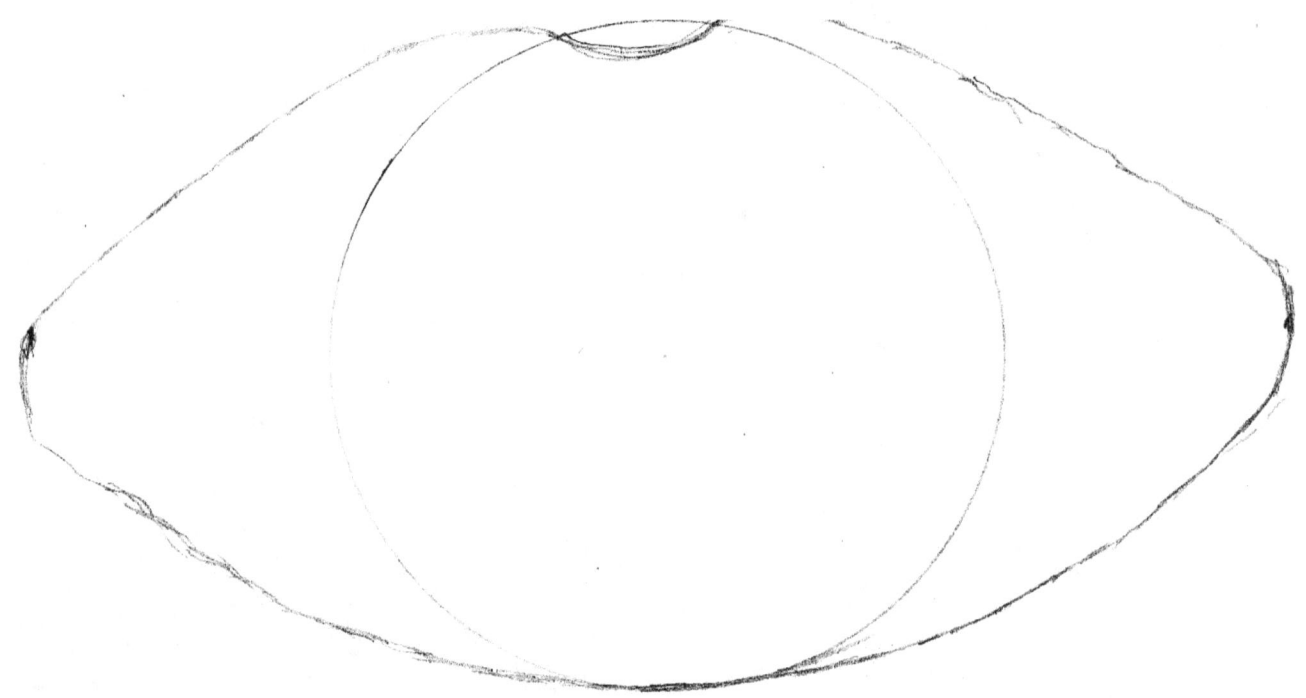

Jetzt können Sie den Kreis wegradieren.

Skizzieren Sie als Nächstes die Innenränder der Lippen und lassen Sie so viel Platz für die Zähne, wie Sie möchten. Die Unterlippe ist normalerweise etwas dicker als die Oberlippe, aber das bedeutet nicht, dass es so sein muss. Sie können jede Form erstellen, da es viele Lippenformen gibt. Sie können im folgenden Bild sehen, wie ich sie skizziert habe.

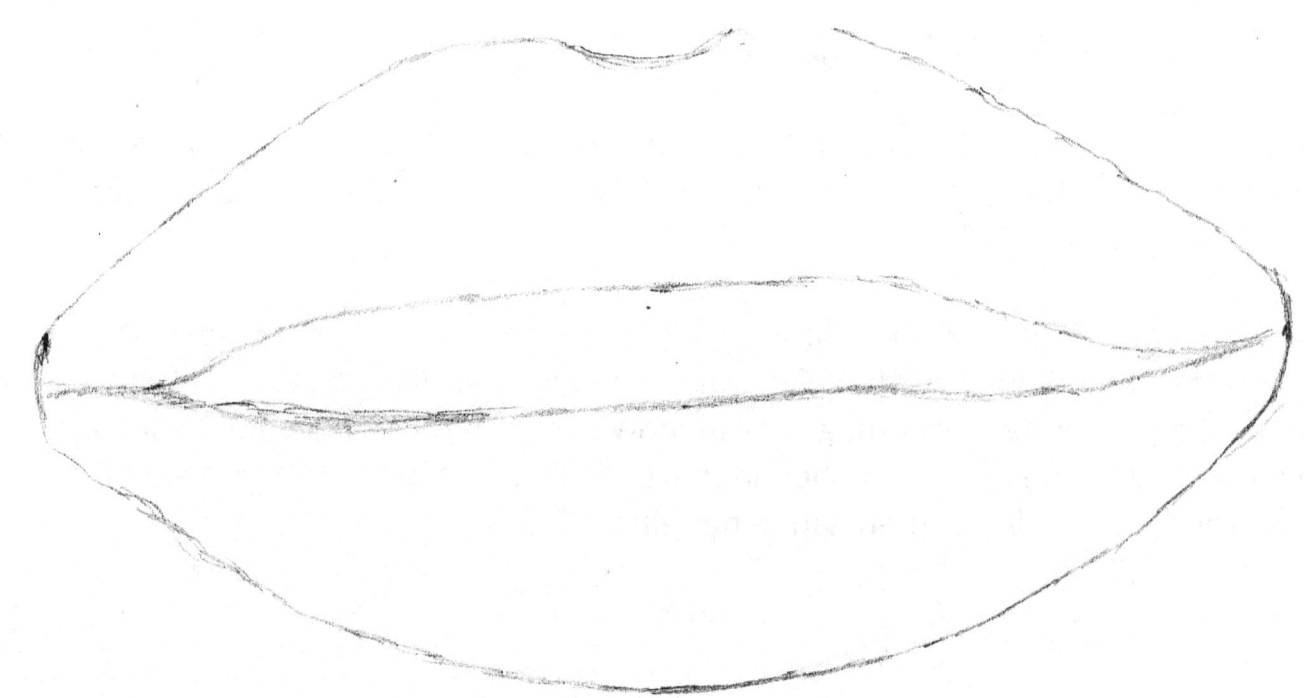

Jetzt können wir die Zähne zeichnen. Sie können sich Referenzfotos oder Ihre eigenen Zähnen im Spiegel anschauen, um zu sehen, wie sie platziert sind. Ich schlage vor, mit der vertikalen Linie in der Mitte zwischen den beiden Vorderzähnen zu beginnen und sie dann immer kleiner zu zeichnen, wenn Sie in Richtung der Ecken zeichnen. Ich habe auch die untere Reihe der Zähne gezeichnet, deren Oberseiten nur sichtbar sind. Der Rest wird von der Unterlippe bedeckt.

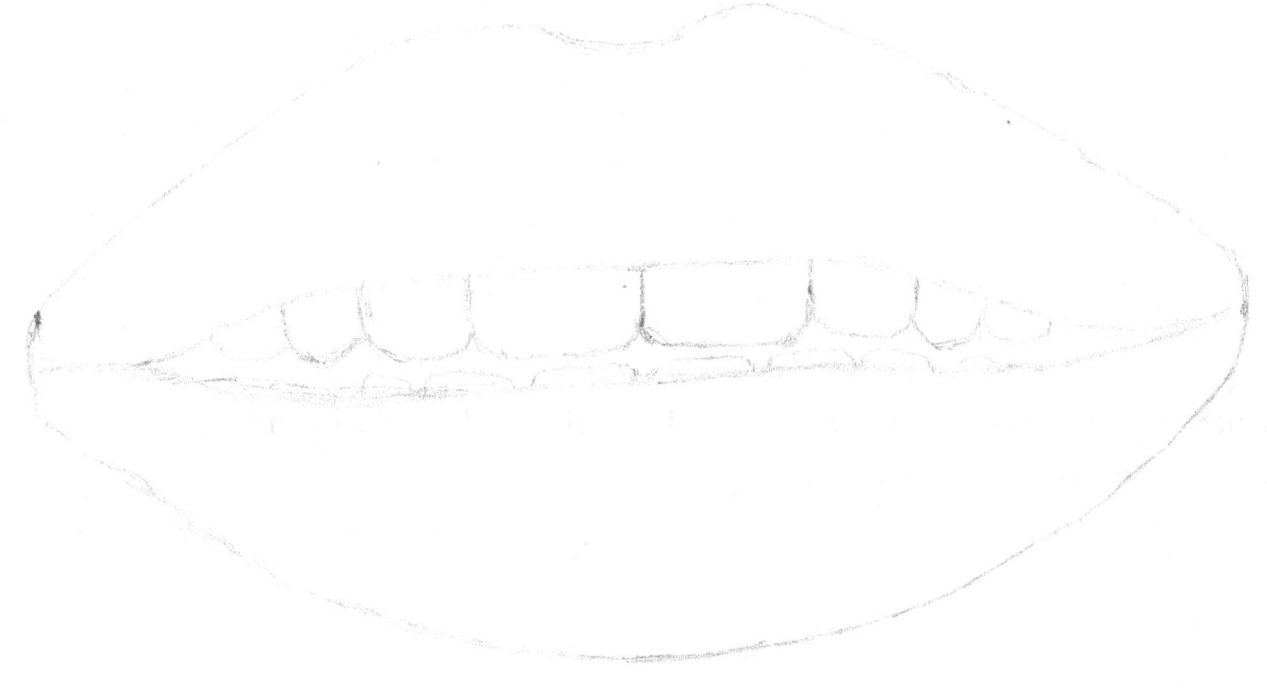

Jetzt lassen Sie uns Schatten spenden!

Ich schlage vor, mit den Zähnen zu beginnen. Die Zähne sind eigentlich weiß, aber wir müssen sie auch schattieren, besonders die, die tiefer im Mund sind und von den Lippen Schatten bekommen.

Ich mache mit einem 6H eine kreisförmige Bewegung, weil ich eine glatte Textur erstellen möchte. Drücken Sie leicht auf die Vorderzähne auf und etwas stärker, während Sie die Zähne in Richtung der Lippenwinkel schattieren. Beginnen Sie dann mit einem 4H für die Innenzähne und beenden Sie die Zähne in den Ecken mit einem 2H. Schattieren Sie auch die unteren Zähne mit einem 2H.

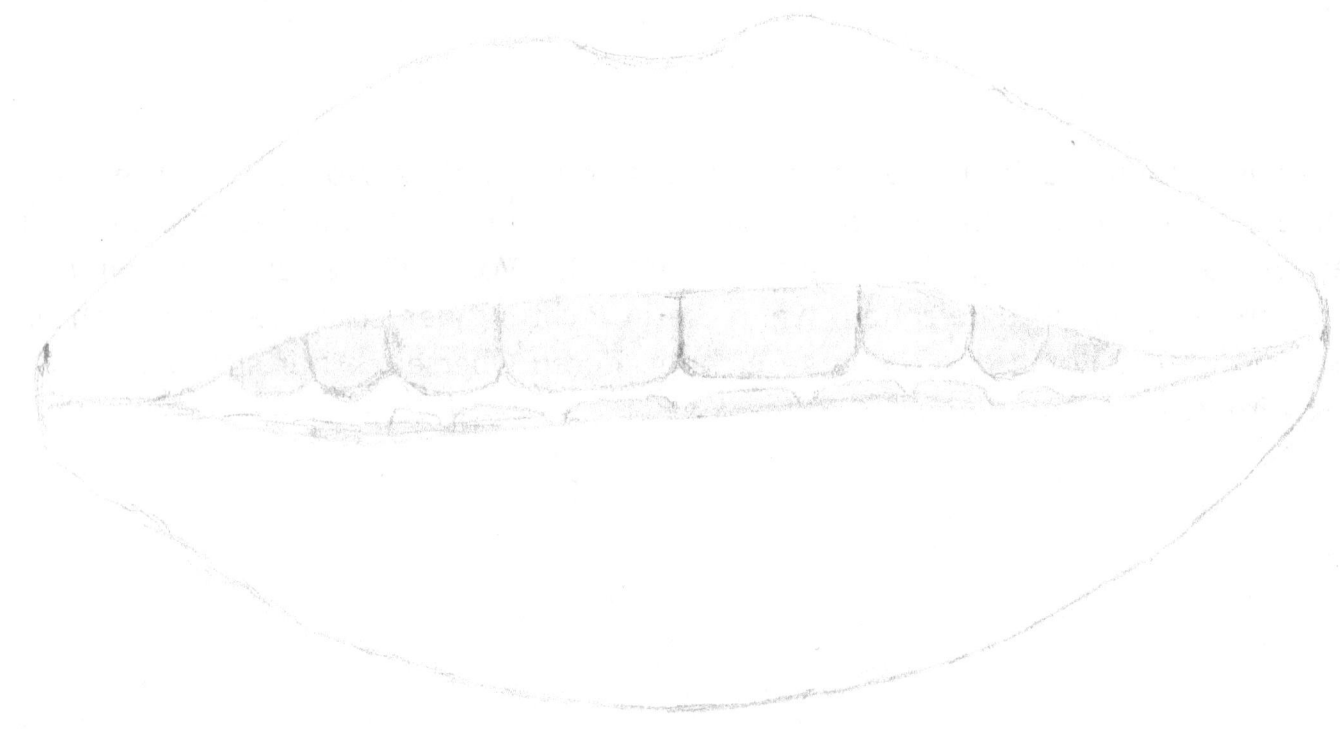

Mischen Sie alles mit einem sauberen Stück eines Wattestäbchens, um die Textur der Zähne zu glätten.

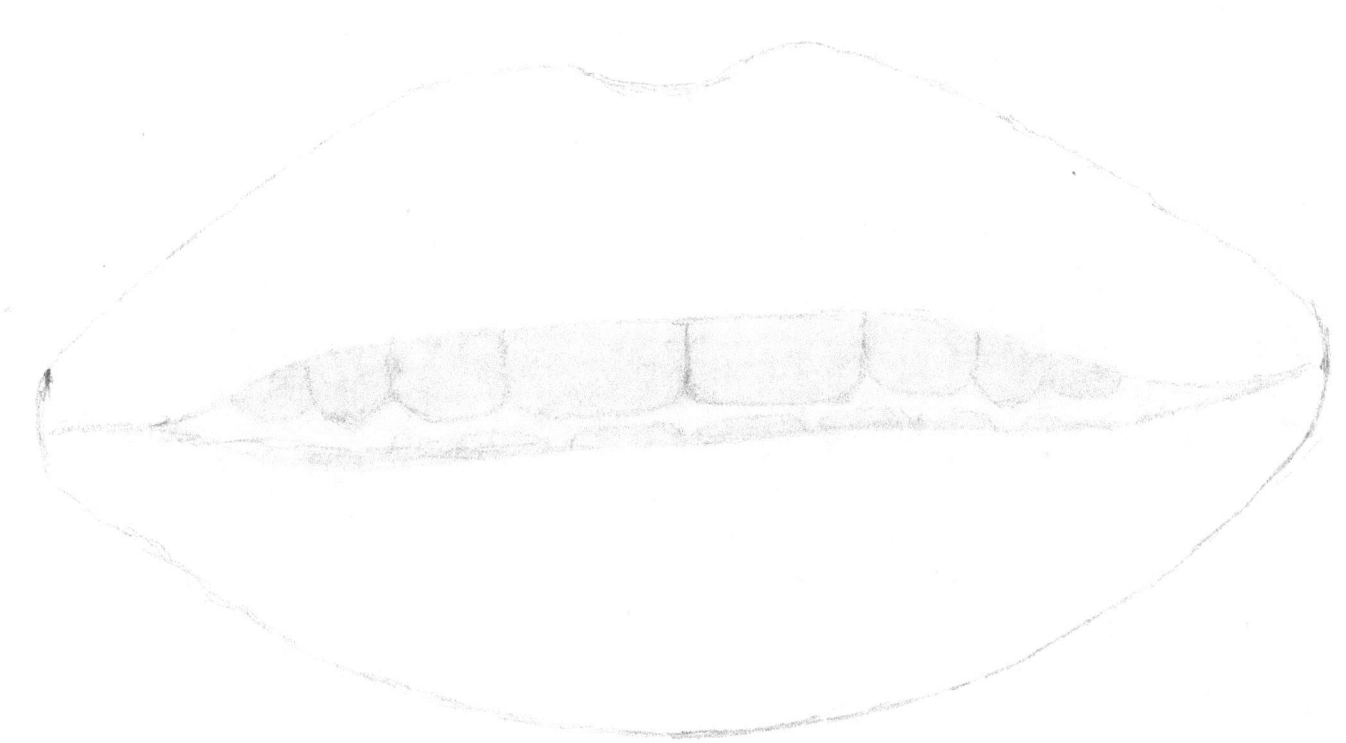

Das Nächste ist, einen Schatten zu erzeugen, der von der Oberlippe über die obere Zahnreihe geworfen wird.

Hierfür können Sie einen 2H oder H verwenden und fest aufdrücken oder einen HB und leicht aufdrücken. Studieren Sie das nächste Bild, um zu sehen, wo ich den Schatten platziert habe.

Sie sollten die inneren Zähne vollständig bedecken, da die Oberlippe einen größeren Schatten über sie wirft, da sie sich tiefer im Mund befinden und weniger Licht erhalten. Dadurch erscheint die Oberlippe näher am Auge des Betrachters und die Zeichnung erhält eine dritte Dimension. Der Schattenwurf ist also immer sehr wichtig. Schattieren Sie auch mit einem H zwischen den Zähnen.

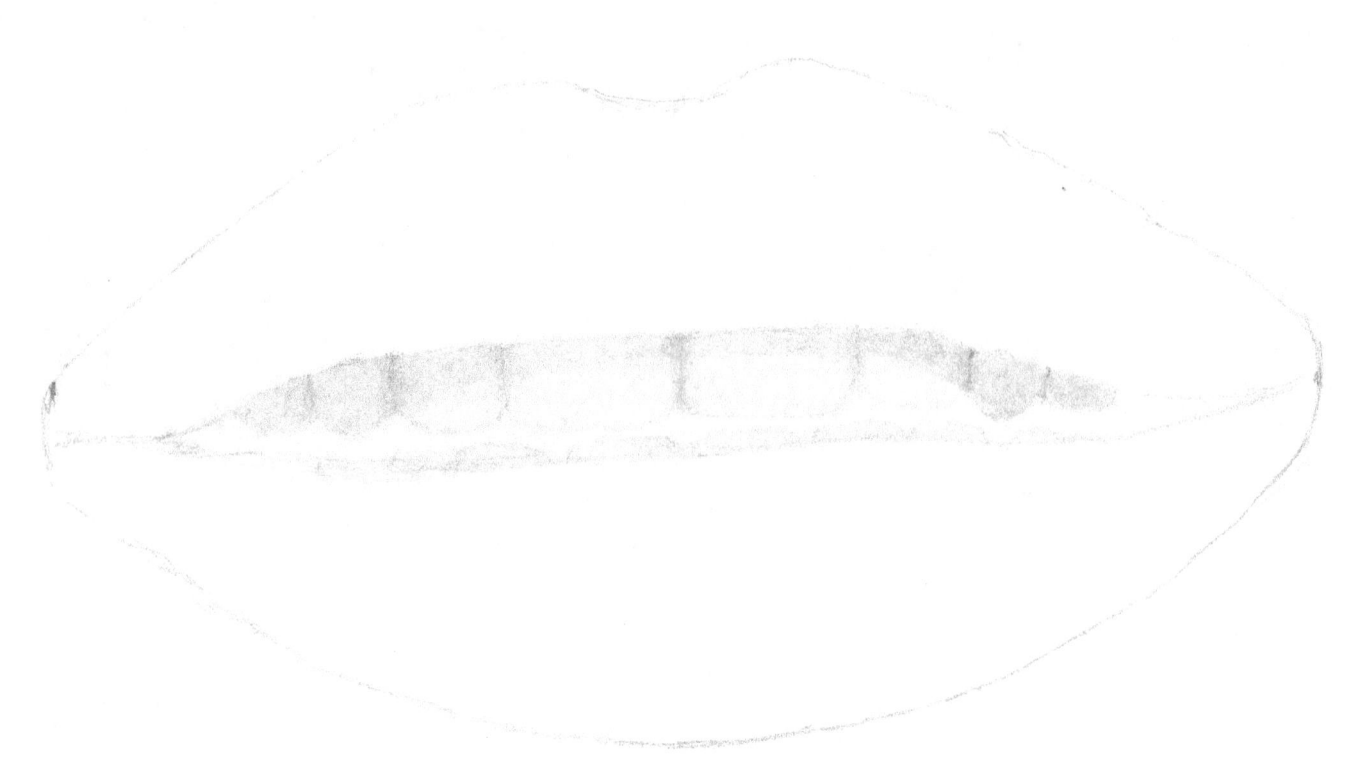

Lassen Sie uns nun hier den inneren Bereich des Mundes mit einem 4B oder dunkler färben. Ich benutze dafür einen 4B. Färben Sie in diesem Schritt also alles außer den Zähnen wie im nächsten Bild gezeigt. Gehen Sie sehr vorsichtig um die Zähne herum vor, da Sie auf diese Weise die Zähne skizzieren und deren Form ändern können und diese dunklen Stifte nicht vollständig wegradiert werden können. Sie sollten über den Bereich gehen und leicht aufdrücken. Wenn Sie sicherstellen, dass alles gut aussieht und genau so ist wie Sie es möchten, gehen Sie noch einmal mit einem 8B oder einem anderen dunklen Stift drüber und drücken Sie fest auf.

Dieser Bereich ist also der innere Teil des Mundes, vielleicht die Zunge oder Zahnfleisch, das kein Licht empfängt, sodass es schwarz ist. Jetzt können Sie sehen, dass die Zähne nicht dunkel aussehen, da wir die Umgebung gezeichnet haben.

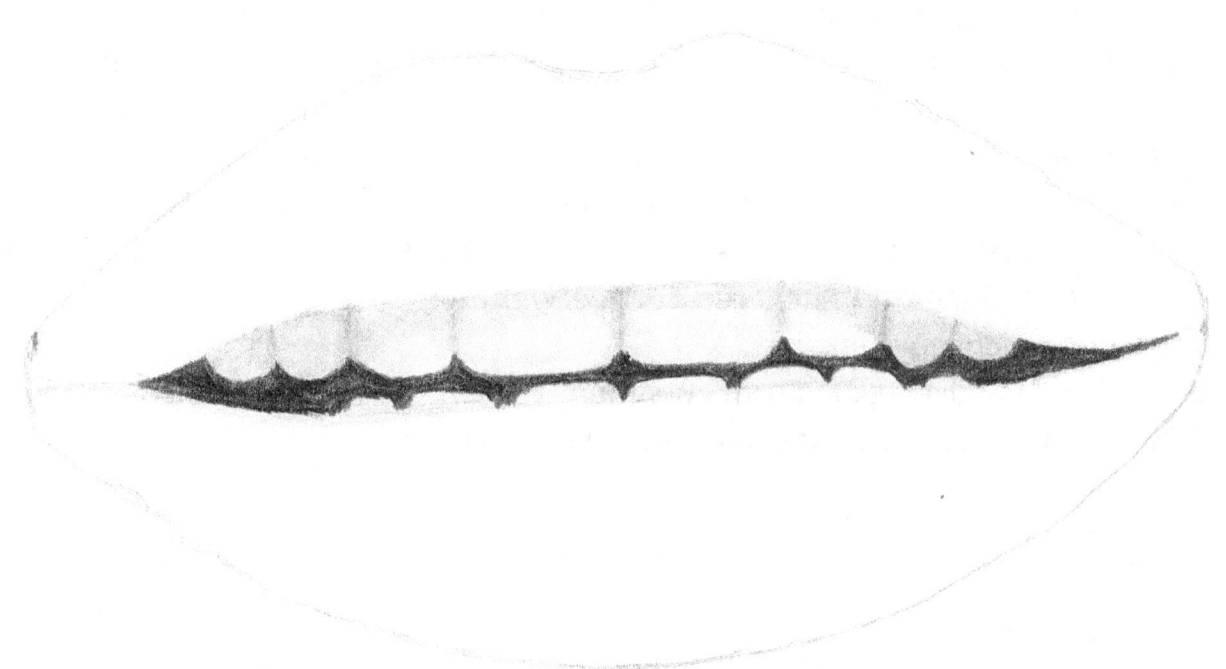

Wie Sie sehen können, gibt es einen scharfen Rand zwischen den Zähnen und dem Hintergrund oder tatsächlich der Mundhöhle, sodass wir ihn mit einem Papierwischer etwas glätten müssen. Verwenden Sie einen Papierwischer, den Sie zuvor noch nicht verwendet haben, und gehen Sie über den Rand zwischen den Zähnen und dem Hintergrund. Wattestäbchen sind zu groß zum Mischen, deshalb sollten wir einen Papierwischer nehmen. Gehen Sie auch zwischen die Zähne, um den Rand zwischen ihnen zu mischen, da er nicht scharf und sauber bleiben sollte. Machen Sie dasselbe mit den unteren Zähnen.

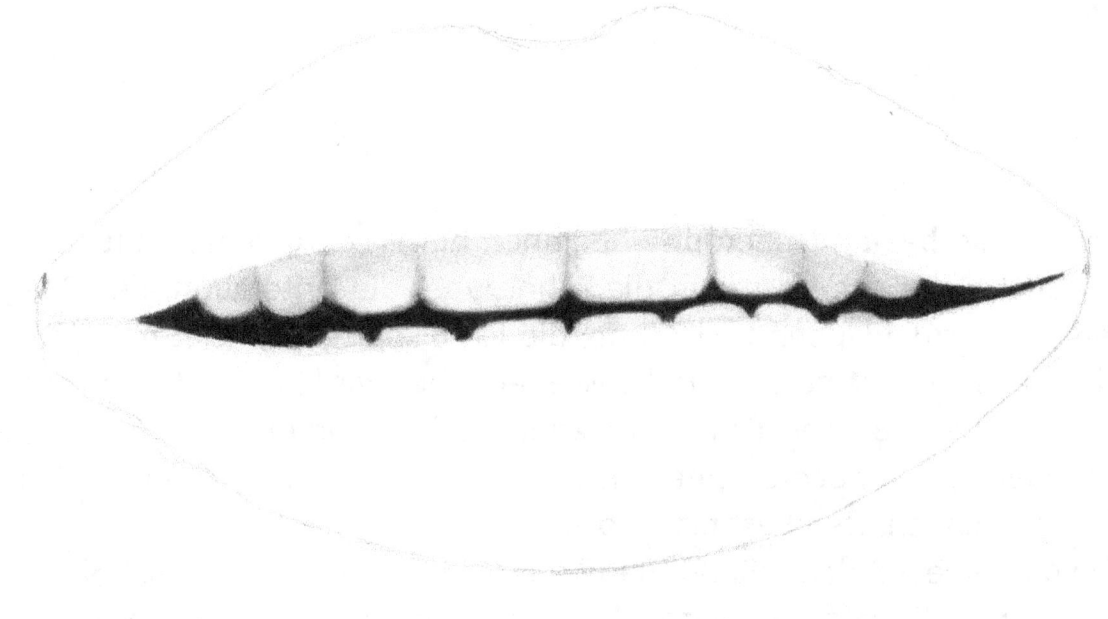

Wenn Sie mit den Zähnen zufrieden sind, können Sie anfangen, die Lippen zu färben.
Wie ich bereits erwähnt habe, möchte ich die Lippen mit einem glänzenden Lippenstift zeichnen, damit ich beide Lippen mit einem 2B färben und natürlich der Richtung der Falten folgen kann. Lassen Sie uns also zuerst die Falten erstellen.

Beginnen Sie in der Mitte der beiden Lippen, wo die Falten vertikal sind, und machen Sie sie dann immer kurviger, wenn Sie sie in Richtung der Ecken zeichnen. Natürlich können Sie einen HB oder sogar einen helleren Stift verwenden, aber ich empfehle einen 2B, da dieser auch noch nicht zu dunkel ist.

Analysieren Sie das nächste Bild, um zu sehen, wo ich die Falten gezeichnet habe, und sehen Sie, dass die Lippen bereits eine runde Form haben.

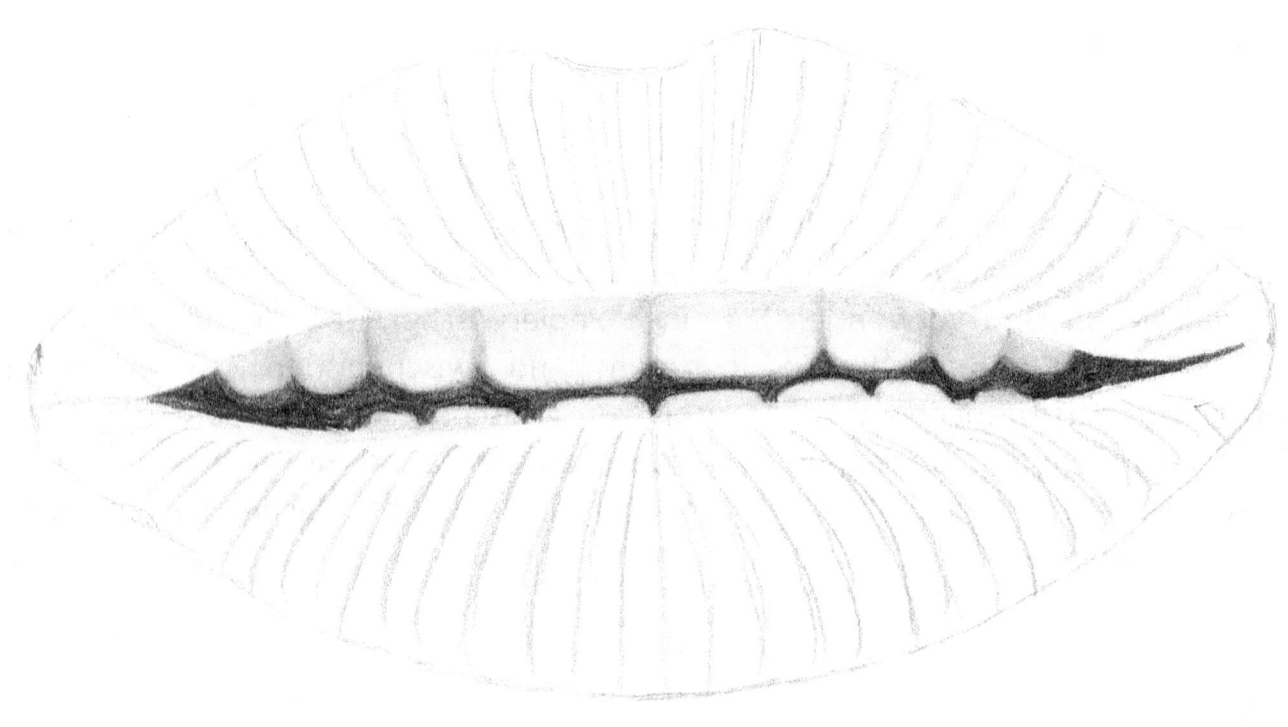

Nun färben wir die beiden Lippen und beginnen neben den Zähnen mit dem Rand mit einem 2B. Drücken Sie sehr fest über die Zähne über die Unterkante der Oberlippe. Sie können sehen, dass die Lippen und Zähne, die ich bisher gezeichnet habe, eher wie ein Lächeln als ein leicht geöffneter Mund aussehen, aber wir können das jederzeit ändern, indem wir mit einem 2B über die inneren Zähne gehen und einen größeren Bereich der Lippen erstellen. Ich möchte einen leicht geöffneten Mund nur mit sichtbaren Vorderzähnen zeichnen. Den Rest nicht so sehr.

Machen Sie dasselbe auf dem oberen Rand der Unterlippe und zeichnen Sie sorgfältig.

Jetzt können wir bei Bedarf die inneren Zähne mit einem HB mehr schattieren.

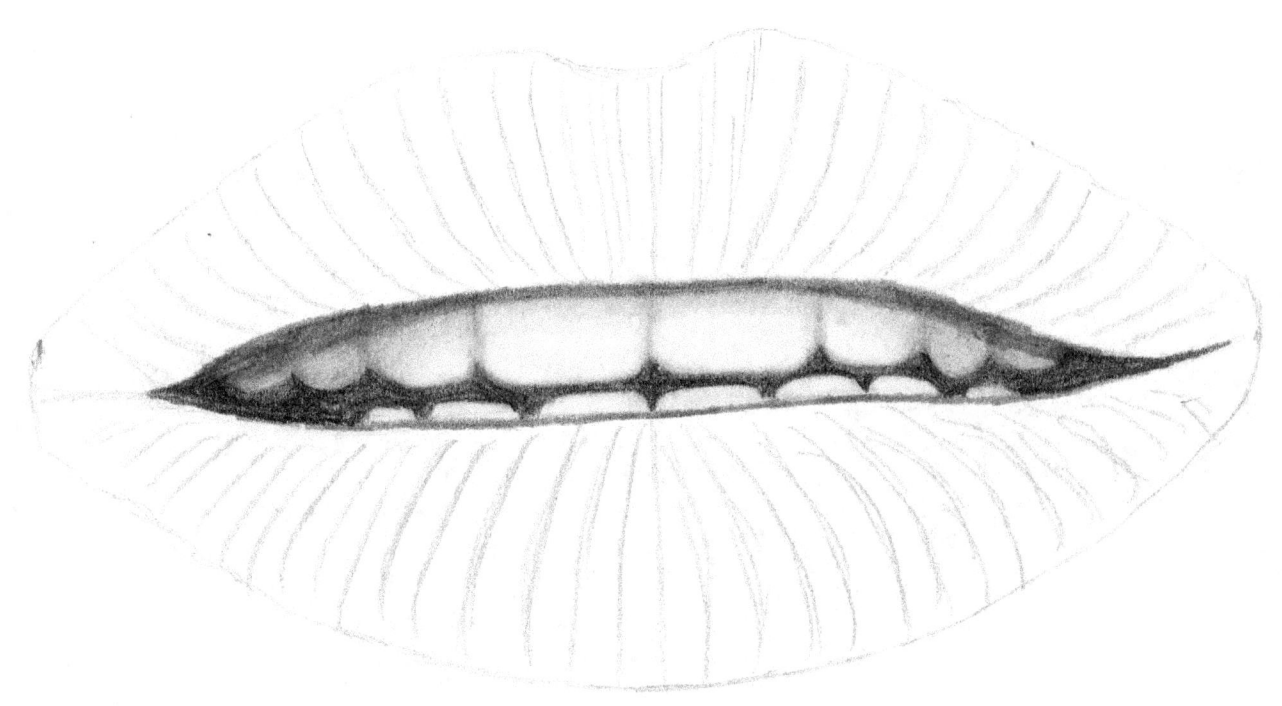

Lassen Sie uns nun beide Lippen färben, indem wir der Richtung der Falten mit einem 2B folgen. Natürlich können Sie hierfür einen dunkleren oder einen helleren Wert verwenden. Decken Sie die gesamten Bereiche beider Lippen ab und machen Sie es sehr vorsichtig neben den Außenrändern. Sie müssen nicht sehr stark aufdrücken. Wie Sie im nächsten Bild sehen können, sieht die Textur noch nicht glatt aus und es gibt sichtbare Linien, aber das ist in Ordnung, weil wir sie mischen werden.

Ich empfehle, einen Stift mit einer meißelförmigen Spitze zu nehmen, damit Sie die Bereiche schneller abdecken können und die Textur noch vor dem Mischen glatter wird. In diesem Schritt wenden wir also nur den Grundwert (die Farbe) der Lippen an, die Lippenstift tragen. Konzentrieren Sie sich auf diese einzelne Handlung, bevor Sie fortfahren.

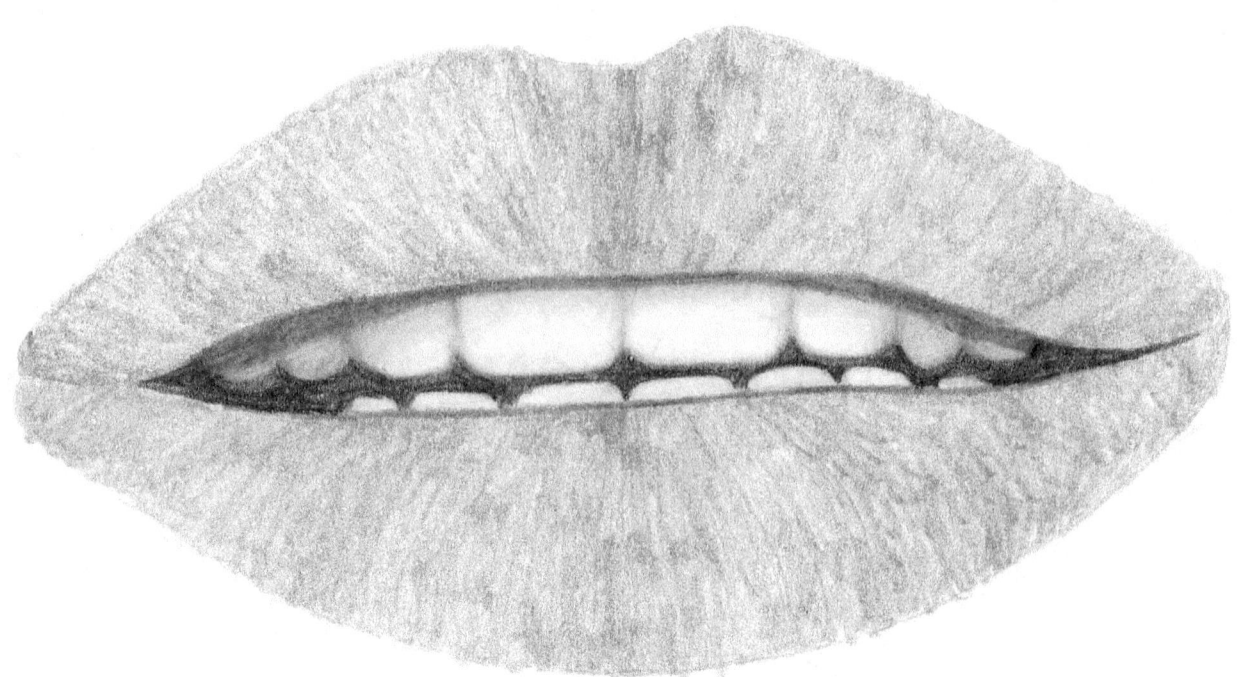

Als Nächstes mischen wir alles mit einem Wattestäbchen und gehen einfach um den Bereich herum, den Sie gerade gezeichnet haben, und drücken Sie sehr fest auf und mischen Sie alles. Ich mache eine kreisförmige Bewegung, um den Graphit gleichmäßig über das Papier zu verteilen. Jetzt können Sie noch einige der Falten und Linien sehen, die ich ursprünglich erstellt habe, als ich Ihnen die Richtung der Falten zeigte, aber es ist in Ordnung, weil sie so aussehen. Es ist also in Ordnung, wenn Sie sie auf Ihrer Zeichnung sichtbar haben.

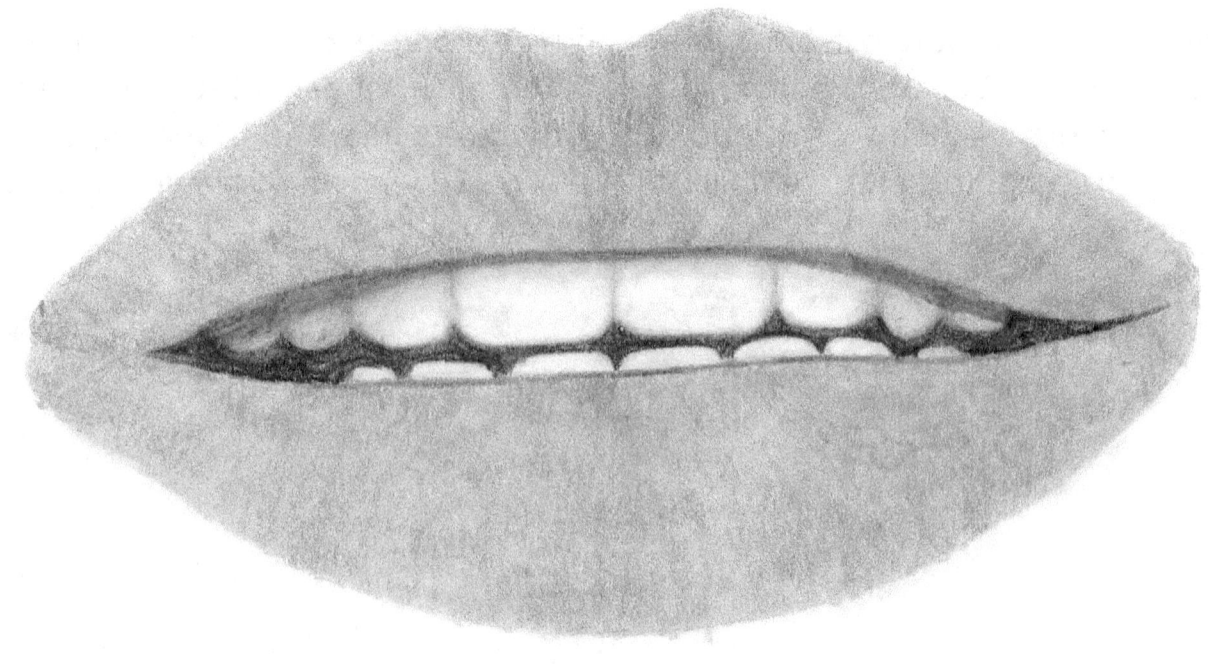

Jetzt können wir einige dunklere Werte neben den Innenrändern der Lippen und in den Ecken erstellen. Hier müssen wir einen Farbverlauf zwischen dem dunklen Umriss, den wir zwischen den Lippen und den Zähnen erstellt haben, und der Grundfarbe der Lippen erstellen, die wir gerade im vorherigen Schritt erstellt haben. Verwenden Sie auch hierfür einen 2B und platzieren Sie die Spitze Ihres Stifts auf dem dunklen Rand, zeichnen Sie davon weg und heben Sie Ihren Stift ab, wenn Sie den Strich beendet haben, um einen Farbverlauf zwischen diesen Werten zu erlangen. Hier zeichnen wir zufällig einige längere Linien, um die Falten anzuzeigen. Mischen Sie alles mit einem Papierwischer.

Da die Ecken immer weniger Licht erhalten, können sie ziemlich dunkel sein, sodass wir beim Schattieren der beiden Ecken stärker aufdrücken können. Es gibt keine Falten in den Lippenwinkeln oder sie sind sehr klein, sodass wir dort eine glattere Textur erzeugen können. Wir müssen also viele Werte schaffen, um den Lippen Form zu geben, damit sie proportional und rund aussehen.

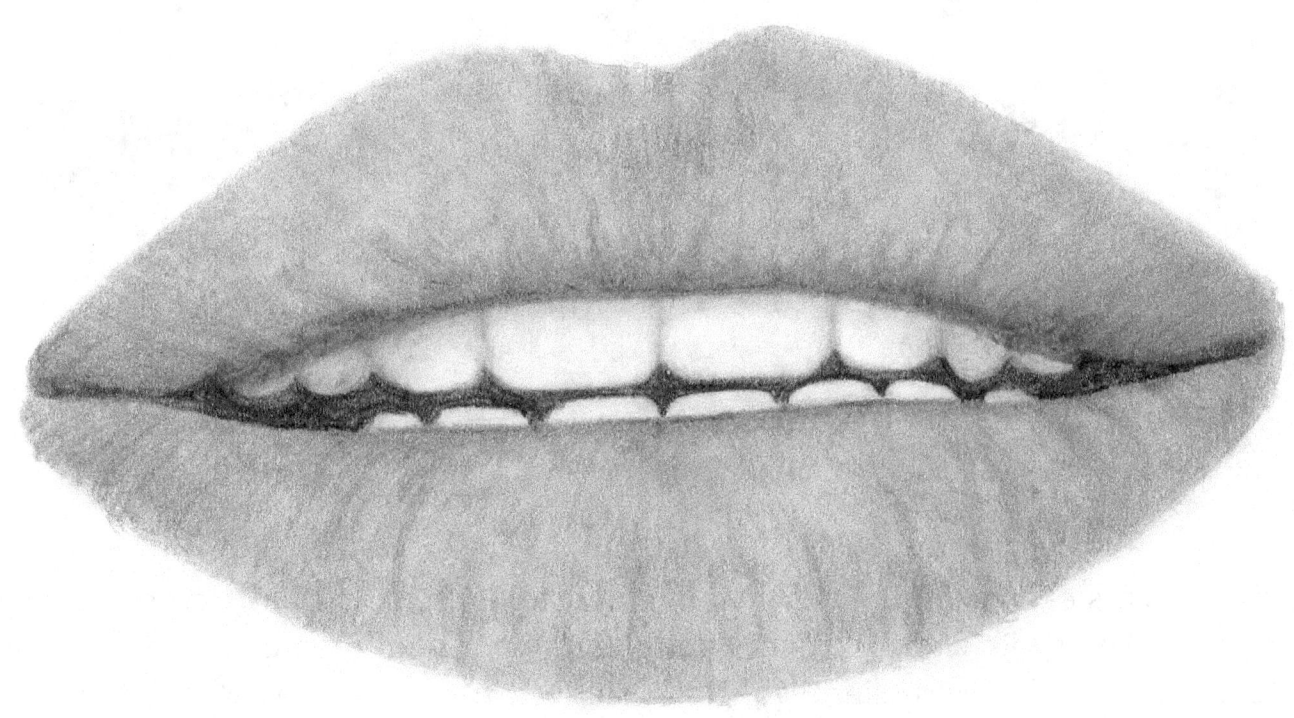

Jetzt können wir dasselbe neben dem Außenrand machen. Auf der Unterlippe haben wir eine Art gebogenen Rand. In meinem Fall sind es zwei Millimeter, die mit einem dunkleren Wert schattiert werden sollten. Hier können Sie auch einen 2B verwenden und stärker aufdrücken oder sogar einen 3B oder 4B.

Wenn Sie den oberen Bereich der Oberlippe schattieren, lassen Sie den Rand (ebenfalls ca. 2 Millimeter) weg, da der Rand nach innen gebogen ist und mehr Licht empfängt. Schattieren Sie also einfach darunter, wie im folgenden Bild gezeigt. Und hier drücke ich sehr fest unter dem Rand auf und dann lasse ich den Druck bei jedem Strich nach. Und natürlich können wir Falten zeichnen, aber im oberen Bereich haben wir nicht so viele Falten. Eigentlich haben wir winzige Falten. Die tiefen Falten befinden sich im unteren Bereich.

Drücken Sie immer weniger in der Mitte der Lippe auf, da der mittlere Bereich näher am Auge des Betrachters erscheinen sollte und das erreichen wir, indem wir ihn heller machen.

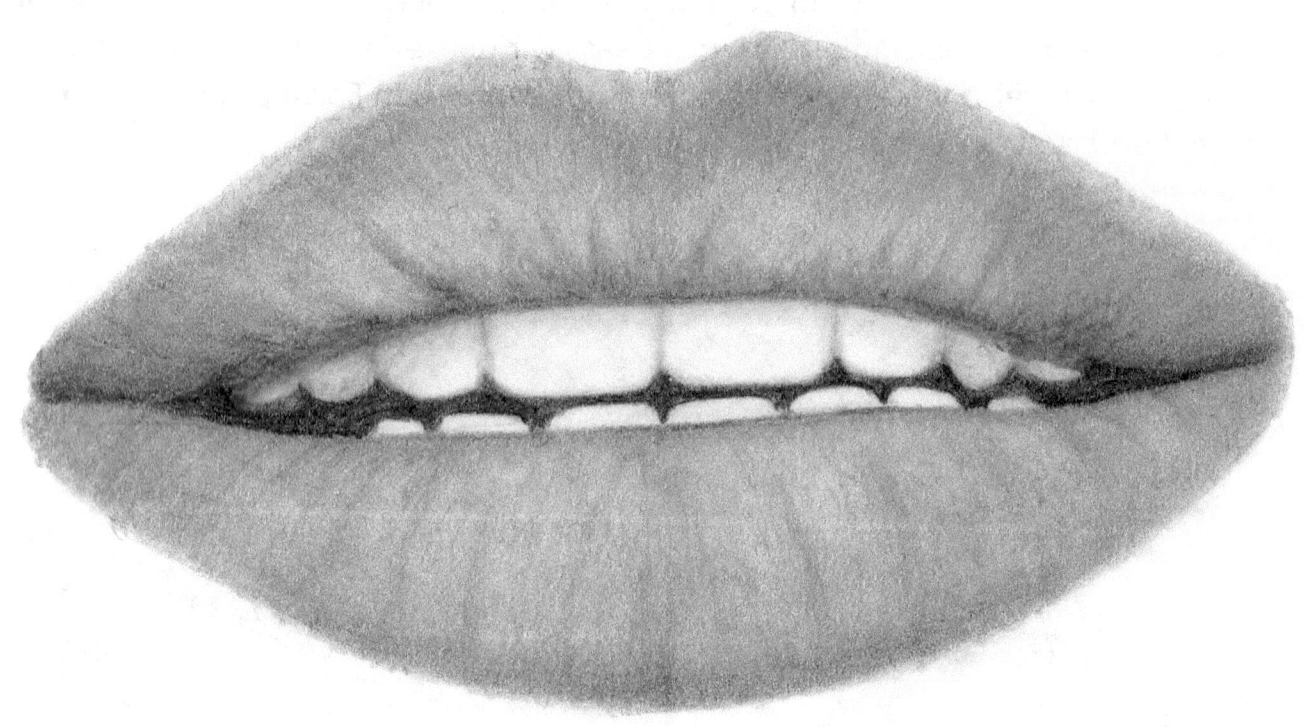

Als Nächstes erstellen wir die Highlights und hier stelle ich mir zwei Arten von Highlights vor: Die Highlights, die wir mit einem Radiergummi erstellen müssen, die der Lippe die runde Form verleiht, und die Highlights, die wir mit einem weißen Tintengelstift auftragen, der den Lippen Glanz verleiht.

Radieren Sie als ersten Schritt mit einem gekneteten Radiergummi etwas Graphit in der oberen horizontalen Hälfte der Unterlippe weg. Hier haben wir den stark beleuchteten Teil, aber da wir die Lippen mit Lippenstift zeichnen möchten, ist er nicht weiß, aber er muss heller sein als die Umgebung. Deshalb müssen wir zwei Arten von Highlights erstellen. Setzen Sie einfach die Spitze Ihres gekneteten Radiergummis auf, drücken Sie

sie auf das Papier und heben Sie sie schnell ab. Sie werden sehen, dass der Bereich etwas heller, aber nicht zu hell wird, weil wir ihn nicht zu hell machen wollen, sondern nur, um ihm eine runde Form zu geben. Wenn Sie es übertreiben, gehen Sie einfach mit einem Wattestäbchen drüber. Wir müssen das gewölbte Highlight erstellen, damit wir den mittleren Bereich der Lippen radieren können, und er muss dunkler werden und etwas nach oben in Richtung der Ecken gehen.

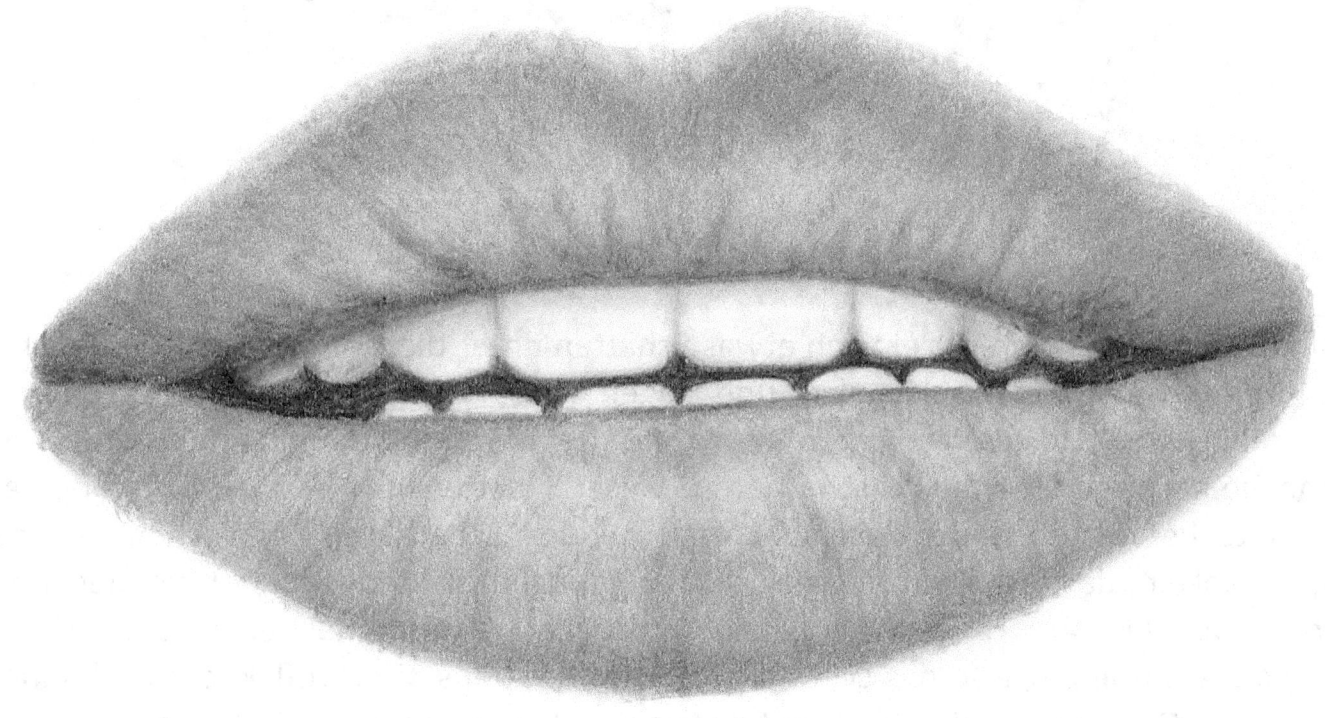

Jetzt sehen die Lippen so aus, als würden sie einen matten Lippenstift tragen, es kann sogar so bleiben, aber lassen Sie uns die Highlights kreieren, die die Lippen sehr glänzend und leuchtend machen. Dafür verwende ich einen 1 mm dicken weißen Marker von Uni Posca, aber Sie können auch einen weißen Tintengelstift oder ein anderes undurchsichtiges Medium verwenden, das auf Graphit aufgetragen werden kann.

Erstellen Sie also die glänzenden Bereiche dort, wo sie möglicherweise zu finden sind, normalerweise auf den gebogenen Bereichen, aber das hängt natürlich von der Lichtquelle ab. Studieren Sie das nächste Bild, um zu sehen, wo ich mit diesem Stift gezeichnet habe. Zeichnen Sie außerdem die Linien und Punkte nach dem Zufallsprinzip. Wenn Ihnen das, was Sie mit diesem Stift erstellt haben, nicht gefällt, entfernen Sie es einfach mit Ihrem Nagel. Wenn das Highlight weniger hell sein soll, tippen Sie einfach mit dem Finger darauf. Wir können auch einige Highlights auf den Zähnen auftragen, damit sie glänzend und feucht aussehen.

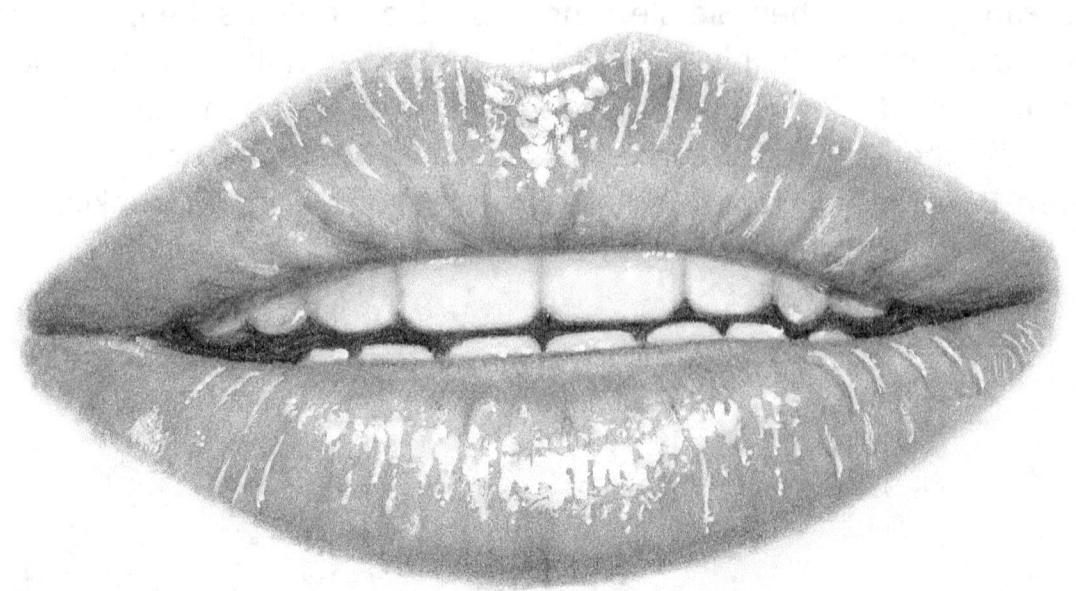

Als letzten Schritt fügen wir einfach etwas Schatten unter die Unterlippe hinzu. Tauchen Sie Ihren Q-Tip in das Graphitpulver und tragen Sie es direkt unter der Unterlippe auf, wie im nächsten Bild gezeigt. Tragen Sie mehr in der Mitte und dann immer weniger auf, wenn Sie nach rechts und links schattieren. Dieser Schattenwurf lässt die Unterlippe auf der Seite hervorstehen und erscheint noch runder. Schattieren Sie auch neben den Lippenwinkeln, da diese Haut hier nach innen gebogen ist, und auch den tief liegenden Bereich auf dem Amorbogen. Als Letztes erzeugen Sie das reflektierte Licht auf dem Rand der Unterlippe , also das Licht, das von der Haut des Kinns reflektiert wird, indem ein Teil des Graphits mit einer spitzen Spitze eines Radiergummis radiert wird.

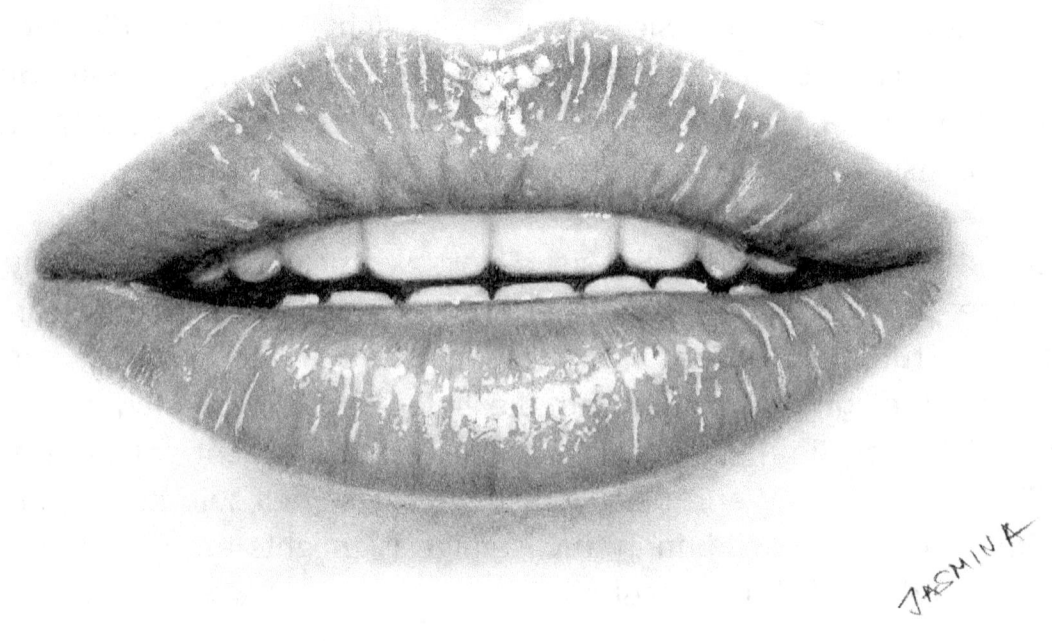

WIE MAN KÜSSENDE LIPPEN ZEICHNET

Lassen Sie uns als Nächstes küssende Lippen zeichnen.

Auch hier müssen wir mit einem Kreis beginnen. Ich möchte, dass der Durchmesser der Kusslippen etwa 6 Zentimeter beträgt, damit Sie wissen, wie groß mein Zeichenbereich ist, falls Sie dieselbe Größe zeichnen möchten.

Zeichnen Sie also mit einem Zirkel in der Mitte Ihres Blattes einen Kreis. Der Kreis muss nicht einmal perfekt rund sein, wir brauchen ihn nur zur Orientierung.

Da die Form der Kusslippen normalerweise nicht die Form eines Kreises hat, müssen wir sie auf der linken und rechten Seite verlängern, wie im nächsten Bild gezeigt. Um über den Kreis zu gehen und als Fortsetzung, beginnen Sie, sich vom Kreis zu trennen, und erstellen Sie die Ecken der Lippen, die etwas weiter vom Kreis entfernt platziert werden müssen.

Radieren Sie dann die Teile des Kreises weg, die nicht zu den Umrissen der Lippen gehören. Erstellen Sie als Nächstes einen Rand zwischen den beiden Lippen. Sie können in der Mitte direkt unter dem Loch der Nadel Ihres Zirkels beginnen und eine Wellenlinie in Richtung der Ecken zeichnen.

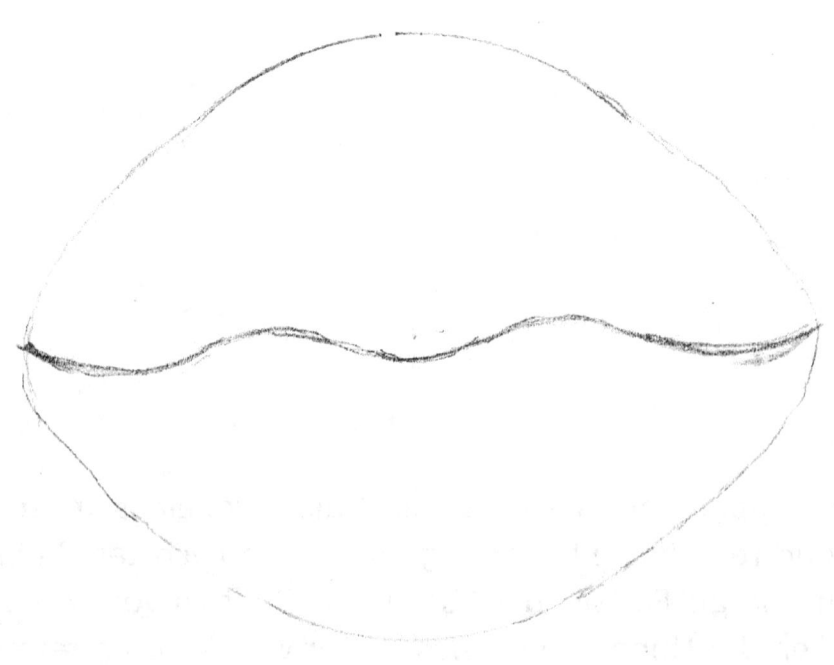

Skizzieren Sie den Amorbogen, indem Sie oben und innerhalb des Kreises eine winzige, kurvige Linie erstellen.

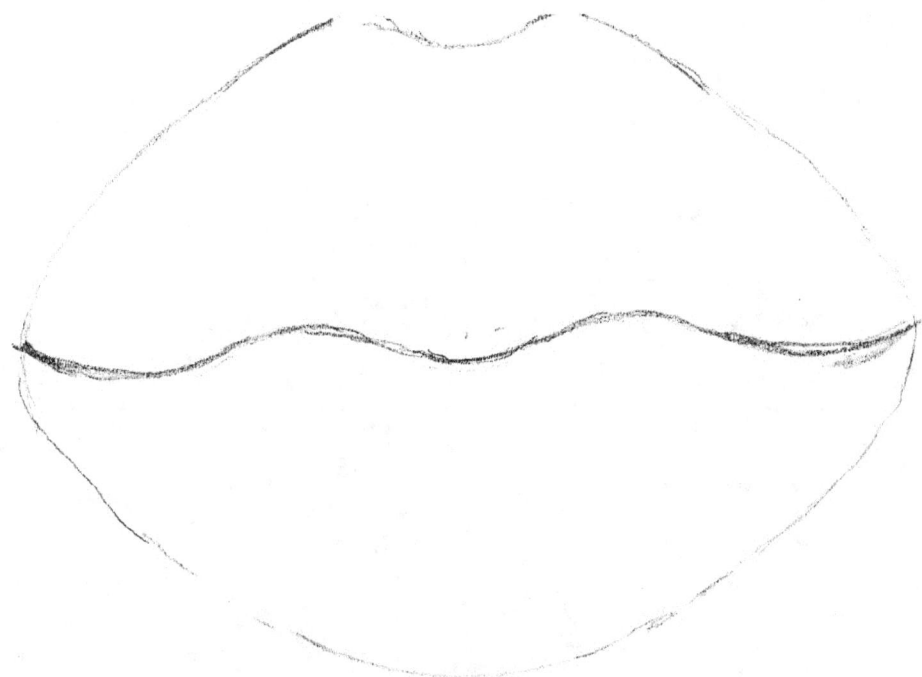

Jetzt können wir die Lippen in Richtung der Falten färben, genau wie in den beiden vorherigen Tutorials. Aber zuerst bestimmen wir die Position der Falten. Sie sind also vertikal in der Mitte und sollten kurvig werden, wenn wir sie in Richtung der Ecken zeichnen. In den Ecken haben wir keine Falten.

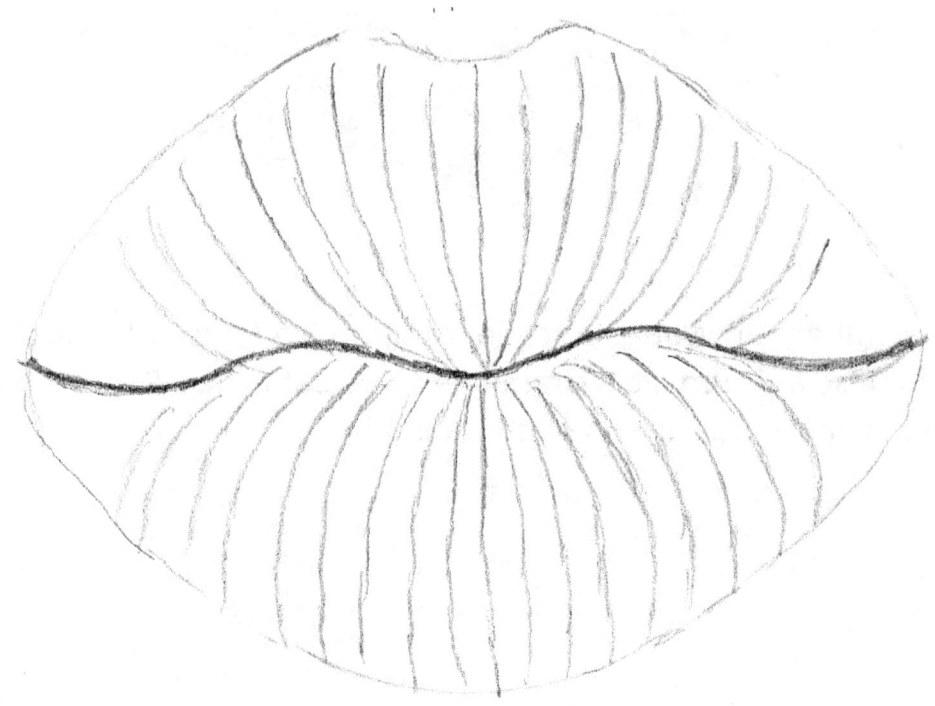

Als nächstes färben Sie den gesamten Bereich beider Lippen. Ich verwende einen HB mit einer Spitze in Meißelform, um die Bereiche schneller färben zu können. Folgen Sie einfach der Richtung der Falten und bedecken Sie beide Lippen mit dem Bleistift Ihrer Wahl.

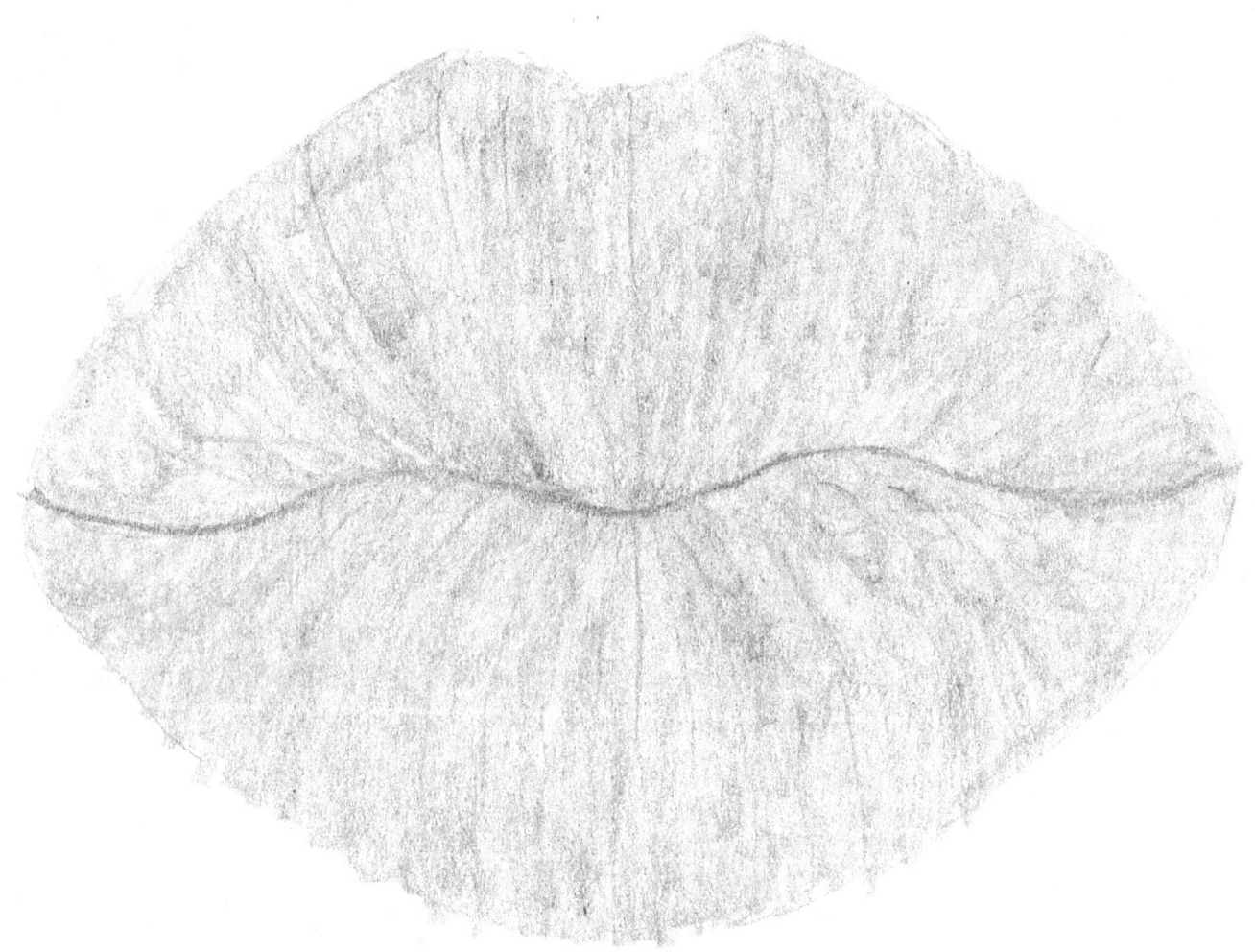

Mischen Sie alles mit einem Wattestäbchen, machen Sie kreisende Bewegungen an und drücken Sie sehr fest auf, um den Graphit in den Zahn des Papiers zu prägen. Jetzt können Sie sehen, wie die Lippen viel glatter aussehen.

Als Nächstes erstellen wir die schattierten Bereiche und beginnen mit dem unteren Teil der Oberlippe, um den Eigenschatten neben dem Rand zwischen den beiden Lippen zu erstellen, da dieser weniger Licht empfängt. Ich benutze einen 2B, drücke stärker neben dem Rand zwischen den beiden Lippen auf und lasse den Druck auf meinen Bleistift nach, wenn ich nach oben schattiere, weil wir einen glatten Farbverlauf zwischen den Schatten und dem Grundton der Lippen erzeugen müssen. Ich halte irgendwo in der Mitte an, weil der obere Teil heller bleiben muss.

Nachdem wir ein wenig schattiert haben, können wir diesen Bereich mit einem Wattestäbchen oder einem Papierwischer mischen und dann wieder drübergehen, bis wir den Wert erreichen, den wir brauchen.
Zwischen den beiden Lippen müssen wir keinen zu starken Schatten erzeugen, da beide Lippen in der Kussposition abgeflacht sind und ihre inneren Teile auch ziemlich viel Licht empfangen, was in ihrer normalen Position nicht der Fall ist.

Es ist wichtig, die Schatten und Highlights erst allgemein zu erstellen und dann erst Details wie Falten usw.

Erstellen Sie die schattierten Bereiche, die nicht so dunkel sind wie die Bereiche, die wir gerade erstellt haben, aber viel heller und dennoch dunkler als der Grundwert der Lippen. Sie sind normalerweise im unteren Bereich der Unterlippe, wo die Lippe weniger Licht erhält. Schattieren Sie diese Bereiche mit einem HB.
Wenn Sie den oberen Teil der Oberlippe schattieren, lassen Sie den oberen Rand aus, da er hervorgehoben werden muss, weil er gebogen ist und mehr Licht erhält. Schattieren Sie also direkt unter diesem Rand und lassen Sie ihn unberührt.
Schattieren Sie auch etwas in den Ecken direkt unter der Oberlippe, da dort keine hervorstehenden Muskeln sind.

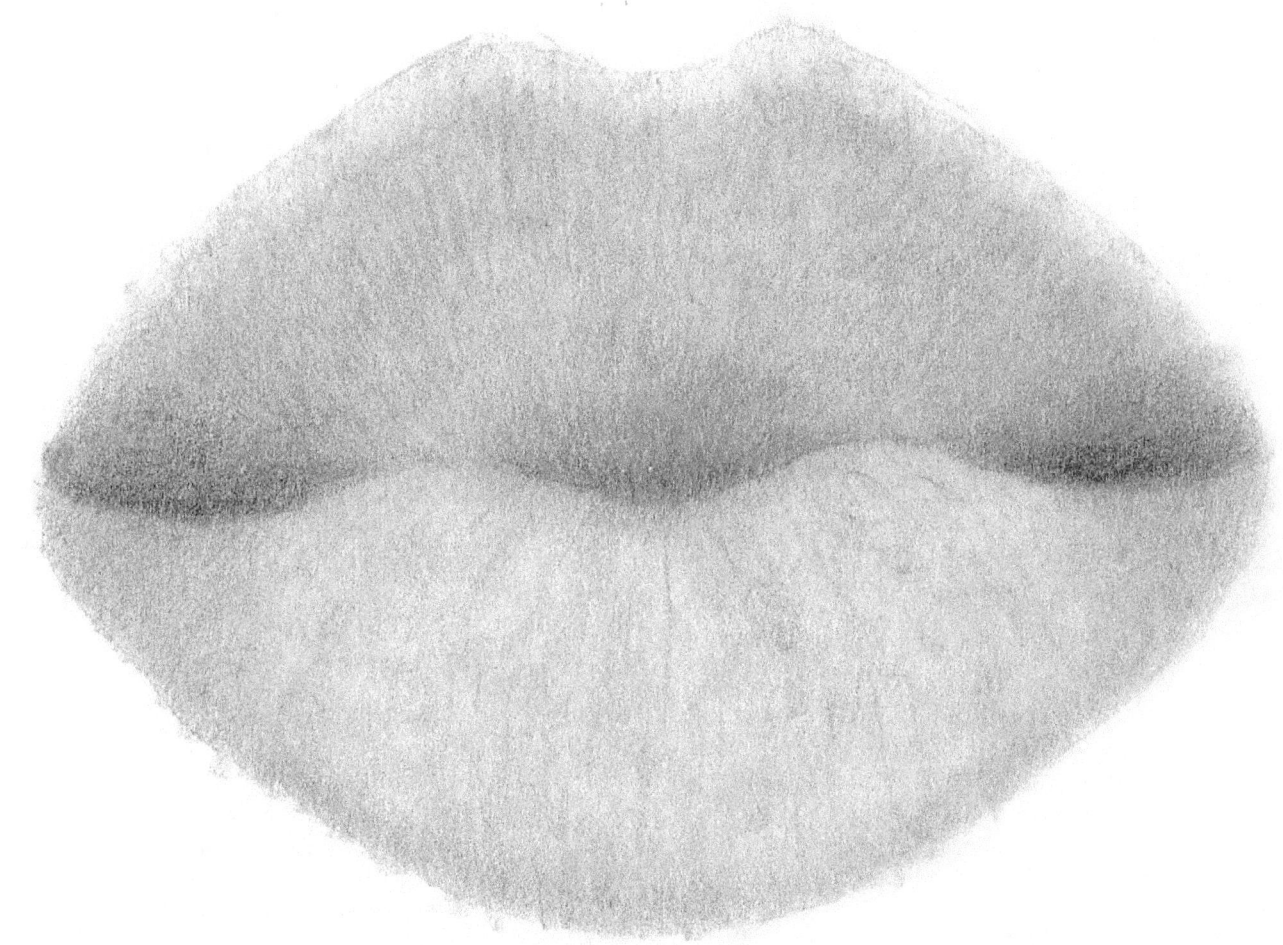

Und jetzt erstellen wir die Highlights, indem wir den Graphit radieren. Wie ich bereits in den vorherigen Tutorials zu den Lippen erwähnt habe, müssen wir zwei Arten von Highlights erstellen: Die allgemeinen Highlights und die Highlights, die wir mit einem weißen Tintengelstift auftragen müssen, damit die Lippen feucht oder glänzend erscheinen.

Um die erste Art von Highlights zu bekommen, radieren Sie etwas Graphit im oberen Bereich der Unterlippe. Berühren Sie das Papier vorsichtig mit einem Radiergummi, da Sie nicht zu stark aufhellen wollen. Nur ein bisschen, um ihn heller zu machen als den Rest der Lippen.
Machen Sie dasselbe auf dem oberen Rand der Oberlippe, damit sie noch gebogener aussieht.

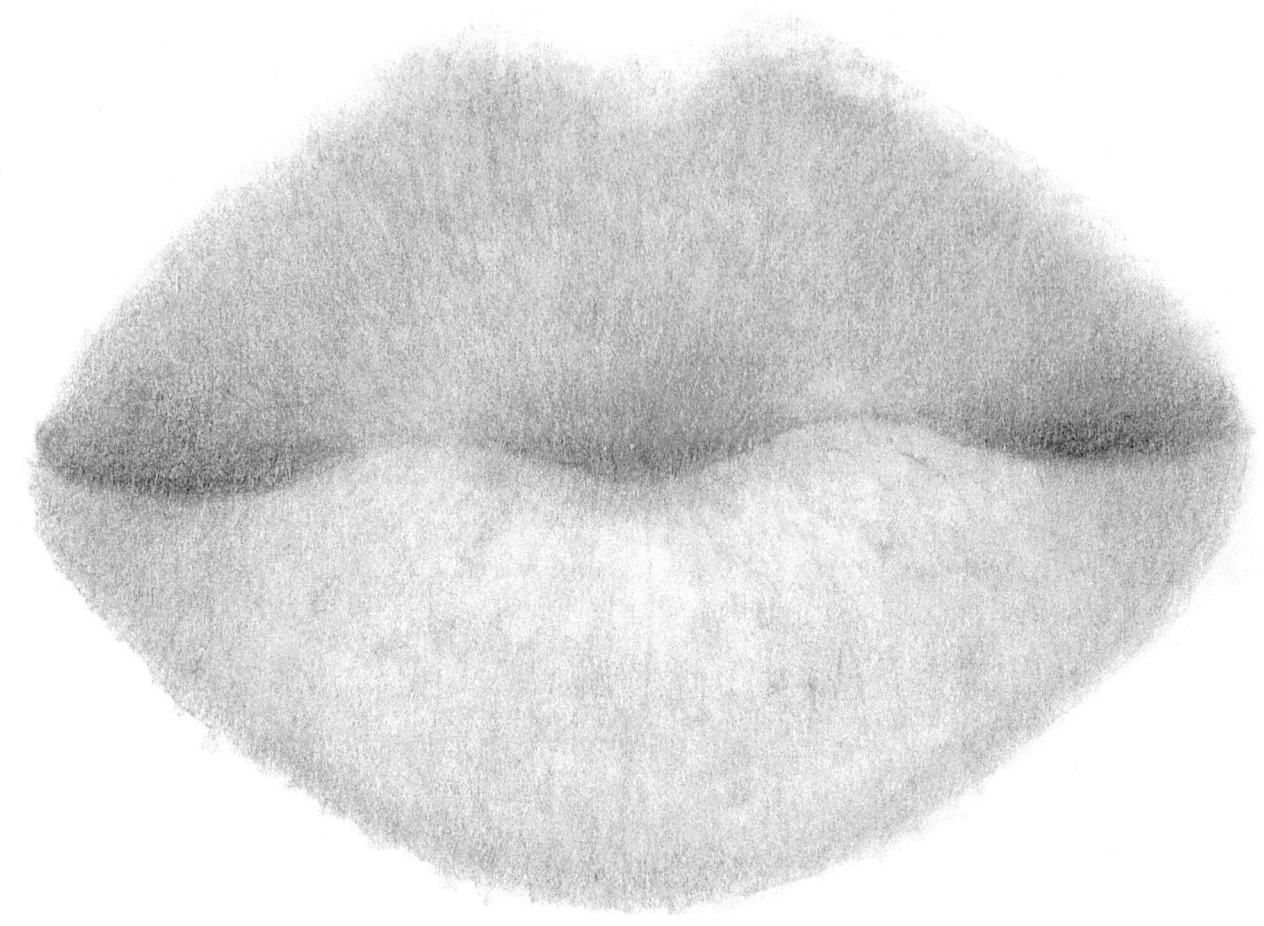

Als Nächstes erzeugen Sie einige Falten, weil sie bei Kusslippen gut sichtbar sind. Ich benutze dafür einen HB und möchte sie natürlich in Richtung der Falten zeichnen, die ich ganz am Anfang gezeichnet habe. Die Falten sollten in der Mitte am dunkelsten sein und jede von ihnen muss einen Farbverlauf zwischen dem dunkelsten Teil und dem Grundton der Lippen haben. Drücken Sie also einfach fest in der Mitte der Falte auf und dann immer weniger, wenn Sie von der Falte weg schattieren.

Erstellen Sie verschiedene Falten, wie im nächsten Bild gezeigt. Sie sollten nicht in beliebiger Reihenfolge angeordnet werden. Einige von ihnen sollten über die gesamte Lippe gehen, andere sollten nur über die Hälfte der oberen Hälfte der Lippe gehen. Wie ich bereits erwähnte, haben wir in den Ecken keine wirklichen Falten.

Im nächsten Bild sehen Sie, dass ich auch einige winzige horizontale Falten gezeichnet habe.

Nachdem Sie alle gewünschten Falten gezeichnet haben, mischen Sie sie mit einem Papierwischer.

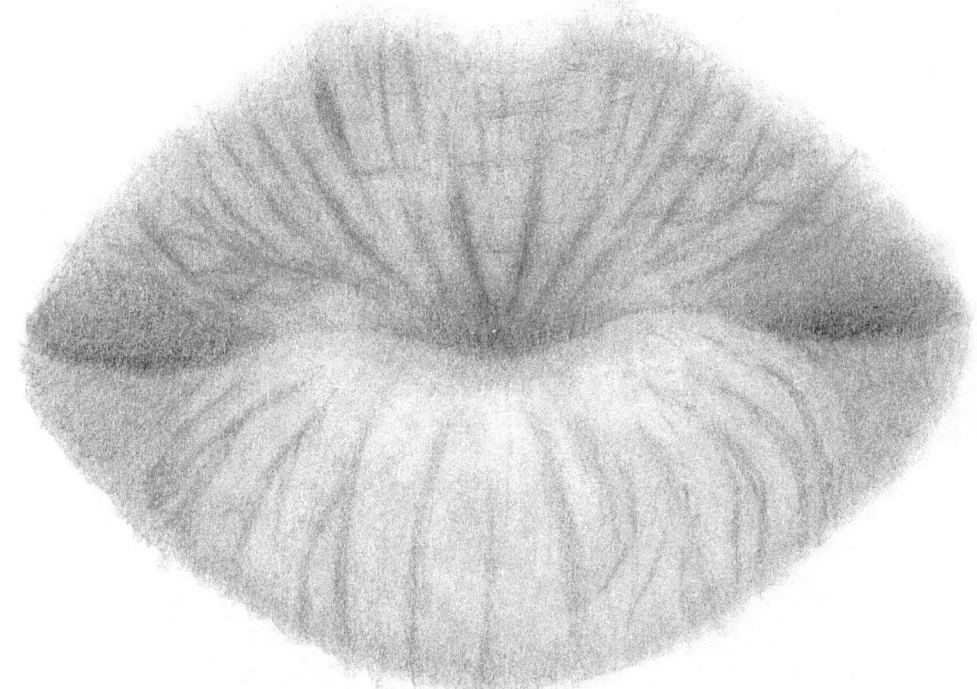

Aber wie Sie jetzt sehen können, sehen diese Falten nicht wie Falten aus, sondern wie ein Bündel von Linien ohne Highlights. Erstellen wir also die Highlights zwischen den Falten, um die hervorstehende Haut zwischen ihnen anzudeuten. Nehmen Sie einen spitzen Radiergummi und entfernen Sie etwas Graphit zwischen den Falten. Das sind die ersten Highlights, die ich erwähnt habe, die Highlights der Haut, die die runde Form der Haut zwischen den Falten andeuten.

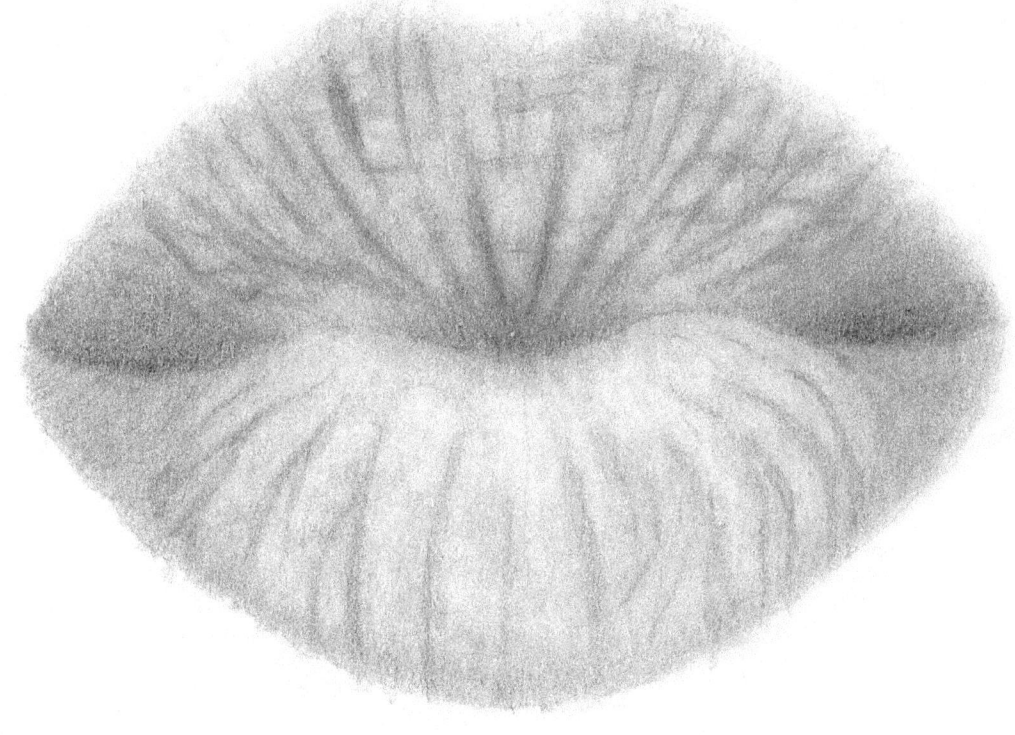

Zuletzt können wir die Highlights mit einem weißen Tintengelstift oder einem weißen, undurchsichtigen Marker erstellen, der die Lippen feucht erscheinen lässt.

Zeichnen Sie längere und kürzere Linien und Punkte zwischen den beiden Lippen und natürlich auf die hervorgehobenen, hervorstehenden Bereiche. Analysieren Sie das nächste Bild, um zu sehen, wo ich die Highlights mit meinem weißen Marker von Uni Posca 0,7 mm gezeichnet habe.

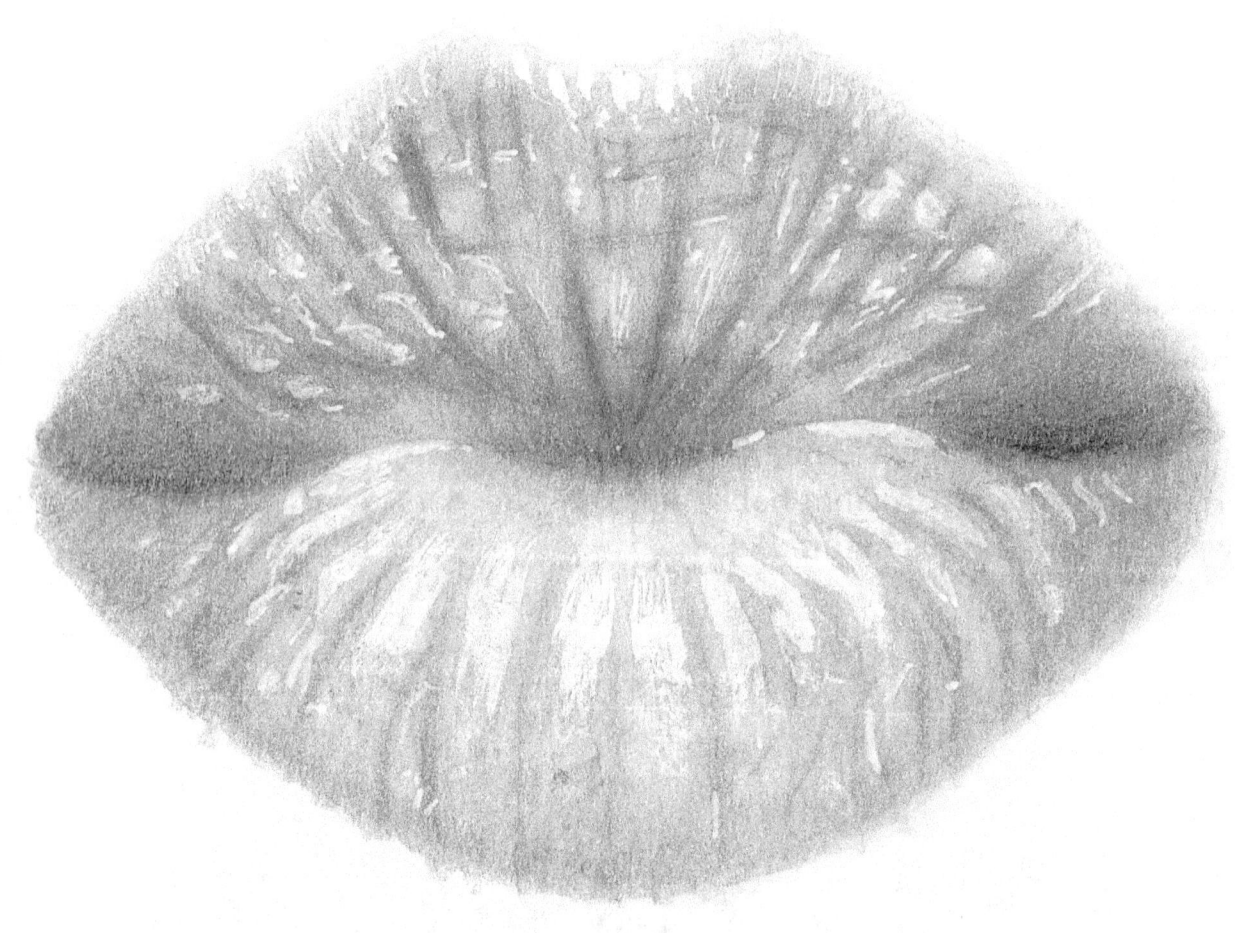

Wir können auch mit einem Q-Tip und Graphitpulver Schatten unter der Unterlippe sowie in den Ecken und über dem Amorbogen erzeugen.
Erstellen Sie das reflektierte Licht mit einem Radiergummi auf dem Rand des unteren Bereichs neben dem Schattenwurf.

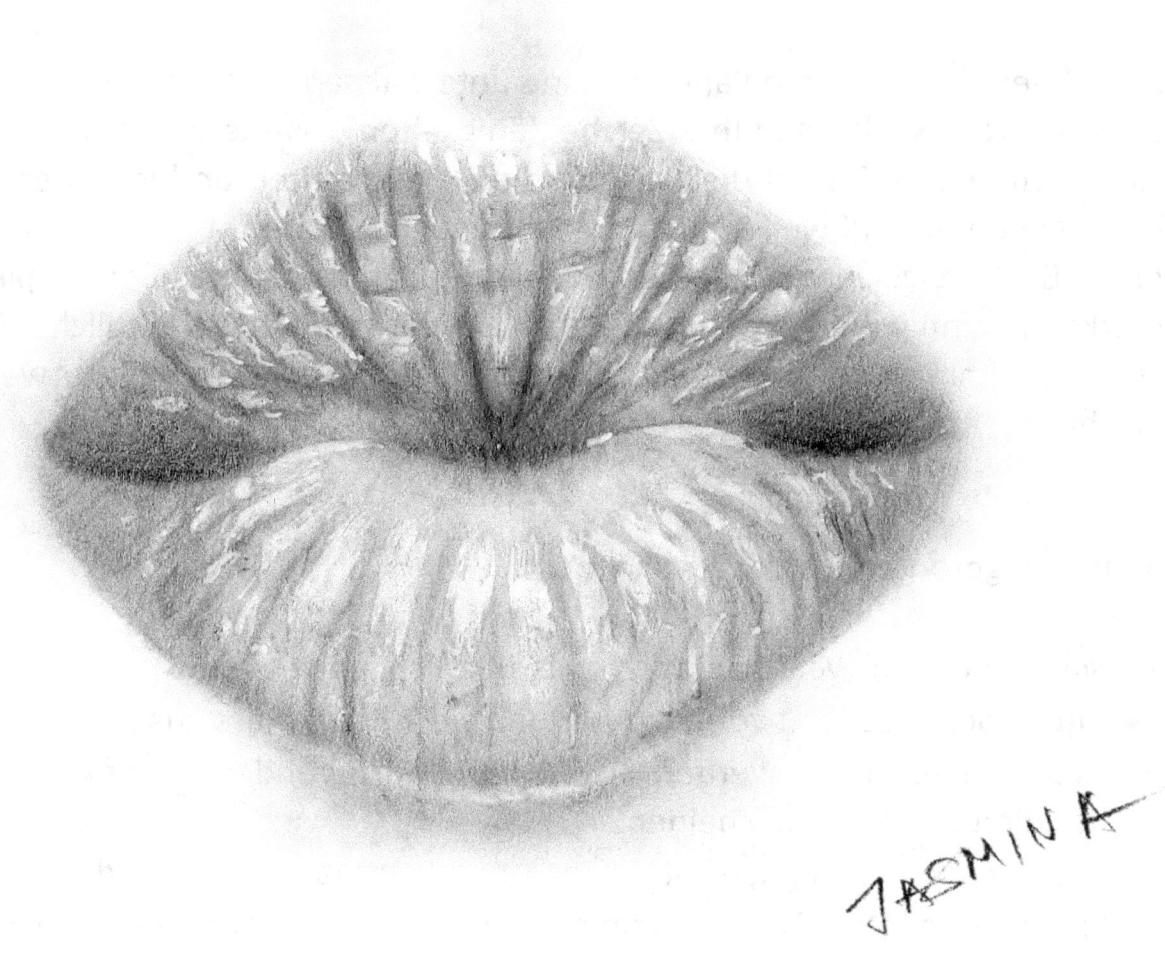

WIE MAN EIN GESCHMINKTES AUGE MIT GLITTER ZEICHNET

Das Zeichnen auf getöntem Papier ist eine unterhaltsame Möglichkeit, etwas anderes auszuprobieren. Sie können Ihre Zeichenfähigkeiten erweitern, wenn Sie auf grauem Papier zeichnen, da Sie auf diese Weise die Möglichkeiten und Ideen entdecken, die beim Zeichnen nur auf weißem Papier nicht möglich wären. Wenn wir weiße Objekte oder weiße Tiere zeichnen möchten, machen sich diese auf weißem Papier nur dann bemerkbar, wenn wir auch den Hintergrund einfärben. Das ist ziemlich schwierig und langweilig, nimmt Ihnen Zeit und Energie und motiviert Sie möglicherweise weniger zu zeichnen.

Gründe, auf getöntem Papier zu zeichnen:

- Sie können mit Weiß beginnen, was ziemlich interessant ist.
- Ihre Arbeit erscheint vollständiger und sieht nicht blass aus.
- Die Highlights werden viel herausragender, spektakulärer und dreidimensionaler erscheinen.
- Die Zeichnungen auf getöntem Papier wirken realistischer und naturgetreuer.
- Sie können den Ton des Papiers als Mittelton verwenden, was besonders hilfreich ist, wenn Sie Schwierigkeiten haben, Mitteltöne auf weißem Papier zu erstellen.
- Wenn Sie auf grauem Papier arbeiten, können Sie die Tonwerte leichter erkennen und auswerten.
- Die Erfahrungen und Fähigkeiten, die Sie bei der Arbeit mit getöntem Papier gesammelt haben, können Sie in Zukunft auf weißem Papier anwenden.
- Die Arbeit an grauem Papier fördert Ihre Kreativität.

In diesem Tutorial möchte ich Ihnen zeigen, wie Sie geschminktes Auge mit Glitter auf grauem Papier zeichnen. Ich habe das tongraue Papier von Fabriano verwendet. Ich habe auch einen weißen Buntstift verwendet, aber Sie können eine weiße Kohle oder Pastell verwenden.

Ich möchte ein Auge in Dreiviertelansicht zeichnen, wenn ein Auge ein wenig von Seite betrachtet wird. Daher sollte das obere Augenlid kurviger sein als es in der Vorderansicht erscheint, und das untere Augenlid kann fast gerade sein. Ich benutze durchgehend einen 8B-Stift, weil ich ein Auge mit starkem Make-up zeichnen möchte: das sogenannte Smokey Eye mit Glitzer-Lidschatten.

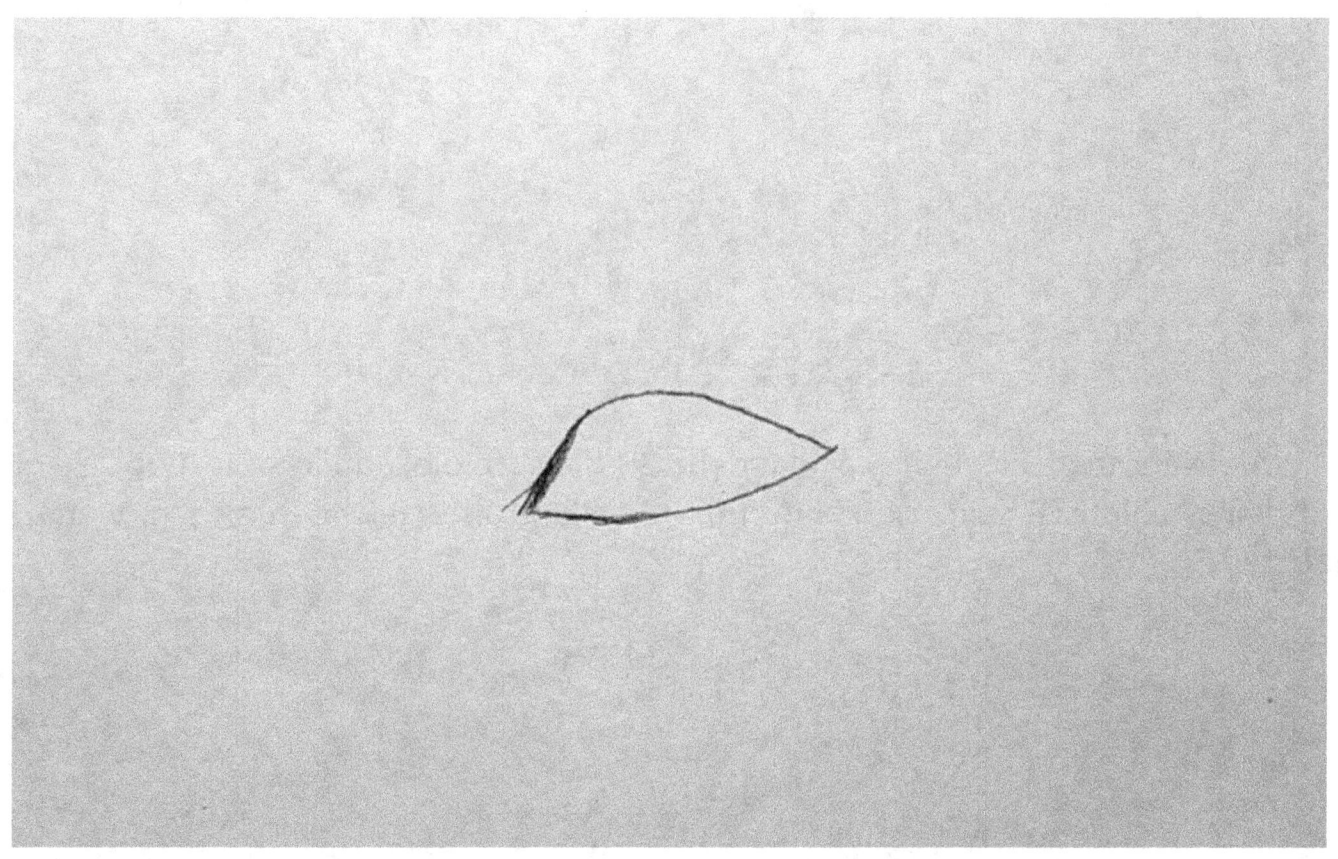

Zeichnen wir die Irisgrenze, die aus dieser Sicht nicht perfekt rund, sondern elliptisch sein sollte. Der obere Teil der Iris sollte mit dem oberen Augenlid bedeckt sein, und der untere Teil der Iris mit dem unteren Augenlid.

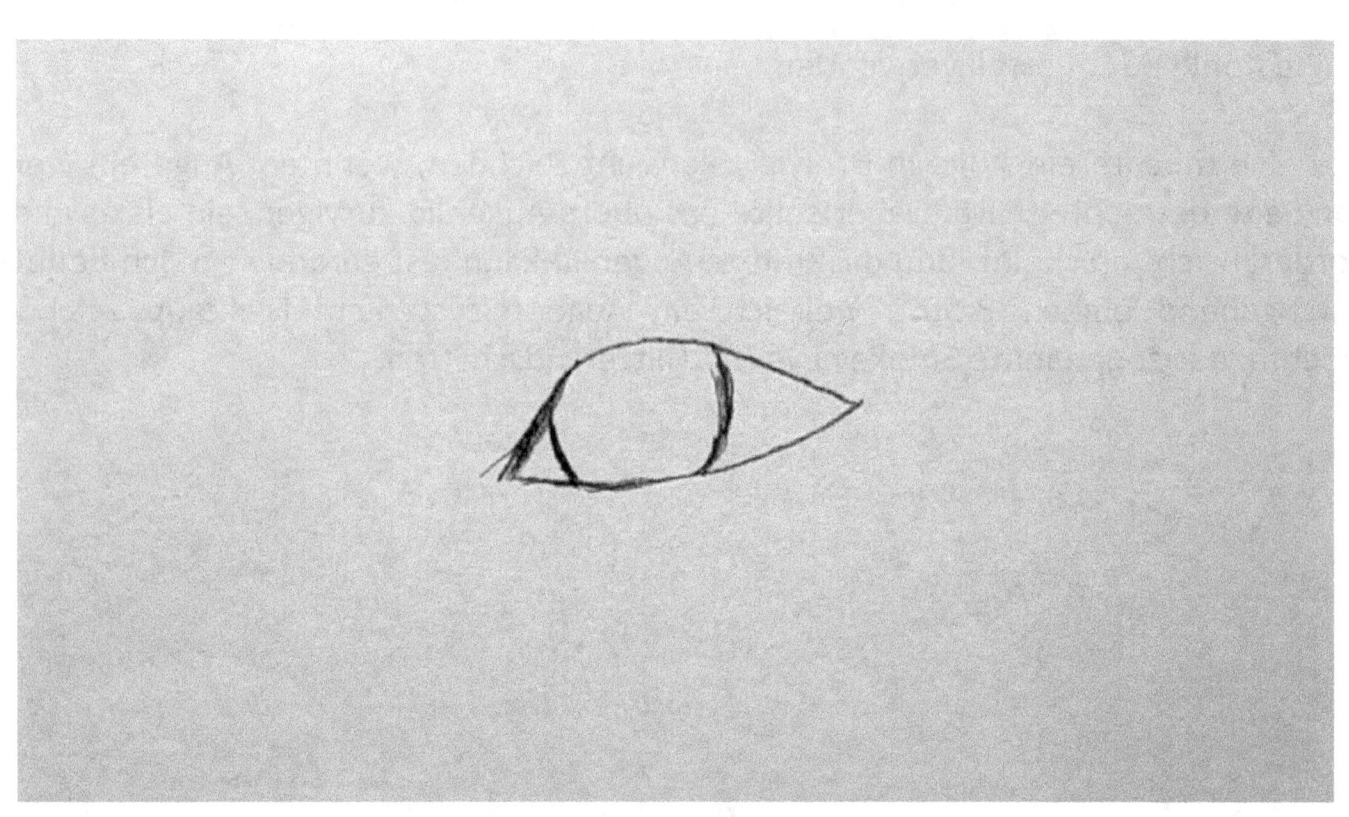

Als Nächstes zeichnen Sie mit dem 8B-Bleistift die Pupille. Die Pupille sollte auch leicht elliptisch sein. Sie können die Pupille größer zeichnen als ich, wenn Sie möchten.

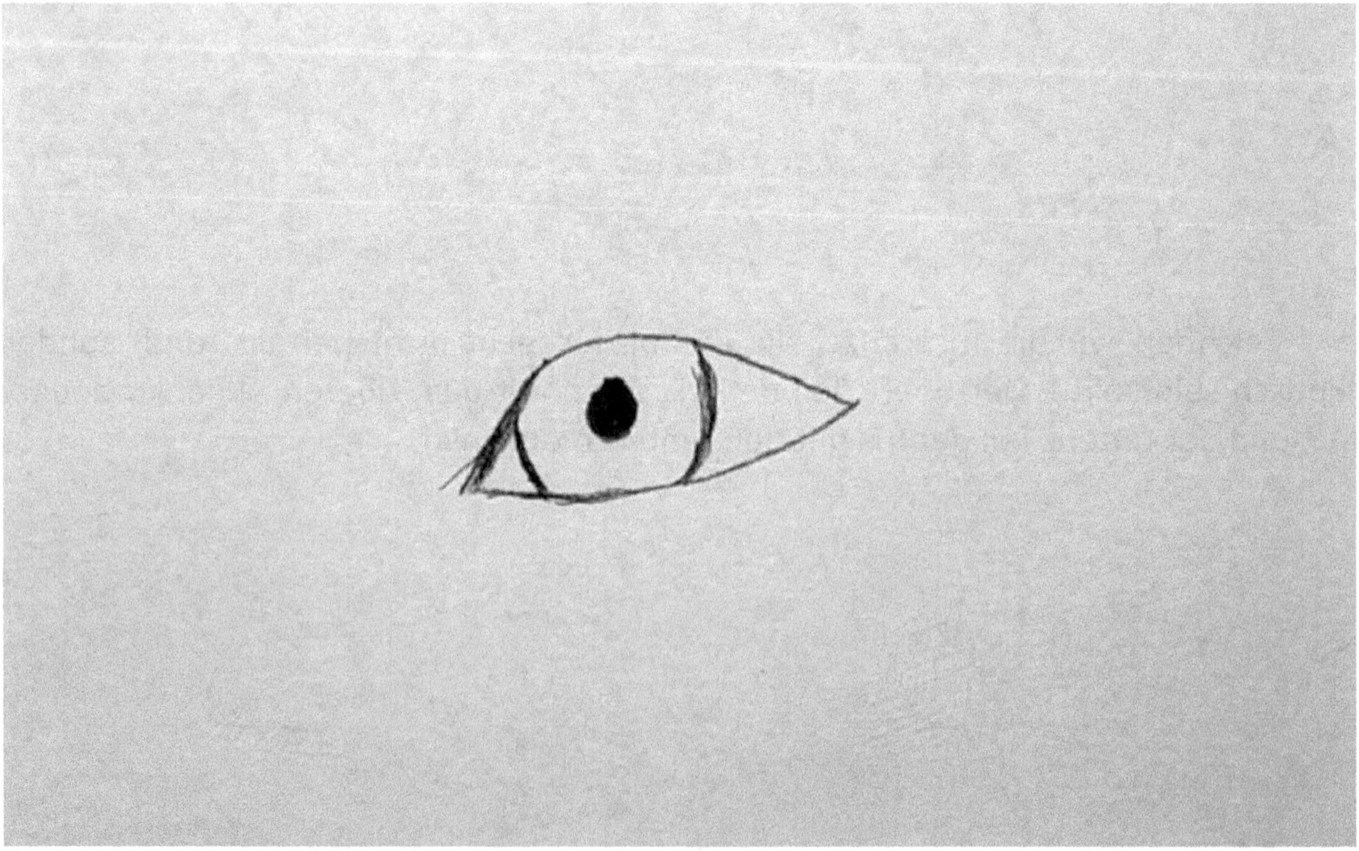

Nachdem wir die Position der Irisgrenze bestimmt haben, können wir den Umriss der oberen und unteren Augenlider verbessern.

In der folgenden Abbildung können Sie sehen, dass ich die Augenlider rundherum abgedunkelt und etwas tiefer gezeichnet habe als meinen ursprünglichen Umriss.

Erstellen Sie auch den Schatten, den das obere Augenlid über die Iris wirft, wie im nächsten Bild gezeigt.

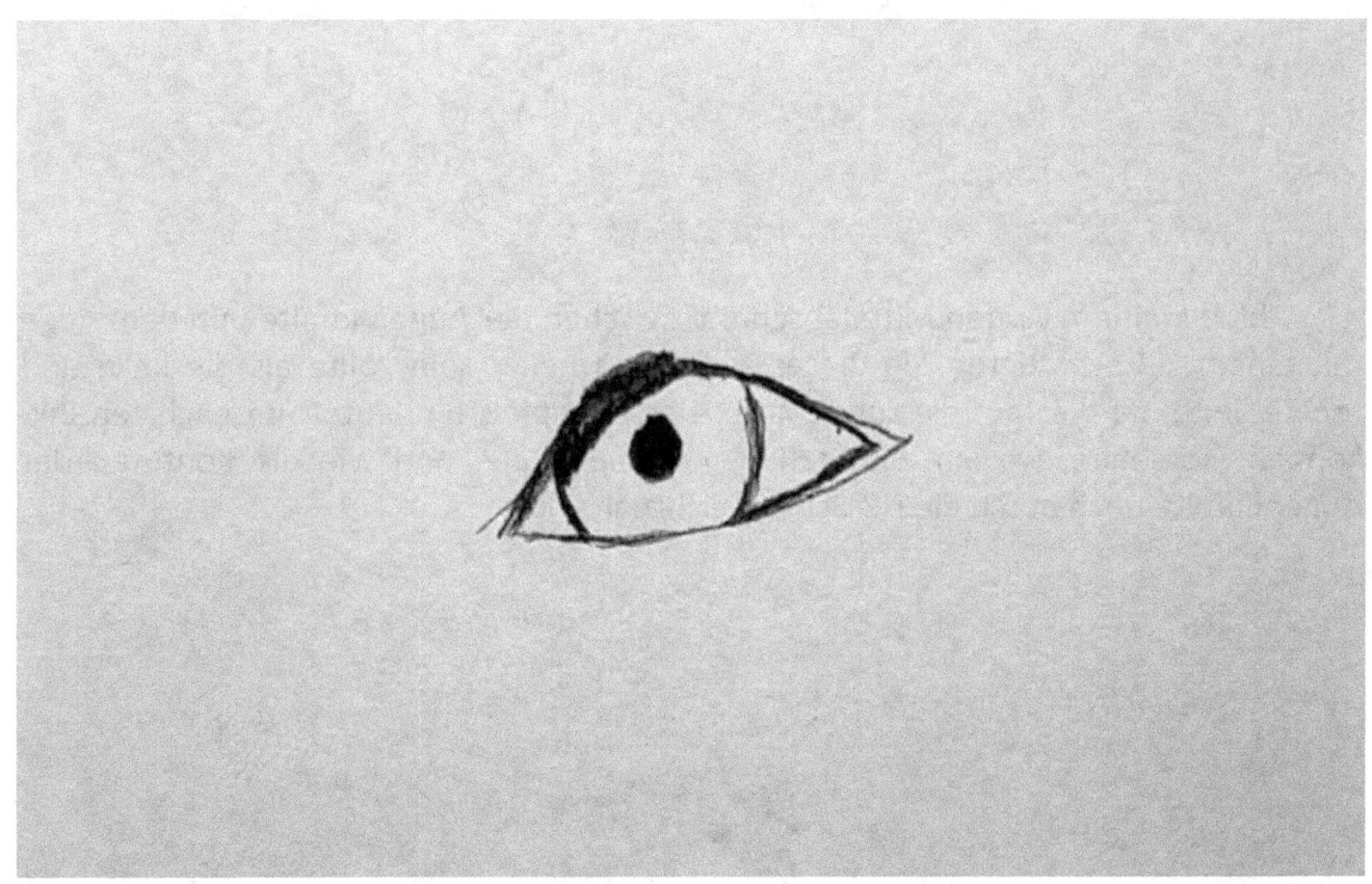

Hier können wir mit einem 8B die Lidfalte zeichnen. Zeichnen Sie einfach eine kurvige Linie parallel zum oberen Augenlid, und Sie können sogar dazwischen eine kleinere zeichnen, wie ich es gemacht habe.

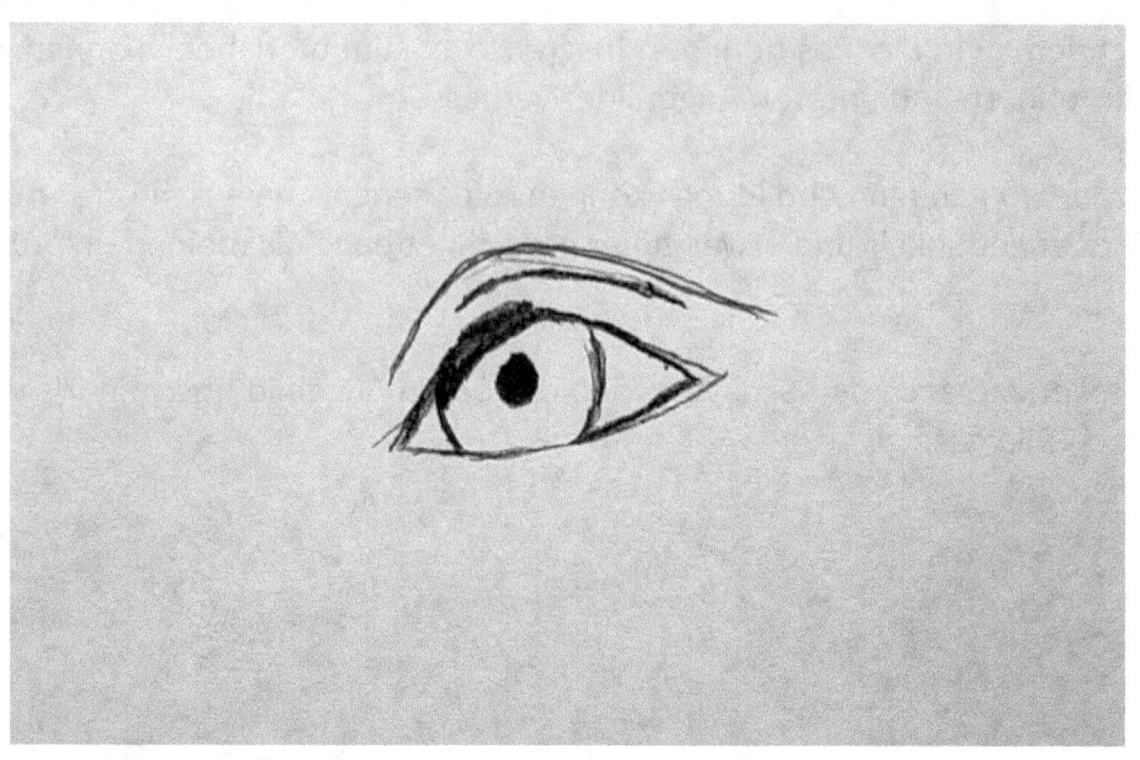

Jetzt können wir den Mittelabschnitt zwischen der Augenlidfalte und dem Auge mit einem HB schattieren, da dieser Teil etwas heller sein sollte als die linke und rechte Seite, da dies auf die runde Form des Augapfels hindeutet. Im nächsten Bild können Sie sehen, wo ich einen HB genommen habe und wie die Konturen der Augenlidfalte noch durch die HB-Schicht sichtbar sind.

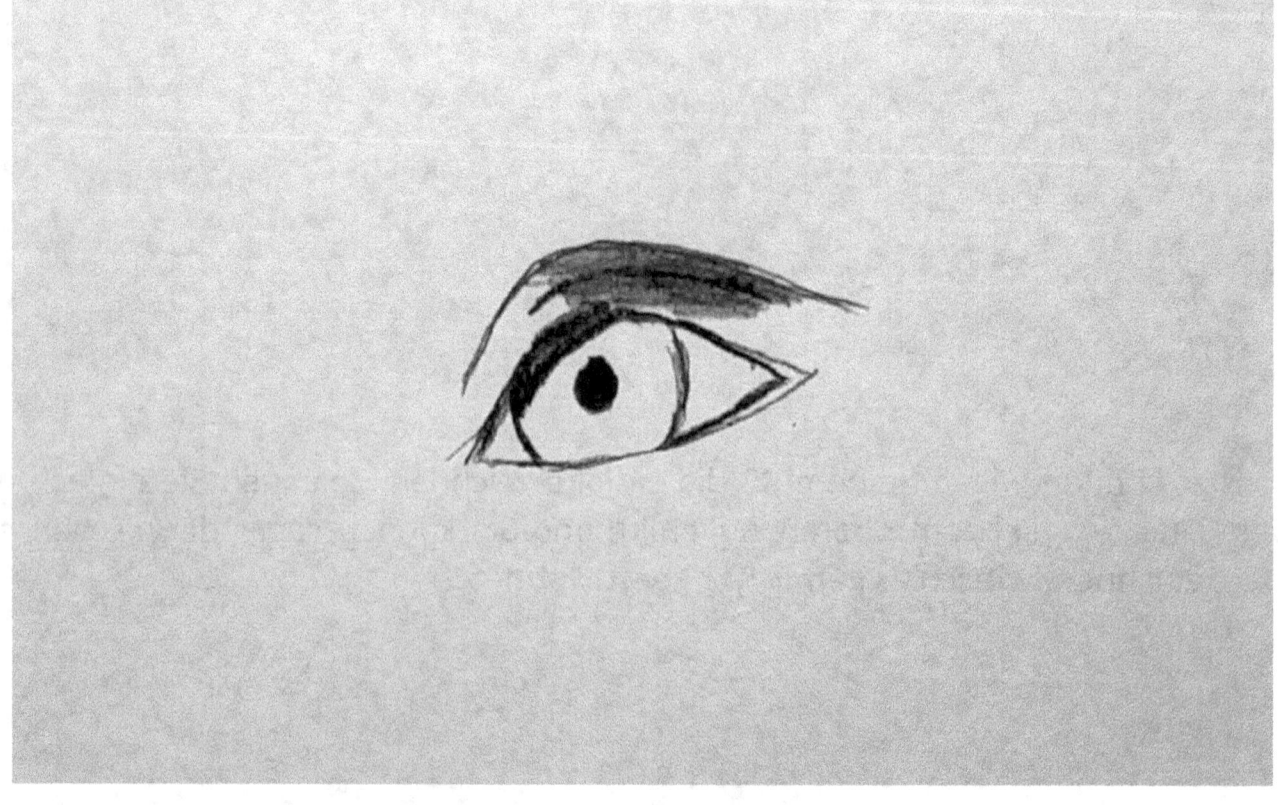

Lassen Sie uns noch einmal einen 8B nehmen, um die Haut zwischen der Augenlidfalte und dem Auge auf der linken und rechten Seite abzudecken. Sie müssen viel dunkler als der mittlere Bereich sein, damit die Haut über dem Augapfel rund erscheinen kann.

Ich habe mir vorgestellt, dass meine Lichtquelle von oben kommt, und deshalb möchte ich, dass der Augapfel in der Mitte am hellsten ist.

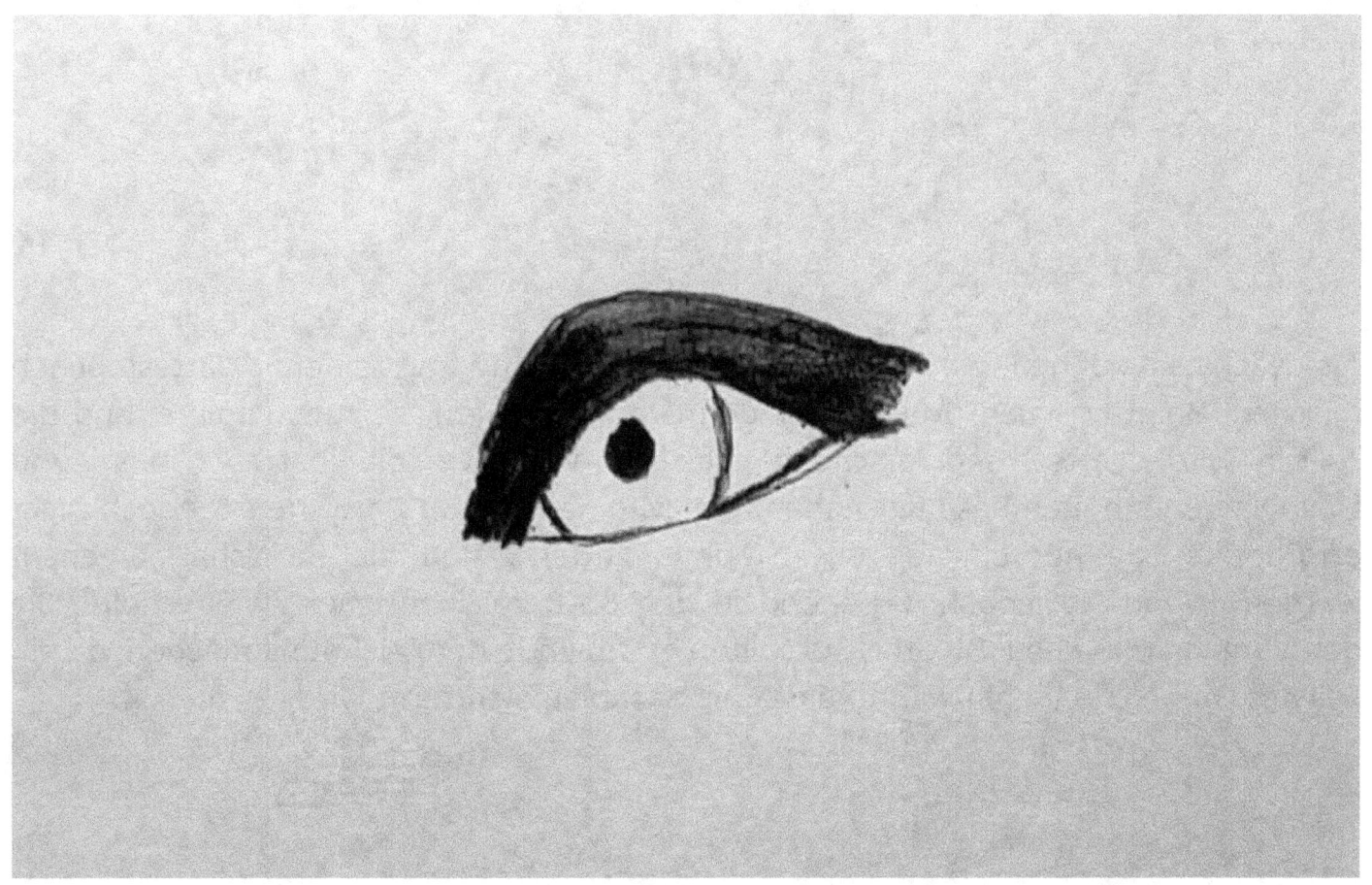

Decken Sie mit einem HB den großen Bereich unter dem Auge ab, wie in der folgenden Abbildung gezeigt. Auch hier sollte unter der linken und rechten Seite des Auges das untere Lid etwas dunkler sein als in der Mitte.

Anschließend die Stärke des unteren Augenlids mit einem 8B abdunkeln und den Tränenkanal mit demselben oder einem anderen sehr dunklen Stift vollständig abdecken.

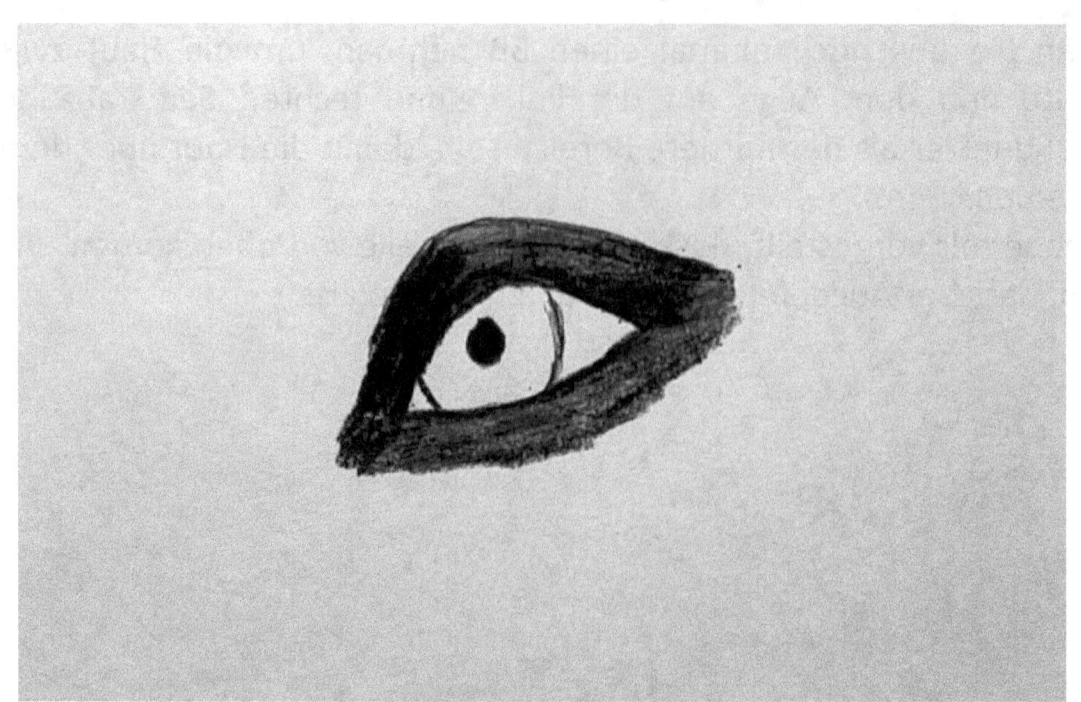

Als Nächstes können wir die HB-Bereiche vorsichtig mit einem Wattestäbchen mischen. Beim Mischen drücken wir den Graphit in die Faser des Papiers, und die Textur wird glatter und erscheint weicher, weil wir die harten Linien und Unvollkommenheiten beseitigt haben. Das Mischen der 8B-Bereiche ist jedoch nicht erforderlich, da nur ein Teil des Graphits entfernt und die Bereiche aufgehellt werden. Wenn Sie jedoch versehentlich den 8B-Bereich mischen, wiederholen Sie den Vorgang mit einem 8B-Stift. Sie sollten es am Ende der Zeichnung machen, da ein Teil des Graphits ohnehin während des Arbeitsablaufs entfernt wird.

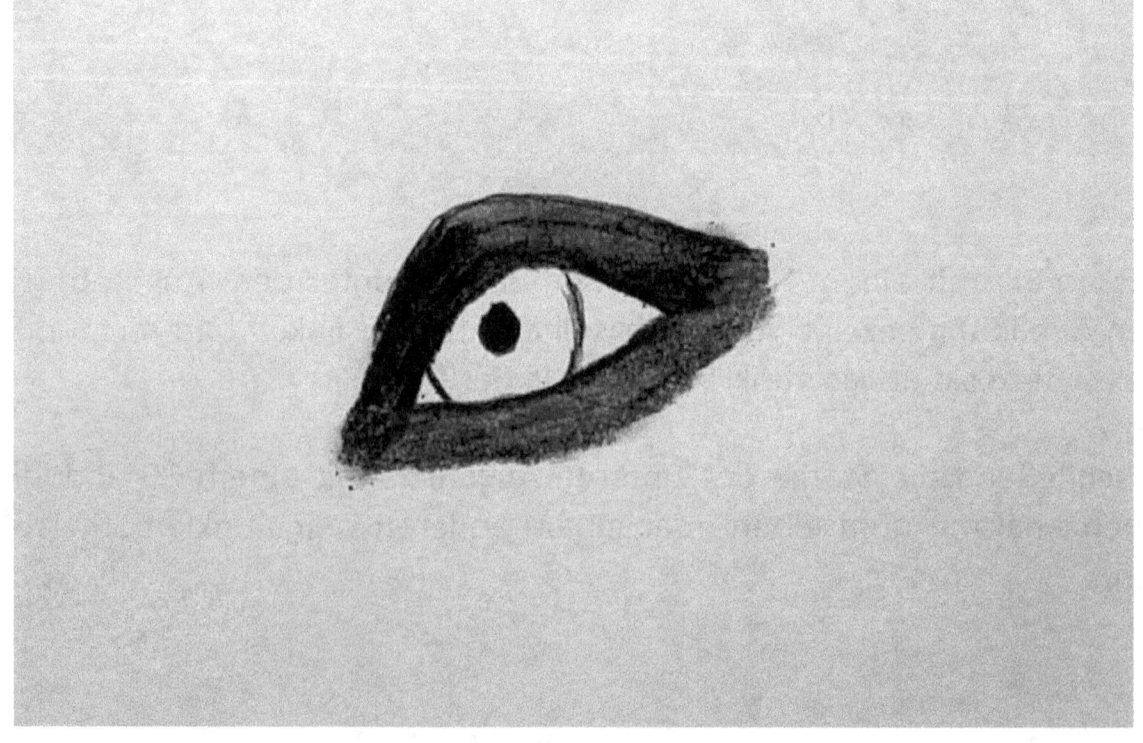

Jetzt können wir die Iris zeichnen. Ich benutze einen 5H für die Iris und zeichne die Speichen, die von der Mitte der Pupille ausstrahlen. Sie können den Druck auf Ihren 5H ändern, um einige Muster zu erstellen.

Zeichnen Sie die Speichen zwischen der Pupille und der Irisgrenze. Natürlich sollte die Iris im unteren Bereich viel heller, im oberen Bereich viel dunkler und unter dem oberen Augenlid absolut dunkel sein. Deshalb benutze ich einen 8B im oberen Bereich der Iris und einen HB zwischen diesen beiden Schattierungen, und mache leichte Striche beim Zeichnen aus der Pupillenmitte.

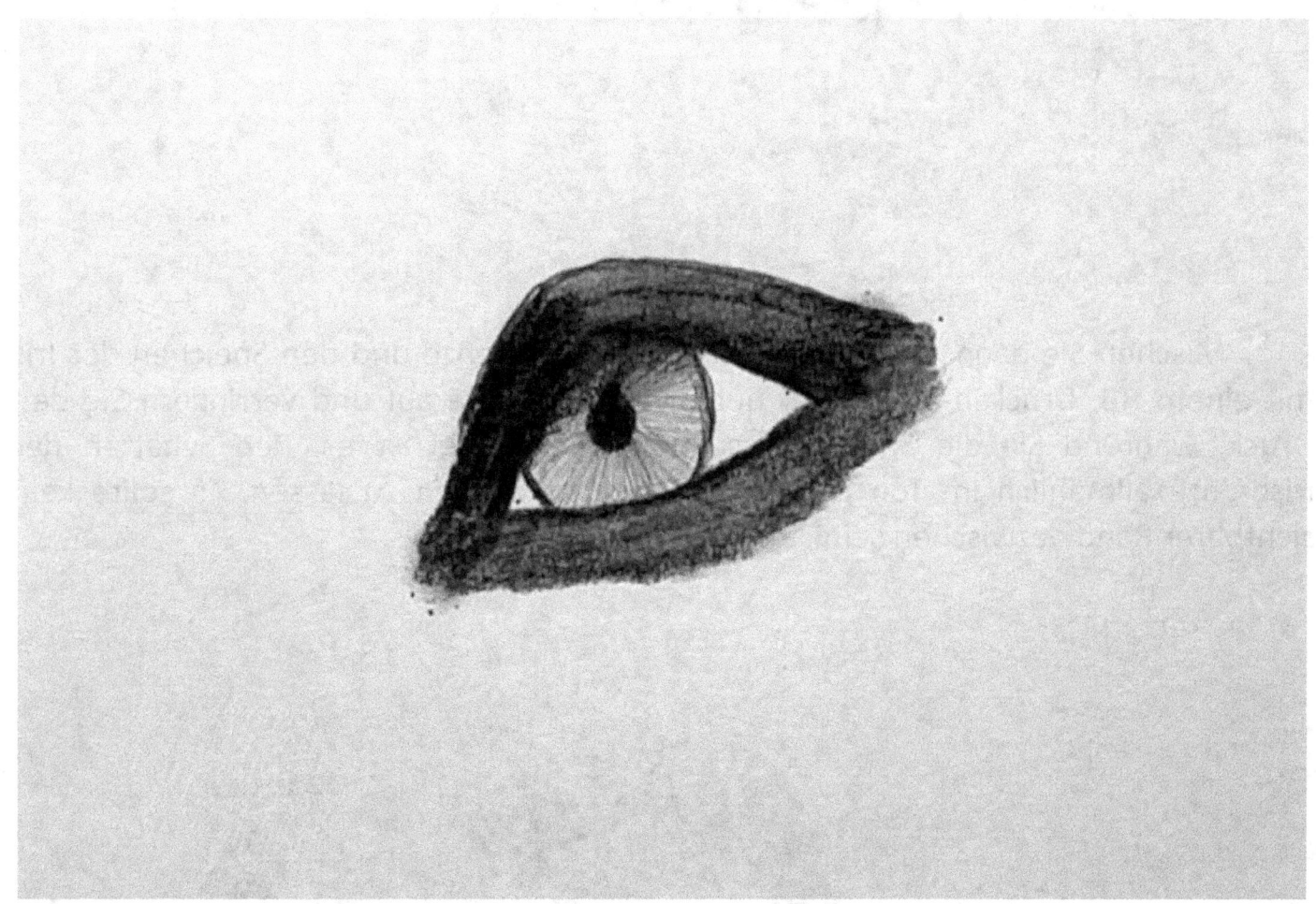

Mischen Sie die Iris vorsichtig mit einem Wattestäbchen. Gehen Sie nicht über die Sklera oder die Pupille.

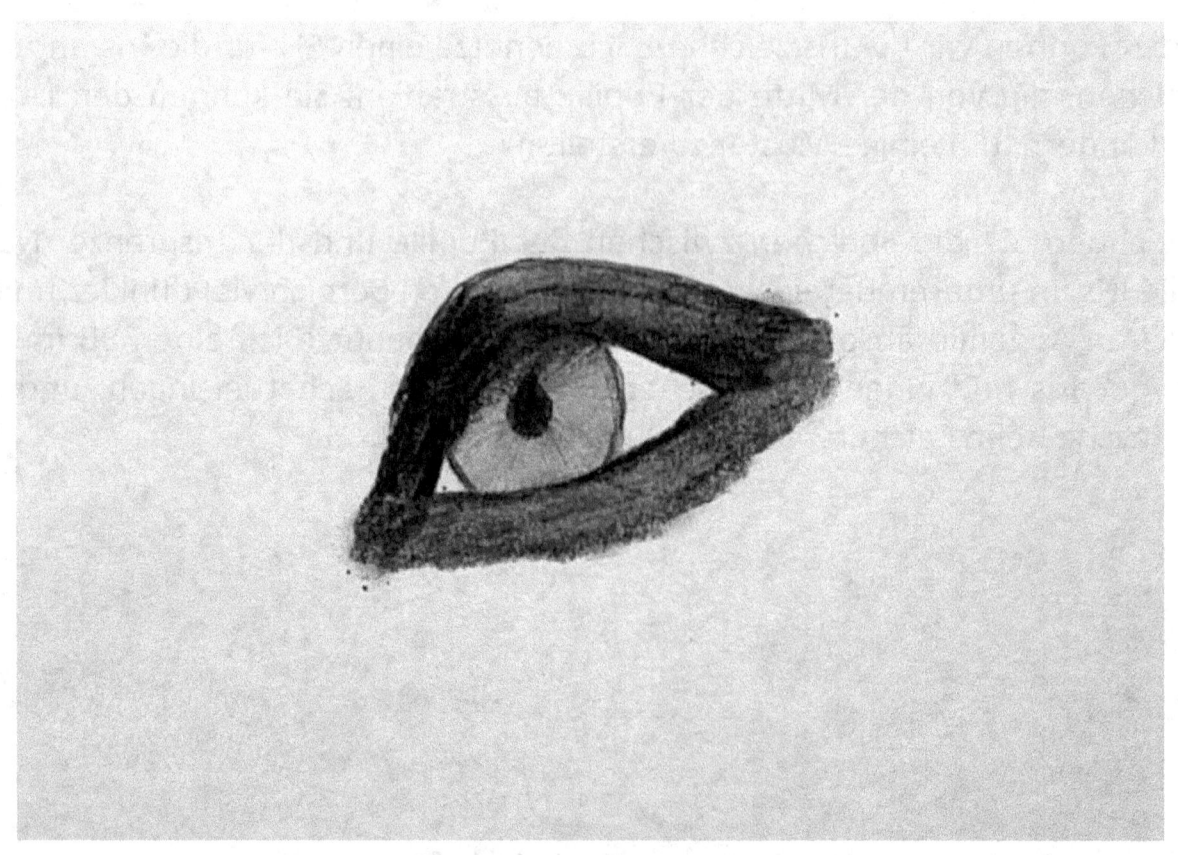

Mischen Sie dann den Rand zwischen der Irisgrenze und den Speichen der Iris mit einem HB. Drücken Sie stärker neben die Irisgrenze auf und verringern Sie den Druck, während Sie die Speichen schattieren. Das Ziel ist es, den Schatten der Irisgrenze allmählich im Ton der Speichen verschwinden zu lassen. Es sollte kein sichtbarer Rand dazwischen sein.

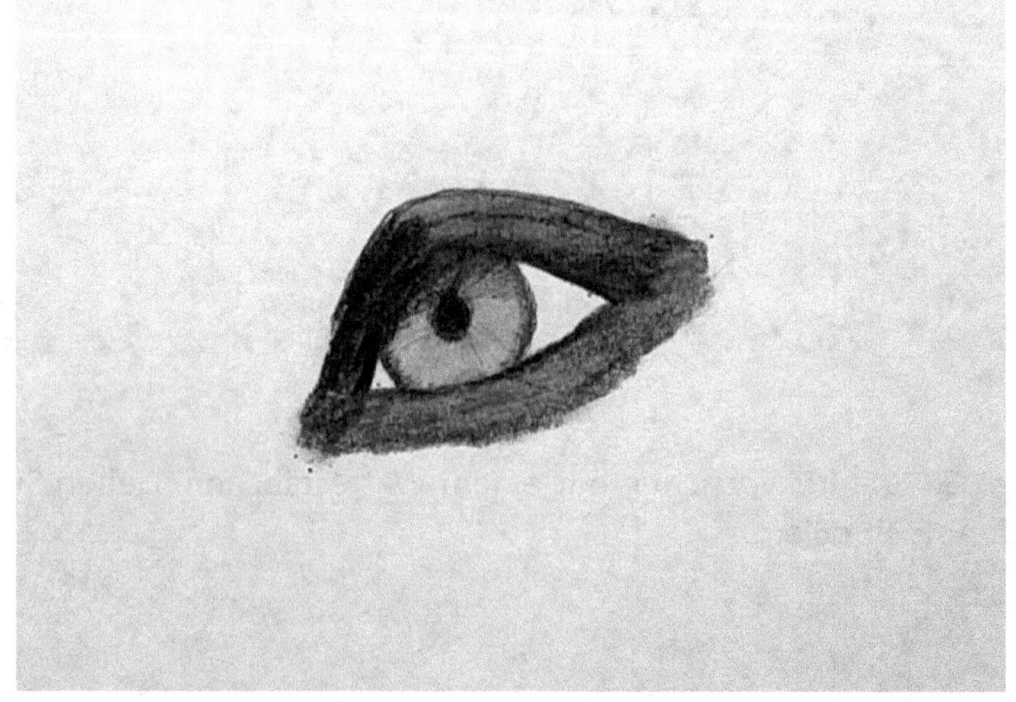

Fangen Sie an, die Sklera (das Weiße des Auges) auf der rechten Seite mit einem 3H zu schattieren. Wir müssen einen Schatten erzeugen, der vom oberen Augenlid über die Sklera geworfen wird. Die Sklera sollte nicht weiß bleiben, und obwohl sie neben der Irisgrenze manchmal völlig weiß sein kann, sollte der Rest immer schattiert sein.

Wir sollten die Sklera genauso schattieren wie die Kugel, weil der Augapfel eine runde Form hat und wir dies einhalten müssen, indem wir die Sklera schattieren. Im nächsten Bild sehen Sie den Bereich, den ich mit einem 3H schattiert habe.
Fügen Sie mit einem HB auch einige Details hinzu, z. B. winzige Wimpern, die nach unten wachsen, und den Schatten, den sie über die Sklera werfen.

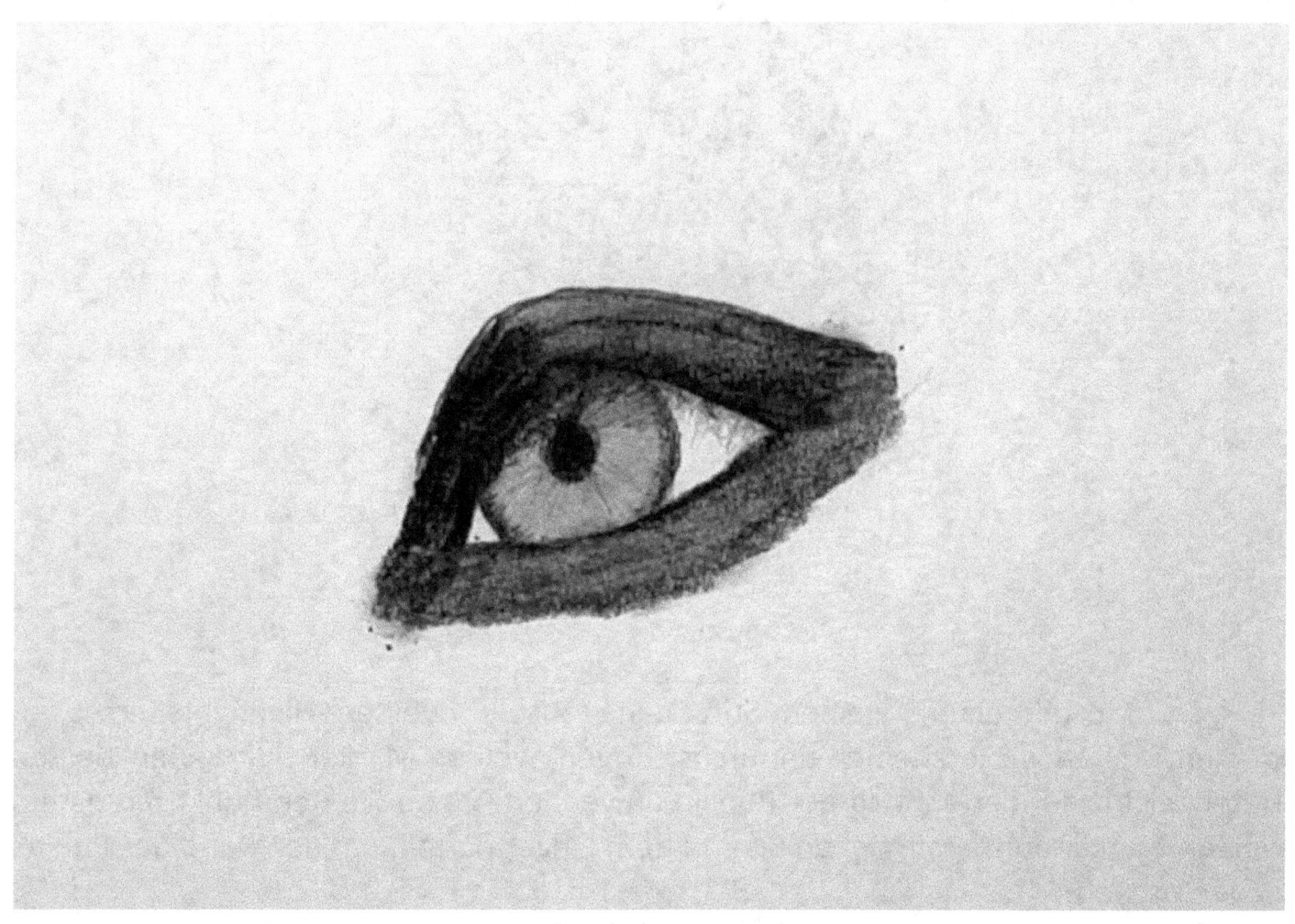

Jetzt können wir die Sklera neben der Iris mit einem weißen Stift einfärben und auch einige Highlights auf der Iris und sogar auf der Irisgrenze erzeugen. Der weiße Farbstift kann problemlos auf dunkle Graphitstifte aufgetragen werden. Versuchen Sie, den weißen Farbstift nach und nach im Ton des Papiers verschwinden zu lassen, irgendwo in der Mitte der Sklera auf der rechten Seite.

Nachdem Sie die Sklera schattiert haben, können Sie mit einem 8B mehr Wimpern zeichnen, die nach unten wachsen. Analysieren Sie das nächste Bild, um zu sehen, was ich erklären möchte.

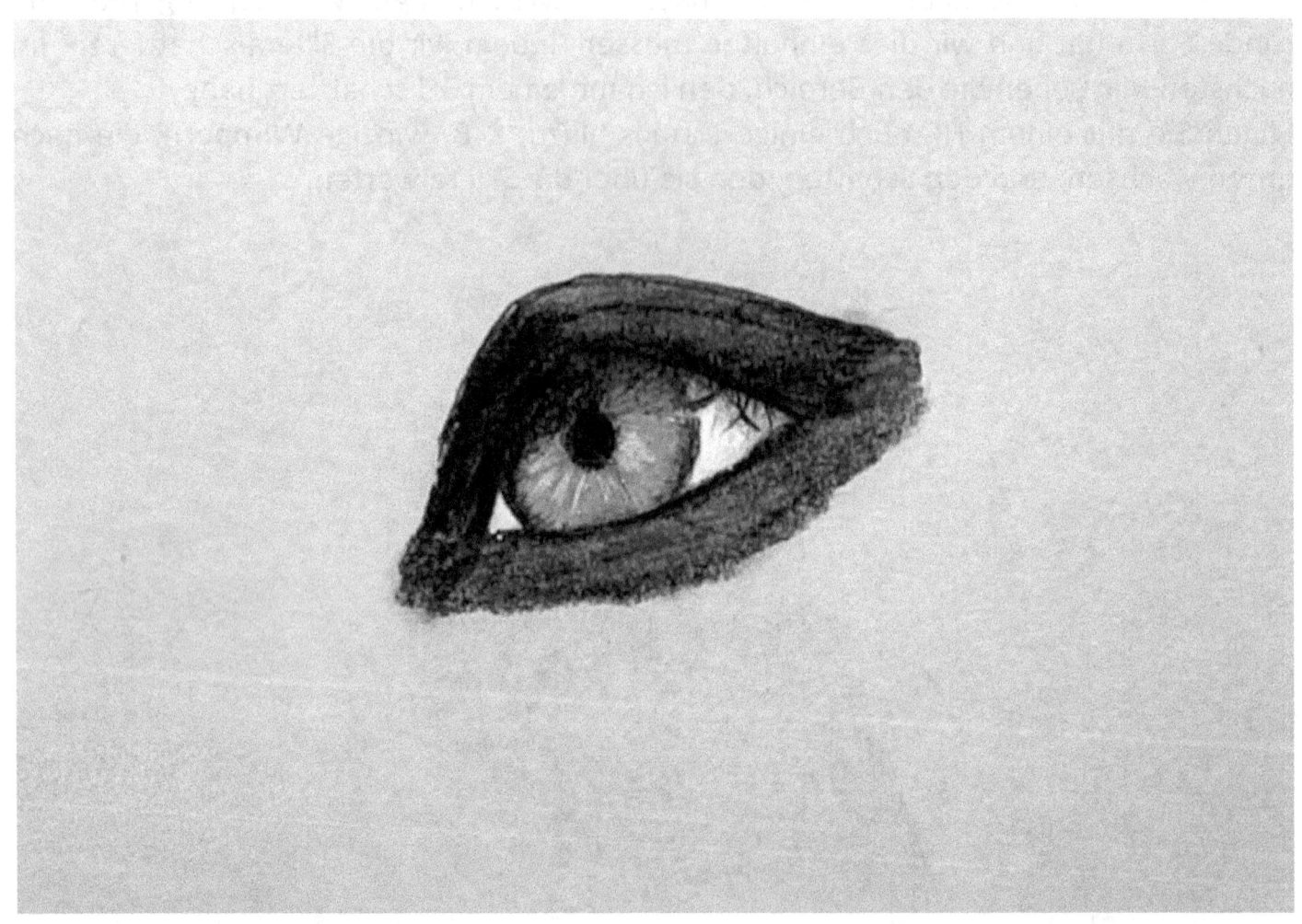

Da wir mit einem weißen Stift keine absolut weißen Highlights erzeugen können, sollten wir jetzt einen undurchsichtigen, weißen Marker oder einen weißen Tintengelstift auf der Iris und der Pupille anwenden. Wenn Sie den Punkt mit einem weißen Marker auftragen, tippen Sie mit dem Finger darauf, um den Rand des Punkts zu verwischen.
Erstellen Sie die Highlights auf der Iris und der Pupille, wo immer Sie wollen. Wenn Sie den weißen Marker von Uni Posca nehmen, können Sie die Highlights mit Ihrem Fingeragel oder einem anderen Stift entfernen, egal ob nass oder schon getrocknet.
Mischen Sie die Ränder der von Ihnen erstellten Highlights mit einem weißen Stift oder einem weißen Buntstift.

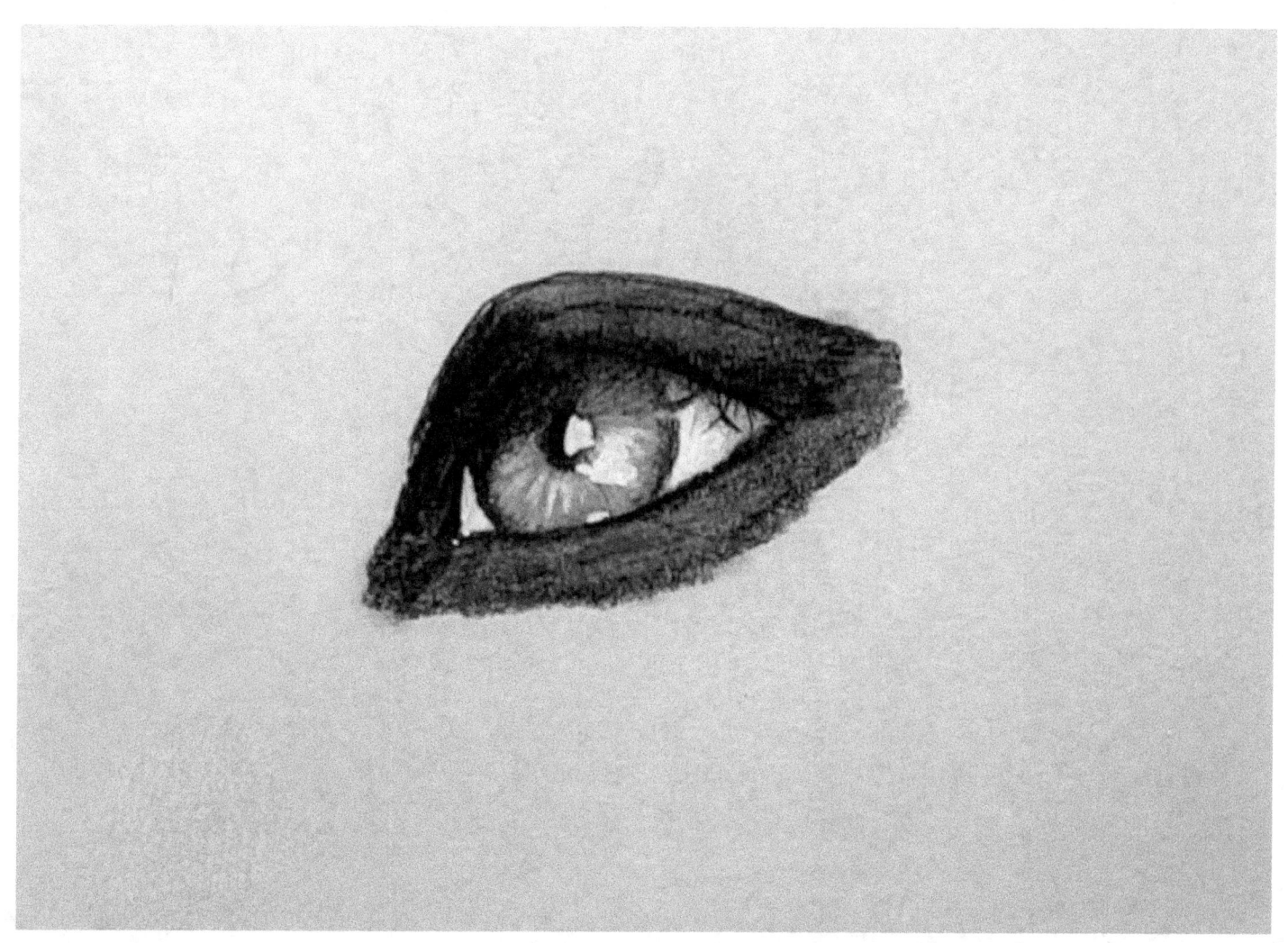

Bevor wir die Wimpern zeichnen, sollten wir die Haut über dem Auge schattieren. Zeichnen wir jedoch vorher die Augenbrauen, damit wir die Haut zwischen Auge und Augenbraue schattieren können. Die Zeichnung eines Auges sieht mit einer Augenbraue auch besser aus.

Ich benutze einen HB-Stift, um die Augenbrauen zu zeichnen, damit ich sie immer abdunkeln kann, wenn ich will. Sie können auch einen anderen Graphitfarbton nehmen. Sie müssen keinen HB nehmen. Sie können auch die Augenbraue in einer beliebigen Form zeichnen. Ich wollte eine typisch weibliche, hochgezogene Augenbraue zeichnen, und natürlich müssen wir die Striche in Richtung des Haarwuchses zeichnen.

Vergessen Sie nicht, dass die Augenbraue aus Dreiviertel-Sicht etwas kürzer sein sollte. Analysieren Sie das nächste Bild, um festzustellen, wo ich die Augenbraue platziert habe, und achten Sie auf die Richtung der von mir gezeichneten Striche. Sie können auch einige Referenzfotos oder Ihre eigenen Augenbrauen im Spiegel überprüfen, um zu erkennen, in welche Richtung Sie die Haare zeichnen müssen.

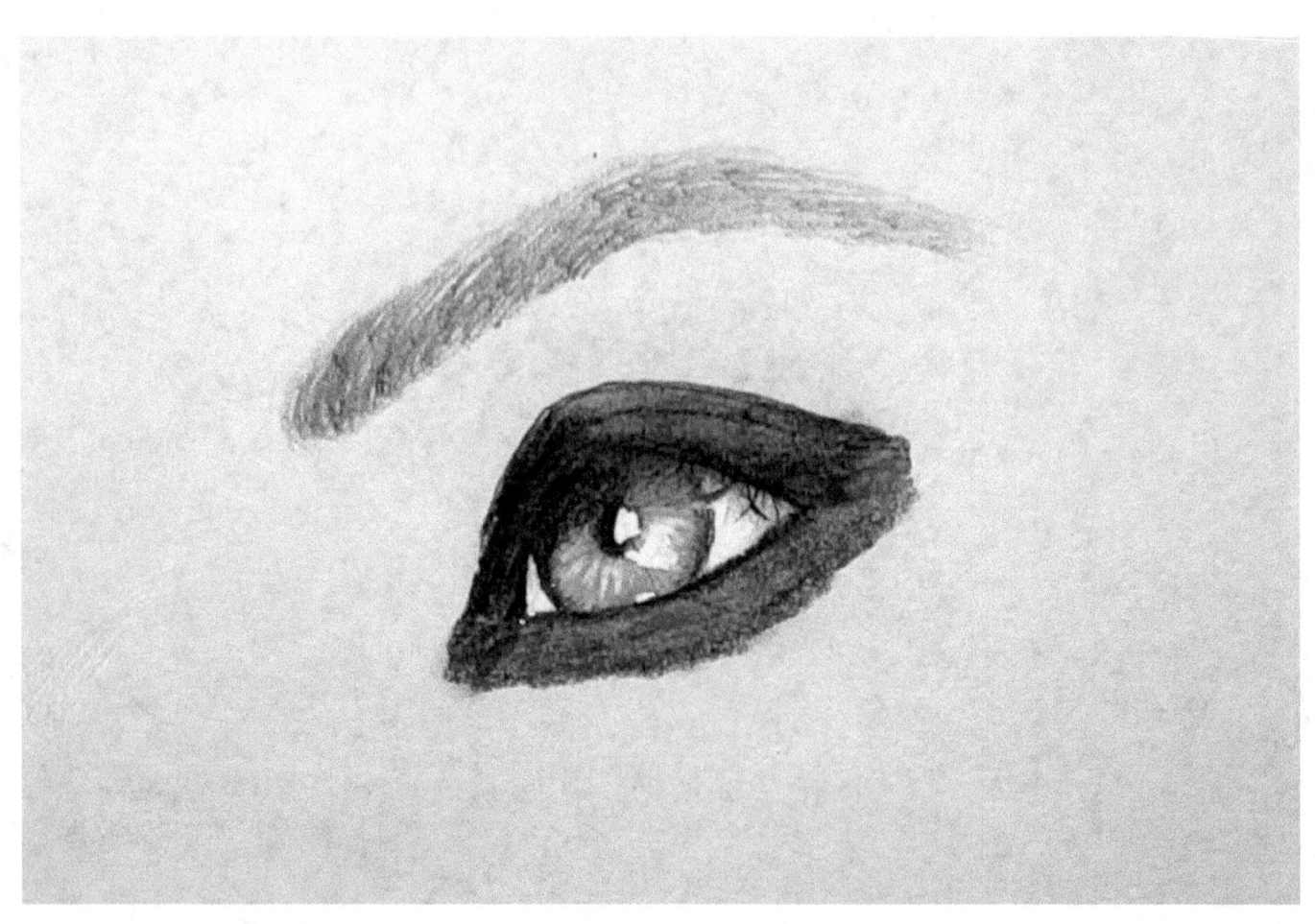

Hinweis

Sie müssen Inspiration zum Zeichnen finden. So wie Schriftsteller Schreibblockaden erleben, können Künstler dieselbe kreative Blockade haben. Um zu vermeiden, dass Ihnen das passiert, erstellen Sie eine Liste der Dinge, die Sie zeichnen möchten, und überprüfen Sie diese Liste, wenn Sie nicht weiterkommen. Ich habe sogar einen Ordner zum Zeichnen auf meinem PC, der Referenzfotos und Zeichenideen enthält. Wenn ich nicht weiß, was ich zeichnen soll, schaue ich mir nur diese Bilder an, werde inspiriert und bin bereit, an meiner nächsten Zeichnung zu arbeiten.

Mischen Sie die Augenbraue mit einem Wattestäbchen, um den Graphit in das Papier einzudrücken und die Haare weich erscheinen zu lassen.
Vergleichen Sie das vorherige und das nächste Bild, um den Unterschied zu sehen, den das Mischen ausmacht.

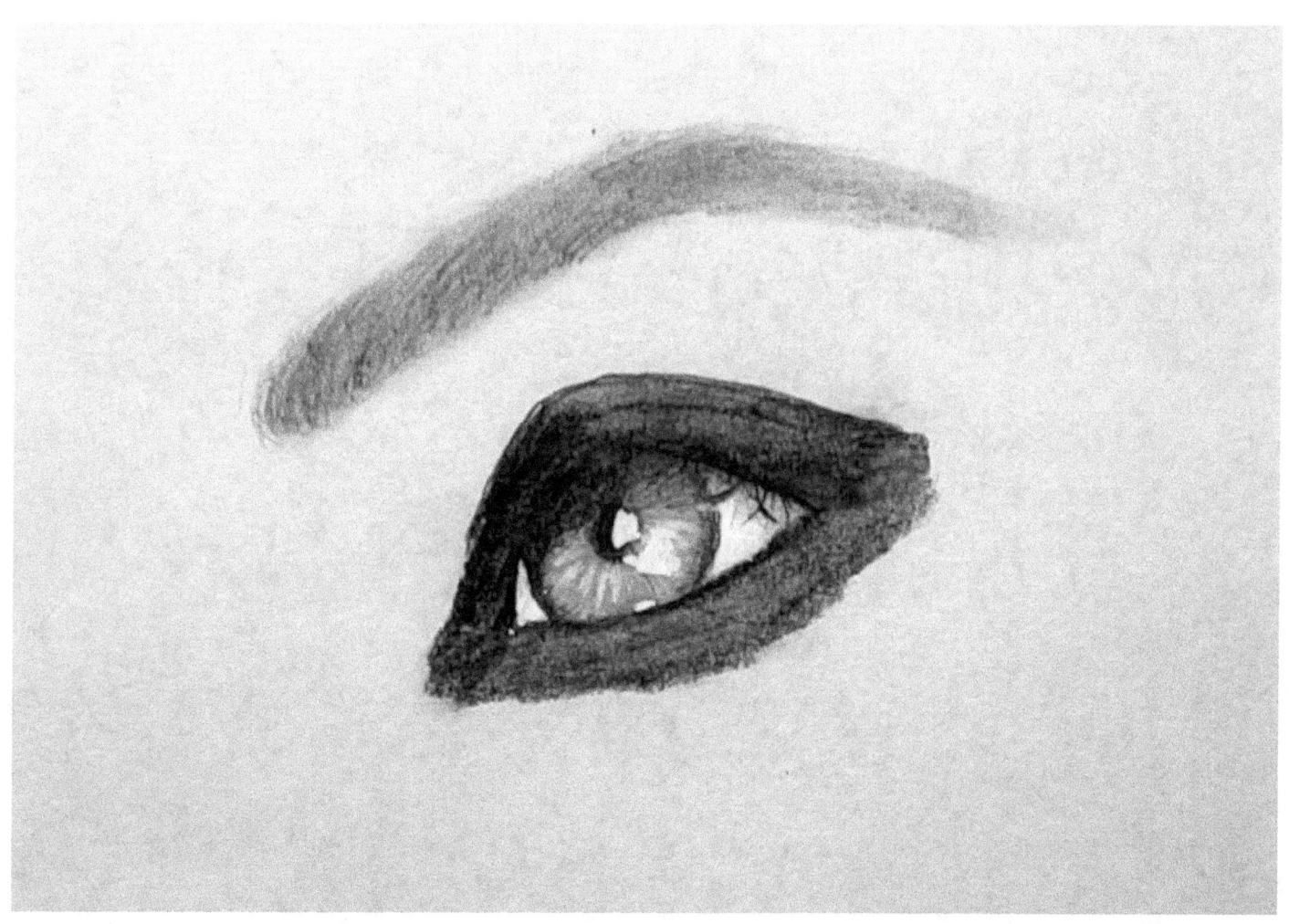

Zeichnen Sie mit einem 8B die Haare, die sich unter dem Rand der Braue befinden,
weil sie weniger Licht bekommen und die Augenbrauen auf der rechten Seite neben der Schläfe ebenfalls dunkler ist. Auf diese Weise wird der Abschnitt in der Mitte heller, was auf die Rundung des Kopfes hindeutet.

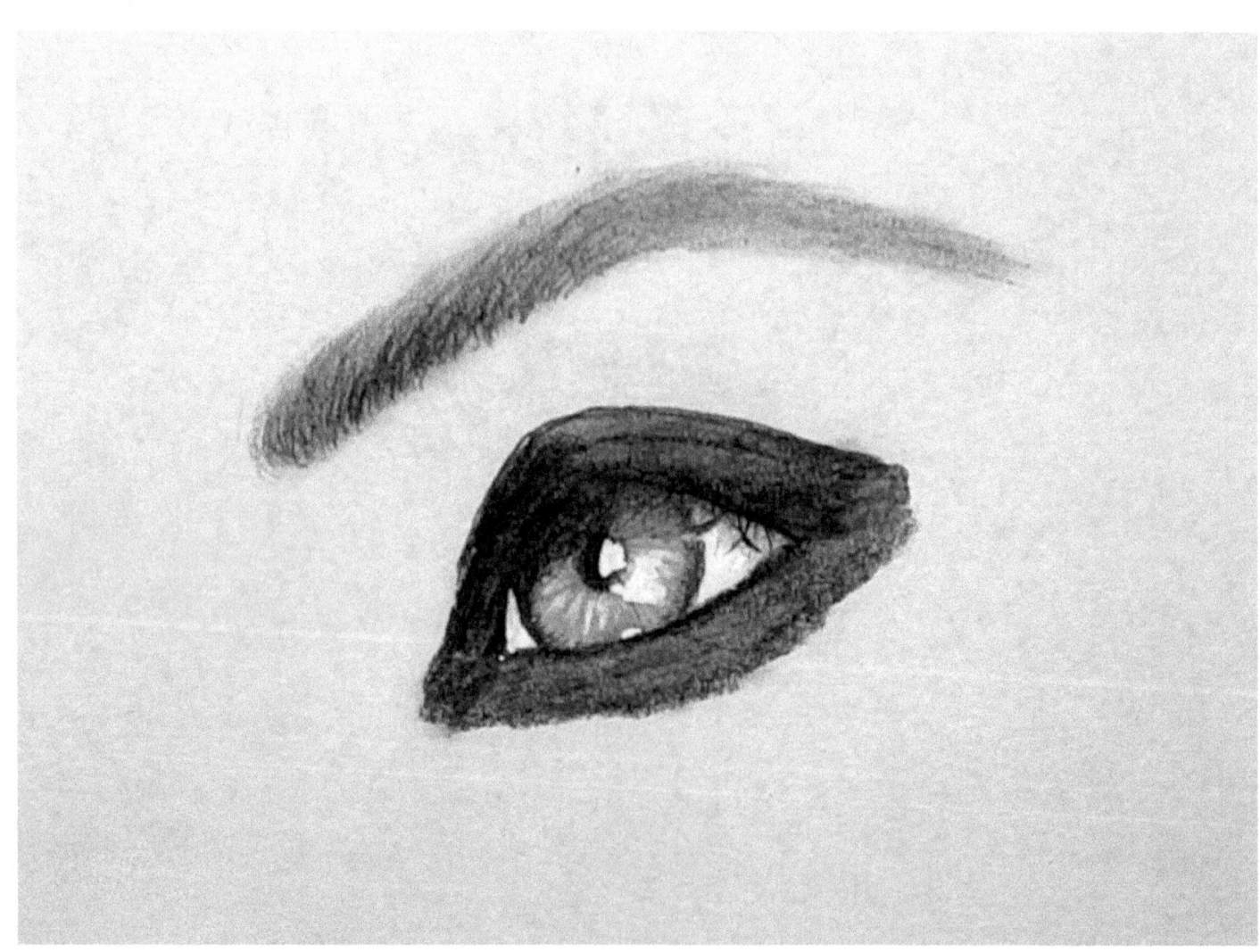

Jetzt können wir die Haut mit einem 2H und kreisenden Bewegung, der Zirkeltechnik, schattieren. Das heißt, dass Sie überlappende Kreise machen müssen, um eine glatte Textur zu erzeugen.

Schattieren Sie den Nasenrücken ein wenig, insbesondere die rechte Seite der Nase, damit der tiefer liegende Bereich zwischen Nase und Auge hervorgehoben werden kann. Schauen Sie sich das nächste Bild an, um zu sehen, welchen Bereich ich schattiert habe und wie ein 2H aussieht, wenn er auf graues Papier aufgetragen wird. Sie können einen helleren oder dunkleren Farbton wählen.

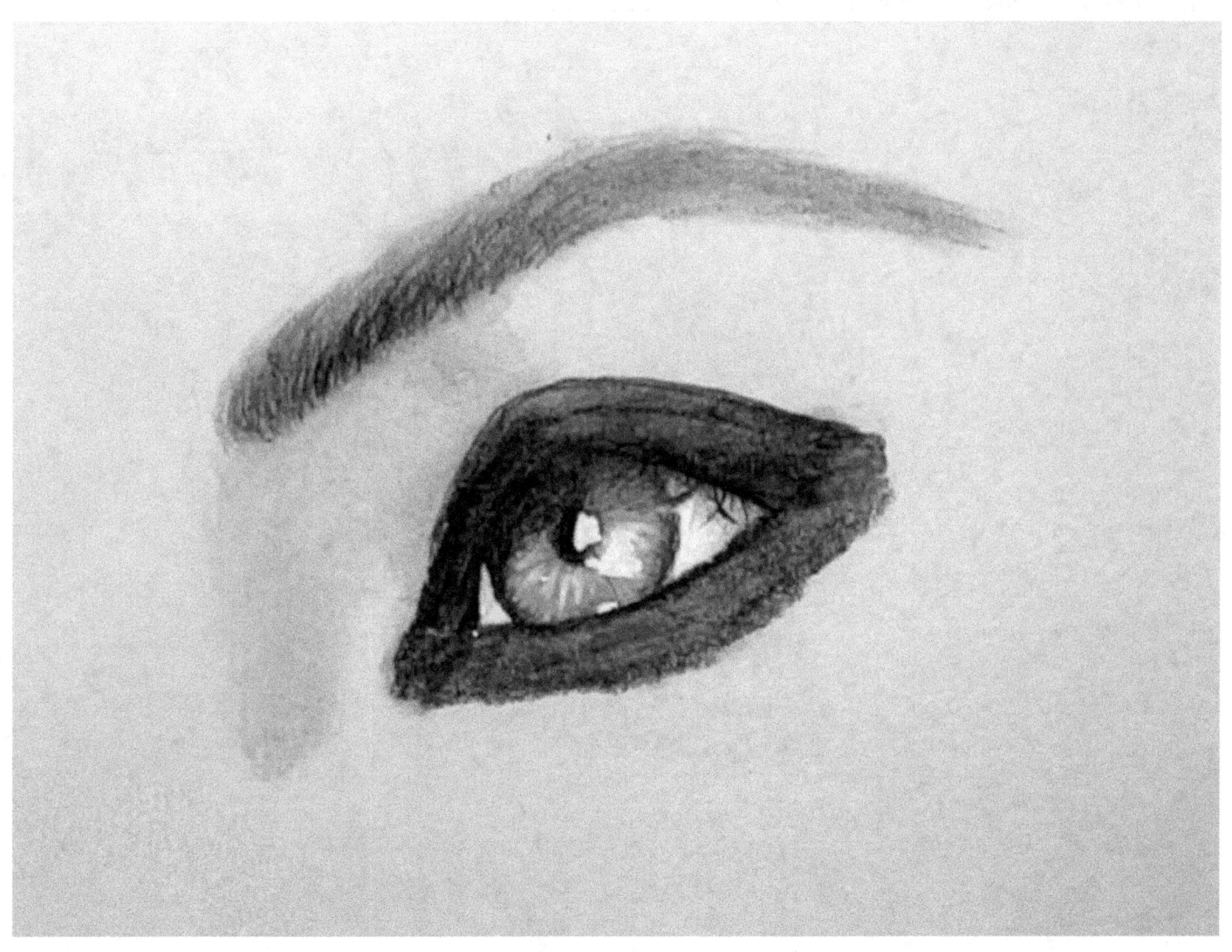

Mischen Sie diesen schattierten Bereich vorsichtig mit einem Wattestäbchen und Sie werden sehen, wie er nach dem Mischen dunkler wurde. Rechnen Sie also mit dieser Veränderung, wenn Sie Stifte für die Haut und andere Texturen auswählen. Schattieren Sie die Falte (den Teil zwischen der Augenlidfalte und der Augenbraue) mit einem Wattestäbchen. Beginnen Sie, indem Sie die Augenlidfalte mischen, und mischen Sie nach oben, wobei der Druck nachlässt. Es ist wichtig, einen Verlaufsübergang vom Schatten zum Licht zu erstellen. Schattieren Sie auch die Haut auf der rechten Seite des Auges neben der Schläfe, wie in der folgenden Abbildung gezeigt.

Mischen Sie überall die Ränder der HB-Bereiche.

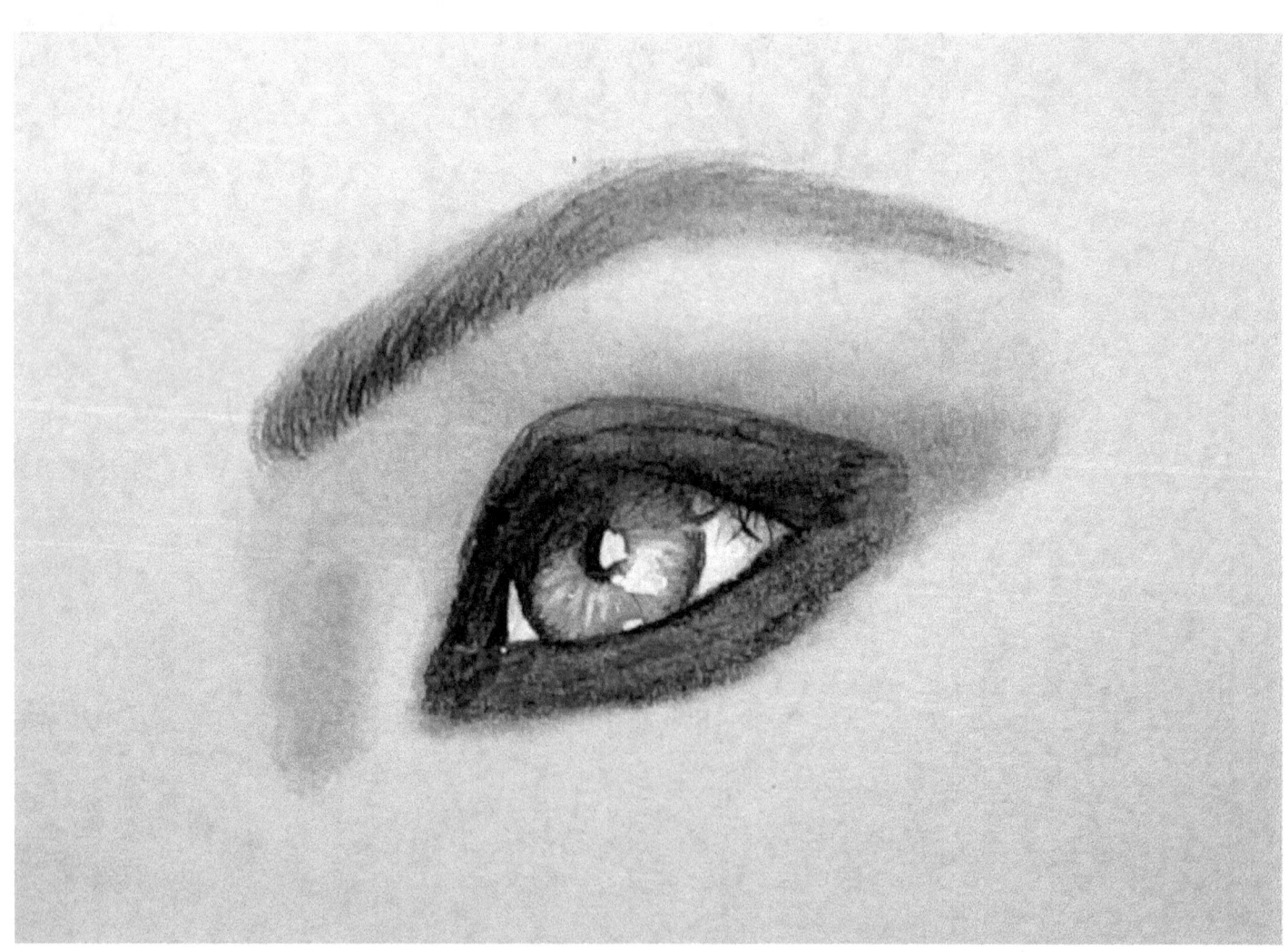

Die Schattierung mit einem Wattestäbchen reicht jedoch nicht aus. Wir müssen mit einem HB mit kreisenden Bewegungen direkt auf der Augenlidfalte schattieren und immer weniger aufdrücken, wenn wir von der Augenlidfalte wegarbeiten oder tatsächlich nach oben, um einen Farbverlauf der Grautöne zu erzeugen. Der Grauton sollte allmählich heller werden, wenn wir uns dem Highlight nähern. Die verschiedenen Farben sollten also keinen klaren Rand zwischen sich haben, sondern sie sollten allmählich ineinanderfließen.

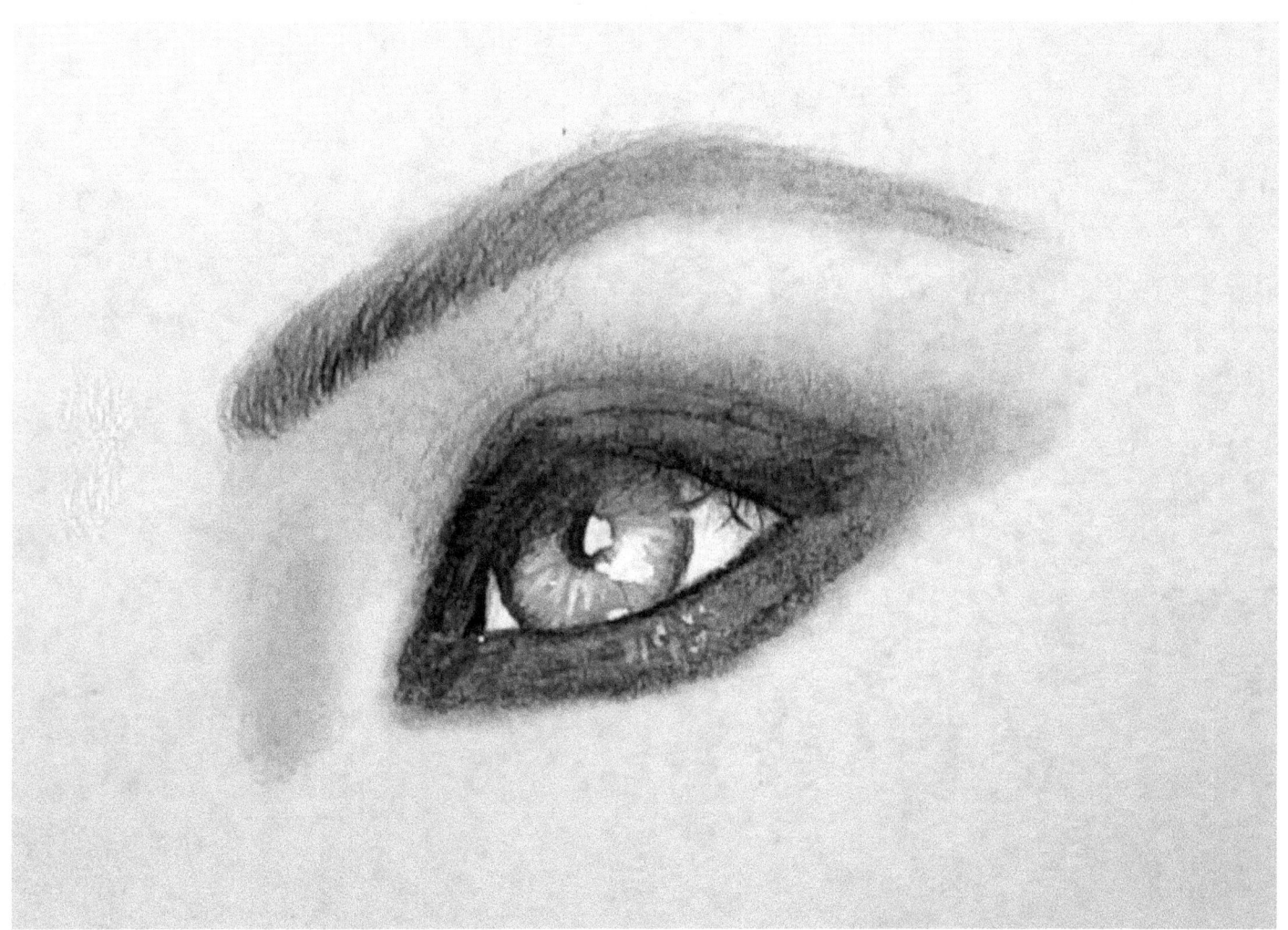

Mischen Sie diesen schattierten Bereich vorsichtig mit einem Wattestäbchen. Schattieren Sie auch unter der linken Seite der Augenbraue, aber lassen Sie sie auf der rechten Seite unberührt, weil die rechte Seite hervorgehoben werden sollte.

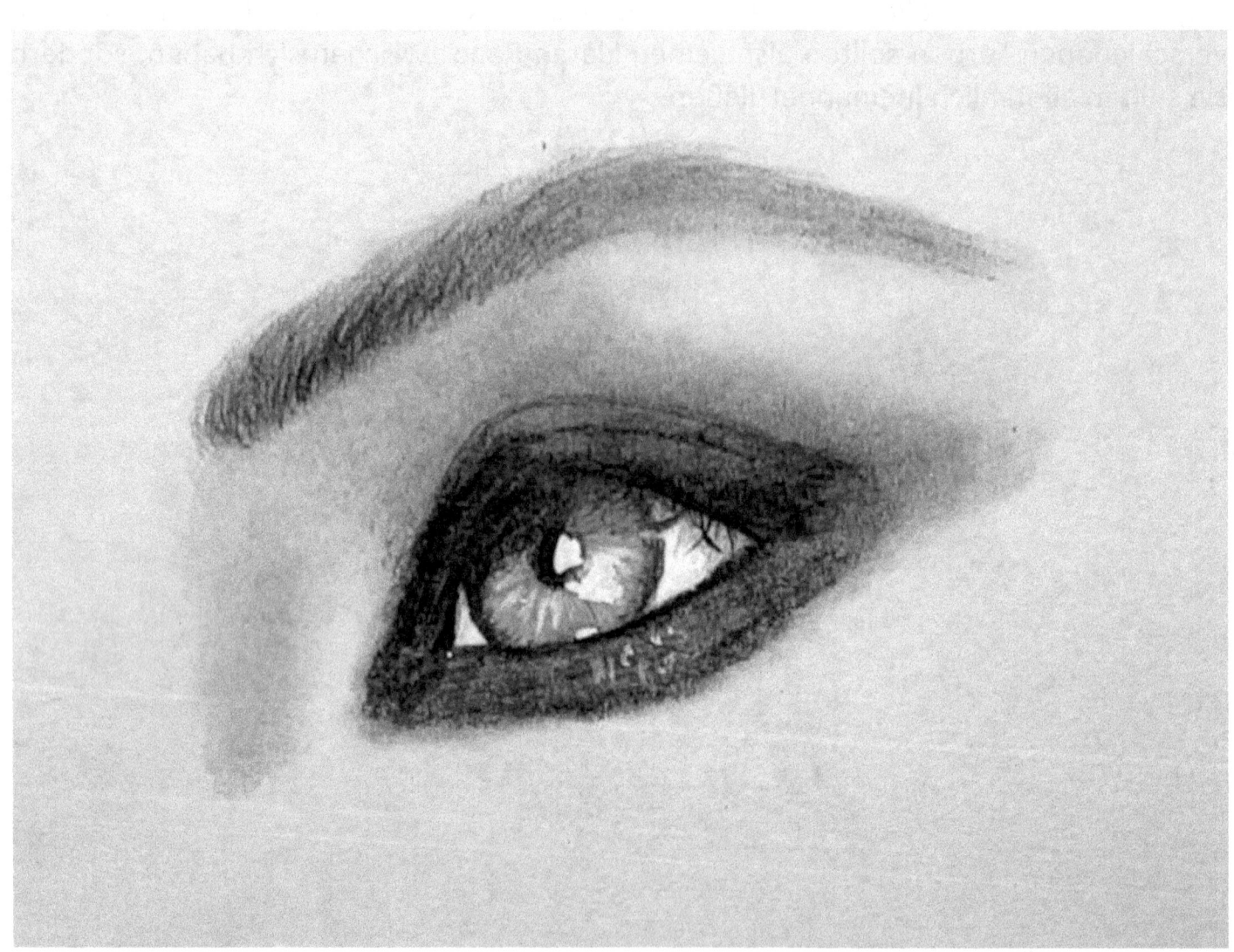

Das Highlight können wir nun mit einem weißen Buntstift erzeugen. Schattieren Sie die Haut direkt unter dem spitzen Teil der Augenbraue über dem hervorstehenden Knochen der Stirnkante. Drücken Sie fester in der Mitte des Highlights auf und verringern Sie den Druck auf Ihren weißen Stift, wenn Sie vom Highlight nach außen schattieren.

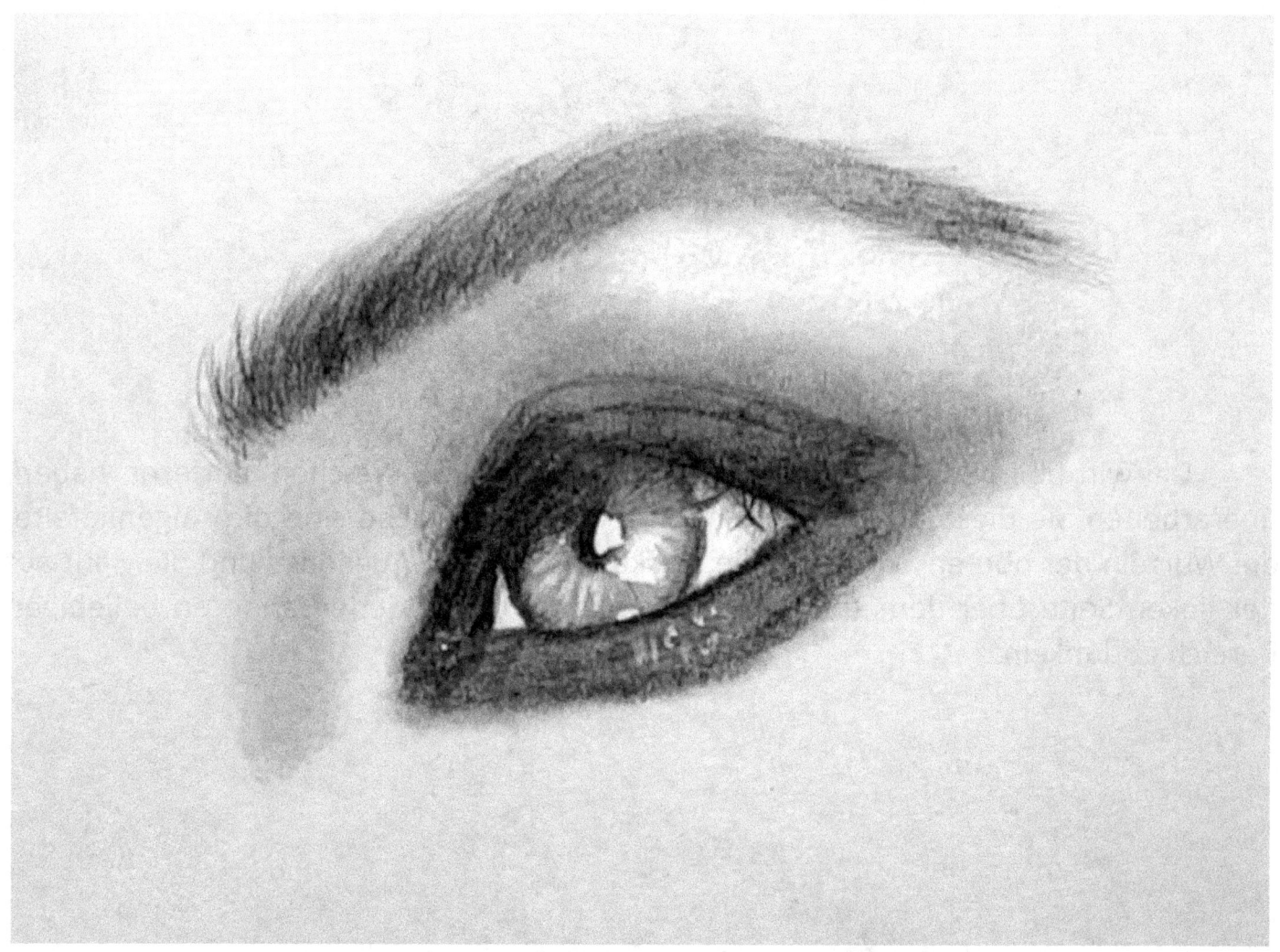

Nun schattieren Sie den Bereich zwischen diesem Highlight und der Schläfe mit einer HB. Machen Sie die ganze Zeit kreisende Bewegungen. So wird das Highlight noch deutlicher hervorgehoben und weil der Bereich weniger Licht bekommt.
In diesem Schritt ging ich zurück zur Augenbraue, weil ich das Gefühl hatte, dass sie noch zu blass war, und ich wollte sie mit einem HB mehr abdunkeln. Ich wollte auch die Augenbrauen dunkler machen, damit der weiße Stift noch deutlicher hervortritt. Jetzt können Sie die Vorteile des Zeichnens auf grauem Papier erkennen: Die weißen Bereiche stechen hervor und das Auge fällt auf.

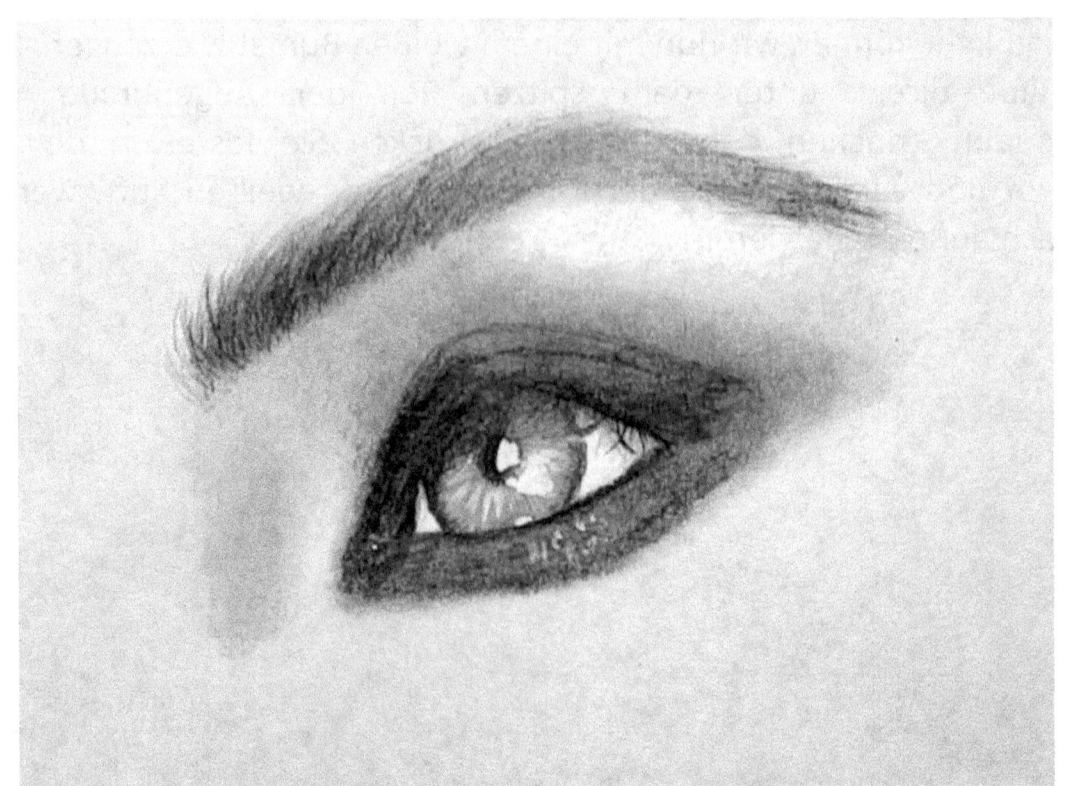

Da wir beim Mischen viel Graphit aus den 8B-Bereichen entfernt haben, überarbeiten Sie diese erneut mit einem 8B. Diese Bereiche sind die Augenlidfalte, die Wurzeln der oberen Wimpern, die Stärke des unteren Augenlids und die Haut auf der linken Seite über dem Tränenkanal. Sie können auch jeden anderen beliebigen Bereich abdunkeln.

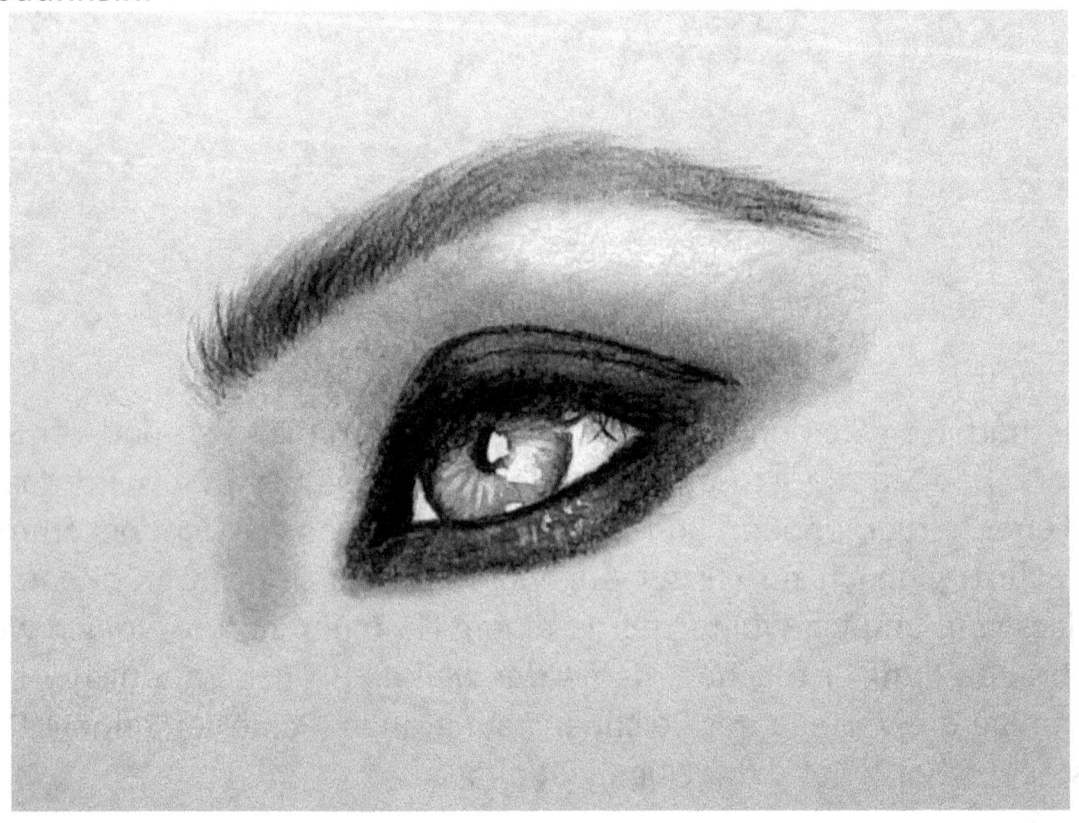

Mischen Sie dann die Außenränder des dunklen Lidschattens mit dem Papierwischer.

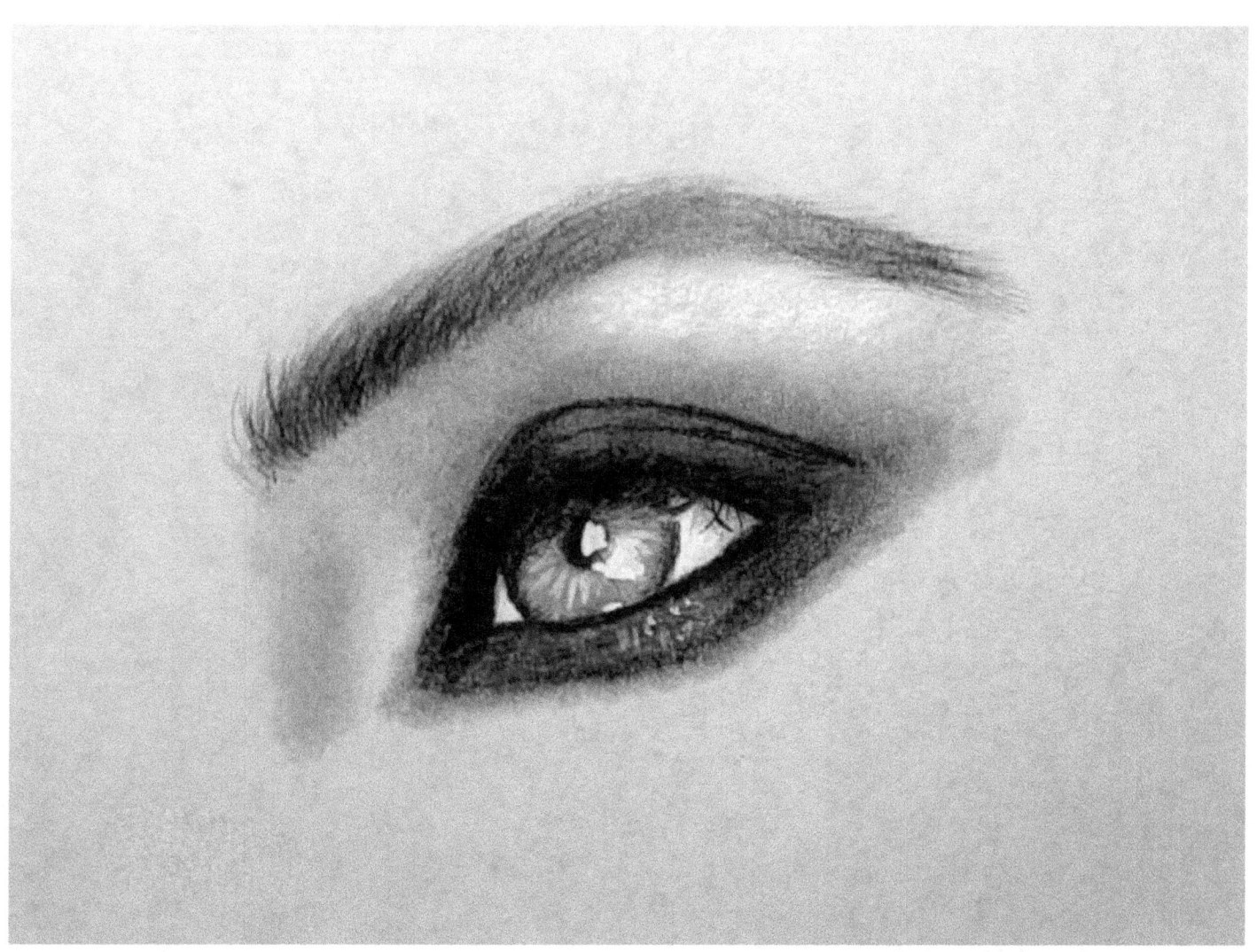

Ich habe den Verlaufsübergang über der Augenlidfalte verbessert, weil dieser Bereich zu hell erschien und ich ihn mit einem HB abdunkeln wollte, und wie immer habe ich ihn mit einem Wattestäbchen vermischt.

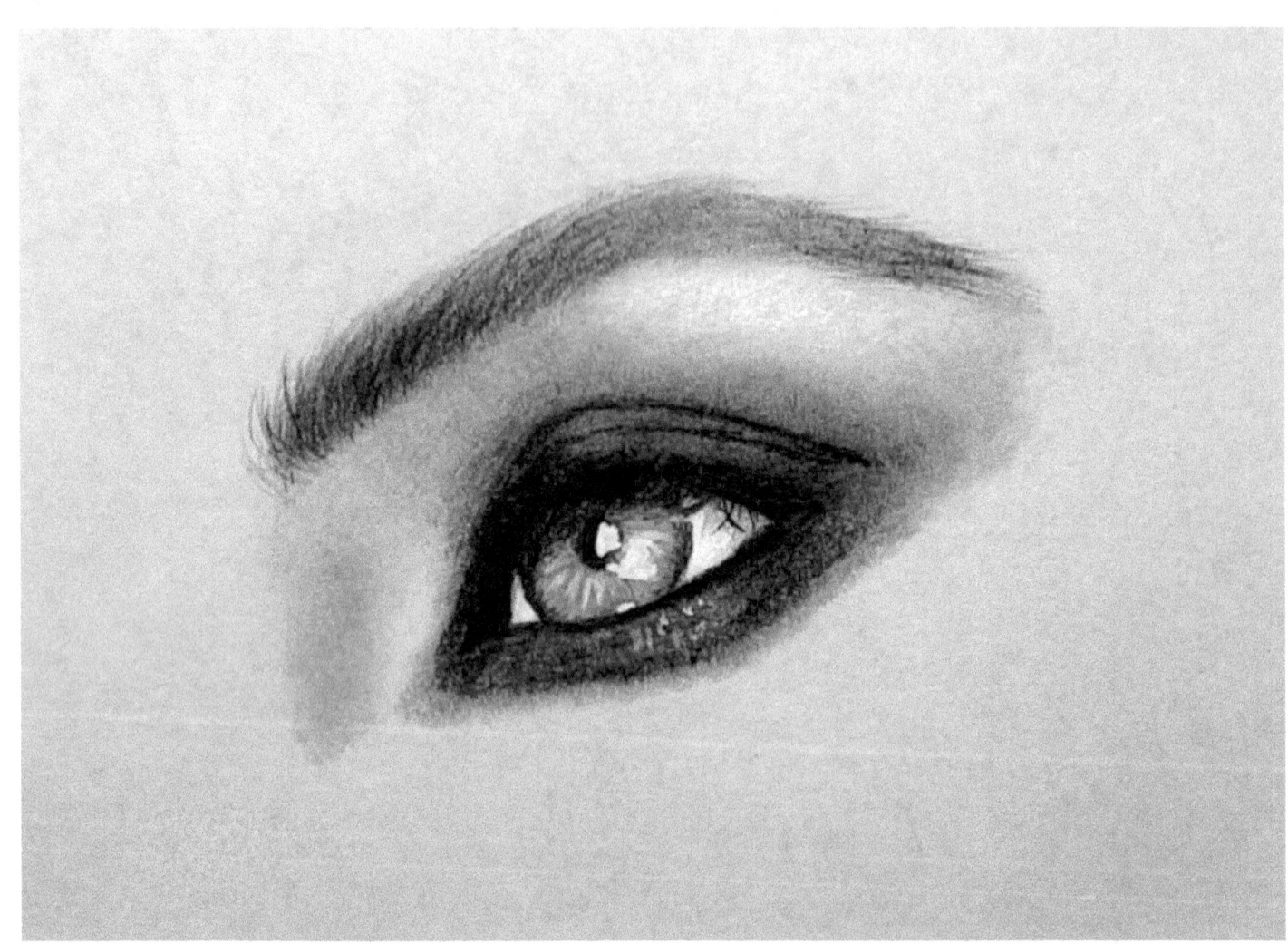

Endlich sind die Wimpern dran. Ich benutze eine 8B für die Wimpern. Wir müssen sie mit schnellen, sicheren Strichen in einem Durchgang zeichnen. Ich habe ziemlich lange Wimpern gezeichnet, weil ich falsche Wimpern zeichnen möchte, und diese sind viel länger. Im nächsten Bild sehen Sie die Richtung der oberen und unteren Wimpern.
Ich habe einen HB direkt über dem Tränenkanal genommen, da die Wimpern hier ziemlich dünn sind.

Die unteren Wimpern sind normalerweise natürlich, aber ihre Enden können beim Auftragen von Wimperntusche zusammenkleben, sodass wir sie so zeichnen müssen. Mischen Sie die Spitzen der Wimpern mit einem Papierwischer.

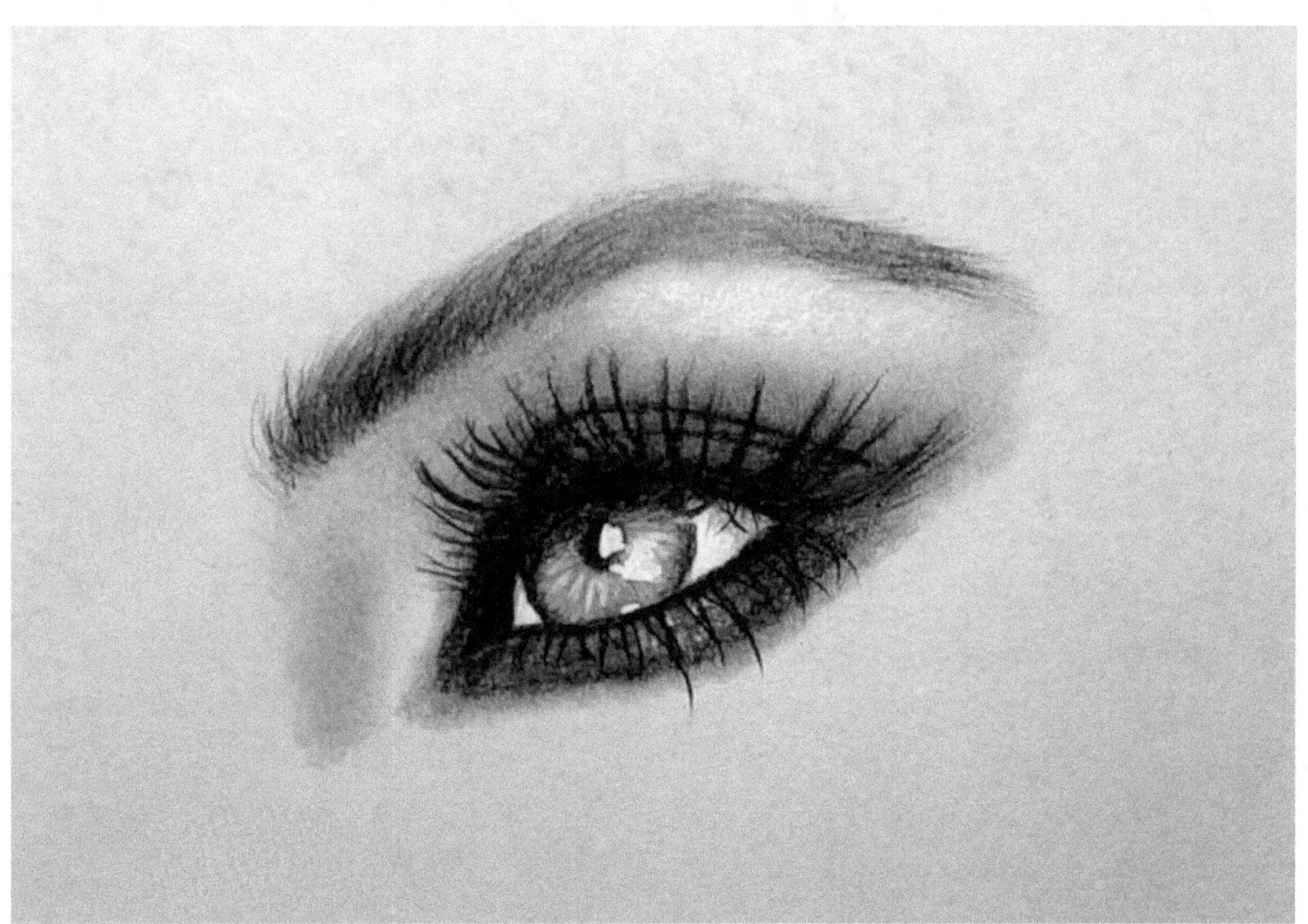

In diesem Schritt habe ich mit einem HB noch mehr direkt über der Augenlidfalte schattiert, und ich habe ein 2H auf dem HB angewendet, um einen glatten Verlauf zu erzeugen, da der Grauton direkt über der Augenlidfalte dunkler ist und immer heller wird, wenn wir zum Highlight oder nach oben schattieren.

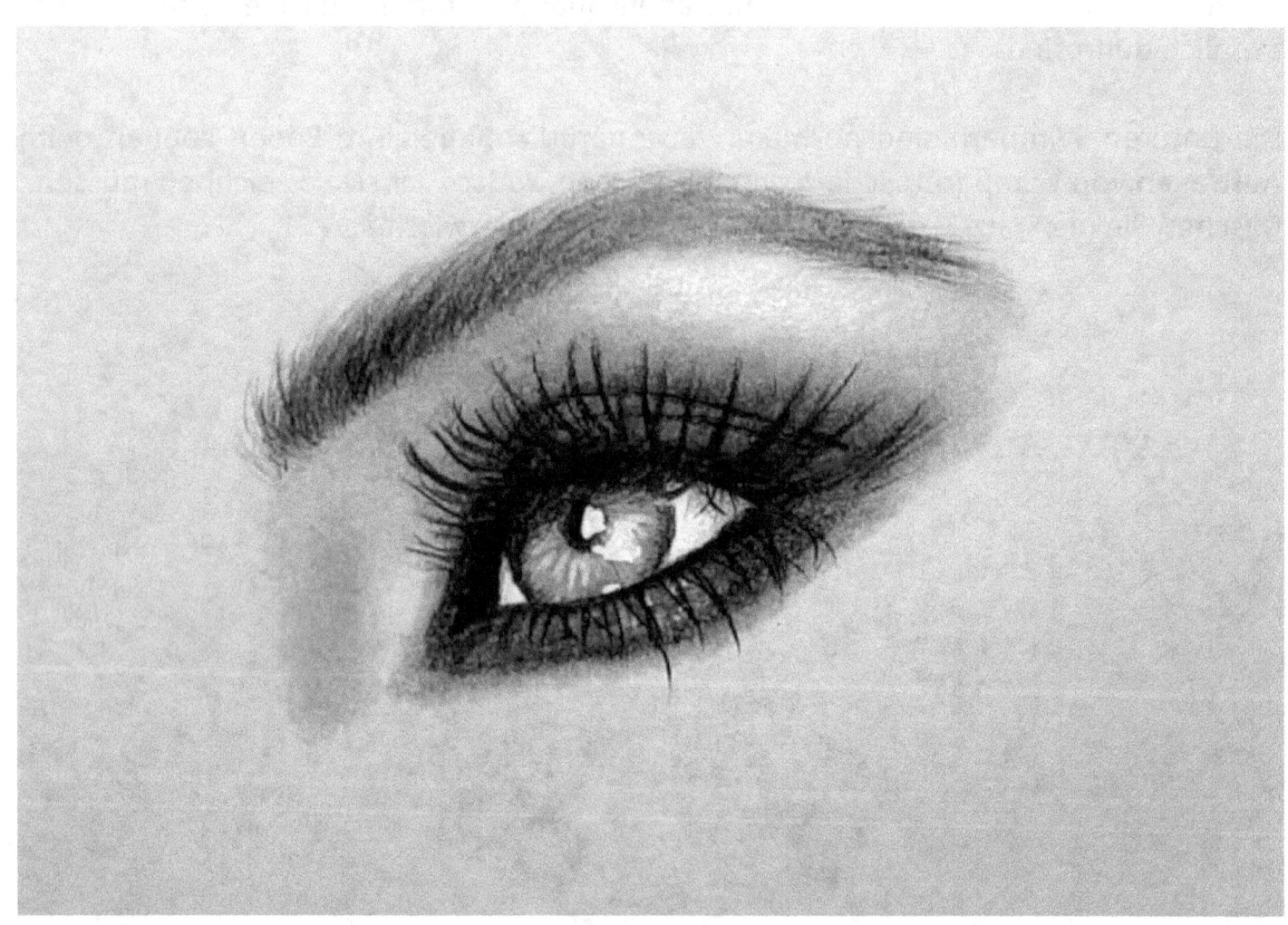

Für den letzten Schritt können Sie einen Gelroller, einen Gelstift mit weißer Tinte oder einen weißen Marker verwenden. Erstellen Sie kleine Punkte irgendwo in der Mitte des unteren und oberen Augenlids, da diese Bereiche hervorstehen und hervorgehoben sind.

Fügen Sie auch einige weiße Punkte über der Sklera, die Sie direkt unter dem oberen Augenlid und unter den nach unten wachsenden Wimpern schattiert haben, hinzu.

Wenn Sie der Meinung sind, dass einige Punkte zu weiß sind, gehen Sie einfach mit einem Papierwischer darüber, da einige von ihnen nicht zu hell erscheinen sollten. Die Vielzahl der Highlights und die Zufälligkeit der erzeugten Punkte tragen wesentlich zum Realismus bei.

Da Make-up auch in tiefer gelegenen Bereichen glänzen kann, fügen Sie dort auch einige weiße Punkte hinzu. Studieren Sie das nächste Bild, die endgültige Zeichnung, um festzustellen, wo ich die weißen Punkte erzeugt habe.

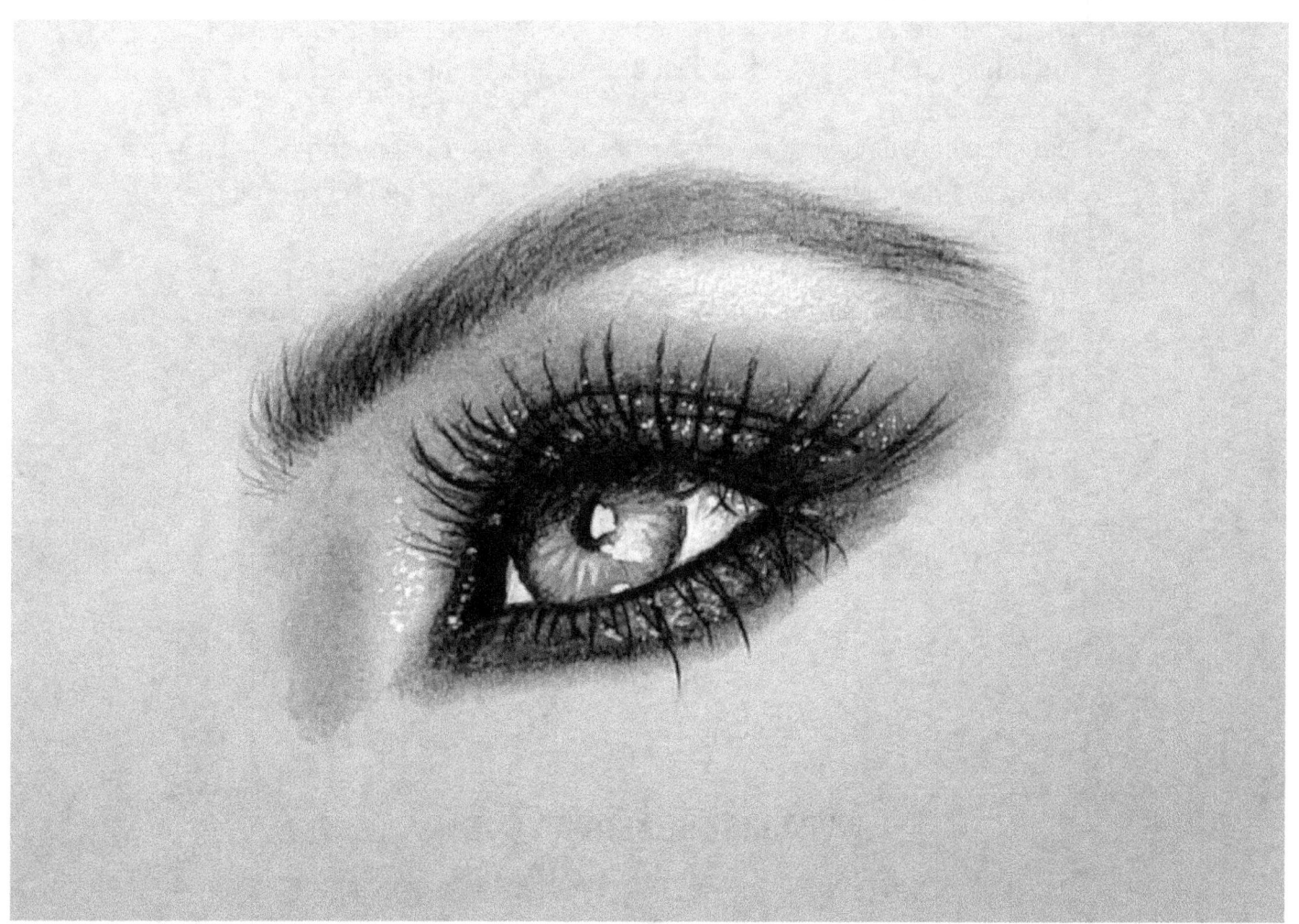

Über die Autorin

Jasmina Susak ist Autodidaktin, Graphit- und Buntstiftkünstlerin, Kunstlehrerin und Autorin von mehr als 17 Zeichnungen. Sie ist spezialisiert auf fotorealistische Zeichnungen von Tieren, Menschen, Superhelden und Alltagsgegenständen.

Jasmina absolvierte eine Schneiderlehre und arbeitete viele Jahre als Schneiderin. Jetzt ist sie eine freiberufliche selbstständige Künstlerin. Es ist ihr Vollzeitjob, und sie macht ihn seit 2011 professionell.

Jasmina hat Hunderttausende von Followern und Abonnenten in sozialen Medien und ihre Zeichnenvideos haben weltweit Dutzende von Millionen Ansichten.

Jasmina liebt Tiere, Wissenschaft, Astronomie, Technologie, Webdesign, Lesen, Musikhören. Sie lebt in Ungarn, einem kleinen Land in der Mitte Europas. Besuchen Sie ihre Website für weitere Tutorials, ihre Zeichnungsgalerie, Kunstdrucke und vieles mehr.

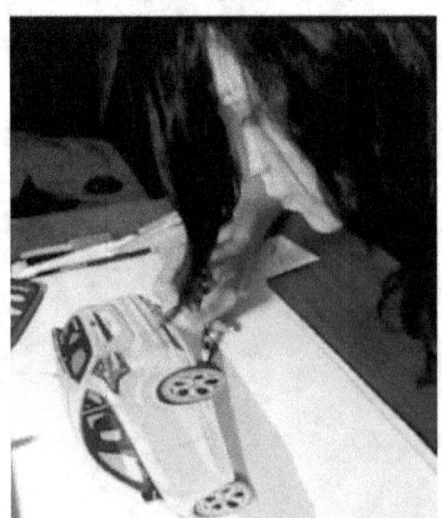

www.jasminasusak.com

www.ingramcontent.com/pod-product-compliance
Lightning Source LLC
Chambersburg PA
CBHW080452220526
45465CB00006B/2253